柴田圭子
川岡　勉　編

瀬戸内の中世1

権力・城館・宗教

高志書院刊

はじめに

本シリーズ『瀬戸内の中世』のうち、巻一である本書は、「権力支配の展開」「中世城館の様相」「寺社と宗教文化」の三部構成をとる。これらは、これまで「瀬戸内」という地域性と深く関連させることなく論じられてきたテーマであることを特徴とする。瀬戸内を対象に過去に論じられてきたテーマは、航路や流通、港町に焦点を当てたものが多く(橋本久和・市村高男編『中世西日本の流通と交通　行き交うヒトとモノ』高志書院、二〇〇四年、日本中世土器研究会編『考古学と室町・戦国期の流通　瀬戸内海とアジアを結ぶ道』高志書院、二〇一一年ほか)、巻二を構成する「流通体系の交錯」「港湾と流通」「鉄と焼き物」はその分野に新たに切り込む内容となっている。それに対して本書では、中世社会における地域権力の中枢や寺社などの宗教文化を論ずるにあたり、「瀬戸内」という地域を冠したことにより、どのような特徴が導き出されるのかが、全編を通じての論点となる。

地域名称としての「瀬戸内」という言葉は、戦国末期の宣教師が記した『日本教会史』に記されたのが初見である。小地域ごとに権力支配や文化を育んだ中世社会において、現代の私たちが想定する「瀬戸内海」という概念は未だ成立していない。備讃瀬戸や芸予諸島、防予諸島などの多島海域と周辺を漠然と「瀬戸内」と呼称し、その間の燧灘のような広い海域は「灘」と認識されていた(柴田昌児「瀬戸内という見立て」『瀬戸内全誌』中間報告書「間」からみる瀬戸内　瀬戸内全誌のための素描』瀬戸内全誌準備委員会、二〇二〇年)。しかし、多島海の間を縫って航路が発達し、大小さまざまな港町が繁栄し、海賊が跋扈する海を眼前にした地域において、その影響はさまざまな側面に及び、地域社会の構成要素となっていたはずである。本書で取り上げる一つ一つの論文を読み解くことによって、瀬戸内の中世の特徴や独自性が浮かび上がり、新たな地域像が結ばれるに違いない。

では本書の構成と各論の論点を整理しておこう。

第1部は「権力支配の展開」である。守田逸人「讃岐国主要港湾地域の中世的編成について」では、讃岐国を対象に都鄙を結ぶ主要港湾の中世的編成について検討し、御所や御願寺造営を契機に王家領・摂関家領となり、造営関係者による国務下で立荘・再編が行われたことを論じる。川岡勉「中世後期の瀬戸内と守護権力―瀬戸内中部を中心として―」では、瀬戸内中部を対象に守護を中心とした権力秩序のあり方を考察し、諸国が内海によって結びつけられる地域における諸権力の複雑な動きを論じる。中平景介「戦国末期の伊予河野氏と地域秩序―天正年間を中心として―」では、伊予の有力国衆や境目国衆と河野氏との関係に着目し、天正年間の伊予の地域秩序を描き出す。乗岡実「戦国末から豊臣期の大名居城―城地の移転と城郭の変遷―」では、瀬戸内における地域支配拠点の変遷を追い、戦国期から豊臣期へ移行する過程で圧倒的多数の大名居城が移転を伴っていることを浮き彫りにし、城郭構造の変化も伴いながら港湾掌握へと傾倒したことを明らかにする。

第2部は「中世城館の様相」である。増野晋次「周防山口の大名居館　大内氏館跡」では、大内氏の歴史と中世山口を構成する城館、寺社、まちについてまとめた上で、大内氏館跡の発掘調査成果を詳細に示し、領国の首都山口における拠点となった館の実像を具体的に描き出す。柴田亮「国人領主の館と村―美作国久田堀ノ内遺跡の中世居館を中心に―」では、山陽と山陰をつなぐ要衝である美作国の津山盆地において、長期的に集落が営まれた久田堀ノ内遺跡の居館の成立や変遷を追うことによって、「久多庄」との関係や、日本海流通との接点、境目に位置する村の特徴までを論じる。柴田圭子「守護の居城　湯築城と城下―築城、変遷と地域への影響―」では、守護城館である湯築城と地域との関係に注目し、築城や城下の形成が中世の道後地区と松山平野に及ぼした影響について述べる。田中謙「海賊の城　能島城―中世「海城」の実像―」では、海賊の城である能島城を中心に、城全体の構造と機能、その変遷を発掘調査成果から導き出し、「海城」とは何かという問いに対しても見解を提示する。高山剛「伊予・土佐境目の城　河後森城」では、予土境界の地である河原淵領に所在する河後森城跡の発掘調査成果から、時期を追っての変遷やその背景に迫り、戦国期から織豊期にかけての国境地帯の複雑な状況を描き出す。

第3部は「寺社と宗教文化」である。苅米一志「中世瀬戸内における寺社の形成―縁起の話型に注目して―」では、寺社縁起を読解することにより、瀬戸内の中世寺社の形成が論じられており、舟運を利用した中央大寺社からの宗教者の下向、国衙関係者など受容層との接触、そして荘園における末寺末社の形成を多くの事例から導き出す。上野進「中世・近世移行期における讃岐国観音寺の展開―宗教空間と地域社会との関わりを中心に―」では、観音寺の中世後期以降の展開、信仰世界と港町の住民の結びつきを総合的に分析し、亡者追善の場の形成過程を地域社会との関わりから見通す。松田朝由「石造物文化圏の展開と外部産石造物の流通―中世瀬戸内を対象として―」では、瀬戸内の石造物文化圏を抽出し、その内部に他地域の石造物がどのように展開したのかを概観し、中世瀬戸内の石造物文化圏の動態を論じる。

各論への評価は読者それぞれに任せるとしても、本書で論じられる内容により、瀬戸内という地域から連想される外部に開かれた印象とは異なり、小地域、あるいは検討された分野ごとに複雑で多彩な歴史が展開していることが理解される。本書が起点となり、中世の瀬戸内についての議論が深まり、より地域史の発展につながることに期待したい。

二〇二五年三月

柴田 圭子

目次

第3部　寺社と宗教文化

第1部　権力支配の展開

讃岐国主要港湾地域の中世的編成について

守田逸人

はじめに

本稿は、讃岐国の中世的編成のあり方について、荘園制や主要港湾地域のあり方に着目しながら論じるものである。おおよそ十一世紀末からはじまる荘園制の展開により、各単位所領が荘・郷に編成されて都鄙関係が再編され、各荘・郷を支配する領主が一定程度定着し、それらの枠組みが中世的な地域秩序として成立していくことは言を俟たない。その基本的なあり方については戦後の在地領主制研究や荘園史研究、あるいは七〇年代頃から盛んとなった各自治体史編纂等の地域史研究が深化したことで情報の大枠は整理されてきた。

そしてさらに中世社会の編成過程に関する研究は、九〇年代後半の荘園制成立史論（立荘論）の展開、あるいは地域社会史研究や在地領主研究、都鄙関係論等が一定程度深化したことにより個別荘・郷単位所領の動向に着目するだけでなく地域社会と中央政界や他地域との関係、あるいは単位所領を越えた広域的地域社会のあり方を追求しようという研究視角も拡がってきた(1)。

ただし日本列島各地の多様な地域社会に関する研究課題があるなかで、都鄙関係に関する研究が充分に深化したとは言いがたく、未だ各地域の具体的な事例研究を蓄積していく段階にある。本稿では主に院政期の讃岐地域を題材に、論点を絞りながら考えてみたい。

中世讃岐国に関する研究史は別稿で整理したが、重複を厭わず最低限示しておきたい。[2] 中世讃岐国に関する研究史は、おもに自治体史類の編纂とともに深化し、情報が整理されていった。なかでも一九八九年刊行『香川県史　第2巻　通史編中世』、一九九〇年刊行『香川県史　第8巻　古代・中世史料』の編纂はとりわけ画期になった。[3] 讃岐国内の個別荘園・公領に関する情報についても、『香川県史』やそれをもとにした『講座日本荘園史』がおおよそ現在の到達点といってよい。[4] また讃岐地域の場合、歴史学・考古学研究者の協業によって中世の主要な港町のあり方に関する研究が『港町の原像』(上・下)としてまとめられた意義も大きい。[5] そこでは「兵庫北関入船納帳」に出現する讃岐地方を代表する港町がおもな対象となり、讃岐の港町はおおよそ砂堆を利用した立地となっていたこと、ランドマークの機能を担う寺社を中核とした空間構成となっていたことなどが明らかにされ、また港町の集落のあり方等の景観復元研究も行われて港町のあり方が類型化されるなど研究が深化し、京都など「首都圏」への玄関口となる讃岐地域の代表的な港町のあり方が一定程度明確になった。

しかし中世讃岐国の地域社会への理解を深めていくためには讃岐国全体を見渡したより広域的な地域構造やその編成過程、「首都圏」等との都鄙関係やその存立条件等について検討を深めていく必要がある。近年では、小川弘和氏が白河院政期以降石清水八幡宮領や賀茂社領に属する海民によって瀬戸内海ネットワークが形成されていったこと等を論じ、[6] またごく最近森公章氏は古代から中世に至るまで讃岐地域で中心的役割を担い続けた郡領氏族の系譜を引く在地首長層の都鄙にわたる活動形態を明確に示した。[7]

本稿ではこうした先行研究に学びながら中世の讃岐地域を担う有力者による都鄙を繋ぐ活動や、都鄙を結ぶ主要な港湾施設の中世的編成のあり方を検討することで讃岐国の中世的展開について理解を深めていきたい。

1　讃岐国主要港湾地域の中世的編成

先述した「兵庫北関入船納帳」とは、文安二年（一四四五）正月より翌三年正月まで一年強に及ぶ兵庫北関に入船した関税記録で、(8)讃岐船の動向については橋詰茂氏の基礎研究から研究が展開してきた。(9)それらの成果により各港から兵庫北関に入港した船の年間の数値や積載品、船の規模や流通のあり方等が明らかにされている。またこれら「納帳」に現れる船籍地には各地域のさまざまな小規模の港から小舟で貨物が集積され、「首都圏」へ大量の物資が運ばれる中継地となっていたことも判明している。すなわち「納帳」に現れる各港は、広域にわたる周辺地域一帯の中核的な港町を形成していた。

表1は「納帳」に船籍地として現れる讃岐国内の主要な港町とそれらが属した荘・郷について整理したものである。「納帳」の船籍地として現れる主要港は、このほか塩飽本島（近衛家領）等の島々があるが本稿では便宜上割愛した。こうして中世讃岐本土の主要な港を一覧したとき、それらがまず王家・摂関家領として立荘されていたことに注目したい。讃岐国の中核的な港町の立荘には、讃岐国の政治・社会構造に大きな影響を及ぼしたはずである。

表1　讃岐国の主要港

港	荘郷	出典	初見西暦	備考
引田港	大内荘（浄金剛院領）	鎌 17578 号	1291	
鶴箸港	鶴羽荘（蓮華心院領）	平 5060 号	1176	蓮華心院願主八条院は鳥羽天皇の皇女。
牟礼港	牟礼荘（石清水八幡宮領）	平 2959 号	1158	
庵治港	庵治郷	——	——	
潟元港	潟元（片本）	——	——	
野原港	野原荘（安楽寿院領）	平 2519 号	1143	
志度港	志度荘（最勝光院領）	鎌 29069 号	1206	最勝光院願主建春門院は後白河院の女御。
香西港	笠居御厨（九条家領）	鎌 7250 号	1250	
宇多津	津野郷	——	——	
平山港	津野郷	——	——	
多々津	多度荘（安楽寿院領）	平 2519 号	1143	
仁尾港	詫間荘（九条家・賀茂社領）	鎌 22661 号	1306	
観音寺港	草木荘（石清水八幡宮領）	平 2959 号	1158	

※平は『平安遺文』、鎌は『鎌倉遺文』文書番号を指す。

立荘は、立荘を命じる王権と地方支配の担い手（知行国主・国守・在庁官人等）、そして荘園の基となる所領知行者との連携で実現するもので、王権の人的ネットワークをもとに成立することが多い。したがって、それぞれの人的関係を整理することで立荘をめぐる政治的背景がみえてくる。[10] 本稿では表1に現れる讃岐国の主要な港のうち、一定程度成立の経緯が判明する安楽寿院領野原荘・多度荘、最勝光院領志度荘、蓮華心院領鶴羽荘の成立経緯について検討してみたい。

安楽寿院領多度荘　野原港が所在した安楽寿院領野原荘については後述することにし、多々港（多度津港）が所在した多度荘からみていく。安楽寿院、および安楽寿院領については、未紹介であった高倉家旧蔵「安楽寿院文書」の紹介も含めた野口華世氏の研究が重要である。[11]

鳥羽院御願の安楽寿院自体は保延三年（一一三七）に院近臣藤原家成が鳥羽殿東殿御堂を創建したのにはじまり、同じく家成が保延五年に三重塔を創建、康治二年（一一四三）に初めて安楽寿院の号が現れる。この三重塔は上皇没後の墓所として造営されたといわれ、実際上皇崩御に際してはこの塔に葬られた。

安楽寿院領多度荘の史料上の初見は、院領十四箇所の大小国役免除を一括して獲得した康治二年（一一四三）太政官牒である。[12] ただし各安楽寿院領の系譜と規模・所当等を記した高倉家旧蔵「安楽寿院古文書」所収「荘々事」によると、多度荘は「保安四〔年〕八月廿日立券」としている。すなわち安楽寿院造営前の立券ということになるが、後述の野原荘と同様、白河院領として立券されたものが安楽寿院領として再編されたと考えられる。

多度荘が立券された保安四年（一一二三）段階の讃岐国守は白河院司を務めた藤原基隆である。藤原基隆は白河・鳥羽両院司の別当を務め、御願寺尊勝寺の東西五重塔や内裏大炊殿の造営等を担い、諸国受領を歴任した院司受領であった。安楽寿院領に編成された契機は不明であるが、安楽寿院の造営を担った藤原家成が大治四年（一一二九）から讃岐守に就いたのをはじめ、保延四年（一一三八）には家成嫡男の藤原隆季が讃岐守を務めてから久安二年（一一四六）十二月に家成二男の成親に引き継いでいるように、家成関係者の国務が続いている。[13]

藤原家成は鳥羽院政期の院司を務め、当時の貴族社会で「天下の事、一向に家成に帰す、道路目を以てす」とされる重要人物で、[14]家成家は平正盛期以降平氏政権期まで平氏と関係を密にし、各国受領を歴任して多くの王家領の立荘や様々な造営を担った。[15]とくに彼らが讃岐をはじめ瀬戸内地域で多くの王家領の立荘を行ったことは、後の平氏政権の瀬戸内海制海権に結果的に繋がっている。[16]後述するように、家成は讃岐守在任中に讃岐の郡領氏族の系譜を引き、讃岐国在庁官人の筆頭に就いた綾氏との婚姻関係をも結んで讃岐藤原氏を輩出しており、讃岐地方でも影響力を広げていった。安楽寿院と讃岐国司のあり方をふまえると、多度荘は安楽寿院造営を担った藤原家成関係者の国務下のもと、安楽寿院造営前後から康治二年までの間に安楽寿院領として再編成された可能性が高い。

最勝光院領志度荘　志度港が所在した最勝光院領志度荘の立荘の経緯について検討する。まず最勝光院自体は後白河院女建春門院の立願で承安二年(一一七二)二月に上棟、同三年に落慶供養を遂げている。[17]最勝光院領志度荘の史料上の初見は治承五年(一一八一)である。[18]『吉記』承安四年(一一七四)二月二十六日条はこの日「奏最勝光院御荘々事」としており、近江国檜物荘・越前国志比荘が挙がっているほか「此外不遑記尽々々」とされ、多くの最勝光院領が成立したとみられる。[19]

一方、最勝光院の願主建春門院は嘉応二年(一一七〇)正月に「親宗《(平)》任讃岐、是建春門院御分云々」と讃岐国知行国主となっている。[20]またここで讃岐守となった平親宗は建春門院の弟であるが、国守は同二年七月に親宗の甥平時実に代わる。建春門院・平時実の連携による国務は、建春門院が死亡する安元二年(一一七六)まで続いていく。[21]このように最勝光院領の多くが一括して承安四年(一一七四)に成立したとみられること、遅くても治承五年(一一八一)には最勝光院領志度荘が成立していること、最勝光院の願主である建春門院とその近親者の連携による讃岐国務が安元二年(一一七六)まで続いていること等から、志度荘の立荘は最勝光院の造営に伴って建春門院等の国務下の安元二年頃までになされた可能性が高い。

蓮華心院領鶴羽荘　鶴羽港が所在した蓮華心院領鶴羽荘は、苅田郡姫江新荘とともに承安四年(一一七四)造営にかかる八条院御願寺蓮華心院の御荘として造営直後の安元二年(一一七六)二月八条院領目録にすでに現れる。(22)やはり蓮華心院の造営に伴い設置された荘園とみられる。したがって立荘は安元二年からそう遠く遡らない時期とみられ、立荘に関わった讃岐国務担当者はさきの最勝光院領志度荘の立荘を手がけた建春門院や平時実であったと考えられる。

2　院政期讃岐国の都鄙関係

(1)　讃岐国地域社会の担い手

讃岐国と「首都圏」をはじめ列島各地との結節点となる主要な港町がどのように中世的な編成を遂げるのか、それぞれの単位所領の編成(立荘)をめぐる政治的背景を検討したところ、その多くが王家領・摂関家領となっていたこと、それらのうち荘園の成立背景が判明するものはおおよそ御願寺造営に伴って立荘・再編されていたこと、御願寺造営の関係者が讃岐国務に就いたタイミングで成立していたことが確認できた。

一方、くり返しになるが立荘は国主・国守や在庁層、あるいは荘の券契の保持者の連携のもとに行われたはずである。荘の券契の保持者の多くは地域の有力者であったり、それとつながる「首都圏」の有力者である。その讃岐地域に拠点を有して讃岐地域を担った有力者の活動こそ、この地域の歴史過程を理解する上での重要な情報となる。

しかし讃岐地域の場合、史料的な問題から在地側の荘園寄進者の存在が明らかになる荘はほとんどない。わずかに香西港が所在する九条家領香川郡(香西郡)笠居御厨の場合、さきに紹介した郡領氏族の系譜を引き在庁官人の筆頭的位置を占めた綾氏の一族で、藤原家成と婚姻関係を結んだ讃岐藤原氏の香西氏が知行していくことが判明し、安楽寿院領多度郡多度荘のケースでは、おもに国府の所在する阿野《あや》郡や香川郡を拠点とした同じく郡領氏族綾氏の系譜を引く綾直方が久安元年（一一四五）の段階で多度郡司としてみえ、在地領主層としての徴証を示すだけである。[23] そこで荘園制成立期における讃岐地域の有力者層の存在形態をできるだけ確認することで讃岐地域における中世的な社会編成のあり方や都鄙関係について考えてみたい。

前者の香西港が所在する香川郡（香西郡）笠居御厨は現高松市西部に位置し、その南西には国分寺や讃岐国府等が展開する一帯である。野原荘や志度荘に比べると立荘の時期はくだり、九条道家が知行国主に就いた寛喜元年（一二二九）から死亡するまでの建長四年（一二五二）までの間とみられる。[24] そして讃岐藤原氏である香西氏はおもに阿野郡を拠点とした郡領氏族綾氏の系譜であり、南北朝期成立の綾氏系図によれば十二世紀前半に綾貞宣女が讃岐国務を務めていた藤原家成との婚姻関係を結んだことにより藤姓を名乗って讃岐藤原氏の祖となった。[25] この綾氏の系譜は十一世紀半ば以降から十二世紀を通じて大掾や府老といった讃岐国在庁官人、あるいは多度郡司としても現れる一族であることにも注意したい。なお、同綾氏系図によると香西氏の祖藤原信資は讃岐国御家人の筆頭として現れる藤原資光の弟である。香西港が所在する笠居郷（のちの笠居御厨）は、阿野郡に隣接した香西郡（香川郡）に所在した。

中世讃岐国ではいわゆる京武者系の領主の活動がみられないなか、基本的には郡領氏族の系譜を引いた在庁層による領主経営、地域支配が展開していったと考えられている。右の綾氏の事例はその一端であるが、こうした郡領系氏族の系譜を引く在庁層が荘園制成立期にどのような活動を行い、中世の枠組みとなる荘園制が展開していくのか、整理しておきたい。

(2) 讃岐国在庁層の都鄙間ネットワーク

院政期の讃岐地域と京都等「首都圏」との都鄙関係については、近年相撲人に注目した森公章氏の研究が注目される。森氏は相撲節会に供奉する相撲人が任用国司に任ぜられるケースや、反対に地方社会で実力を発揮する任用国司層が相撲人とされるケースを指摘するとともに「とくに西国の相撲人は伝統的な郡領氏族、郡領から国衙在庁官人の上首者へと展開する豪族の出身例」が多く、地方諸国の在庁官人層が近衛府相撲人として活動して貴族社会と密接な関係を持っていたことなどを明らかにしている。[26]

讃岐国の場合も有力在庁官人として活動した綾氏をはじめとした様々な在庁層の活動が確認できる。都鄙の連携を基礎として編成される荘園制社会の具体的な成立過程を考えるにあたり、都鄙間ネットワークに立脚して広域的地域活動を展開させた在庁層の活動に注目したい。

森氏の研究を頼りに讃岐国の事例について整理すると、中央貴族の記録中に現れる讃岐国の相撲人は苅田秀定、額田連光・秀貞・秀遠・実遠・守貞、綾貞久・綾久利、藤井助光、佐伯遠方、藤井守遠、そして姓不詳の讃岐相撲人として松行・成連・時茂・成頼等が現れる。それぞれ苅田氏は西讃の苅田郡、綾氏（藤井助光を含む）は阿野郡、佐伯氏は多度郡をそれぞれ根拠地とした郡領氏族の系譜を引く氏族と推定される。

このうちまず藤井近助・藤井助光・綾久利・佐伯遠方は、保元三年（一一五八）六月二十七日の相撲節会で現れる讃岐国の相撲人たちである。[27]保元三年の相撲節会は、保安年間に開催されて以降三十数年にわたり停止されていたのが再興され実施された。一連の讃岐国相撲人のうち綾久利は「久」を継承していることからして後述の相撲人綾貞久との血縁関係が想定される。また藤井助光については相撲人の「藤井」が藤原姓を示すこと、讃岐藤原氏に「助」の同音である「資」を通字とする人物が散見することから、藤井助光はさきの御家人交名の筆頭として現れる藤原資光であると考えられている。ちなみに綾氏の主流は鎌倉期以降領主として活動を展開させる御家人讃岐藤原氏の系譜ではなく、右の在庁官人綾貞久の系譜である「貞」を通字とする流れが本流と想定されている。[28]

一方、右の相撲人のうち綾貞久については讃岐国での活動も確認できる。永久四年（一一一六）には讃岐国で興福寺仕丁丸の陵礫事件を起こして興福寺の強訴を招き、当該期の国守藤原顕能・目代広資・検非違所散位貞頼とともに行事貞久等が処罰されている。[29] 十二世紀初頭に活躍した讃岐国相撲人の綾貞久と行事貞久は同一人物であるとみられており、国守藤原顕能と綾氏の都鄙にわたる連携関係が指摘されている。[30]

さらに藤原顕能と綾貞久の関係についてはもう少し踏み込んだ検討が可能である。藤原顕能は右の任期に先立って天永年間(一一一〇~一一一三)にも讃岐国守に就いている(同三年七月遷土佐守)。さらに藤原顕能は天永二年には相撲節会を運営する左近衛将監にも就いており、[31] 一方の貞久の相撲人としての活動は天永二年八月まで確認できる。[32] すなわち藤原顕能と綾貞久は京都での近衛府相撲人のネットワークからみても極めて近しい位置にいた。

3　中世的編成の具体像

最後に本稿のはじめに検討した讃岐国野原荘の立荘についていまいちど注目し、都鄙関係からみえてくる讃岐地域の中世的編成について考えてみたい。野原荘はもともと応徳年中に白河院領として立券されたもので、のちに安楽寿院の得分が設定されたことがこれまでにも指摘されている。野原荘は現香川県高松市中心部、野原港は近世には高松城に継承される港町である。野原港については、二〇〇〇年代に入って発掘調査の展開とともに研究が大きく進み、現在の高松城西の丸地区一帯地域など十二世紀から中世を通じた港湾施設が明らかになっている。[33]

〔史料1〕

太政官牒　安楽寿院

応停止官使・検非違使・院宮諸司・国使等闌入院領荘園末寺末社等四至内并大小国役事

院家

四至 東限賀茂河 南限同河嶋 西限西門前大路 北限島田堺

件院、禅定仙院（鳥羽法皇）城南別業之中、撰其吉凶所被建立也、早任四至、永為院領矣、

一、荘園拾肆箇処

（異筆）「寺務沙汰所々　」

〽壱処　字芹川荘〔伊脱〕

在山城国管紀郡内

四至 東限三宅戸里卅一坪 南限依井里六坪 西限紀伊里三坪 北限意田里卅二坪

件庄元者、前太政大臣家（藤原頼通）所被施入平等院也、而白河院御時、応徳年中被相博御領備中国橋本庄之後、敢以無相違矣、

〽壱処　字真幡木荘

在同国同郡内

四至 東限鴨河 南限島田畔 西限猪熊小路末畔 北限社里北大畔

件庄者、同院御時応徳之比、立券先畢、更無異論、重注四至、〔所〕前被施入当寺也者、

壱処　字野原荘

在讃岐国香東条内

四至 東限香東野原郷二条廿里一坪 西限香東同郷五条廿里三坪 南限香西坂田郷三条十七里卅二坪 北限香東野原郷五条廿二里十五坪

件庄、同院勅旨田、子細同前、但為皇后宮職御領被割進年貢、雖非院領、〔依〕作有其勤、今注載之者、

〽壱処　字多度荘

在同国多度郡内

四至　東限三条廿里廿五坪　西限高武例山
　　　北限海　南限四条十二〔里脱〕卅坪

（後略）

史料1は先にも触れた安楽寿院および同領荘園十四箇所に対して国役の一括免除を認定した太政官牒（写）で、野原荘の初見史料でもある[34]。ここでは本論に関係する安楽寿院そのものについて記した箇所と安楽寿院領十四箇荘のうち冒頭三箇荘までを掲げた。

安楽寿院そのものを記した冒頭部分では、安楽寿院の四至を記すとともに安楽寿院は「禅定仙院（鳥羽法皇）城南別業之中」というように、安楽寿院は鳥羽殿の中にあるとしている。

史料1はつづいて安楽寿院領十四箇荘を書き上げている。野原荘に関する記述をみると「同院勅旨田、子細同前」としている。この内容は史料1の荘園目録筆頭の山城国芹川荘の記述「件庄元者、前太政大臣（藤原頼通）家所被施入平等院也、而白河院御時、応徳年中被相博御領備中国橋本庄之後、敢以無相違矣」、また山城国真幡木荘の記述「同院御時応徳之比、立券先畢、更無異論、重注四至、前（所）被施入当寺也者」とする記述に対応している。

すなわち芹川荘はもともと平等院領であったが、白河院治世下の応徳年中（一〇八四～八七）に備中国橋本荘と相博して継承してきたという。また真幡木荘は同じく白河院の治世下の応徳年中に立券を遂げたもので、再度四至を記録して安楽寿院に施入されたという。そして三筆目に野原荘が白河院の勅旨田であり、「子細同前」すなわち白河院治世下の応徳年中に立券を遂げたこと等を整理している。安楽寿院領筆頭三筆が安楽寿院成立以前から白河院領としての由緒をもつものとして注記されていることに留意したい。

ところで、のちに東殿として安楽寿院が建てられた鳥羽殿は、もともと応徳三年（一〇八六）白河院政の拠点として白河院が造営した後院であった。「応徳年中」の立券にかかる芹川荘・真幡木荘は、ともにその鳥羽殿に隣接する一帯の荘々である。とくに山城国芹川荘の場合、もともと平等院領であったのを応徳年中にわざわざ備中国橋本荘と交換し白河院領として立券しているところをみると、その設定に何らかの具体的な意図を想定すべきであろう。すなわち芹川荘・真幡木荘は鳥羽殿の隣接した一帯であるという立地から鳥羽殿造営に伴い応徳三年頃に立券されたと考えられる。

では、芹川荘・真幡木荘と同様、応徳年中に白河院領となった讃岐国野原荘はどのような背景のもとで成立したのであろうか。鳥羽殿造営に伴い立荘された芹川荘・真幡木荘とは性質が異なるのであろうか。白河院(鳥羽殿)領野原荘の立荘をめぐる政治的関係について議論を深めていきたい。

『扶桑略記』は、鳥羽殿の造営についてつぎのように記している。[35]

〔史料2〕

公家近来九条以南、鳥羽山荘新建後院、〔白河院〕凡卜百余町焉、近習卿相侍臣地下雑人等、各賜家地、営造舎屋、宛如都遷、讃岐守高階泰仲、依作御所已蒙重任宣旨、備前守季綱同重任、献山荘賞也、五畿七道六十余州、皆共課役、掘池築山、

史料2によると、白河院の後院鳥羽殿は九条以南の地に百余町をト して造営された。この地は元々備前守藤原季綱の山荘があり、それが献上されたのだという。藤原季綱はこの功績により重任宣旨を得た。この地で近習たちが家地を給わって舎屋を造営するあり様は、まるで遷都の如くであったという。御所は讃岐守高階泰仲が造営し、この功で讃岐守重任宣旨を得た。

御所造営を担って重任宣旨を得た讃岐守高階泰仲に注目したい。高階泰仲は白河院とも密接に関係したほか、加賀守・讃岐守・美作守・伊予守と受領を歴任し、藤原忠実家雑色所別当等も務めた人物で、まさに院政期の貴族社会を支えた受領層であった。[36]

高階泰仲による鳥羽殿御所の造営をめぐっては、羽床正明氏によるつぎの指摘が重要である。[37]白河院の御所となっ

た鳥羽殿南殿跡からは複弁八葉蓮華文軒丸瓦と唐草文軒平瓦がセットで大量に出土している。一方これと同文関係ともみられる軒丸瓦・軒平瓦が香川県綾歌郡綾川町陶の西村遺跡から出土しており、鳥羽殿南殿の瓦が讃岐国陶の地域から供給されたことが明らかになっている。さらに国守高階泰仲の邸宅跡と推定される京都の地からは同じく綾南町陶の西村遺跡出土瓦と同文関係にある陰刻唐草文をめぐらせた複弁八葉蓮華文の軒丸瓦が出土しているという。高階泰仲自身の邸宅にも讃岐国陶で製造された瓦が使用されていたのである。

鳥羽殿や高階泰仲邸に造進された瓦の生産地である陶地域は国府所在の阿野郡に位置した中世陶保の故地で、今のところ史料上の初見は建長八年(一二五六)である[38]。陶保は須恵器等の貢進を担う保であったと考えられ、現在多くの窯跡遺跡群が明らかになっている。陶保が所在した阿野郡は先に見たように綾氏が拠点とした一帯であるうえ、綾氏の嫡流はまさに陶地域を含む羽床郷を基盤としていた[39]。瓦の造進に際した讃岐守高階泰仲と綾氏の連携は疑う余地がない。陶保の成立についてもこれまで漠然と院政期頃が想定されてきたが、形式的な点はともかく実質上応徳年中に成立していたのではなかろうか。

ここで改めて野原荘の立荘をめぐる讃岐国の政治情勢について考えたい。高階泰仲は讃岐国守在任中の応徳三年に白河院後院である鳥羽殿の御所造営業務を負い、その活動の一端として綾氏との連携のもと讃岐国陶で瓦を生産し鳥羽殿への供給を進めていた。こうした鳥羽殿造営に際した人的関係や荘園形成の動向をふまえるならば、応徳年中の立券にかかる白河院領野原荘の立荘は、在庁官人の筆頭であり都鄙に拠点を持つ綾氏との連携のもと鳥羽殿御所造営を担った高階泰仲の国務下で実現しており、讃岐国野原荘も山城国芹川荘・真幡木荘と同じく鳥羽殿造営に伴って成立していた蓋然性が認められよう[40]。

おわりに

本稿では讃岐国の中世的展開を考えるにあたり、都鄙を結ぶ主要な港湾地帯の中世的編成のあり方に焦点を当て、主要な港湾の多くが王家・摂関家領として立荘されていた事実に注目し、それら港湾所在地の立荘のあり方について考察した。

成立の契機が判明する港湾地帯の立荘・再編は、すべて御所や御願寺造営に伴ったものと考えられ、造営関係者による国務下で立荘・再編を迎えていた。とりわけ野原荘については国守高階泰仲と在庁綾氏との連携を基にした鳥羽殿の御所造営活動下で立荘を遂げていたことも判明した。郡領氏族の系譜を引いて讃岐国地域一帯の社会運営を担う一方、京都にもネットワークを築いて活動を展開させていた在庁層は、国主・国守等と連携してこうした中世社会への編成を都鄙双方から推し進める重要な役割を果たしていたのである。

本稿では讃岐国における中核的港湾地帯の中世的編成について検討し、その契機と政治関係について一定程度明らかにした。今後は港湾地帯の獲得そのものが王家・摂関家にとってどのような意味を持ったのか、具体的な検討が課題となる。それぞれの編成のもつ意味については異なる地域の実例も含め様々な角度から検討する必要があろう。

註

（1）戦前から現代に至る包括的な研究史整理がなされた荘園・村落史研究会編『中世村落と地域社会』（高志書院、二〇一六年）等参照。また、都鄙関係論の課題については拙稿「中世前期の荘園制・荘園史と地域社会史」（『荘園研究の論点と展望』吉川弘文館、二〇二三年）でも要点を論じた。

（2）ここで示した中世成立期の讃岐地域に関する研究課題の要点は、拙稿註（1）所引「中世前期の荘園制・荘園史と地域社会史」でも論じた。
(3)『香川県史　第2巻　通史編中世』(香川県、一九八九年)、『香川県史　第8巻　古代・中世史料』(香川県、一九九〇年)。
(4) 田中健二「荘園の時代」(前掲『香川県史　第2巻　通史編中世』)、同「讃岐国」(『講座日本荘園史　四国・九州地方の荘園』(吉川弘文館、二〇〇五年)。なお、とくに断らない限り、讃岐国の荘・公に関する基本的な先行研究は両論文による。
(5) 市村高男他編『港町の原像　上　中世讃岐と瀬戸内世界』岩田書院、二〇〇九年)、市村高男他編『港町の原像　下　中世港町論の射程』岩田書院、二〇一六年)。関連した成果として『海に開かれた都市』(香川県歴史博物館、二〇〇七年)等がある。
(6) 小川弘和「瀬戸内海沿岸部の荘園制と平氏」(『中世的九州の形成』高志書院、二〇一六年、初出は二〇一二年)。
(7) 森公章「「郡的世界」から国衙の支配へ」(『東洋大学文学部紀要史学科篇』四九、二〇二四年)、同「古代讃岐地域と都鄙の交流」(四国地域史研究連絡協議会香川大会・香川歴史学会七〇周年記念大会「古代四国における都鄙間・地域間交流」講演レジュメ、二〇二三年七月二十九日)。
(8)『兵庫北関入舩納帳』(中央公論美術出版、一九八一年)には図版と翻刻、解説・考察がまとめられている。
(9) 橋詰茂「瀬戸内水運と内海産業」(『瀬戸内海地域社会と織田権力』思文閣出版、二〇〇七年、初出一九八四年)。田中健二「中世瀬戸内水運に占める備讃瀬戸の位置」(『瀬戸大橋架橋に伴う地域社会の社会体系生活体系・文化体系の変容に関する総合的研究』香川大学教育学部、一九八九年など)。
(10) 川端新「院政初期の立荘形態」(『荘園制成立史の研究』思文閣出版、二〇〇〇年、初出は一九九六年)。
(11) 野口華世「「安楽寿院文書」にみる御願寺の構造」(『人文学報』三五七、歴史学編三三、二〇〇五年)、同「史料紹介　安楽寿院と高倉家」(『東京大学史料編纂所報』一五、二〇〇五年)。野口氏の指摘に学び「安楽寿院古文書」については、比較的良質である高倉家旧蔵「安楽寿院古文書」を底本とした。
(12) 高倉家旧蔵「安楽寿院古文書」所収「康治二年八月十九日太政官牒写」。別系統の謄写本による翻刻は『平安遺文』二五一一九号に所収。
(13) 讃岐国司については『国司補任　五』(続群書類従完成会、一九九一年)も参照。以下、国司の任期について触れる場合、とくに断らない限り本書を参照されたい。
(14)『長秋記』大治四年八月四日条。
(15)髙橋昌明『増補改訂　清盛以前』(平凡社、二〇一一年、初版一九八四年)、拙稿「平忠盛」(『中世の人物(京・鎌倉の時代編第一巻)』清文堂出版、二〇一四年)。
(16)註(6)所引小川「瀬戸内海沿岸部の荘園制と平氏」。
(17)『百練抄』承安二年二月三日条、および同承安三年十月二十一日条等参照。
(18)『玉葉』治承五年七月二十四日条に「法眼志度荘事、示付静賢了、最勝光院領也」とある。なお、最勝光院領の荘園群の成立については、高橋一樹「院御願寺領の形成と展開」(『国立歴史民俗博物館研究報告』一〇八、二〇〇三年)を参照。
(19)『吉記』同日条。
(20)『玉葉』嘉応二年正月二十七日条。
(21)田中健二「鎌倉幕府の成立と展開」(前掲註(3)所引『香川県史　第2巻　通史編中世』)等参照。
(22)安元二年二月八条院領目録(内閣文庫蔵山科家古文書、『平安遺文』五〇六〇号)。
(23)久安元年十二月日讃岐国善通・曼荼羅寺寺領注進状(宮内庁書陵部所蔵文書、『平安遺文』二五六九号)。
(24)前掲註(21)所引田中健二「鎌倉幕府の成立と展開」等参照。
(25)「綾氏系図」(『続群書類従』七上、続群書類従完成会、一九五八年)。
(26)森公章「古代土佐国・讃岐国の相撲人」(『在庁官人と武士の生成』吉川弘文館、二〇一三年、初出二〇一〇年)、同「古代常陸国の相撲人と国衙機構」(同氏前掲書所収、初出は二〇一二年)。綾氏については、野中寛文「讃岐武士団の成立」(『四国中世史研究』創刊号、一九九〇年)も参照。
(27)『兵範記』保元三年六月二十七日条。
(28)前掲註(26)所引、森公章「古代土佐国・讃岐国の相撲人」。
(29)「春日社神主祐賢記」(『大日本史料　三編之十七』永久四年八月十二日条)。
(30)前掲註(26)所引、野中寛文「讃岐武士団の成立」。

(31)『中右記』天永二年三月二十日条。西山史朗「近衛府下級官人補任稿(2)」(『佛教大学大学院紀要』文学研究科篇四七、二〇一九年)も参照。
(32)『中右記』天永二年八月二十一日条、『殿暦』同日条。
(33)松本和彦「野原の景観と地域構造」(前掲註(5)所引『港町の原像　上　中世讃岐と瀬戸内世界』所収)。
(34)前掲註(12)所引、高倉家旧蔵「安楽寿院古文書」所収「康治二年八月十九日太政官牒写」。
(35)『扶桑略記』応徳三年十月二十日条(『新訂増補　国史大系』)。高階泰仲は寛治七年(一〇九三)まで讃岐守見任が確認できる。『中右記』寛治七年十二月十八日条参照。
(36)摂関家家司については、『中右記』寛治二年正月二十一日条等参照。雑色所別当については、『殿暦』康和四年四月三十日条参照。
(37)羽床正明「讃岐守高階泰仲と讃岐国在庁官人綾氏」(『香川史学』一〇、一九八一年)。
(38)建長八年三月日讃岐国司庁宣写(祇園社記録神領部十五、『鎌倉遺文』七九七八号)。
(39)前掲註(25)所引、「綾氏系図」。なお、綾氏の嫡流は羽床を名乗っていく。
(40)『中右記』寛治七年十二月十八日条によると、高階泰仲の讃岐守任期について「泰仲朝臣讃州八年、明春得替之時也」としている。これによると高階泰仲は応徳二年(一〇八五)頃から讃岐守を務めていたことになる。

中世後期の瀬戸内と守護権力
――瀬戸内中部を中心として――

川岡　勉

はじめに

瀬戸内社会は、何よりも西日本を貫く物流の大動脈である瀬戸内海の存在によって特徴づけられる。内海世界の広がり、そこに点在する多くの島嶼・半島・入江などは、陸の世界とは異なる相貌をもたらすことになる。瀬戸内海を通じた人や物の移動・交流は、中世国家を支える生命線であり、港湾の整備や流通障害の除去は重要な課題であった。また、瀬戸内海を介して沿岸諸国は互いに深く結びついているため、国を単位とするまとまりでは完結しない構造をもっていると言えよう。

瀬戸内海では、東西から流れ込んだ潮流が中央部にあたる備後の鞆の沖合いでぶつかり合い、引き退くという自然現象が日々繰り返されている。こうした環境に規定されて、瀬戸内の東と西では様々な面で社会的な差異が生じることになる。中世後期においては、備中・讃岐以東の瀬戸内東部は京都を中核とする求心的な政治支配の影響を強く受けており、兵庫・堺など大阪湾の港湾都市は畿内の窓口として機能した。これに対し、備後・伊予以西の瀬戸内西部では畿内への求心力が相対的に希薄であり、むしろ九州の動静と深く結びついて自立的な政治状況が展開するようになる。

このような状況の中で、瀬戸内の中部では東西の権力秩序が交錯して、複雑で流動的な政治状況が展開した。中世瀬戸内海の海運を論じた市村高男氏は、瀬戸内海を東西二つの海域に区分するよりも、塩飽諸島から防予諸島までを第三の海域、すなわち中瀬戸内海として措定するのが妥当だと指摘している〔市村 二〇〇四〕。この見方は政治状況を考える上でも有効であり、備後・安芸・伊予など瀬戸内中部の権力秩序は、瀬戸内の東部や西部と異なる独自の地域的な特徴を帯びていたように思われる(1)。

本稿は、以上に述べた瀬戸内社会の特徴と地域的な差異を念頭に置きながら、中世後期の政治状況について検討を加える。筆者は、中世後期の武家権力の構造を室町幕府―守護体制という概念で捉え、幕府の全国支配と守護の分国支配が相互補完的に結びつく仕組みを解明しようとしてきた〔川岡 二〇〇二〕。地域社会は守護の分国単位で秩序づけられ、幕府の全国支配も概ねそれを媒介とする形で展開するのが基本的なあり方であった。ただし、権力支配が具体的にどのような形で顕現するかは、各地域によって少なからず差異が認められる。本稿では、瀬戸内中部を主たる対象として、守護を中心とする中世後期の権力秩序のあり方について考察していくことにしたい。

1　瀬戸内の守護権力と国人一揆

(1)　瀬戸内諸国の守護配置

建武三年(一三三六)二月十二日、西国に落ち延びて再起を図ろうとした足利尊氏は、播磨の室津に逗留して国大将を定め、後醍醐方の追撃に備えようとした。『梅松論』によれば、この軍議では、四国は細川氏に委ね、山陽筋は足利一門(石橋・今川・桃井・大嶋・斯波)を各国の有力者(播磨赤松・備前松田・安芸小早川・周防大内・長門厚東)と組み合わせて登用する方策が打ち出され、これが瀬戸内における守護配置の起点となるのである。

その後、南北朝期には、幕府の対南朝政策や戦乱の展開状況などに対応して諸国の守護家は頻繁に変動を見せた。とくに観応の擾乱、康暦の政変をはじめ、内紛や政変のたびに守護家の交替がみられたが、南北朝の内乱が収束に向かう一三七〇年代には、播磨・備前は赤松氏、美作・備後は山名氏、備中は渋川氏、安芸は今川氏、周防・長門は大内氏、伊予以外の四国は細川氏、伊予は河野氏がそれぞれ守護職に補任されている。

守護の権限は観応期を境に拡大しており、守護を介した一元的な支配が強まり、守護を中核とする国単位の支配原理の下に地域社会が秩序づけられていった。その中で貞治二年(一三六三)に幕府に帰服した山名時氏と大内弘世は、山陰・山陽に多くの分国を確保して強大化したため、両氏は将軍足利義満にとって警戒を要する存在になっていく。一方、四国の反幕府勢力を討伐した細川頼之は、京都政界に迎えられ、義満を支えて政治的手腕を発揮するものの、康暦元年(一三七九)の政変で失脚して讃岐に下った。

康応元年(一三八九)、義満は厳島参詣を名目に大がかりな西国への船旅を決行した。『鹿苑院殿厳島詣記』や『鹿苑院西国下向記』によれば、義満や斯波義種・細川頼元らが乗り込んだ御座船を海賊の船が警固し、これに随行する畠山基国・土岐満貞・今川了俊の船など、細川頼之が手配した百余艘の大船団が瀬戸内海を西下した。途中、讃岐の宇多津で細川頼之父子が義満を出迎え、大内義弘は周防の下松に馳参し高洲に御所を設けて義満をもてなした。備後から下向した山名時熙も高洲御所に参上している。帰路、義満は周防の竈戸関で伊予河野氏と対面し、備後尾道において山名時義より、備前牛窓で赤松持則より、播磨の室津では赤松義則より饗応を受けている。この船旅は単なる寺社参詣を目的とするものではなく、瀬戸内海沿岸諸国の情勢把握や諸大名との関係修復・強化という政治的なねらいを持っており、守護たちへの示威行動として行われたものであったとみて間違いあるまい。

しかし、その二年後、山名氏清らが義満に背いて挙兵する明徳の乱が起こり、山名一族は美作・備後などの守護職を失い、美作は赤松氏、備後は細川氏の分国となった。それからさらに八年後、大内義弘が応永の乱を起こして敗死するに至る。義弘の弟盛見も幕府に敵対する姿勢を示し、幕府の送った追討軍を破って周防・長門を制圧して、応永十年（一四〇三）には両国の守護職を幕府に追認させたとみられる。一方、和泉・摂津・備中は細川一族の分国となり、備後・安芸の守護職は山名一族の手に帰して瀬戸内諸国の守護の配置がほぼ固まっていくのである。

(2) 応永の安芸国人一揆

応永の乱とその後の政治情勢の展開は、瀬戸内社会に少なからず影響を及ぼした。大内義弘が幕府に背いて討ち取られたため大内氏は大きな危機に直面したが、乱後の対幕府戦争を勝ち抜いたことによって大内氏の防長支配は格段に進展し、周辺諸国へも大内氏の影響力が広がるのである。松岡久人氏は、大内氏が安芸に築いていた地位は応永の乱で一頓挫したが、早期に回復して応永十年の中頃には安芸の諸豪族を沈黙させる勢いを示したと論じている［松岡二〇一一］。また、翌十一年九月に安芸で発生した国人一揆について、松岡氏は一揆の背後には大内氏がおり、幕府は国人一揆によって政策を後退・妥協させられ、守護勢力の確立が見られないまま大内氏の勢力伸長につながったという。

松岡氏の議論を受け止めつつ、新たな見方で応永の安芸国人一揆と山名氏の守護支配を位置づけたのが岸田裕之氏の研究である［岸田一九八三］。岸田氏は、山名氏の備後・安芸・石見三国の守護補任は幕府の大内氏封じ込めのねらいによると捉え、これに抵抗するために大内氏与党の領主が国人一揆を起こしたとする。しかし、一揆側の敗北に終わり、幕府の守護政策が貫徹したと論じている。一揆の背後に大内氏の存在を見いだすのは松岡氏と同じであるが、一揆のもたらした結果については正反対の評価が示されている。

これに対して、近年、原慶三氏は飯分徹氏の分析を踏まえて、安芸国人一揆に関して新たな理解を打ち出した［原二〇一七］。原氏は一揆の原因を安芸における大内氏与党勢力の排除に求める理解を批判し、安芸国衙領などの押領問題から一揆の発生を説明する。そもそも一揆に参加した三十三名の国人が大内氏の与党であったことは証明されておらず、応永の乱で大内義弘に与同したことが確認される芸州国人も厳島神主家など、わずかしかいない。国人一揆のリーダー的存在であった毛利光房なども、幕府から大内氏討伐を命じられている。応永十一年九月二十三日付の一揆契状の第一条に「故なく本領を召し放たるに至りては一同に歎き申すべき事」と書かれているように(『大日本古文書　家わけ第八　毛利家文書』二四号、以下毛利○○と略記する)この国人一揆は所領没収への危機感こそが主たる要因であったとみるべきであろう。これに先立つ六月二十六日、幕府が安芸守護山名満氏に宛てて、安芸の地頭御家人の「当知行新本所領」に関する支証を八月五日以前に提出するよう触れることを命じており(「福原文書」四、『広島県史　古代中世資料編V』)、一揆契状はこれに反発するものだったとみてよい。一揆の構成員には、毛利光房と並ぶリーダーであった平賀妙章をはじめ、東寺領である安芸国衙領を押領しているとして訴えられていた者たちが少なくない。その中に武田氏惣領家を除く武田氏関係者が多いのも特徴的であり、構成員の半数近くを占めている(2)[飯分二〇一四]。押領を重ねることで所領を拡大してきた彼らが、証拠書類に基づく知行権の確認調査に危機感を募らせたのは大いにありうるところである。大内氏の与党か否かにかかわらず、知行権の認可をめぐる確執こそ幕府・守護と一揆側の対立の焦点であったとみられる。

前述したように、岸田氏は安芸国人一揆は敗北して幕府の守護政策が貫徹したと論じているが、この点も確証があるわけではない。幕府は一揆討伐を図る安芸守護に合力させるため隣国の備後や石見の軍勢を発向させたが、応永十三年閏六月になって、山名氏の惣領常熙が一揆の中心人物である毛利光房と平賀妙章に宛てて書状を送った。そこには両度の起請文の提出をふまえて、軍勢の発向停止、面々の進退御免、守護満氏の更迭を約束する上意が示されている(毛利三九)。七月三十日の常熙書状では、新守護が任命されたことを毛利・平賀両人に伝え、「面々御本意満足せしめ候か」と述べている(毛利四一)。常熙の尽力により一揆構成員を赦免する御教書が出されて、国人一揆は収束に向かうことになる。

岸田氏は、毛利氏や平賀氏が起請文を提出したことを降伏と捉え、一揆の瓦解・分裂を主張する。守護の交替は、幕府の一揆衆への名目的配慮という程度の意味しかないとするのである。しかし、一揆側が起請文を提出したからと言って降伏と判断することはできない。原氏は合意内容について一揆側が幕府の所領の安堵確認に協力するというものであったかと述べるが、一揆収束後に知行関係が大幅に変更された形跡は乏しく〔呉座 二〇一四〕、むしろ国人の側が事実上、幕府・守護の圧力を跳ね返して彼らの所領を守ったとみるべきであろう。国人一揆により幕府は政策を後退・妥協させられ、安芸では守護勢力の確立が見られなかったとする松岡氏の見解の方が妥当性は高い。

以上のことからみて、幕府・守護の側が勝利して支配が貫徹していくと判断するのは困難である。実際、応永の乱後に山名氏が守護職を得た備後・安芸・石見のうち、安芸は他の二国に比べても国人の自立度が高く、山名氏の守護支配は大きな限界を抱えていた〔川岡 二〇二三〕。山名氏が安芸国内の所領を国人に宛行った事実はほとんど確認できず、国内領主を被官化する動きも認められない。安芸国内の紛争解決に乗り出した事例も多くない。

安芸には奉公衆や将軍家に直属する国人が多いが、国内で最大の勢力を保持していたのは南北朝期に守護を務めていた武田氏であった。武田氏は広島湾から芸北まで安芸西部を広く押さえ、その分郡である安南・佐東・山県郡では同氏が役夫工米の究済に当たっている。安芸中部の賀茂郡も、東西条を所持する大内氏が領域支配を展開しており、山名氏の守護支配の管轄外にあった。安芸北部の毛利氏や東部の沼田小早川氏も自立的な立場を確保しており、文安年間の造内宮役夫工米は、吉田郡では毛利氏、沼田郡では小早川氏によって徴収されている（毛利七一・『大日本古文書　家わけ第十一　小早川家文書』「小早川家証文」九六号、以下小早川証文〇〇と略記する）。市川裕士氏が指摘するように安芸は守護代以下の分国支配機構が未整備であり、永享四年に山名氏が国人層に軍事動員をかけた時には備後の守護代を安芸境に派遣して催促がなされた〔市川 二〇一七〕。しかも、武田氏と沼田小早川氏については、「守護成敗に応ぜざる者」だとして将軍家から動員が命じられるのである（『満済准后日記』永享四年十月十日条）。こうした状況からも、国人一揆に結集した領主たちが敗北して守護山名氏の勢力が浸透したとみるのは難しいことが了解されよう。

2 芸予両国の紛争と武家領主

(1) 大内氏と細川氏の対立

岸田裕之氏は、山名氏の備芸石三国守護職の補任が大内氏封じ込めを図る幕府の政策によるものであったことを強調する[岸田 一九八三]。こうした理解が、山名氏に抵抗する応永の安芸国人一揆を大内氏与党の一揆と捉える評価にもつながっている。しかし、岸田氏によれば、国人一揆の収束後は、山名氏が大内氏と提携を深めるという情勢変化の中で、幕府は山名氏に代わって備芸石の国人領主と安芸武田氏に大内氏の封じ込めを期待するようになるという。そして、幕府と大内氏の双方からの圧力が加わる中で、国人たちは相互の抗争による不利益や国内不安除去のために盟約を結んで国人領主連合を形成し、その盟主として毛利氏が戦国大名に発展していくと論じるのである。

毛利氏の戦国大名化まで視野に収めた岸田氏のシェーマに対しては、少なからず疑問が思い浮かぶ。国人一揆の収束後に山名氏の安芸支配が強化されたという見方に問題があるのは前述した通りであるが、以後の幕府と大内氏の関係を対立的に捉えるのも正しくあるまい。応永十五年(一四〇八)に足利義満が死去した翌年、大内盛見は上洛し、以後十五年にわたって在京をつづけた。義持・義教期には大内氏と幕府の関係は改善され、幕府は大内氏を介して西国支配を図っており、桜井英治氏は大内氏の軍勢は義持の頼もしい軍事力(影の直轄軍)であったと述べて大内氏への軍事的依存を指摘している[桜井 二〇〇一]。

外部から圧力が加わる中で備芸石三国に国人領主連合が形成されていくことを強調する見方にも問題がある。応永三十二年、九州情勢の緊迫化により大内盛見はにわかに帰国し、永享三年(一四三一)に筑前で戦死するまで、基本的に九州で活動する。後継者となる大内持世も、同九年に九州平定を果たして周防に凱旋し、同十二年に上洛するまで西国で活動するのである。一連の軍事行動に関して、大内氏は幕府に要請し、山名氏の協力も取り付けて備芸石および伊予の軍勢の合力を得ている。安芸の平賀氏や石見の益田氏、伊予の河野氏など、九州に出陣した当主が戦死した一族もいる。このような情勢下で、大内氏と隣国の国人との関係は深まりをみせていくのである。

ただし、大内氏との関係に懸隔が生じた一族もいる。山名氏の統制に服さない武田氏と沼田小早川氏は義教の命令で九州に出陣したものの、合戦には非協力的で、武田信繁は九州から無断で帰国して咎められ、管領細川持之の根回しで赦免されている。沼田小早川氏の場合は、持平・煕平兄弟の不和が表面化したが、上意により和睦し、細川持之の吹挙により三宝院満済が持平と対面している。武田氏と沼田小早川氏は、ともに細川氏の尽力で地位を保全しており、細川氏との間に親密な関係を取り結んでいくことになる。国人一揆の収束後、安芸の国人は大内方と細川方に大別される傾向をたどるのであり、国人領主連合による自立した在地秩序の形成という方向に単純化して捉えることはできないように思われる。

九州支配が一段落した十五世紀半ば以降、大内氏は安芸国内への進出を加速していった。大内氏にとって、安芸における権力基盤の中心は賀茂郡の東西条であった。大内氏は南北朝末期に幕府から東西条を与えられたとされ、守護の権限が及ばない領域支配を展開していた(3)。応永三十二年には郡戸郷五十貫地を平賀氏に給付し、内海村を竹原小早川氏に預け置くなど、東西条の所領を有力国人に与えて与党に組織している。その後も、寛正六年(一四六五)に天野氏に原村百貫地を預け置き、毛利氏に応仁・文明の乱の戦功として東西条千貫(御薗宇・寺町・寺家・原・三永・金蔵寺領)を与えるなど、大内氏が安芸国人を味方につける上で東西条の所領は大きな役割を果たした。知行地を得た国人たちには、「大内方の役」を勤めることが義務づけられている(『大日本古文書　家わけ第十一　小早川家文書』八六号、以下小早川〇〇と略記する)。逆に東西条と境を接して所領を保持していた沼田小早川氏は、久芳保が「大内押領」のため不知行になるなど、権益が脅かされていくのである(小早川証文五三)。

安芸国内において東西条と並んで大内氏の拠点であったのは、能美島・倉橋島・蒲刈島・呉など、広島湾から安芸灘にかけての島嶼部である。寛正二年(一四六一)に山口より分国各地までの行程日数を定めた『大内氏掟書』第十条には、安芸では東西条と日高島(上蒲刈島)が七日、呉島が五日、蒲刈島が六日、能美島が四日とされている。応仁・文明の乱に参加するために大内勢が上洛した時、先陣を勤めたのは「ノウヘ《(能美)》・クラハシ《(倉橋)》・クレ《(呉)》・ケコヤ《(警固屋)》」の海賊衆であり、大内氏がこの海域の海賊衆を組織していたことが知られる(『経覚私要鈔』応仁元年七月三日条)。

応永二十七年(一四二〇)に朝鮮使節が来日した際の見聞を記した『老松堂日本行録』には、蒲刈に到泊した記事の中で「此の地は群賊の居る所にて王令及ばず、統属なき故に護送船もまたなし」と書かれている。政治権力による安全保障が得られないため、通航船舶は海賊衆の形成する自律的なルールに従わなければ当海域を通過できなかったのである。ところが、嘉吉三年(一四四三)に朝鮮使節が赤間関に来着した時には、大内教弘が京都に報告するとともに、護送船四隻を発して尾道まで送り届けている。大内氏の海賊への影響力が大きくなり、周防大島から能美島・蒲刈島を経て尾道に至る海路の統制力が強まったことがうかがわれよう[4]。万里小路家領である能美別府の年貢を請け負っていたのは大内氏の被官人であり(『建内記』永享十一年六月二十三日条・嘉吉元年四月二十一日条)、倉橋島や蒲刈島に所領を持つ多賀谷氏や竹原小早川氏なども大内氏と親密な関係を取り結んでいった。

一方、大内氏に対抗する領主たちが頼ったのが、中央政界の実力者である細川氏だった。永享八年、厳島神主の藤原親藤は、神領の高田原が宍戸安芸入道智元に押領されたとして幕府に訴えた(「厳島野坂文書」一八一一、『広島県史　古代中世資料編Ⅱ』)。智元は管領細川持之の被官人であり、細川氏と結びついて権益を拡大しようとしていたのである。幕府は今は九州在陣中であるとして守護山名氏を通じて親藤に堪忍を申し渡す一方、細川持之を通じて智元に違乱停止を求めている(「巻子本厳島文書」一二、『広島県史　古代中世資料編Ⅲ』)。宍戸氏の庶流家である安芸守家は、以後も細川京兆家の被官として、大内氏と親密であった宍戸惣領家に敵対していくのである。

嘉吉元年、足利義教による家督介入を契機に小早川惣領職をめぐる争いが激化した。享徳四年に竹原小早川氏と沼田小早川氏の間で和談が成立し、沼田荘競望の訴訟はいったん停止されるものの、その後も両氏の対立は収まっていない。竹原小早川氏は大内氏の偏諱を受けており、竹原盛景の子弘景は文安六年(一四四九)に大内教弘より加冠状を授かっている(小早川証文三七〇)。一方、沼田小早川氏の側は細川勝元と結んでこれに対抗しており、同じ年に沼田熙平が備後守に任じられた時にも勝元が尽力したらしく、この件を秋庭氏から勝元に披露するように求める文書が出されている(小早川証文一〇〇)。沼田小早川氏は、細川氏の有力内衆として備中に拠点を有する秋庭氏を通じて勝元とつながっていたのである。(5)

勝元は文安二年以来、通算で二十一年余りにわたって管領に在任しており、小早川熙平・毛利熙元・平賀頼宗・吉川経信など、勝元に便宜を受けた安芸国人は少なくない。康正二年(一四五六)、吉川経信の子信経は上洛して勝元の被官となることを望んだ。信経は、兄之経の子に「公方奉公」をさせ、弟信経には勝元の被官になるように亡父経信が遺言を残したと主張している(『大日本古文書　家わけ第九　吉川家文書』二八八号、以下吉川〇〇と略記する)。惣領家が公方奉公を担い、庶流家が細川氏に被官化するという方式は宍戸氏のケースと同じである。しかし、之経がこれを妨害し、将軍義政も勝元に使者を送って信経の被官化を許そうとしなかったため、信経の細川被官化は実現しなかったようである。

馬部隆弘氏によれば、細川京兆家の奉行人奉書は分国における被官への命令文書として成立したものであり、勝元の奉行人奉書は当初は自身の守護分国に限定的であったのが、分国外への被官人の拡大に伴って分国外に宛てた奉書が出現するという[馬部 二〇一八]。末柄豊氏は、戦国期の京兆家が被官関係を軸に幕府から相対的に独立した地域支配を展開していくと論じている[末柄 一九九二]。細川氏は畿内から瀬戸内東部にかけて一族で多くの分国を保持しており、瀬戸内海東部の流通・交通は基本的に細川氏が掌握していた［本多 二〇一二］。それを背景としつつ、細川京兆家は守護職に依拠するのではなく、被官化を通じて瀬戸内の中部にも影響力を伸ばしていくのである。京兆家に顕著な被官化の動きは、その幕政における有勢な地位に由来するとみて間違いあるまい。

年未詳ながら勝元から小早川因幡入道に宛てて、子息を大内被官人としたことを詰問した書状が残されている（小早川証文五五一）。また、大内政弘は小早川弘景に対して、「当郡内衆の内、たとえ未だ被官せざる仁に候といえども、今時分罷り出で奉公せしめ、軍忠いたし候わば、扶持を加うべく候」と申し送っている（小早川証文三九九）。十五世紀半ば以降、大内氏は下文形式の宛行状を発給して自らの御家人に組み込む動きを展開しており、安芸国内の領主の中にも久芳・市来・乃美氏など、周防の熊毛郡や安芸の東西条に給恩地を与えられて御家人に加わる者が現れるようになる［川岡 二〇〇二］。細川氏と大内氏の間で、被官人の組織化をめぐる競合関係を認めることができよう。

安芸における最大の細川氏与党だったのは、国内西部に広く勢力をはる武田氏であった。大内氏と武田氏の関係が悪化する大きな要因は、厳島の神領に対する武田氏の進出であり、厳島神主家が大内氏に支援を仰いだことから大内氏と武田氏の対立へと発展していった。厳島神主家と武田氏の相論は、応永四年（一三九七）から確認できるが、大内氏と武田氏が初めて武力衝突するのは文安四年（一四四七）のことである。この時は、矢野・船越・倉橋・能美など広島湾東岸から島嶼部にかけて、すなわち大内氏の勢力圏と武田氏の勢力圏の接点において戦闘が生じている(6)。

宝徳二年（一四五〇）、厳島神主家は宍戸・平賀・天野・毛利・武田の諸氏による押領分を書き上げて還付を訴えた（「巻子本厳島文書」一五）。とくに武田氏によって押領された神領が多く、佐東郡一帯に広く分布していた。享徳三年（一四五四）二月、小泉・平賀両氏による厳島社領造果保の違乱停止を命じる室町幕府奉行人奉書が大内氏に宛てて出された（「巻子本厳島文書」三）。ところが、翌康正元年十二月には、厳島神主による造果保の押領を停止させ、小泉氏に沙汰付を命じる細川勝元の奉書が沼田小早川氏と吉川氏に宛てて発せられている（小早川証文一一八・吉川二八三）。

勝元奉書と前年の幕府奉行人奉書では、正反対の内容が示されているのである。大内氏に頼って神領回復を図る厳島神主家と、厳島神主家の排除を命じる細川氏が激しく対立している様子が読み取れよう。

康正三年(一四五七)、大内氏と武田氏の二度目の軍事衝突が起こる。この年三月、厳島神主の藤原教親は大内教弘の子亀童の被官人を引率して己斐・石道に入部を企て、神領回復をめざした。武田氏は細川勝元に注進し、毛利・吉川・沼田小早川氏らが武田氏に合力して兵を送った。大内方は武田氏の本拠地である金山城を激しく攻め立てたが、陥落させることはできなかった。

寛正二年(一四六一)正月、幕府に背いた斯波義敏を庇護していた大内教弘の討伐を命じる幕府の奉書が出され(『経覚私要鈔』正月二十二日条)、東西条を大内氏から取り上げて武田氏に渡すことを求める幕命が示された(小早川証文一二九)。幕府は沼田小早川氏と備後の宮氏を使節として山口に下向させている。東西条の支配拠点であった鏡山城の周辺では、大内氏に与力する野間・阿曽沼・平賀・竹原小早川氏らと武田方の間で攻防戦が展開し、沼田小早川氏は武田方に合力して竹原に発向したようである。ところが、同六年六月二十九日になると、大内氏の訴えを認めて東西条を大内氏に返付する旨の義政袖判御教書が出されている(『大日本古文書　家わけ第二一　蜷川家文書』五三)。河村昭一氏は、幕府が四年前と正反対の決定をした背景・経緯は不明とするが[河村　二〇一〇]、同時期の大内氏の動き、とりわけ瀬戸内海対岸の伊予における細川氏との対立関係の先鋭化を視野に収めて読み解いていく必要があろう。

以上にたどってきたように、応永の国人一揆以後、安芸では守護山名氏が在地秩序を編成・整序するのに失敗し、守護支配は形骸化していった。こうした中で、管領家として幕政の中枢にいた細川氏と結んで権益を確保しようとする国人が見られる一方、これに対抗して隣国の守護大内氏の与党となる国人もいた。安芸の国人は細川氏と大内氏にそれぞれ接近し、二大陣営に分裂して争い合う状況が展開するのである。

(2) 寛正伊予の乱

応永末～永享期の九州の戦乱において、備後・安芸・石見・伊予の軍勢が大内氏に合力して出兵したことは前述した。これら四か国の国人は大内氏の九州経営を背後から支える存在として期待されており、大内氏は彼らの合力を得ることを重視し、関連して備芸石の守護である山名氏との良好な関係の維持に努めた。山名持豊(宗全)の養女が大内教弘のもとに嫁いだのは嘉吉三年(一四四三)のことである。大内氏にとって、とくに隣接する安芸と石見、次いで備後・伊予の国内情勢には常に目を光らせておかなければならなかったのである。

同時期の伊予では、守護家である河野氏において家督をめぐる紛争が生じていた。惣領家に対抗する庶流家は、ここでも細川氏の後援を受けて活動しており、九州の戦乱に伊予勢の合力を得ようとする大内氏は、家督奪取をめざす庶流家の動きを抑制するように幕府に要請している(『満済准后日記』永享三年八月九日条)。永享七年(一四三五)に河野通久が大内氏に従って九州で戦死した後は、通久の子教通と、細川勝元に支えられた河野通春が、長期にわたって軍事衝突を繰り広げた。文安・宝徳・享徳年間の幕府発給文書を見ると、幕府は基本的に教通を支持する立場をとっていたが、勝元の管領在職中は逆に通春を支持する奉書が出された〔石野二〇一五〕。享徳二年(一四五三)五月十五日、勝元は備後の村上備中守(吉資)に対して、通春の帰国に忠節を尽くしたことを賞す奉書を与えている(「因島村上文書」九、『広島県史　古代中世資料編Ⅳ』)。その直後、勝元は伊予の守護職を改替するなど上意を伺わず管領の判断で御教書を発すること度々に及んだとして将軍義政に咎められたとする記事が『康富記』五月三十日条に見える。勝元の管領辞任の噂が流れたと言う。勝元は通春を守護にすえようとしたが、十八歳に長じた義政に認められなかったのであろう。

康正元年(一四五五)十二月二十九日、細川勝元は教通に代わって伊予国守護職を拝領した。ここに勝元は、細川一族による全四国の分国化という野望を達成したのである。これ以後、河野通春が勝元の代官的な立場で国内を押さえていくとみられる[川岡 二〇一三]。

伊予国内には四国山地の山間部に拠点を有する大野氏・森山氏・宇都宮氏・重見氏など細川氏与党の国人が少なない[川岡 二〇〇六]。彼らは細川氏の動員に応えて軍事行動を展開しており、国境を越えて土佐に進攻することもあった。一方、芸予諸島においても、康正二年に東寺領弓削島を押領していた小早川小泉・山路両氏について、「細川殿さま御奉公の面々にて候」と書かれている(「東寺百合文書」に)。小泉氏は沼田小早川氏の庶流家であり、細川氏の配下で弓削島や越智大島に進出してきた一族であった。

寛正四年(一四六三)、細川勝元と良好な関係を維持していた河野通春が勝元に離反して敵対するという事件が生じた。筆者はこれを寛正伊予の乱と名づけ、旧稿において関連史料を洗い直して前後関係を整理した[川岡 二〇一三]。通春は敵対してきた教通方と和睦して細川氏に対抗したため、同六年に勝元は幕府を動かして将軍家の上意による通春退治命令に切り換えた。讃岐・土佐の細川勢に加えて、伊予の細川方の国人、それに吉川・毛利・沼田小早川・出羽・得屋・豊田氏ら備芸石三国の軍勢が河野氏の本城である湯築城に攻め寄せた。ところが、周防の大内勢が河野氏救援のため渡海してくる。九月三日に大内教弘は興居島で病死するものの、子息の政弘が伊予本土に上陸し、九月十六日の湯築城攻防戦で勝利して細川勢を撃退するのである。

従来、大内氏の伊予渡海は勝元の合力要請に応えたものと考えられてきた。しかし、旧稿で指摘したように、勝元が大内氏に合力を要請した確実な史料は残されていない。大内氏の勝元合力をわずかにうかがわせるのは、「楽音寺文書」の小早川弘景書状の末尾に見える次の注記である。これを原文のままに示すと、「大内殿景兆為合力与州渡海ス、又竹原弘景為大内合力渡海之時状也」となっている。旧稿では、異筆の注記をそのまま信じるべきではないとして、勝元合力の証拠にならないことを述べたが、あらためて考えてみると注記に見える「景兆」を勝元とみなすことがそもそも疑問に思われてくる。「景兆《（京）》」を細川右京大夫勝元と解釈したのは『広島県史　古代中世資料編Ⅳ』であり、『愛媛県史　資料編　古代中世』もこれを踏襲している。しかし、大内氏が勝元に合力するという意味であれば、注記の後半と同様に「大内殿為景兆合力与州渡海ス」と書かれるのではあるまいか。そうなっていないのは、注記の記載が「大内殿」を「景兆」と言い換えたものだったからではないか。そう解釈すれば、「景兆」は大内左京大夫教弘のことになる。原文書の写真版を閲覧すると、「大内殿景兆」で行替えして「為合力与州渡海ス」となっている。「景兆」は勝元ではなく、教弘を指していると考えた方がよい。以上のことから、この注記もまた大内氏が勝元合力のため渡海した証拠にはならないことが判明する。

関連して、次の史料に出てくる「京兆」も、大内教弘を指した可能性を指摘できる。年未詳二月九日付の兵部少輔通忠書状（『築山本河野家譜』）の「去年京兆取合を以て三百貫、又々折紙方へ遣し候、今に無沙汰候間、彼入道以ての外に腹立ち候、それさへ秘計に及ばず候、然りといえども近日申し談ずべく候」という文章に見える「京兆」である。差出人の兵部少輔通忠とは、山内譲氏が指摘するように河野教通の弟である通生が正しいであろう〔山内　一九九八〕。通生は在京する教通の代官として活動し、寛正六年二月十六日に通春と連署した寄進状を氏寺の善応寺に発給した人物である。この書状に見える「京兆」を教弘と解釈すれば、教弘の「取合」（仲介）により教通方と通春の講和が実現したにもかかわらず、その礼銭として支払うべき三百貫が無沙汰であったことに左京大夫入道（教弘）が腹を立てており、本書状ではそれにどう対処するかが問題になっていると解釈できる。本書状の前半には「周防衆、曾祢伊座衆を置き候へば、廿五悉く帰国候」と書かれており、これは寛正五年九月段階で伊予に駐屯していた周防大内勢が翌年初めに帰国したことを指しているのであろう。したがって、この通生書状は、寛正六年二月のものである可能性が高い。宛所の記載は「進上　人々御中」と厚礼であり、京都にいる教通に宛てたものとみられる。

以上のことから、寛正四年に河野通春が細川勝元に背いて戦乱が生じた翌年、大内氏は伊予に軍勢を渡海させるとともに通春と教通方の仲介に乗り出し、両河野氏を講和させることに成功したと考えられる。同六年、勝元の要請により幕府が河野氏討伐の軍勢を進攻させると、大内勢は再び渡海して河野氏を救援し、細川方を撃退したのである。

大内氏にとって、周防の対岸にある伊予は隣接する石見・安芸に次いで目を光らせておかなければならない国であった。通春の離反を機に細川氏の影響力を排除するために、大内氏は当主自らが軍勢を率いて伊予に渡海した。教弘は九月三日に興居島の陣中で病没するものの、子息の政弘が伊予本土に上陸し、同十六日の湯築城の攻防戦を制して所期の目的を達したのである。大内氏は細川氏に対抗する明確な意思をもって伊予に乗り込んできたと考えられる。

なお、前述したように、寛正六年六月二十九日に大内氏と武田氏の間で係争地となっていた安芸の東西条を大内教弘に返付する御教書が出された(『蜷川家文書』五三号)。これは幕府が通春退治の幕府御教書を出した四日後のことであるから、大内氏に東西条の領有を認めることで懐柔を図り、通春合力を制止しようとするねらいがあったのではないかと思われる。しかし、大内氏の反幕府行動が明確となるに及んで、幕府は大内氏の翻意を促すために計画していた使節の派遣を中止し、大内氏討伐の方針に切り替えた。大内政弘が山口に凱旋した十月二十六日、幕府は政弘退治のため備後・安芸・石見の国人に出兵を命じている(吉川四八・三三六)。

とはいえ、幕府にとって大内氏を敵視するのは得策ではなかった。寛正六年に出発した第十二次遣明船では、大内氏が三号船を仕立てており、幕府は遣明船の費用として十万疋の銭の借用を大内氏に申し入れている。大内氏が室町幕府—守護体制から離脱することは、幕府の九州支配やアジア外交にとって大きな打撃だったのである。結局、翌年七月に政所執事の伊勢貞親の画策により幕府は政弘を赦免するに至る(『大乗院寺社雑事記』七月三十日条)。面目を失った勝元はいったん隠居を決意したが、ひとまず思いとどまったという。安芸や伊予で表面化した細川氏と大内氏の対立関係は根深く、それがまもなく勃発する応仁・文明の乱の構図に引き継がれていくのである。

3 戦国期における瀬戸内の権力状況

(1) 大内氏の瀬戸内支配と応仁・文明の乱

文正元年(一四六六)三月十一日、細川勝元は小早川熙平に書状を送付し、沼田小早川氏の注進状と武田氏の書状を披見したことを伝えるとともに、京都の政治情勢が整えば出陣を求めると述べて、備中に拠点をもつ秋庭氏と寺町氏を介して連絡をとっている(小早川証文一八二)。勝元は中国地方や九州の動きを沼田小早川氏と武田氏から報告させており、西国の情勢把握は両氏の計略に依存するところが大きかったようである。同年十月には、武田勢が伊予に進攻し、河野氏の軍勢と恵良城で交戦している。

翌応仁元年(一四六七)に始まる応仁・文明の乱は、正月の京都上御霊社における両畠山勢の衝突で火ぶたが切られ、五月末になって細川勝元率いる東軍と山名宗全を総帥とする西軍の全面戦争へと発展した。西軍に参加すべく大内勢が山口を出陣するのは五月十日のことである。『経覚私要鈔』の同日条には、京都で大内勢参陣の風聞が流れ、これを耳にした勝元がこれを撃退する構えを見せたことが記されている。「大内介ハ右京大夫と公事ある故なり」と書かれており、勝元との確執が大内政弘の参陣を引き起こした要因であったことが知られる。六月二十六日には、勝元は沼田小早川氏が上洛しようとするのを制止し、大内勢の参陣を阻止するように命じている(小早川証文一四六)。

京都に向かって進軍した大内勢は、分国の周防・長門・豊前・筑前の軍勢に加えて、隣国の安芸・石見、さらに伊予の河野勢を含む大軍であり、能美・倉橋・呉・警固屋の海賊衆を先陣として六百艘とも二千艘ともされる船団が瀬戸内海を東上したという。七月二十日、政弘は数万に及ぶ軍兵を率いて兵庫に上陸し、八月に上洛を果たすのである。

応仁・文明の乱は京都を中心に展開したが、瀬戸内では兵庫・摂津中島・堺など大阪湾の要地が戦場となり、港湾の争奪戦が繰り広げられた。播磨・備前・美作においては、守護山名氏が京都に在陣している間に東軍の赤松氏の軍勢が蜂起し、山名勢を追い払って三国を制圧した。備後は東西両軍の衝突の舞台となり、東軍の山名是豊が備後に下向して西軍方の討伐に力を注いでいる。沼田小早川氏も是豊に合力して備後に兵を送った。安芸では、旧来の細川氏与党の国人と大内氏与党の国人がそれぞれ東軍と西軍に加わって交戦した。沼田小早川氏と竹原小早川氏が境界を接する高崎や竹原で衝突が見られたほか、大内氏の拠点である東西条に東軍が攻め込んで鏡山城周辺で攻防戦が展開した。危機に瀕して東西条の代官であった安富行房は東軍の毛利豊元を味方に誘い、豊元は文明三年に西軍に転じて沼田小早川氏や武田氏の軍勢を撃退した。毛利勢は山名是豊や沼田小早川氏に攻められていた備後の山内氏らの救援にも出向いて、是豊らを退散させている。防長においては、大内政弘の留守に乗じて伯父の道頓が東軍に属して赤間関で挙兵した。道頓は安芸まで進発し、備後合力の動きも見せたが、陶弘護の率いる西軍に攻められて石見へ撤退している。

文明九年(一四七七)三月、東幕府はそれまで周防・長門への進攻を命じてきた十一名の石見・安芸の国人に対し、大内氏との和議が進行中であるため進攻を停止するように通知した(「大友家文書録」二九一、『大分県史料』三二)。十月三日、政弘は防長豊筑の四か国守護職と石見の邇摩郡、安芸の東西条および本新当知行地を安堵されて幕府に帰参するのである。京都を引き揚げた政弘は、年末に約十年ぶりに山口に帰還している。

大内氏にとって、大乱中に安芸の有力国人である毛利豊元が西軍に転じたことは大きく、東西条に千貫の所領を与えて忠節に報いた(毛利二五二)。文明十年二月十二日、政弘は豊元の子に加冠状を与え、弘元と名乗らせた(毛利一五二)。これは毛利側の懇望に応えたものであり、それまで山名氏の偏諱を受けてきた毛利氏が大内氏と親密な関係を結んだことを示している。大内氏は毛利氏の帰参を得たことで備後にも影響力を拡大していくことになる。同年六月二十日には、東西条の大内氏代官の拠る鏡山城の城番勤仕や普請などに関わる五か条の壁書が定められた(『大内氏掟書』)。こうして大内氏が安芸国内に確固たる権力基盤を築いていく中で、細川氏与党であった武田氏や沼田小早川氏は孤立を深めていくことになる。同年十月、大内氏は九州に出兵して少弐氏・大友氏を撃退し、大乱中に奪われていた豊前・筑前を取り戻した。この軍事行動によって瀬戸内西部を制圧するとともに、従軍した安芸や石見の国人との関係も強化されたと考えられる。

『朝鮮王朝実録』文明十一年四月十七日条によれば、大内政弘より朝鮮に派遣された使僧が、少弐氏の管理していた筑前国内の郡県は皆大内氏に帰順したことを伝えた上で、もし朝鮮使節が派遣されれば「則ち対馬・大内、相遞《つぎ》て護送」するであろうと述べたとされる。京都に至るまでは海賊に襲われる危険があるが、対馬より大内氏分国までは対馬が護送し、大内氏分国より京都までは大内氏が京都に連絡して護送する態勢をとれば、「海賊の虞れなし」というのである。実際には、対馬宗氏の協力が得られず朝鮮使節派遣は中止されるのであるが、大内氏が瀬戸内海全域の通航を保障するかのような主張からは、その影響力の広がりがうかがわれる。同じ頃、京都の窓口となる兵庫には、大内氏の役人が常住して周防と京都の物資輸送に関与していたことも確認できる。周防国衙領から兵庫に送り届けられた年貢は、大内氏の「兵庫役人」(「在津役人」)が手配して京都に納めたのである(『戦国遺文　大内氏編』七三六・七四〇)。大乱後、大内の海上支配は瀬戸内海の東部まで視野に入れて展開するようになったと言えよう。

これまで述べたように、安芸において東西条と並ぶ大内氏の活動拠点だったのは能美・倉橋・蒲刈島などであり、これら広島湾頭の島嶼部が大内氏の瀬戸内海進出において重要な役割を果たしてきた。大内政弘が応仁・文明の乱に参陣した時には、能美・倉橋・呉・警固屋の海賊衆が大船団の先陣を勤めた。大乱収束後、呉・能美・蒲刈の三ケ島衆は文明十年の九州出兵に従軍しており、同じ年に伊予の河野通春が大内氏に援軍を要請した時にも、政弘は合力のため三ケ島船衆に伊予渡海を命じている(『正任記』文明十年十月二十六日条)。

一方、大乱後に政弘が接近を図ったとみられるのが、芸予諸島に勢力を持つ備後の因島村上氏である。芸予諸島には因島・能島・来島に拠点をもつ海賊衆村上氏がいたことが知られているが、伊予の能島村上・来島村上両氏と大内氏の関係が敵対的なものから友好的なものに変わるのは天文年間のことである。これに対し、因島村上氏の場合、大内氏は政弘の時期に書状を送って関係を深めようとしており、村上三氏の中で最も早く結びつきが生まれていくように思われる。山内譲氏は没倫紹等の日記断簡に見える「院島の海賊は之を村上と号し、西海の賊徒においては、その指麾に属せざる者なし」という記事に注目し、室町・戦国初期の因島村上氏が周防の遠崎・大畠を拠点に芸予諸島から豊後まで西瀬戸海域をカバーする広大な海域を活動範囲としていたことを指摘している〔山内 二〇一六〕。これは大内氏との親密な関係を抜きには考えにくい。

明応八年(一四九九)、四年前に亡くなった政弘に代わって家督を継いだ義興に対し、その弟尊光を大内氏当主に擁立しようとする動きが発覚し、尊光は豊後に逃亡して高弘と名乗っていたが、高弘から因島村上氏に宛てた書状が残されている(「因島村上文書」一三)。高弘は、義興に対抗して近いうちに豊前に出陣する意向を伝え、因島村上氏に対し警固の活動を要請している。同氏の菩提寺である因島の金蓮寺の僧侶が豊後佐賀関に渡って連絡を取り合っていたことも確認できる。

これに対し、義興の側からも同氏に宛てて警固船を依頼する書状が出されている(「因島村上文書」一四)。これは、周防山口に落ちのびていた前将軍足利義尹の上洛に向けて警固を依頼したものとみられる。永正五年(一五〇八)、義興の船団六六〇余艘が義尹上洛の先陣を勤めた時、海賊船二〇〇余艘が警固を勤めたとされるが(『梵恕記』)、その主力は因島村上氏であった可能性があろう。やがて同氏は大内義隆より備後鞆浦に給地を宛行う下文を拝領し、大内氏の御家人に組織されていくようになる(「因島村上文書」五一)。周防や豊後を含む因島村上氏の活動範囲の広がりは、大内氏との結びつきを背景としていたと考えられるのである。

(2) 足利義尹の下向と瀬戸内社会

応仁・文明の乱が終結して十六年後、細川政元が将軍足利義材を廃立した明応の政変は中央政界を大きく揺り動かした。幽閉された義材は、京都を脱出して北陸に逃れ、義尹と名を改めて明応八年(一四九九)の末に周防に下向した。以後、義尹は大内義興に庇護されながら八年間余りを山口で過ごし、上洛の機会をうかがうことになる。

「西国において公方の御威勢厳重」(『大乗院寺社雑事記』明応九年五月三日条)とか、「筑紫公方様御自筆の御内書」(『多聞院日記』永正三年二月二十八日条)と記されているように、義尹は「公方」と呼ばれ、彼が発する御内書は義興が副状を付して、周辺の守護や国人に与えられた。毛利弘元に宛てた義興の書状には、「賊徒御退治のため、九州御進発の事、御下知なされ候、早速上意に応じられ、軍忠を抽ぜられ候わば肝要たるべく候」、「偏に公方様御威光に候、此の節、一段御入魂、公儀の事は申すに及ばず、身において前々の筋目、祝着たるべく候」とあり、義尹の威光を利用しながら周辺の守護や国人を味方につけようとしていたことが分かる(毛利一八〇)。また、やはり安芸や石見の国人に宛てた義興書状に、「当時、公儀を専とし、方々一味の段、調法を廻らす事に候」(『大日本古文書　家わけ第十四平賀家文書』四〇)、「公方様なお近国に御鎮座により、方々無事の御下知を加えられ候の条、万事を抛ち和融ありて、相共に御忠節を抽ぜられ候わば然るべく存じ候」(『大日本古文書　家わけ第二十二　益田家文書』一九四)などと書かれており、義尹の権威を背景とすることで国人どうしの融和・紛争停止を求めたことも確認できる。義尹—義興のラインにより、国人層の動きを統制・整序する作用が強まっていくのである。

一方、これに対抗して、京都の足利義澄と細川政元からも守護・国人への働きかけがなされた。安芸では、武田元信が「拙者より申すべきの由、上意に候」と述べて毛利氏や沼田小早川氏に与同を促す書状を送っており、武田氏を軸に組織化が図られている(毛利一六九・小早川証文二四七)。文亀元年(一五〇一)には、義興退治を命じる綸旨・御内書が発せられ、九州の大友・少弐・菊池・島津氏、四国の河野氏、安芸の毛利・沼田小早川・宍戸氏、石見の益田・

佐波・三隅氏らに宛てて忠節を求める室町幕府奉行人奉書が出された（「大友家文書録」五六四）。政元は備中国被官人と毛利氏の合力関係を利用したり（毛利一七六）、備中に拠点をもつ秋庭氏と沼田小早川氏の知音関係に依拠するなど（小早川証文二五一）、備中の被官人を通じて安芸国人の動員を図ったことも知られる(7)。毛利弘元・小早川扶平・宍戸安芸守らは、京方に与同する請文を提出したようである。

ところが、永正四年（一五〇七）六月、京都で細川政元が暗殺されるという事件が起こり政元政権は崩壊した。翌年、大内義興は義尹を擁して上洛の途につき、安芸や石見の国人も多くがこれに同行した。義興は二〇〇余艘の海賊船に警固された大船団を率いて四月末に堺に上陸し、六月に入京を果たしている。これ以後、義興は永正十五年に帰国するまで、将軍に返り咲いた義尹を支えて幕政を担うことになる。

細川政元には子息がいなかったため、その後継者の座をめぐって京兆家は分裂し、互いに抗争を繰り広げていった。京兆家の権力基盤は畿内周辺に縮小し、瀬戸内に対する影響力は低下していかざるをえなかった。安芸国人のうち、毛利氏はすでに永正三年の弘元没後に大内氏と契約状を取り交わしており、弘元の遺児は義興より加冠状を与えられて興元と名乗っていた。沼田小早川氏においては、政元を後ろ盾にしていた小早川扶平が永正五年に亡くなった後は大内氏との関係を改善し、扶平の遺児は興平と名乗った。細川氏の勢力が減退する中で、反大内方にとどまった安芸国人は武田氏や宍戸氏らに限られていくようになる。

永正七年の冬以降、義興は「防長豊筑雍芸石七州大守」と自称しており、安芸や石見を自らの分国とみなす認識が生まれていたことをうかがわせる(8)（『続善隣国宝記』）。こうして、大内氏は幕政を掌握するとともに、西国に強固な権力基盤を築いていった。同九年三月に安芸国人九名が一揆契約を結んだが、市川裕士氏はこれを大内氏に従軍した国人によって締結された国人一揆だとしている［市川 二〇一二］。

しかしながら、義興の在京が長期化すると、国元に新たな不安定要素が生まれることにもなる。折しも、出雲の尼子氏が山陰から瀬戸内に勢力を伸長させており、安芸や備後の国人の中には尼子氏と結ぶ動きも芽生え始める。大内氏分国の周辺では、大内氏の圧力に対抗するために国の枠を超えて諸勢力がつながり、新たな対立軸が形成されていくのである。(9)

おわりに

中世後期の地域社会は、基本的に守護を中核として国単位で秩序づけられている。しかし、現実には、権力秩序は国の枠組みの内部で完結するものではなく、とりわけ瀬戸内のように諸国が内海により結びつけられている地域では、国の枠を越えて地域権力が相互に影響しあう関係がみられた。そして、巨視的に見れば、京・畿内を中心とする国家的な秩序と西国の自立的な地域権力秩序が瀬戸内の中部で交錯し、そのため安芸や備後・伊予などではとくに複雑で流動的な権力状況が展開するのである。

本稿では、瀬戸内中部を主たるフィールドに守護権力と国人の関係をたどってきた。守護支配の成否は、国人層の協力を取り付けることができるかどうかによるところが大きい。それがうまくいかない場合には、応永の安芸国人一揆のように反守護の機運が高まり、守護支配の挫折につながることになる。

十五世紀半ば以降に本格化する大内氏の安芸進出も、こうしたあり方から自由ではない。守護支配が脆弱で、自立性の強い国人層が各地に割拠する安芸のような国においては、大内氏は国人層の協力を得るように努めなければならなかった。しかし、国人間の利害はしばしば対立し、所領や権益をめぐる相論がたえず発生した。同じ一族の内部においても、家督をめぐる紛争が頻発し、一族の分裂につながりかねない状況が不断に存在していた。そうした中にあって、彼らの利害を調整し紛争を防止することは重要な課題であり、大内氏の安芸進出の成否を左右するものと言える。大内氏は安芸国人に対する調停機能に力を注いでいくのである。

とはいえ、利害の対立しあう現実を整序するのは容易ではなかった。大内氏は厳島神主家の神領を保護する姿勢をとったため武田氏と対立し、両小早川氏の紛争では竹原小早川氏寄りの姿勢を示したため沼田小早川氏との関係が悪化した。大内氏の支持を得られない領主たちは、室町幕府の実力者である細川京兆家と結んで対抗していくのである。安芸の対岸である伊予でも大内氏と細川氏の対立は深まり、寛正年間には大内勢と細川勢が正面から軍事衝突に及ぶ事態に発展している。両氏の対立は抜き差しならないものになっていくのである。

大内方と細川方の対立関係は、応仁・文明の乱が勃発すると、そのまま西軍と東軍の抗争へとつながり、瀬戸内の国人たちはそれぞれの利害をかけて両軍に分かれて抗争を展開した。十年に及ぶ大乱が収束して各地の紛争は沈静化するものの、畿内から瀬戸内東部を権力基盤とする細川氏と瀬戸内西部に勢力圏を有する大内氏が睨み合う構図は消滅していない。とりわけ、明応の政変後の将軍権力の分裂と前将軍足利義尹の山口下向は、再び細川京兆家と大内氏の対立に火をつけた。西国の公方を支える大内義興と京公方を擁する細川政元は、互いに各地の諸勢力を味方につけようと働きかけ、軍事的な緊張が高まっていった。

こうしたタイミングで起きるのが細川政元の暗殺事件であり、この事件は京兆家の分裂・抗争を引き起こし、細川氏の瀬戸内への影響力を大きく減退させることになった。これに乗じて大内氏は義尹とともに上洛を果たし、幕政を掌握するに至る。その結果、瀬戸内における大内氏の圧力も増大していくと考えられるが、国人層の自立的な動きや相互の利害対立関係は消滅するわけではない。大内氏の圧力に抵抗する領主たちは、新たに山陰から瀬戸内に勢力を伸ばしてくる尼子氏と結びついていくこととなる。

このような状況の中にあって、大内氏がとくに目を付けたのが毛利氏である。室町・戦国初期の毛利氏は、幕府・細川氏・大内氏・山名氏などさまざまな勢力との関係を背景に、備後・安芸・石見の国人と個別に多様な関係を取り結んでいたことが指摘されている［市川 二〇一二］。大内氏は、この毛利氏を中軸に国人層を束ねていく方式をとることで彼らの組織化を図ろうとした。毛利氏について国人領主連合の盟主であったことが強調されるが、盟主として果たした具体的な役割は、「公儀」すなわち大内氏と国人たちを結びつける活動を主眼とするものであった［川岡 二〇一三］。毛利氏は大内氏に密着し、大内氏の備芸石支配の一翼を担う中で勢力を伸ばしていくのであり、国人領主連合の自立的なあり方が毛利氏を戦国期権力へと成長・脱皮させていくと単純化することはできない。

天文年間には、豊後大友氏との講和、安芸武田氏や厳島神主家の討滅、出雲尼子氏の撃退、伊予河野氏や村上氏の圧伏などを通じて、大内氏は瀬戸内から九州にかけて強大な勢力圏を築いた。幕府からは遣明船の経営を任されるようになり、堺商人や博多商人と結んで明との通交貿易を独占するに至る。芸予諸島を影響下に収めたことにより、海賊衆の経済活動を制限し、堺より薩摩まで往返する商人の活動を保証する政策を打ち出している［大上 二〇一二］。天文末年の陶氏のクーデターを機に権力秩序が流動化するまで、大内氏は西日本最大の守護権力として瀬戸内社会に君臨していくのである。

註

（1） 岸田裕之氏も、中世後期の中国地方・内海地域のうち備後辺までを幕府（細川氏）権力の拠点、防長両国を独自性の強い地域、その境目にあたる芸石両国は両勢力の拮抗地帯と捉え、当該地域を政治史の面からみて三地域三特性あると論じている［岸田 一九八三］。

（2） 義満が凶徒を退治し武田氏とともに忠節に励むよう安芸国人に命じているように（小早川証文三六）、武田氏は大内氏討伐の中核的な存在であり、この点からみても国人一揆が大内氏与党であったとは考えにくい。なお、一揆構成員に武田氏惣領家が含まれていないことについて、河村昭一氏は守護家としてのプライドから一般国人と横並びで署名するのを避けたものかとしている［河村 二〇一〇］。

（3）『臥雲日件録』の記事に従って大内義弘が詠歌を足利義満より激賞されて東西条を賜ったとするのが通説であるが、松井輝昭氏は応安元年に大内弘世が足利直冬方を追討した時に当地を支配下に置いたと推測している［松井 一九八九］。

（4）永享五年に尾道近辺で海賊に襲われた朝鮮使節は、大内氏のもとに駆け込んで援助を求め、幕府も大内氏に命じて略奪物を捜索・返還させている（『朝鮮王朝実録』永享五年六月七日・十月十日条）。須田牧子氏は、そこに大内氏と海賊の密接な関係を読み取っている［須田 二〇一一］。

（5）山陽道諸国において京兆家の被官人の比重がとくに大きかったとみられるのが備中国であり、末柄豊氏は京兆家が備中国内に多数の被官を配置することで一族である備中守護家を統制し、京兆家に依存させる仕組みを築いていたと論じている［末柄 一九九二］。京兆家の影響力は備中被官人を通じて備後や安芸へも広がっていくと考えられる。

（6）船越の合戦に関しては、『閥閲録』巻一六八（中村藤左衛門）所収の閏二月一日付の文書が文正元年（一四六六）に比定されたために、『広島県の地名』（平凡社）の「船越村」の項でも、河村昭一氏の著書でも同年のこととされている［河村 二〇一〇］。しかし、この合戦の感状を発給した山名持豊が「宗峯」を名乗っていることから（小早川証文三八二）、彼が「宗全」の号を用い始める長禄年間以前でなければならない。船越の合戦は文安四年（一四四七）に比定すべきである。

（7）備中では、これ以前から庄元資ら政元の被官人と備中守護細川勝久が対立しており、政元は毛利氏らの合力を得て備中被官人の権益保護に努めていた（毛利一七九）。一方、政元被官である備中の三村氏は、安芸に進攻して大内方の宍戸駿河守を滅ぼしている。備中の政元被官人と安芸の政元与党の国人は協力関係にあり、政元が安芸国人を味方につける上で備中被官人の役割は小さくなかったようである。

（8）ただし、義興が幕府から正式に石見の守護職を補任されるのは永正十四年のことであり、安芸については義興が守護に任じられたことを示す史料は残されていない。

（9）天文初年には、出雲の尼子氏、安芸の武田氏、伊予の河野氏や能島村上氏・宇都宮氏、豊後の大友氏などが手を結んで大内氏に対抗する構図が生まれている（『大日本古文書　家わけ第十四　熊谷家文書』一一八）。

引用文献

飯分　徹　二〇一四「応永の安芸国人一揆の再検討」『史観』一七〇
石野弥栄　二〇一五『中世河野氏権力の形成と展開』戎光祥出版
市川裕士　二〇一七『室町幕府の地方支配と地域権力』戎光祥出版
市川裕士　二〇二一「室町・戦国初期における安芸国人毛利氏と室町幕府・守護」『日本史研究』七一二
市村高男　二〇〇四「中世西日本における流通と海運」橋本久和・市村高男編『中世西日本の流通と交通』高志書院
大上幹広　二〇二一「天文年間の能島村上氏の内訌と大内氏―十六世紀半ばの転換―」『四国中世史研究』一六
川岡　勉　二〇〇二『室町幕府と守護権力』吉川弘文館
川岡　勉　二〇〇六『中世の地域権力と西国社会』清文堂出版
川岡　勉　二〇二三『戦国期守護権力の研究』思文閣出版
河村昭一　二〇一〇『安芸武田氏』戎光祥出版
岸田裕之　一九八三『大名領国の構成的展開』吉川弘文館
呉座勇一　二〇一四『日本中世の領主一揆』思文閣出版
桜井英治　二〇〇一『室町人の精神』講談社
末柄　豊　一九九二「細川氏の同族連合体制の解体と畿内領国化」石井進編『中世の法と政治』吉川弘文館
須田牧子　二〇一一『中世日朝関係と大内氏』東京大学出版会
馬部隆弘　二〇一八『戦国期細川権力の研究』吉川弘文館
原　慶三　二〇一七「貞治～応永年間の芸石政治史―文書の声を聴く―」山根正明先生古希記念誌刊行会編『地域に学び、地域とともに』
本多博之　二〇一一「西国の流通経済」川岡勉・古賀信幸編『西国における生産と流通』清文堂出版
松井輝昭　一九八九「安芸守護今川了俊の分国支配について」『広島県立文書館紀要』一
松岡久人　二〇一一『大内氏の研究』清文堂出版
山内　譲　一九九八『中世瀬戸内海地域史の研究』法政大学出版局
山内　譲　二〇一六「因島村上氏―海賊衆の活動範囲を中心に―」『芸備地方史研究』三〇〇

戦国末期の伊予河野氏と地域秩序

——天正年間を中心として——

中平 景介

はじめに

戦国期の伊予における地域権力の研究として最も蓄積されている対象は伊予守護家の河野氏である。その権力構造については、後述する多くの先行研究により、一族・譜代家臣を中心としたものから、有力な国衆を中心とするものへ変容していったことが明らかにされ、概ね共通理解となっている。

伊予の中でも有力な国衆とされる能島村上氏と河野氏との関係については、能島村上氏の自律性・自立性を重視する評価がある一方で［岸田 二〇〇一、山内譲 二〇一五］、河野氏への従属を評価する研究も少なくない［得能 二〇一五、桑名 二〇〇七・二〇一一、大上 二〇一九］。近年の研究動向から、能島村上氏は自立的な段階から次第に河野氏への従属を深めていったと理解できるが、その時期については一致を見ていない。

以上のような河野氏の権力構造の研究課題として、最終段階である天正年間において本格的な分析がなされていないことが挙げられる。当該期については政治史を中心とした研究が二〇〇〇年代に入って活況を呈す一方、史料の年代比定や解釈をめぐって混迷を来たしていた。しかし、近年は主要な事象の年代や評価が整理されつつあり、権力構造を分析することが可能な段階となっている。

加えて、近年は戦国期地域権力論として「国衆」階層に注目した各地方の実態研究が進められており、「国衆」論の視角の有効性とそのままの敷衍の難しさが確認され、各地域におけるさらなる事例検証の必要性が説かれている［柴 二〇一八］。「国衆」論で明らかとなった、天文・永禄年間の「画期」性や「国衆」の譜代家臣化といった事象は、戦国期伊予の地域権力研究の成果と符合するものである。

以上を踏まえて本稿では、先行研究において明らかとなっている元亀年間以前の河野氏権力と国衆との関係を確認した上で、「国衆」論の視角のうち、存立保護の観点を重視して、天正年間を中心とした河野氏権力と国衆との政治的関係の整理を試みる。対象とする国衆は、自立性を有しながらも河野氏権力に組み込まれていった来島村上氏と能島村上氏、さらに河野氏勢力の境目地域に位置した国衆たちである。

具体的な境目地域とは、東予では、細川氏知行分として細川京兆家が守護と同等の権限を行使していたとされ［山内譲 二〇二〇］、河野氏の支配が及んでいなかった新居郡・宇摩郡(東予二郡)と、新居郡に隣接し河野氏の実効支配下にあったとされる周敷郡である。南予では、中世初期以来土着した宇都宮氏が支配を強化し、実質的には伊予守護の支配外とされる地域であった喜多郡と［石野 一九九八］、公家衆西園寺氏の支流が下向土着し、戦国期には松葉西園寺氏が他の在地領主より優位な政治的立場にあった宇和郡である［石野 二〇〇〇］。

河野氏権力を構成した有力国衆や境目国衆と河野氏との関係を分析することにより、河野氏支配の終焉直前における伊予国の地域秩序を考察したい。

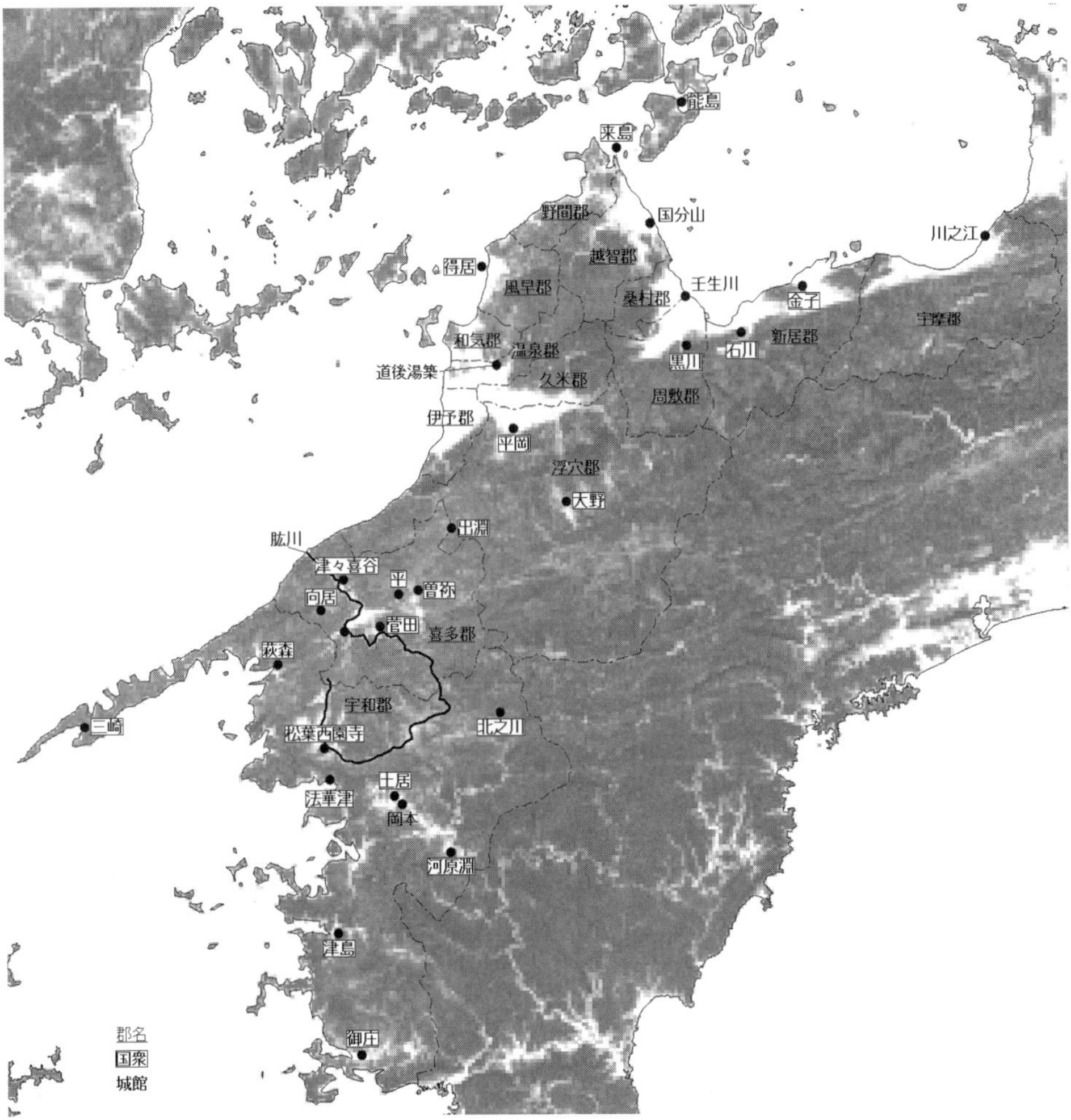
能島
来島
野間郡
国分山
川之江
得居
越智郡
風早郡
壬生川
桑村郡
金子
宇摩郡
和気郡
新居郡
石川
黒川
温泉郡
道後湯築
久米郡
周敷郡
伊予郡
平岡
浮穴郡
大野
出淵
肱川
津々喜谷
平
曽祢
向居
萱田
喜多郡
萩森
宇和郡
北之川
三崎
松葉西園寺
土居
法華津
岡本
河原淵
津島
御庄
郡名
国衆
城館

図1　関係地図

1　元亀年間以前の河野氏と国衆

(1) 河野氏権力構造の変遷

天文年間(一五三二～五五)、河野氏の当主権力をめぐる二度の争乱を経て、来島村上氏や平岡氏、黒川氏、大野氏など独自に領域支配を強めた国衆が河野氏当主と個人的結合を深めて台頭し、一門・譜代家臣を中心としていた河野氏権力の構造に変化が生じた[川岡 二〇〇二・二〇〇三a、西尾 二〇〇七、磯川 二〇一七]。

永禄年間(一五五八～七〇)の末には、病身の当主河野通宣に代わって来島村上氏の通康と平岡房実が河野氏権力を主導した[川岡 二〇〇四・二〇〇七、西尾 二〇〇五a、櫻井 二〇一五、山内治 二〇一九]。河野弾正少弼通直の女婿であった村上通康は、河野氏権力の中枢を担う一方、幕府・安芸毛利氏・阿波三好氏などとも外交関係を有していた。永禄十年に通康が、元亀元年(一五七〇)に河野通宣が没すると、平岡房実が幼少の当主牛福に代わって河野氏権力の中心的存在となった[山内譲 一九八九、山内治 二〇二一]。同年末には房実も死去し、その地位は子の通資が引き継いだが、元亀三年の毛利氏との交渉においては通資だけでなく幼主牛福の母で通宣室であった湯付局(宍戸隆家女)も河野氏権力の中枢として見えている。

一方、通康死後の来島村上氏は、通康の子牛松(通総)が家督を継承し、重臣の村上吉継・吉郷らが補佐したが、元亀元年には河野氏との不和が表面化している[山内譲 二〇一四、山内治 二〇一五]。

平岡氏との親密な関係を有していた能島村上氏の武吉については、永禄年間末期に土佐一条氏との戦闘下で河野勢として動員されており、河野氏の従属下にあったが、元亀年間には大友氏・浦上氏など反毛利方に属し、毛利氏の攻撃対象となっている。この時期の村上武吉については、縁戚平岡氏と協力して河野氏の等距離外交を画策したとの評価〔得能 二〇一五〕、来島村上氏・平岡氏とともに武吉も河野氏重臣であり、元亀年間に来島村上氏を河野氏家中から放逐して平岡氏との二頭政治をおこなったとの評価がある〔桑名 二〇一九〕。しかしながら、村上通康や平岡房実・通資と異なり、この時期の村上武吉と河野氏との関係を明示する史料はなく、両者の関係は不明と言わざるを得ない。未だ河野氏権力から高い独立性を保ったままの存在と考えるべきであろう〔山内治 二〇二一〕。

以上のような永禄末期から元亀年間の河野氏権力は、村上通康・河野通宣・平岡房実・河野弾正少弼通直の死去によって権力中枢が喪失し、幼主牛福の擁立と来島村上氏の離脱により、新体制が構築された河野氏権力の構造変容の画期と評価されている〔山内治 二〇二一〕。

(2) 河野氏と境目地域

周敷郡では、有力国衆の黒川通博に河野弾正少弼通直の女が嫁ぎ、来島村上氏と同様に新たな一門として創出されたが、黒川氏が村上通康のように河野氏権力に関与した様子は確認できない〔石野 二〇〇八〕。新居郡・宇摩郡は、元亀年間に足利義昭によって河野氏に返還された〔中平 二〇一五〕。これは河野氏の持つ国成敗権の存在が時代をさかのぼって意識されたもので、来島村上氏により河野方の両郡支配が進展しつつあったと評価されている〔川岡 二〇〇六〕。

喜多郡では、天文年間に宇都宮豊綱が津々喜谷氏や菅田氏、曽祢氏ら喜多郡国衆の上位権力として、国衆同士の紛争調停を河野弾正少弼通直から期待されており、河野氏との関係は安定していた〔山内譲 二〇〇一、山内治 二〇〇九a〕。なお、肱川下流域では、津々喜谷氏を中心とする諸領主の独自の地域秩序が形成されていた〔山内治 二〇〇九a〕。宇和郡には、河原淵氏や御庄氏など土佐一条氏の従属下にある国衆が多く存在し、松葉西園寺氏も土佐一条氏と婚姻関係を構築していた。

しかし、大内氏が滅亡して毛利氏と大友氏との対立が深まると、宇都宮豊綱は毛利氏と姻戚関係を構築した河野氏と対立するようになり、大友氏や土佐一条氏に接近していく。また、土佐一条氏と敵対した松葉西園寺氏の公広は河野氏に与し、永禄末年には南予の広域に及ぶ争乱が発生するに至る。河野氏は、津々喜谷氏など肱川下流域の諸領主を与同させ、毛利氏の加勢も得て土佐一条勢を破り、豊綱を屈服させた。ただし、曽祢氏は河野氏への抵抗を続けており、豊綱も元亀年間に菅田大野氏と協力して大津に復権したようで、河野氏は喜多郡に進出を果したものの同郡の平定には至らなかった〔山内治 二〇一九〕。

永禄末期の土佐一条氏・宇都宮豊綱との戦いを経て、河野氏に与同する国衆は、喜多郡の肱川下流域や宇和郡北部まで拡大したが、依然として喜多郡には自立的勢力が残存し、宇和郡でも土佐一条氏の影響下にある国衆が存在していた。

元亀年間までの河野氏は、来島村上氏や平岡氏などの有力国衆を権力中枢に取り込み、喜多郡北部の国衆を従属させるなどその影響範囲を拡大させた一方、中枢の権力者を相次いで失い、権力構造の転換を迫られていた。

2　天正前期の河野氏と国衆

(1) 河野氏と能島村上氏の主従関係

天正四年(一五七六)、摂津木津川口海戦で毛利方警固衆が織田方警固衆に勝利した際には、能島・来島村上氏も動員された。河野通直(牛福)は、村上武吉に毛利勢への「加勢」として勝利したことを賞賛しており(屋代島村上文書『戦国遺文　瀬戸内水軍編』〈以下『戦瀬』四六一〉)、この段階で能島村上氏は河野氏の軍事動員下にあった。通直は、武吉に「何れも参湯有るべきの間、面を以て申すべく候」と湯築への伺候に触れており、武吉は河野氏の本拠に出仕していたことがうかがえる。また、同九年に河野通直と吉見広頼女(毛利輝元養女)が婚姻した折には、村上武吉が迎えに出船し、嫡男の元吉も湯築まで供奉する予定であった（屋代島村上文書『戦瀬』六七二・六七三）。このような河野氏と能島村上氏の主従関係は、毛利氏や足利義昭周辺にも認識されていた［得能 二〇一五］。

この時期の能島村上氏の活動で注目されるのは、領域外の喜多郡への関与である。天正五年に小早川隆景は武吉に対して、「郡内表鉾楯の儀に付きて、湯月より無事に御下知成さるるの由候、尤も肝要に候、併せて通倚・武吉仰せ談ぜられ、いよいよ異儀無き様、御才覚専要に候」（宮窪村上文書『戦瀬』四四五）と喜多郡で発生した戦闘について、河野通直の無事の下知が成されたことを聞き、平岡通倚と協力して静謐を保つ才覚を求めている。平岡氏は津々喜谷氏や喜多郡に接する浮穴郡の出淵氏と姻戚関係にあり喜多郡との直接的な関係を有していたが、能島村上氏には同郡とそのような関係は見出せない。能島村上氏は、自身の領域の存立に直接関わらない喜多郡に対する河野氏の下知を平岡氏と共に補完する存在、すなわち河野氏重臣として毛利氏側から認識されていたと判断できよう。能島村上氏による領域外の喜多郡の紛争への関与は、天正三年段階でも確認できることから（宇喜多文書『戦瀬』四四〇）、天正初期には河野家中に編入されていたと考えることができる。

以上の通り、天正前期において能島村上氏は、河野氏への軍事的奉公・本拠湯築への出仕・領域外の喜多郡静謐への対処など河野氏に臣従し、その家中を構成するようになっていた。能島村上氏は、元亀年間の争乱を経て天正初期までに河野氏に臣従したと考えられよう。一方で、毛利氏や大友氏との外交関係は継続しており［山内譲 二〇一五］、永禄期の村上通康と同様に、自立性を保持したまま河野家中へ編入されていたようである。これは、甲斐国衆の小山田氏・穴山氏の武田氏譜代家臣化［丸島 二〇一三］や越後国衆北条毛利氏・安田毛利氏の長尾上杉氏譜代家臣化［丸島 二〇一八］といった本国内国衆の「譜代成」の事例と類似する。

「譜代成」は、大名権力によりよい存立保護を求める「国衆」側の主体により生じた政治現象とされる［柴 二〇一八］。では、能島村上氏が河野氏に存立保護を求めた背景はどのようなものであったのだろうか。瀬戸内地域が毛利方と反毛利方に二分された元亀争乱において、瀬戸内海の広域に権益を保有していた能島村上氏は、大友氏ら反毛利方に与同したことにより毛利氏の攻撃対象となった［山内譲 二〇一五］。一方、河野氏重臣であった平岡通資は、親大友外交が毛利氏に発覚した際に「今度平岡表裏之儀、隠便成らざる御事に候へ共」とされながらも「河野殿御一味候之条、莵角に及ばず候」「道後之御ために候之条、申すに及ばず候」（萩藩閥閲録「浦図書」〈『愛媛県史　古代・中世資料編』、以下『愛媛』二〇二八〉）と、河野氏との関係を理由に不問とされている。平岡氏は、大友氏に内通しながらも河野氏の重臣であったため処分には及ばなかったのである［得能 二〇一五］。

能島村上氏は、瀬戸内海各地の海上権益を維持するために周辺の大名権力との外交関係を維持する必要があったが、それ故に元亀争乱のような二大陣営の対立においては存立が脅かされる事態が生じていた。そこで、河野家中へ編入されることにより他国の大名権力からの介入を回避しつつ、周辺大名権力との外交を維持しようとしたのではないだろうか。天正年間においては、毛利氏と大友氏との対立がさほど深刻化していないことも考慮する必要はあるものの、平岡氏・能島村上氏と大友氏との外交関係を毛利氏が問題視した様子はない。

一方、河野氏側が能島村上氏を取り込む背景はどうであろうか。先に確認したように、永禄末期から元亀年間の河野氏権力は、村上通康・河野通宣・平岡房実らの死去により急激に求心力が低下していた。当主通直のもと新たな体制を構築する中で、天文期以来、河野氏権力中枢に存在し続けていた平岡氏に加え、平岡氏と縁戚であり有力な国衆でもあった能島村上氏を家中に取り込むことで権力の再編を図ったと考えられよう。

なお、同時期の来島村上氏は、河野氏権力の運営に関与した形跡が見られず、独自性を強めていたようである［山内治 二〇一二］。

⑵ 境目の争乱と河野氏

天正年間は、伊予の境目地域で多くの争乱が発生し、河野氏がその静謐にあたる様子が散見される。周敷郡周辺では、得居氏と黒川氏との戦闘が発生した際に「湯月下知を以て即ち和平せしめ候」(高野山上蔵院文書『愛媛』二一六三)と河野通直の下知によって和平が実現したと認識されており、これは河野氏の国成敗権が機能していたと評価されている[川岡 二〇〇六・二〇二三a]。河野氏によって従属下の国衆同士の紛争激化が抑止されていたことは明らかであろう。

東予二郡について、近年は河野氏の与同下にあったと評価されているが[川岡 二〇〇六、加藤 二〇二四]、具体的な与同国衆を示す一次史料に恵まれていない。天正九年に新居郡の有力国衆となった金子元宅が長宗我部氏と起請文を交わして従属していることから(金子文書『愛媛』二二六六)、同年までに東予二郡は長宗我部氏に従属していたと考えられよう。

喜多郡では、天正五年に宇都宮豊綱の活動が終見する[山内治 二〇〇九b]。同年には先述の通り、喜多郡における戦闘に河野通直が無事の下知をおこなっており、河野氏による存立保護が及んでいた。具体的には、永禄末年に掌握が進んだ津々喜谷氏や向居氏ら肱川下流域領主の従属や軍事動員が確認できる[山内治 二〇〇九a]。一方で、河野氏からの自立性維持を志向する勢力として曽祢氏や菅田大野氏が想定され、宇和郡に進出していた長宗我部氏との連動も見られる[山内治 二〇〇九b、中平 二〇一八]。宇都宮豊綱の求心力が低下したことにより、喜多郡国衆の中には、河野氏を中心とする地域秩序のもとで存立を図る勢力と河野氏に包摂されない別の地域秩序を模索する勢力が生じていた。

宇和郡では、松葉西園寺氏の公広が「此の境目の事、土州士卒罷り出づ処錯乱候の条、御扶助を得べく候、湯付に対し別して申し談じ候といえども、当国平均ならず候間、障り事に候、これまた然るべき様に御助言専一に候」と、長宗我部氏による境目侵攻を受け、河野氏に対応を求めたものの国内の争乱で不十分であったことから、毛利氏に対しても「扶助」と河野氏への「助言」を求めている。これは河野氏の国成敗権の行使を示す事例として評価されており〔川岡 二〇一九〕、宇和郡の有力国衆である松葉西園寺氏が河野氏に対して存立保護を期待していたことが読み取れよう。なお、この段階で公広が毛利氏に求めた「扶助」は、河野氏が宇和郡に速やかに対応できるような「助言」であり、軍事的な支援までは求めていないことに留意したい。

天正九年五月の宇和郡三間における岡本合戦では、河野通直が三間国衆の土居清良の戦功を賞賛し、その際に西園寺公広が介在している（高串土居家文書『伊予河野氏文書集二』、以下『河野二』四五二）。岡本合戦は河野氏と長宗我部氏との戦闘と認識されており、西園寺公広や土居清良が河野氏の軍事統率下にあったことがうかがえよう。三間は永禄末期に土佐一条方の従属下にあったが〔石野 二〇〇〇〕、天正前期には河野氏に従属して長宗我部方との境目地域となっていた。

岡本合戦に関しては、宇和郡沿岸部の法華津前延が京都西園寺本家に信長奉行衆による長宗我部氏牽制を期待した際に、「庄内一味中勝利申すに及ばず候」「公広家中太義までに候、都合においては公広進退恙無き様、信長公御奉行衆仰せ分けられ候わば、諸家中安堵たるべく候」「吾等家中一紋の者、又は披官廿余り、御家に至り忠節を抽んじ候」（阿波国徴古雑抄四巻『愛媛』二二四八）と述べており、西園寺公広家中とは別に法華津家中が存在し、京都西園寺氏を忠節対象と認識する宇和庄を基盤とした地域秩序が西園寺公広を中心に法華津氏などを包摂して形成されていたことがうかがえる〔中平 二〇二三〕。なお、永禄年間において土佐一条氏に従属していた河原淵氏や北之川氏など土佐との境目に位置する国衆の多くは、土佐を平定した長宗我部氏に従属している〔山内治 二〇〇九b、中平 二〇一八〕。

以上のように天正前期の河野氏は、有力国衆能島村上氏を譜代家臣として権力中枢に取り込み、天文年間には勢力が及んでいなかった喜多郡や宇和郡の国衆を存立保護の対象とするようになっていた。

3 天正後期の河野氏と国衆

(1) 河野氏と能島村上氏・来島村上氏

天正十年(一五八二)、羽柴秀吉が毛利方諸勢力に調略をおこなった。伊予では能島・来島村上氏ら海賊衆だけでなく、平岡氏や黒川氏にも調略が及んだようであるが(石見吉川家文書『戦瀬』七二五)、最終的に来島村上氏当主通総と兄の得居通幸周辺の離脱に終わった(沖家騒動)。能島村上氏では元吉が村上通総に同調して秀吉の調略に応じる姿勢を見せたものの、武吉や毛利氏の説得によって毛利方に留まった〔西尾二〇〇五b〕。この時期に毛利氏から能島村上氏に宛てられた文書には、能島村上氏の毛利方残留の根拠として、村上元吉・武吉の河野通直への「忠義」・毛利氏への「御馳走」「御入魂」「御一味」(屋代島村上文書『戦瀬』七〇九・七二九・七四四など)の文言が多く見える。これについて、能島村上氏が河野通直との主従関係から離反を踏みとどまったとの毛利氏の共通認識を読み取る見解〔得能二〇一五〕がある一方で、能島村上氏の家伝文書に天正十年以前の河野氏発給文書がほとんど見られないことから、沖家騒動を契機に河野氏と能島村上氏との関係が深化したとの見解も存在する〔桑名二〇一一、大上二〇一九〕。

先に確認したように、天正前期の段階で能島村上氏は、河野氏の譜代家臣化を果たしてその家中に組み込まれている。沖家騒動に続く来島攻めでは、村上武吉が湯築に伺候して河野通直の下知のもと軍事行動を予定しているが(屋代島村上文書『戦瀬』七三〇)、このような行為は天正前期でも見られたものである。沖家騒動に関わる毛利氏の発給文書において、能島村上氏の河野氏家臣としての立場が明確化されたものの、沖家騒動を期に河野氏と能島村上氏との関係が変化したことを具体的に示す文言は確認できない。能島村上氏家伝文書に残された河野氏発給文書のほとんどが毛利氏について記載されていることを踏まえるならば、同文書における河野氏発給文書の残存状況は、能島村上氏が毛利氏家臣として存続する中で選択した結果ではないだろうか。

一方、当主周辺が離反した来島村上氏では、重臣村上吉継・吉郷らが毛利・河野方に残留した。吉継の残留について毛利氏は、「第一は道後の儀、累年の筋目忘却無き心底、比類無き事に候」（藩中古文書〔村上小四郎蔵〕『戦瀬』七三四）と、河野氏との関係から残留したとの認識を示している。ただし、吉継らによって新たに来島村上氏当主に擁立された通昌の子宮松が河野氏本拠道後に「出頭」するにあたっては、毛利氏の仲介が見られ（京塚村上文書『戦瀬』七五二）、河野氏と来島村上氏との間に毛利氏が介在するという関係の変化が生じている。

翌十二年には、村上元吉が河野氏への事前報告なく国分山城を普請し、河野氏が使者を派遣して対応を指示している（屋代島村上文書『戦瀬』八八〇・八八一・八八三・八八四）。この際河野氏は、「府中郷内相騒ぐの由候間、先日北川差し越し候き」（同八八三）と国分山が位置する府中の騒動を聞いて使者を派遣したものの、「其方領分中の儀候間、近所の旁へ対し定めて余儀有るべからず候か、郷人等その外狼籍無きの様、穏便の御覚悟専要に候」（同八八一）と、能島村上氏領分と認識した上で周辺への配慮を求めたものの、築城そのものへの介入はしていない。能島村上氏が排他的支配領域を形成し、周辺地域に影響が無い限り河野氏の介入を受けなかったことがうかがえよう。

なお、この頃村上武吉は道後に逗留して平岡通倚と共に通直に近侍していたようであり（同八八四、二神司朗家文書『河野二』四六八）、日頃より武吉の湯築伺候があったと推察されている〔得能 二〇一五〕。武吉が道後に常駐していた可能性も考えられよう。この時期の史料には、河野氏の意向を「上意」とし、通直の行為に闕字を使用していることから、能島村上氏の河野氏への従属を示すと評価されている〔大上 二〇一九〕。先述の通り、湯築への伺候は天正前期でも確認できるため、両者の関係が変化していたかは不明であるが、河野氏権力の最末期においても能島村上氏の河野氏への臣従度合いが高かったことは確かであろう。

天正十二年六月から八月にかけての芸予会談では、河野通直とともに村上武吉・元吉・平岡氏の安芸渡海が確認でき、能島村上氏は平岡氏とともに河野氏の意志決定に関わる権力中枢にあった（萩藩譜録井上孫兵衛尉勝政『戦瀬』八五四、屋代島村上文書『戦瀬』八九四・八九六）。

天正十一年から同十三年にかけて、来島家中衆が能島村上氏へ度々狼藉をはたらいた問題（屋代島村上文書『戦瀬』八九〇・九一七〜九二三・九二六〜九三〇・九三四・九三六・九四七）では、能島村上氏が河野氏・毛利氏に「相当」（同量報復）を希望したのに対して、河野氏の対応は毛利氏との談合中・喜多郡情勢・毛利勢加勢中といったそれぞれの時期の周辺情勢を理由に「堪忍」を求めるとともに、来島村上氏の狼藉について毛利氏へ伝達するものであった。

一方、毛利氏の対応は、河野氏と同様に河野通直の逗留中であることや劣勢による通直気遣いなど時期ごとの情勢を理由に「堪忍」を求めるとともに、村上吉継・吉郷ら「来島年寄衆」に対して「堅固」に「申付」することを伝えるものであった（同九一六・九二三・九二六・九三〇・九三六）。ここで注目されるのは、伊予国衆である来島村上氏に対して狼藉停止を命じる主体が、河野氏ではなく毛利氏に移っていることである。同十三年段階では、河野通直は「右の狼籍、向後相止まずにおいては、返報仕らるべくの通、芸州より仰せられ候か、我等事も隆景同前に申し付べくの条、余儀有るべからず候」と、毛利氏が許容するなら来島村上氏への報復を容認するとの意向を示している。来島村上氏は、沖家騒動以降に河野氏の従属下から離れ、毛利氏の影響下にあったと考えられよう。

この来島狼藉問題にあたって、狼藉の都度河野氏に「相当」許可を求めていた元吉に対して河野通直は、「武吉・景親暇の事承り候、父子共芸州衆案内者の儀にて、諸事談合申し候間、留め申し候」（同九一七）と、元吉から村上武吉・景親の「暇」を求められたが、両人が「芸州衆案内者」であることを理由に引き留めている。これについては、「暇」を主従関係の解消とし、来島村上の狼藉への「相当」を自重するよう求められた能島村上氏が、河野氏への不満を募らせたものとして両者が緊張関係に陥っていたとの評価がある［大上二〇一九］。

確かに、一連の史料からは「相当」を強く求める元吉の姿勢が垣間見られ、その都度自重を余儀なくされていることとから、河野氏への不満も想定できる。しかしながら、元吉が河野氏に対して「相当」許可を求め続けたことやその後も報復に及んだ様子がないことから、河野氏のもと自力救済を終始抑制していた姿勢を読み取ることができよう。武吉・景親の「暇」は、道後湯築における通直近侍からの一時的な離脱を示すものではないだろうか。

なお、国分山築城と来島狼藉に関する一連の史料では、通直だけでなく通直母「したし」（湯付局）の書状も発給されており（同八八〇・九一八）、通直の元服以降も当主後見として河野氏権力の中枢にあったことをうかがい知ることができる［西尾 二〇〇七c］。

以上を整理すると、天正後期において河野氏権力の中枢には、当主通直とその母、平岡通倚と能島村上氏が存在していた。河野氏と能島村上氏との関係は、沖家騒動を契機に深化したと先行研究では指摘されているが、両者の関係が天正前期と比べて質的に変化したかは定かではない。一方で、来島村上氏は伊予の国衆でありながら河野氏の従属下から離脱して毛利氏の影響下に移っていたようである。天正十三年二月、毛利氏は村上通総の帰国を容認するが（屋代島村上文書『戦瀬』九四二）、毛利氏が来島村上氏の上位権力となっていたことが前提にあったのではないだろうか。

(2) 四国国分直前における河野氏・毛利氏と境目

天正十一年七月、津々喜谷氏から出勢を要請された河野通直はこれを承諾し、「是非とも差し捨てず境目の儀に候条、旨儀においては御心易かるべく候」（大野芳夫氏所蔵文書『河野二』四六九）と述べている。境目の国衆である津々喜谷氏が河野氏に存立保護を期待し、それに河野氏が応えようとしていたことが明らかである。

翌十二年には、河野氏が喜多郡への加勢を毛利氏に求め、その承諾を得る。小早川隆景は肱川下流域の領主に対し、「加勢の義、湯付仰せを蒙るの条、吉田申し談じ急度人数差し渡し候間、御心安かるべく候」（水沼文書『愛媛』二三七四）と河野氏からの加勢派遣要請の承諾を伝えている。同年十一月、毛利輝元は宇和郡三間で長宗我部方に抵抗を続けていた土居清良への初信として「郡内行に付きて加勢の儀、通直承り候間、人数追々これを差し進らせ候、趣においては通直仰せ談ぜらるべく候」（高串土居文書『愛媛』二三四五）と、河野氏の喜多郡軍事行動への加勢派遣と河野通直との連携を伝えている。

このように毛利氏から喜多郡や宇和郡の河野方国衆に対して加勢派遣が伝えられているが、在地の国衆から毛利氏に加勢を要請した様子はなく、津々喜谷氏ら肱川下流域の諸領主が存立保護を求める上位権力はあくまでも河野氏であった。毛利氏の認識においても、喜多郡派兵は河野氏への「加勢」であり、天正十二年段階で肱川下流域の領主や土居清良らを河野氏の従属国衆と認識しているのである。

天正十三年二月になると、宇和郡北部で長宗我部方に対峙していた萩森宇都宮氏の元教が、肱川下流域の向居氏に対して「芸州御出勢の儀も様々御調えの道多々相聞え候、併せて一度は首尾有るべく候か」「いよいよ御堅固に候て、中国の出勢待ち付き申したき迄に候」（大野芳夫氏所蔵文書『愛媛』二四四六）と述べており、河野方国衆の中に毛利氏の軍事力による事態打開を期待する様子を見ることができる。

喜多郡において津々喜谷氏ら肱川下流域の国衆と対立していたと考えられるのは、長宗我部氏と連携した軍事行動をおこなっていた曽祢宣高や平出雲守である〔山内治 二〇〇九b〕。天正十二年十月頃には、河野氏や毛利氏の軍勢派遣に対して曽祢氏らの存立を保護すべく、長宗我部勢が肱川下流域に進出して毛利氏の加勢と戦闘に及んでいる（桂文書『戦瀬』九一三）。四国出兵目前の天正十三年七月には、長宗我部氏から「当弓箭本意に属し候わば、相応の御知行分申し合わすべく候」（高知県立歴史民俗資料館所蔵文書『史料で読み解く長宗我部』）と知行宛行が約束されており、長宗我部氏への従属が進んでいるように思えるが、同時期に宣高はすでに毛利方に属していた子の景房を通じて毛利氏へ内通していた可能性がある（萩藩閥閲録〔曽祢三郎右衛門〕『愛媛』二三二一）。そうであれば、長宗我部氏の知行宛行は曽祢氏の去就に不安を覚えて引き留めを図ったものとも解釈できよう。

同年七月、曽根景房に対して小早川隆景は「某元の儀、湯月申し談じ、いよいよ入魂せしむべく候条、堅固の儀肝要に候」（同）と、河野氏との連携を期待しており、河野氏と毛利氏との同盟関係が四国国分に至るまで維持されていたと評価されている［光成 二〇一六］。伊予の領有が内定していた四国国分直前の段階でも毛利氏が河野氏を上位権力とする伊予の地域秩序を認識していたことがうかがえよう。

もっとも曽祢景房は、四国国分後には羽柴権力から知行給付を受けており（『萩藩閥閲録』巻九十一曽祢三郎右衛門）、小早川隆景の与力的な存在と位置づけられている［光成 二〇一六］。河野氏を中心とする地域秩序からの自立を志向していた曽祢氏は、毛利方への与同と河野氏への従属を同一視していなかった可能性も考えられよう。

東予では、長宗我部方の金子元宅が河野氏一門黒川氏と交渉していた様子が確認でき、先行研究で考察されているものの、黒川氏の位置づけや長宗我部氏との関係について評価が分かれており［藤田 二〇二二、桑名 二〇二四］、別途詳細に検討する必要がある。ここでは、河野氏を中心とした地域秩序とは別の地域秩序観をうかがうことができる次の点にのみ指摘するに留めたい。

四国国分交渉中の天正十三年五月段階で金子元宅は、長宗我部元親に対して、「壬生川行元他国に於いて仕を彼の知行分北条弐千貫ほと明け置き候、此の内北条の儀は先年より細川家に相済み候、右の成行に候わば、その節に於いて御意を得べく候、御心得としてかくの如く候」と、周敷郡北条郷が細川氏進止下にあったことを主張している（金子家文書『愛媛』二四六〇）。長宗我部氏の東予二郡支配が細川京兆家の権限を継承したものとの認識が示されており［川岡 二〇〇六］、金子氏が自領の確保にあたって細川氏の分郡知行権を継承した長宗我部氏のもとでの地域秩序を認識していたと考えることができよう。

以上のことから、少なくとも天正十二年段階までは、河野氏従属国衆は河野氏に対して存立保護を期待し、能島村上氏も自力救済を抑制するなど河野氏を中心とする地域秩序が機能していた。また、毛利氏も伊予領有が内定していた時期にあっても河野氏中心の地域秩序を表明している。一方で、来島村上氏は毛利氏の影響下に入るようになっており、天正十三年になると長宗我部方との対峙が続いていた南予の国衆の中には毛利氏の軍事力に期待する様子も見え、伊予の地域秩序に毛利氏の影響が及ぶようにもなっていた。

おわりに

天正年間の河野氏は、平岡氏に加えて能島村上氏も家中に取り込み、十六世紀前半までの実効支配域を超えた喜多郡・宇和郡にも勢力を拡大して東予二郡以外において争乱静謐を下知し、国衆から存立保護を期待されるなど、四国分直前まで伊予国の地域権力の最上位に位置していた。南予においては、松葉西園寺氏を中心に法華津氏・土居氏など宇和庄の枠組みを引き継いだ諸領主の地域秩序が存在し、肱川下流域でも津々喜谷氏を中心とした諸領主の地域秩序が存在していた。

このような天正年間における河野氏を中心とした伊予の地域秩序の実態は、川岡勉氏が高野山上蔵院との師壇関係の分析を通じて読み解いた「河野氏の掌握する国成敗権と各領主の権限が重層的に結びつく形で、戦国期の地域権力秩序が成り立っていた」［川岡 二〇〇九］ことと齟齬するものではない。また、柴裕之氏が説く、大名領国は「国衆」の領域「国家」を統合した重層的複合構造である「惣「国家」」の理論［柴 二〇一四］にも適合する。両論の違いは国成敗権の有無にあるが、国衆たちが河野氏に存立保護を求めた淵源が軍事力のみにあったのか、「国成敗権」をも含むものであったのかを示す史料は管見に及ばない。各地域権力の存立にあたって軍事力が不可欠なことは言うまでもないが、河野氏の社会的地位が伊予一国の守護［川岡 二〇一三a］であるとともに、伊予国内において最大の軍事力を有していたことは間違いなく、河野氏自身が自らの地域支配の根拠を明示していない以上、この点を分析することは容易ではない。ただし、本稿で確認したように、河野氏が自らの軍事力に不安を覚え、毛利氏に加勢を求めるという状況下にあっても、国衆たちは毛利氏ではなく河野氏に存立保護を求めており、河野氏を中心とする地域秩序が武力のみに依拠していたわけではないことが示唆される。

また、宇和郡には荘園領主である京都西園寺本家を忠節の対象と表明する宇和庄を基盤とした独自の地域秩序が存在し、喜多郡の肱川下流域には宇都宮氏被官を出自とする津々喜谷氏を中心とする地域秩序が存在していた。東予においては、細川氏の分郡知行権継承が意識されていたことから、現実の軍事力のみではない従前の枠組に基づく地域秩序観が存在していたことは確かである。

一方で、喜多郡や宇和郡の境目国衆を従属させた土佐一条氏や長宗我部氏などの伊予国外の勢力が、中世以来の公的権限に基づく支配の正当性を有していた徴証を見ることはできない。河野氏を中心とした地域秩序に包摂されなかった国衆が他国勢力に従属するにあたって、軍事力のみを判断材料としていたのか、個別の地域を対象に検証していく必要があろう。

最終的に伊予を領有することになる毛利氏は、四国国分直前まで河野氏を中心とした地域秩序を想定している。毛利氏の伊予領有と河野氏中心の地域秩序との整合性をどう捉えるか、河野氏と毛利氏との一体化を含めた議論の深化が期待される。あわせて、小早川隆景の伊予支配については、伊予の多様な地域性と段階差に対応していたことが明らかにされているが［光成 二〇一六、山内治 二〇一八］、伊予国内の多様な地域秩序が四国国分以降の伊予において、どのように継承・解体されたかを検討することも中世から近世への移行を分析する視座ともなろう。

参考文献

石野弥栄　一九九八「喜多郡の中世領主について―南北朝・室町期の国人領主を中心に―」『温古』二〇
石野弥栄　二〇〇〇「伊予国宇和郡における戦国期領主の存在形態」『瀬戸内海地域史研究』八

石野弥栄　二〇〇八「河野氏一門黒川氏の政治的位置について」『小松史談』一三四
磯川いづみ　二〇一七「天文期河野氏の内訌―「天文伊予の乱」の再検討―」『四国中世史研究』一四
大上幹広　二〇一九「戦国末期の能島村上氏と河野氏―天正一二年を中心に―」『地方史研究』六九―三
加藤　弘　二〇二四「天正前期伊予宇摩郡をめぐる政治状況についての一考察」『伊予史談』四一二
川岡　勉　二〇〇二「戦国期における河野氏権力の構造と展開」『室町幕府と守護権力』吉川弘文館（初出一九九八年）
川岡　勉　二〇〇四「永禄期の南伊予の戦乱をめぐる一考察」『愛媛大学教育学部紀要第二部人文・社会科学』三六―二
川岡　勉　二〇〇六「戦国・織豊期の東伊予と河野氏権力」『中世の地域権力と西国社会』清文堂出版（初出二〇〇五年）
川岡　勉　二〇〇七「永禄期の河野氏行政と芸州―小早川氏による検使の派遣―」『地域創成研究年報』二
川岡　勉　二〇二三ａ「天文伊予の乱と河野氏権力」『戦国期守護権力の研究』思文閣出版（初出二〇一九年）
川岡　勉　二〇二三ｂ「戦国期伊予の国成敗権と領主権」『戦国期守護権力の研究』思文閣出版（初出二〇〇九年）
岸田裕之　二〇〇一「海の大名能島村上氏の海上支配権の構造―海に生きる人々の視座から―」同『大名領国の経済構造』岩波書店
桑名洋一　二〇〇七「河野通直（牛福）と能島村上氏の関係について」『伊予史談』三四四
桑名洋一　二〇〇九「「河野家御過去帳」に見える伊予の戦国期領主」『高野山上蔵院文書の研究』
桑名洋一　二〇一一「天正期沖家騒動に関する一考察―村上元吉を中心にして―」『四国中世史研究』一一
桑名洋一　二〇一九「元亀年間争乱時における河野氏家中の混乱について」『四国中世史研究』一五
桑名洋一　二〇二四「戦国期四国統一についての考察―喜多郡郡内争乱をめぐる解釈―」『伊予史談』四一二
櫻井拓仁　二〇一五「戦国期伊予国における発給文書と政治体制」『四国中世史研究』一三
柴　裕之　二〇一四『戦国・織豊期大名徳川氏の領国支配』岩田書院
柴　裕之　二〇一八「総括　シンポジウム「戦国期における大名と「国衆」」を終えて」『戦国時代の大名と国衆』戎光祥出版
得能弘一　二〇一五「戦国期における海賊衆能島村上氏の動向―河野氏との関係を中心にして―」『伊予河野氏』岩田書院（初出一九九八年）
中平景介　二〇一五「元亀年間の伊予―来島村上氏の離反と芸予交渉―」『伊予河野氏』岩田書院（初出二〇〇九年）
中平景介　二〇一八「天正前期の宇和郡・喜多郡と長宗我部氏」『十六世紀史論叢』九
中平景介　二〇二三「三間岡本合戦考―天正九年説における評価をめぐって―」『伊予史談』四〇九
西尾和美　二〇〇五ａ「戦国末期における河野氏権力と来島通康」『戦国期の権力と婚姻』清文堂出版（初出二〇〇五年）
西尾和美　二〇〇五ｂ「織田政権の西国侵攻と瀬戸内海賊衆」『戦国期の権力と婚姻』清文堂出版（初出二〇〇四年）
西尾和美　二〇〇五ｃ「小早川隆景の伊予支配と河野氏―「したし」書状の年代比定をめぐって―」『戦国期の権力と婚姻』清文堂出版（初

出二〇〇三年）
西尾和美　二〇〇七「天文伊予の乱再考—「高野山上蔵院文書」を手がかりとして—」『四国中世史研究』九
福川一徳　一九八七「届かなかった村上武吉宛の二通の書状」『伊予史談』二六五
藤田達生　二〇二一「金子元宅「遺言状」考」『天下統一論』塙書房
丸島和洋　二〇一三「戦国大名武田氏と従属国衆」『四国と戦国世界』岩田書院
光成準治　二〇一八「上杉氏における国衆の譜代化—北条・毛利安田氏を素材に—」『戦国時代の大名と国衆』戎光祥出版
山内治朋　二〇一六「小早川氏の伊予入部と地域領主」『伊予史談』三八二
山内治朋　二〇〇九a「戦国期の肱川下流域について—須戒・横松地域を中心に—」『愛媛県立歴史文化博物館研究紀要』一四
山内治朋　二〇〇九b「天正前期の喜多郡争乱の地域的展開—天正七年前後の争乱と予土和睦をめぐって—」『四国中世史研究』一〇
山内治朋　二〇一五「総論 伊予河野氏の系譜と政治的動向」『伊予河野氏』岩田書院
山内治朋　二〇一八「小早川期伊予の城郭政策—統一政権下の城割と領国統制—」『戦国大名の土木事業』戎光祥出版
山内治朋　二〇一九「永禄南伊予争乱の展開と高島・鳥坂合戦—宇和郡初期様相と毛利氏加勢の推移を中心に—」『伊予史談』三九三
山内治朋　二〇二一「戦国末期御内書にみる河野氏当主権の補完と幕府認識—同日・同内容発給の考察から—」『四国中世史研究』一六
山内　譲　一九八九「堀と土塁に囲まれた館—平岡氏と荏原城—」『中世伊予の領主と城郭』青葉図書
山内　譲　二〇〇一「宇都宮豊綱について」『温古』一二三
山内　譲　二〇一四『来島村上氏とその時代』私家版
山内　譲　二〇一五『瀬戸内の海賊　村上武吉の戦い【増補改訂版】』新潮社選書
山内　譲　二〇二〇「細川京兆家と伊予国宇摩郡」『伊予史談』三九六
山内　譲　二〇二一「中世の宇都宮氏と喜多郡—室町時代を中心に—」『温古』四四

戦国末から豊臣期の大名居城
——城地の移転と城郭の変遷——

乗岡　実

はじめに

瀬戸内は、畿内と北部九州さらに大陸を結ぶ交通の要所であると同時に、温暖な気候と沖積平野の形成に恵まれて生産性が高い豊かな地域であり、古来から有力な政治勢力が形成されてきた。

戦国時代後半になると山陽側では周防の大内氏、安芸の毛利氏が隆盛し、一時は山陰出雲の尼子氏の勢力が南下してきたが、最終的な覇者は毛利氏となる情勢であった。また、四国側では阿波の三好氏が細川氏に替わって隆盛し、伊予には河野氏の勢力もあったが、最終的には土佐の長宗我部氏が北上して四国全域を制覇する勢いであった。さらに瀬戸内西端の九州側では豊後の大友氏が隆盛したが、末期には南九州の薩摩から北上した島津氏に圧迫された。

そうした勢力分布に大きな変化をもたらしたのは、信長・秀吉による天下統一戦争で、織田対毛利の構図の中で備中高松城の攻略が天正十年（一五八二）、秀吉による長宗我部氏の膨張を阻止するための四国攻めが天正十三年、同じく島津勢力の膨張を阻止するための九州攻めが天正十四～十五年に起こされた。勝者となった秀吉は全国政権の名のもとで、毛利・長宗我部・島津の各戦国大名の支配地を削減しながらの安堵も含め、在地勢力を豊臣大名として位置づけたり、新たに子飼いの家臣を大名として派遣した。

こうした戦国末から織豊期の政治・軍事動向の中で、瀬戸内各地に所在する諸大名の性質、構成員と領有地は大きく変化したが、各居城の分布・立地、構造・機能などの変化は普遍的側面をもつ一方で、大名ごとに個性的である。本稿では大名勢力による地域支配拠点の移転と変遷を主題に掲げ、瀬戸内がもつ歴史的な特性を示してみたい。播磨以東は対象外とする。

1　戦国大名・有力国人の居城

山陽の西播磨から備前東部の戦国大名は浦上宗景であった。兄であった浦上政宗と対立して天文二十三年（一五五四）に天神山城（和気町）〔岡山県教委 二〇二〇〕を築城して居城とし、戦国大名としての途を歩んだが、天正三年（一五七五）に岡山城主の宇喜多直家に攻められて落城し、播磨に逃れた。天神山城（図2―1）は、河口から約20㌔遡った吉井川中流東岸、麓との比高が約300㍍ある山塊にある連郭式山城で主軸全長は400㍍以上ある。高さ約2㍍未満の石垣が多用されているのが特徴で、主郭ではない一郭にのみ天正前半期の瓦を伴う。

備前西部には有力国人の松田氏歴代の居城として金川城（岡山市北区）〔岡山県教委 二〇二〇〕があったが、永禄十一年（一五六八）に宇喜多直家が攻めて松田元輝・元賢を討ち、城を接収した。当時の河口から約15㌔遡った旭川中流西岸の麓との比高差約180㍍の山塊に展開する備前最大の山城（図5左）で、複数の尾根筋に沿って曲輪が連なり、主軸全長は約550㍍ある。主郭の全長は約70㍍もあり、一部に石垣を伴うが、慶長年間の池田氏岡山城支城段階まで機能して改修を受けており、松田氏段階では土段造りであったとみられる。

宇喜多直家の最終的な居城は旭川下流平野にある平山城の岡山城である。直家はそれまでに居城の移動を繰り返したが、このことについては後述する。

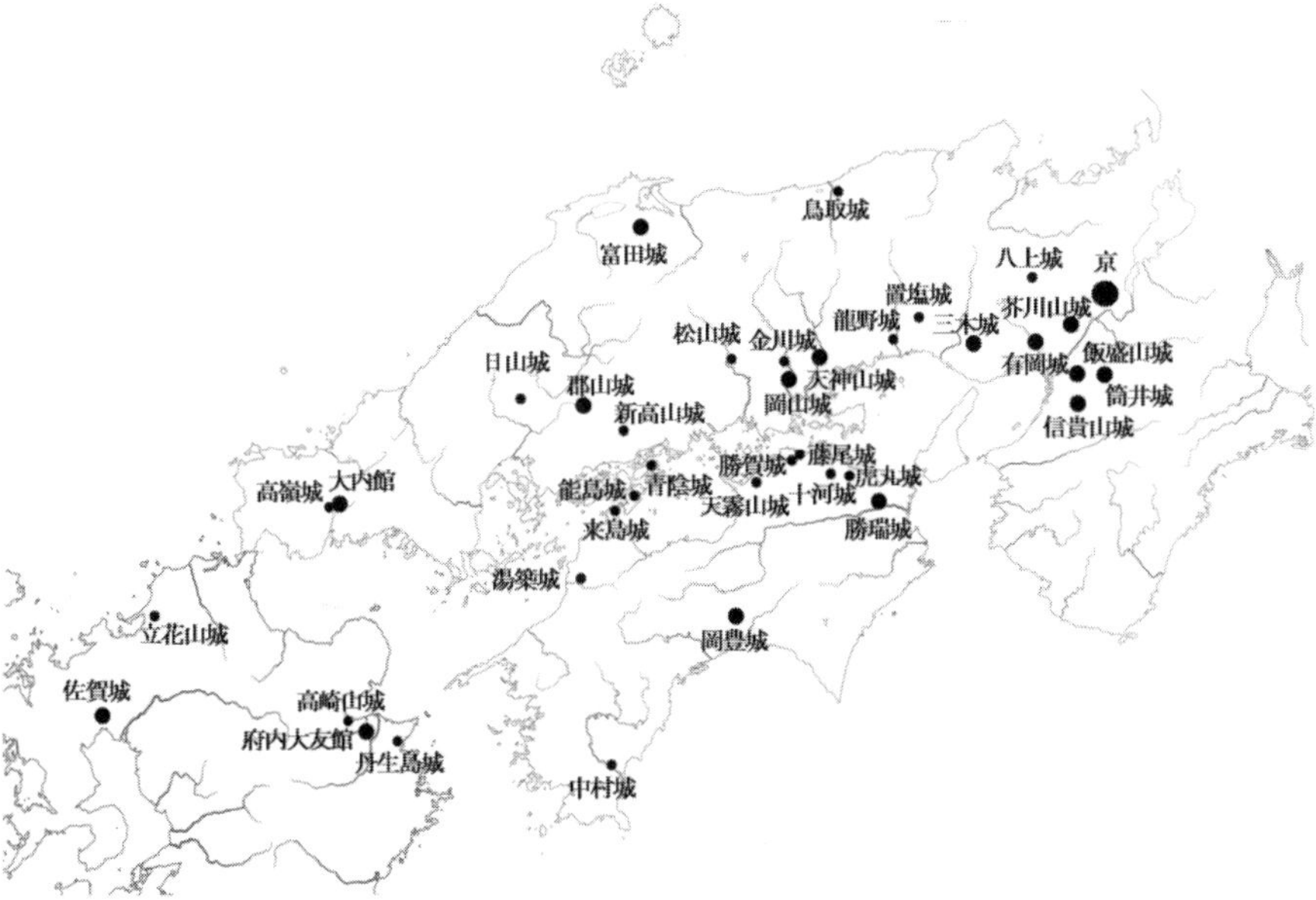

図1　戦国大名・有力国人の居城分布

戦国の備中で最大実力者は三村氏で、初期は成羽（高梁市）を本拠としたが永禄二年（一五五九）に松山城（高梁市）〔岡山県教委 二〇二〇〕を奪取して移ったものの、天正三年（一五七五）に毛利軍に攻められて当主の三村家親は自害した。その後の松山城には、毛利氏の武将が入り、慶長五年（一六〇〇）以降になると一部が高石垣を重層させた近世城郭として改修されて明治維新まで維持された。河口から約28キロ遡った高梁川中流東岸、麓との比高約410メートルの臥牛山の全山に曲輪が広がる備中最大の山城（図2―2）で、主軸が1600メートル以上にわたって曲輪が連なる。三村氏段階の松山城には土留め的な低石垣が伴った可能性があるが、当該期の瓦は未確認である。

戦国の中国の覇者となった毛利氏宗家の居城は一貫して郡山城（安芸高田市）（図6）であった。最寄りの海岸である広島湾岸から約40キロも内陸の山間部に立地し、麓からの比高約190メートルの広大な山塊に曲輪が展開していた。

毛利氏が覇権を握る前に、西部瀬戸内から北部九州で勢力を誇ったのは守護大名から戦国大名に成長した大内氏である。その本拠は、海岸から14キロほど内陸の山口

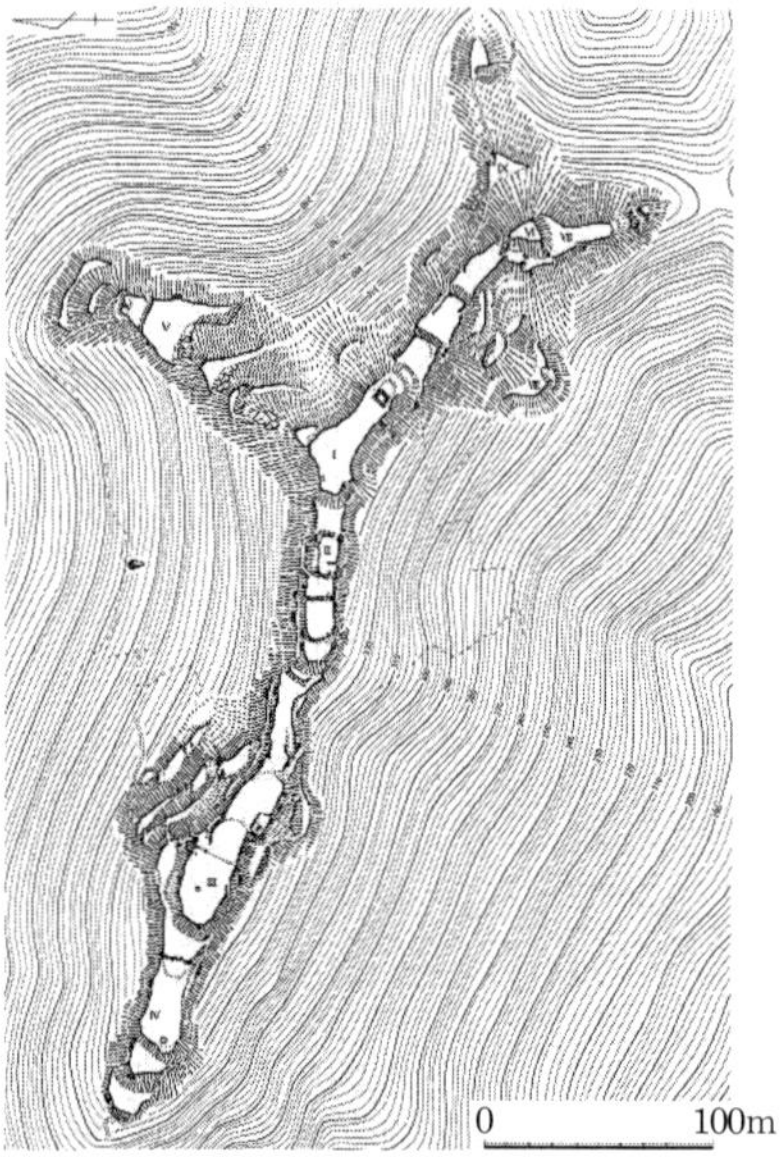

1．備前・天神山城

（岡山県教委 2020 畑和良作図から）

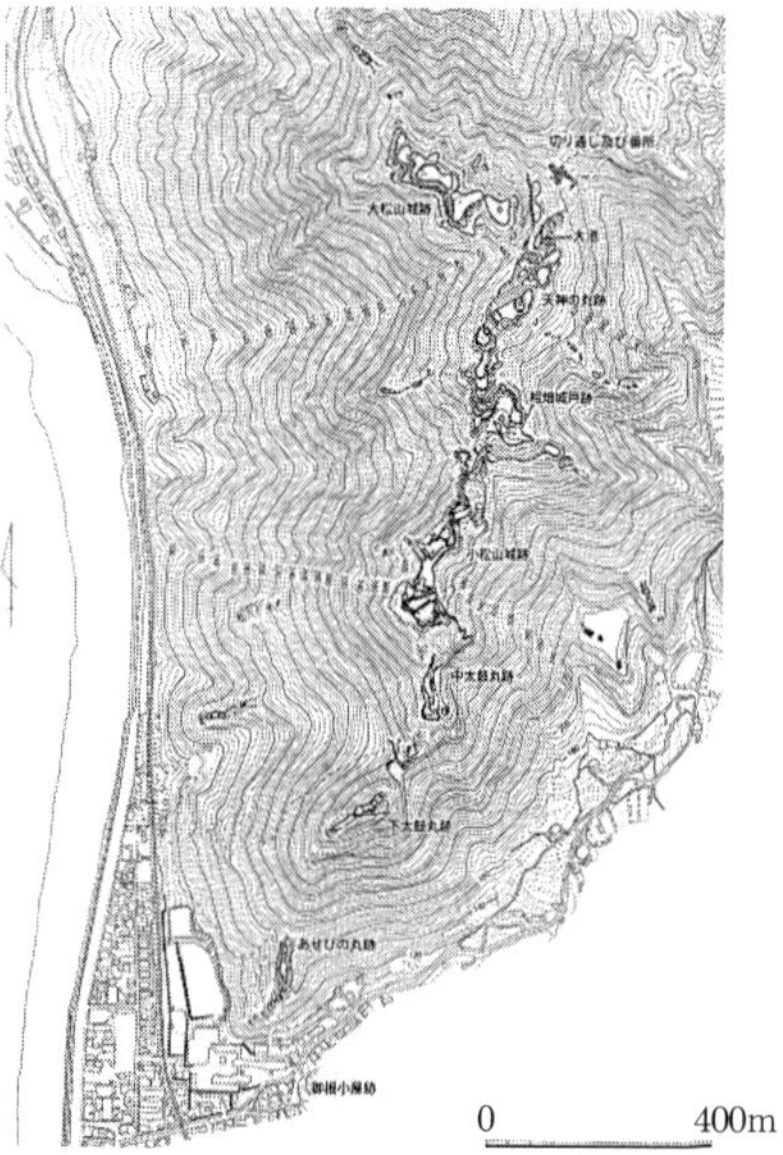

2．備中・松山城

（岡山県教委 2020 から）

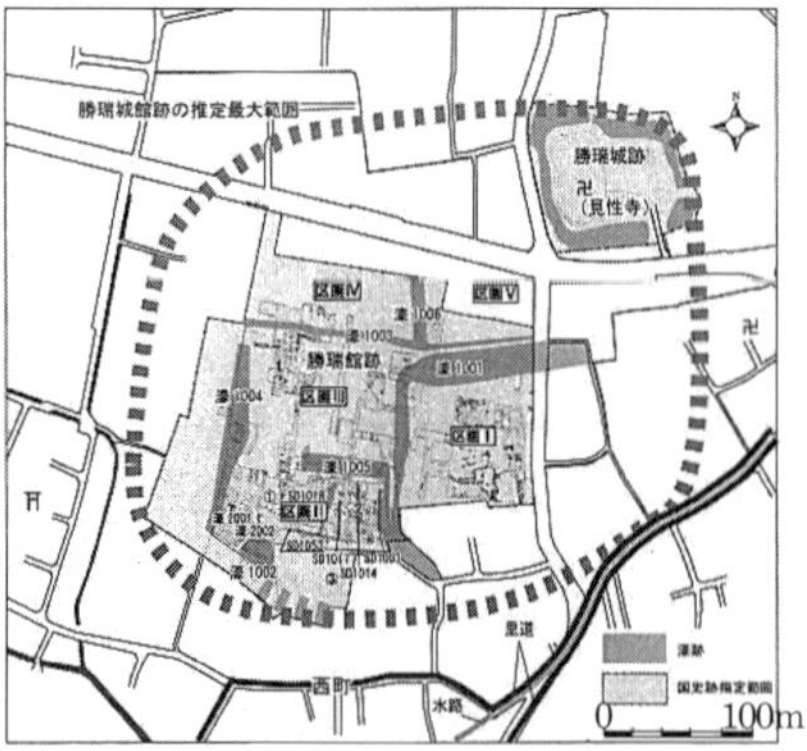

3．阿波・勝瑞城　（重見 2021 から）

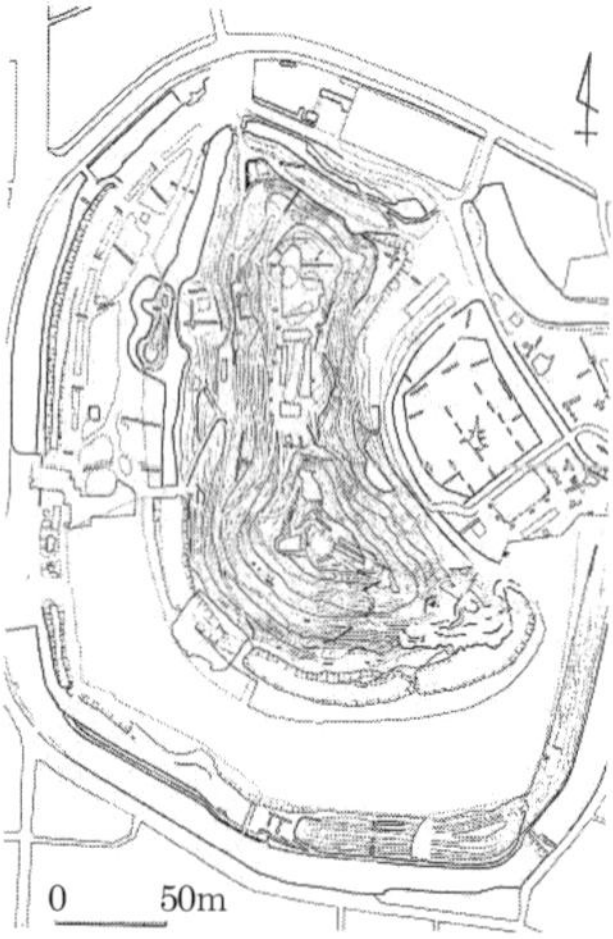

4．伊予・湯築城　（小都 2005 から）

図2　戦国大名の居城

盆地の平地にあって、守護系大名に相応しい方形の大内氏館(山口市)であった。大内政権の終末期と言える弘治二年(一五五六)に大内義長によって築城開始された詰城は、館から1.5㌔離れた比高約300㍍の山塊に立地する高嶺城(山口市)である。この城は、まもなく毛利氏の持ち城となり城番が入って山口盆地の支配拠点となり、石垣構築や瓦葺建物の造立を含む改修を受けながら、元和元年(一六一五)頃まで機能した。

四国では、阿波の守護であった細川氏と天文二十一年(一五五二)にその権力を奪取した三好氏の本拠は、当時の海から少なくとも6~7㌔は内陸に入った純然たる沖積平野の中央に立地する勝瑞館(藍住町)［重見 二〇〇九・二〇二二］で、これまでの調査で濠による区画が六つ確認されている(図2―3)。天正十年(一五八二)の長宗我部氏の侵攻による落城間際に隣接地の一画に広い濠と端部に土塁を廻らした単郭式の勝瑞城が整備されている。比高差をもつ山城が詰城として整備された形跡はない。

讃岐では土着の戦国大名を輩出しなかったが、有力国人では、西讃の香川氏の本拠城は天霧城(多度津町・善通寺市)［香川県教委 二〇〇三］で、海岸から約2㌔離れて比高差は約350㍍ある。主軸全長700㍍以上の大規模山城で、複数の曲輪の外郭に低石垣が構築され、一部に瓦も伴うが、豊臣期の改修を受けている可能性が高い。また、長尾氏の本拠は西長尾城(丸亀市)で、海岸から約12㌔の丸亀平野の最奥にあり、山麓からの比高が約250㍍の大規模山城である。中讃の香西氏の本拠は香西浦の港湾から約2㌔内陸に入った平地に立地し、濠を廻らす方形居館の佐料城(高松市)で、天正五年(一五七七)に長宗我部の讃岐侵攻に備えて、香西浦に面したごく低丘に立地する藤尾城(高松市)に移ったとされる。それらの詰城と評価できるのが直ぐ背後にあって山麓からの比高差約350㍍の山塊に立地し、主軸全長約400㍍の大規模山城である勝賀城(高松市)［高松市 二〇二二a］である。主要部の複雑な折れをもつ土塁に低石積を伴うのは、豊臣期に改修を受けた結果であり、香西氏段階は土の城であった可能性が高い。東讃では、阿波三好氏の一族の十河存保の本拠である十河城は海岸から約8㌔内陸の平地にある。東南に約20㌔離れて詰城となった虎丸城（東かがわ市）は、海岸から5キロ離れて山麓との比高が約400メートルもある急峻な山塊にある。

伊予国守護の家筋である河野氏の本拠は、海岸から約7キロ内陸に入った平地のごく低丘に主郭を配した長軸全長約350メートルの湯築城（松山市）〔愛媛県埋文 二〇〇〇〕で、小丘の裾に当主館や家臣団屋敷群が配され、十六世紀前半の段階で二重の濠と土塁が廻らされていた（図2―4）。伊予の島嶼部では海賊ないしは水軍として名高い村上一族がいたが、来島村上氏の来島城（今治市）や能島村上氏の能島城（今治市）は海流の激しい個所に浮かぶ小島の全体を要塞化した海城であった。なお、因島村上氏の詰城は島の半ばにあって、平地との比高約250メートルの中規模な連郭式山城の青陰城（因島市）であった。

瀬戸内東端の豊後で守護大名から戦国大名に成長した大友氏の本拠である府内大友館（大分市）は、海から1～2キロ大分川を遡った沖積平野の平地に立地する。弘治二年（一五五六）頃以降の政治的本拠は、館から約22キロ離れ、海抜15メートルの小島に立地する海城の丹生島城（臼杵市）〔臼杵市教委 二〇一〇〕である。島津氏侵攻時の府内館の詰城と位置づけられるのは、館から約10キロ離れ、別府湾を見下ろす比高約600メートルの山塊上に長軸約600メートルにわたって曲輪群が展開する高崎山城（大分市）である。

以上のように瀬戸内の戦国大名や有力国人の居城は、海ないし海路から離れた内陸部にあって小地域のランドマーク的な山塊に立地する場合が圧倒的で、厳密な意味で港湾部に立地するのは讃岐香西氏の藤尾城、伊予村上氏の来島城・能島城、豊後大友氏の丹生島城ぐらいである。また、内陸部に立地するものは自ずと陸路と関連付けられるものが多い。しかし、汎列島的な主要街道としての山陽道・南海道・西海道の沿線にあるのは、備前宇喜多氏の岡山城、安芸小早川氏の新高山城、豊後大友氏の府内館ぐらいである。こうした広域交通路と領国支配拠点としての城地の一見アンバランスな関係は、各大名・有力国人の出自や成長過程などの歴史的経緯を踏まえた本拠地という要因の裏返しと評価できる。つまり、自立性を発揮できる限り、各城主は居城地に対する保守性が強く、その城を本拠とする一族が結果として戦国大名に成長した場合、その城がたとえ辺鄙な山間部にあって広大化した領国支配には不便としても、なかなか居城を移そうとはしなかったのである。阿波三好氏・周防大内氏・豊後大友氏といった守護系大名は、その職制に基づく歴史的経緯として広い平野や盆地を控えた場所に立地するが、一方で居城構造は平地の方形館に固執した観がある。ただ伊予河野氏はやや異なって平地型ではあるが中心に低丘があり、外周は方形指向であっても方形ではない。いずれにしても守護系大名居城は、守護代や国人層からのし上がった同時期の他の戦国大名が十六世紀中頃には山城内に主たる居館機能を移していたのと対照的である。なお、守護系でも大内氏と大友氏は比高が大きな大規模山城も詰城として機能させた。

2 豊臣大名の居城

天下統一戦以降の豊臣大名は旧領安堵型と派遣型に大別できる。

山陽側の豊臣大名は、共に旧領安堵型の宇喜多氏と毛利氏だけである。備前・美作の全体と播磨東部と備中東部を領有した宇喜多秀家の本拠は、備前岡山城(岡山市北区)である。城地は戦国大名としての父の直家の居城を引き継いだもので、当時の河口から2.5キロ以上は旭川を遡った沖積地の中央にあるごく低丘に主郭を備え、天正十六年(一五八八)[森 二〇〇九]を起点に高石垣を築き、瓦葺建物を林立させて織豊系城郭化する。

山陰の大部分を含めて備中西部〜長門を領有した毛利輝元の居城は広島城(広島市中区)である。純然たる沖積地である大田川河口の臨海平野に立地し、本丸は当時の河口から2〜4キロ程度で、城下町には海船の舟入を伴い、街並みが直に海に接する部分も含んでいた。豊臣大名となった毛利輝元が広島に城地を定めて郡山城から移ることを決定したのも天正十六年である[小都 二〇〇九]。

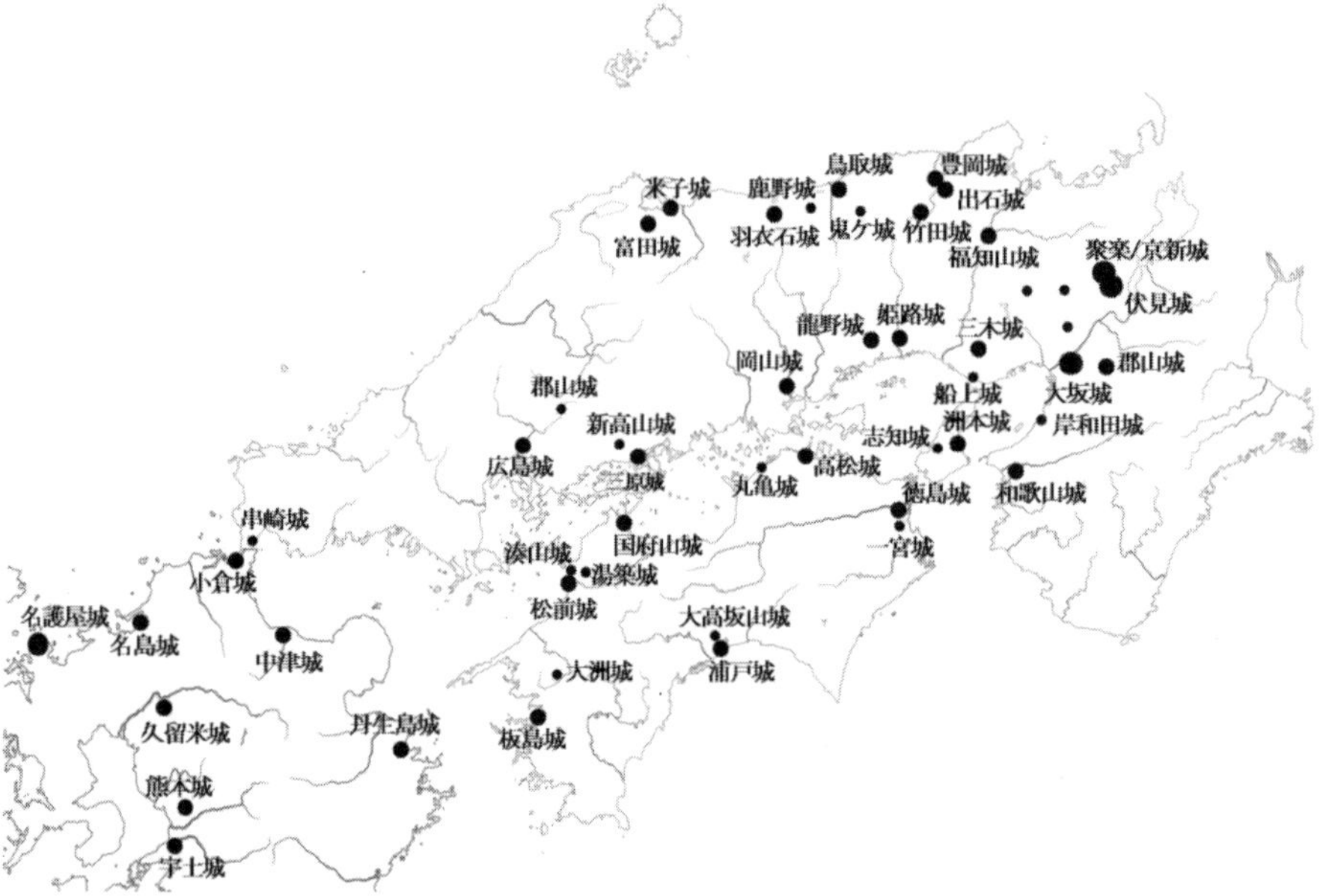

図3　豊臣大名の居城分布

戦国の淡路は水軍を率いる安宅氏などの勢力がいたが、土着の戦国大名は輩出しなかった。秀吉勢力下では畿内から四国に渡る道筋となる要地で、四国攻めに先行する天正十年に仙石秀久が五万石で派遣されて洲本城（洲本市）を居城とした。また、四国攻めの後となる天正十四年には加藤嘉明が一万五千万石で志知城（南あわじ市）に配された。洲本城は港湾を見下ろす比高約120㍍の山塊にあり、相当量の高石垣を伴う主軸全長約720㍍もの巨大城郭である。石垣の特徴や瓦の年代観などから本格的な織豊系城郭としての現存構造は、天正十三年に入封し慶長十四年（一六〇九）まで在任した脇坂安治期のものと考えられる［洲本市教委 二〇二二］。志知城は海から約4㌔離れた平地に立地して堀を廻らすが、石垣を伴っておらず本格的な居城型の織豊系城郭であったとは考え難い。

長宗我部元親が土佐一国に封じ込まれたため、四国でも瀬戸内側に配置された豊臣大名は、派遣型大名が圧倒する。

阿波に派遣された蜂須賀正勝・家政は、天正十三年の赴任直後は国人一宮氏の居城であった既存の拠点城郭、すなわち海から約8キロ離れて麓からの比高が110メートルある一宮城（徳島市）に入った。その後、広い平野を育んだ吉野川の河口の比高約60メートルの丘に連郭式の主要部を配し、麓に御殿を設け、周囲の沖積地に城下町を形成し港湾を伴う徳島城（徳島市）を築城して居城とした。ただ天正十四年段階での織豊系城郭としての達成度は不詳である。

天正十三年に讃岐に派遣されたのは仙石久秀で、伝統的な良港である宇多津を見下ろす比高約110メートルの山塊に長軸約700メートルにわたって断続的に曲輪を連ねる聖通寺城（坂出市・宇多津町）を居城にしたとされる。低石垣や瓦葺建物を少量伴った形跡はあるが、高石垣は不在で、織豊系城郭としての達成度はそう高くない。ごく短期で詳細不明の尾藤知宣期を経て、天正十五年に讃岐一国を与えられたのは生駒親正で、東讃の港湾を間近に見下ろす比高85メートルの山塊に約350メートル四方にわたって曲輪が連なる引田城（東かがわ市）に入った。翌十六年には居城を中讃にある讃岐最大の平野にある野原の地に定めて高松城（高松市）の築城を開始した。高松城は主要部が直に海に接する海城である。初期の構造は不詳で、天守台石垣は解体修理に伴う発掘調査で背後から出土した陶磁器や瓦の年代観から十七世紀初頭の構築であるなど、高石垣が重層する現構造の成立は慶長五年（一六〇〇）以降とみられる［高松市 二〇二一b］。また、生駒氏は慶長二年に副本城として、西讃の丸亀平野の臨海部の比高約60メートルの丘に主要部を配し、周囲に城下町を配した丸亀城（丸亀市）を築城した。主要部は高松城よりは海から離れているが、城下に港湾を含むのは同じである。

四国攻め後の伊予に派遣されたのは毛利一族の小早川隆景［光成 二〇一九］で、戦国の河野氏歴代居城の湯築城に入ったが、まもなく臨海部で比高約40メートル、港湾を付属させた湊山城（松山市）を改修したとみられる。また隆景の筑前転出後の天正十五年に入封した福島正則の居城は臨海で麓との比高が約100メートルの国分山城（今治市）である。さらに、粟野秀用とその後任として文禄四年（一五九五）に赴任した加藤嘉明の居城は松前城（松山市）であるが、重信川によって形成された平野の海際に立地する平城である。湊山城、国分山城、松前城の構造は現況では不詳であるが、多少の石垣や瓦葺建物が構築された可能性はあるものの、高石垣を累々と廻らせ石垣上に瓦葺建物が林立する本格的な織豊系城郭として整備された姿は見通せない。

豊臣大名としての豊後の大友義統は旧領安堵型に該当するが、府内の大友館も丹生島城も義統段階に本格的な織豊系城郭化した痕跡はない。丹生島城に石垣造りの天守台などが構築されるのは、派遣型の福原直高が文禄三年に入城して以降とみられる［臼杵市教委 二〇一〇］。府内地域で高石垣を重層させ、海に面した府内城（大分市）が築城されるのは直高が加増・移封される慶長二年（一五九七）になってからである。

天正十五年の九州攻め直後の豊前に配されたのは、港湾を備えた既存の拠点城郭である小倉城（北九州市）に入って居城とした森勝信と、主要部が直に海に面した中津城（中津市）を築城した黒田孝高である。高石垣が重層する小倉城［北九州市博 二〇二〇］の現況構造は、慶長五年に入封した細川忠興が改修した結果であるが、金箔瓦の所在を含めて森期に織豊系城郭として整備されたのも疑いない。また、中津城も現況石垣は細川期に改修された部分も含むが、黒田期のうちに本格的な織豊系城郭となったとみられ、金箔瓦も伴っている。

瀬戸内の豊臣期の大名居城は、淡路・阿波では二年ほど先行的であるが、天正十六年を節目に配置が定まった城郭が徳川期の近世城郭に引き継がれる類型が多く、微妙な時期差と程度の違いを含みながら織豊系城郭化が図られたと概括できる。岡山城を除けば、総てが臨海地で、城郭部もしくは城下町の一画に海船を係留できる港湾・船溜りを伴っている。構造面では、天正年間の内での織豊系城郭としての達成度を問題にすると、山陽の岡山城と広島城は高石垣の構築と瓦葺建物の林立など別格の存在であるのに対し、四国側は派遣型大名が主体でありながら量的達成度は低く、多少の石垣や瓦葺建物は整備されたとしても、本格的な構造を備えた近世城郭の成立は慶長五年以降となるものが多いと見通せる。九州側では、豊後はそれよりは先行的であるが派遣型大名が入る文禄年間まで遅れる見込みであるのに対し、当初から派遣型大名が配された豊前は達成が早目である。

3　備前・宇喜多直家の居城移動

山陽の豊臣大名は、政権内部でも傑出した地位を与えられた備前の宇喜多秀家と安芸の毛利輝元が双璧をなすが、それぞれの城郭ないしは城郭政策のあり方は対照的な事項が多い［乗岡 二〇一五］。

宇喜多直家は一代で没落寸前の土豪～国人から戦国大名に登りつめたが、その過程で幾度も居城を移して最終的に岡山城に本拠を定め（図4）、実子の秀家が岡山城（図7右）を引き継いで、秀吉政権を支える大大名の居城に相応しい本格的な織豊系城郭として改修した。本貫地にある郡山城が歴代の居城で、元就の代に中国最大の戦国大名としての地位を獲得し、孫の輝元が秀吉政権の重臣となった時点で広島城（図7左）を新規築城して初めて居城を移した毛利氏とは事情が異なっている。

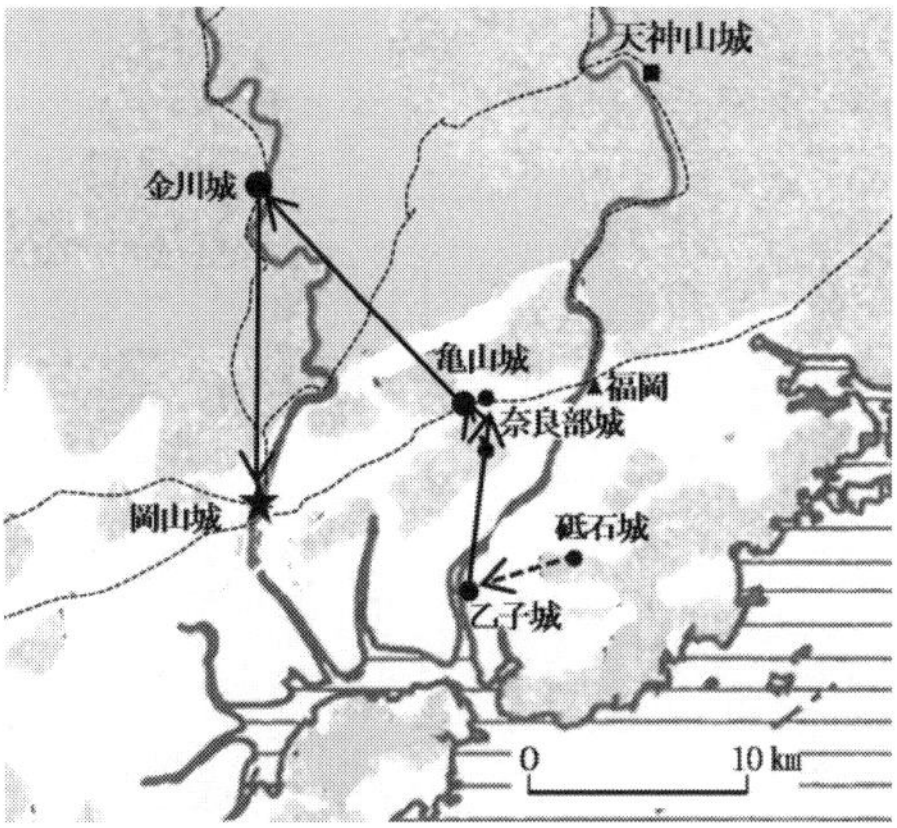

図4　宇喜多直家の居城の移動

宇喜多氏直家の各居城［岡山県教委 二〇二〇］については一次資料が乏しく、江戸時代の軍記物や地誌類に依拠する部分が大きいが、通説［石田 一九九一など］では、宇喜多氏の本拠城は、吉井川下流の東岸平野を見下ろす丘陵の先端部、比高約１００㍍の二本の尾根筋のそれぞれに長軸約２００㍍にわたって曲輪が連なる砥石城（瀬戸内市）とされる。

直家は父の興家の代に砥石城を追われ、浦上宗景に従属ないしは与力し、また時には毛利氏や織田信長と結ぶ中で勢力を増大させた。天文十三年（一五四四）に宗景から与えられたとされる最初の居城は乙子城（岡山市東区）である。乙子城は吉井川河口部東側の比高約40㍍の小島的な低

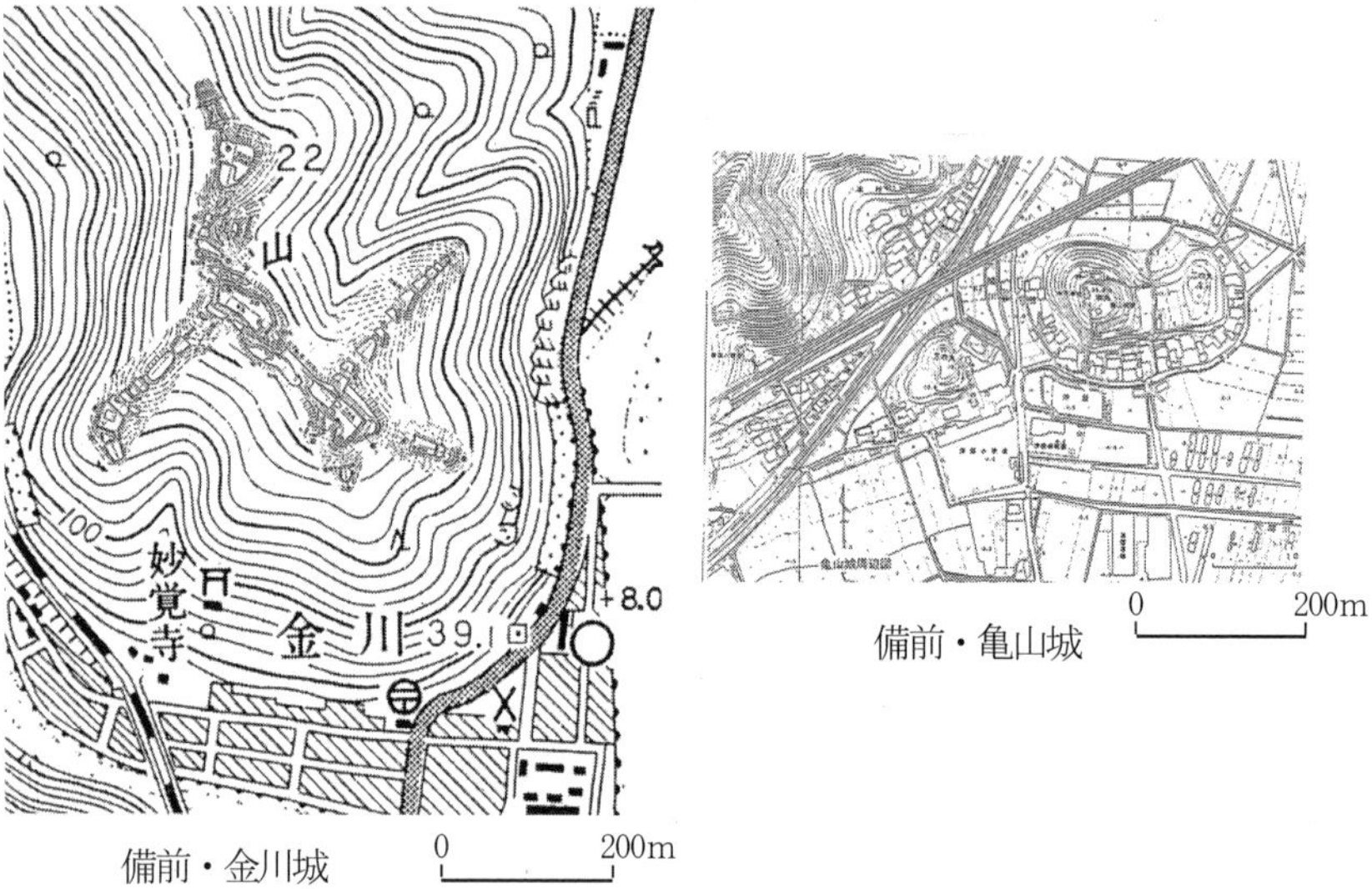

図５　岡山城居城化以前の宇喜多直家の居城

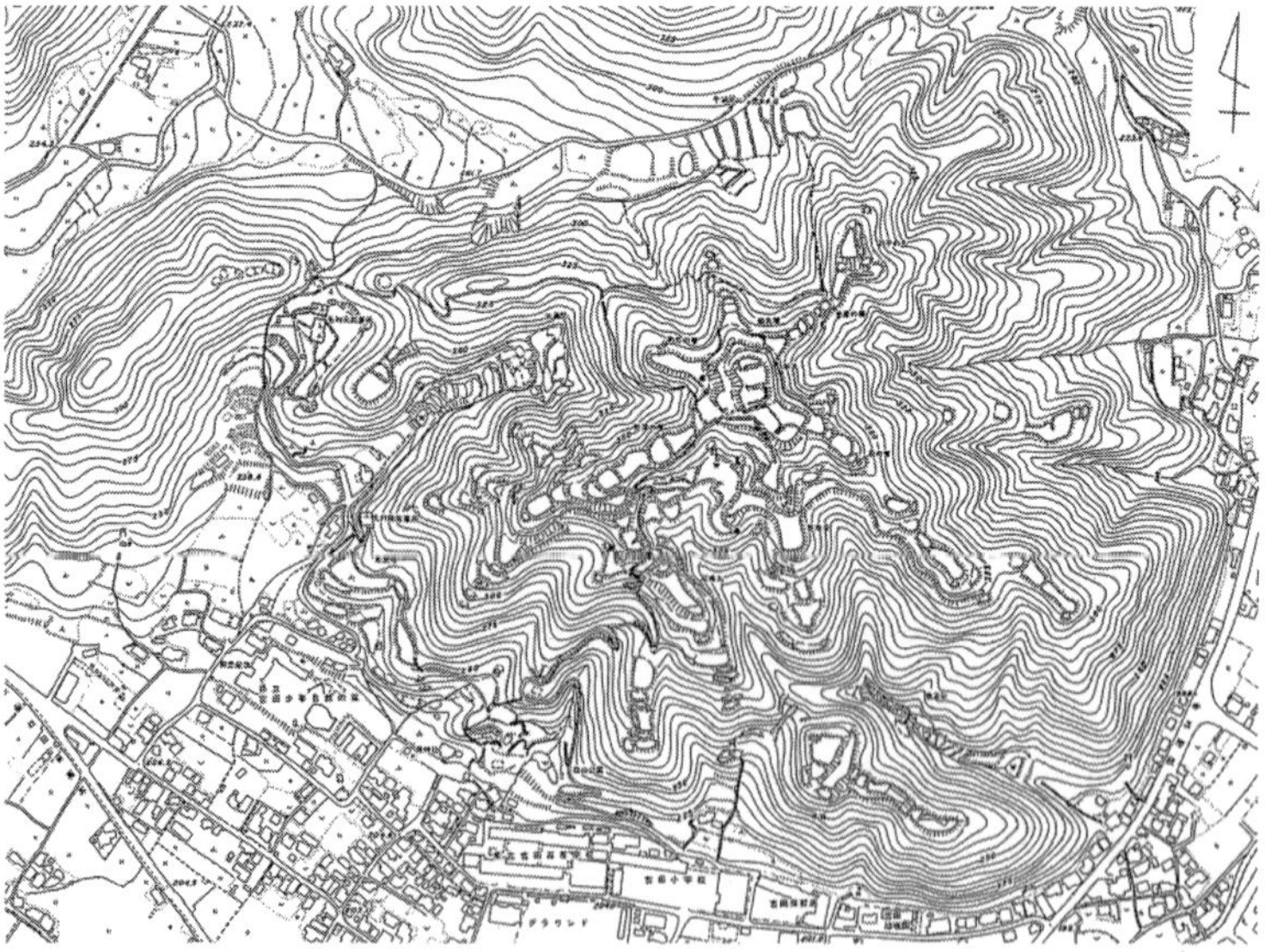

図６　広島城居城化以前の毛利輝元の居城：郡山城（小都 2005 から）

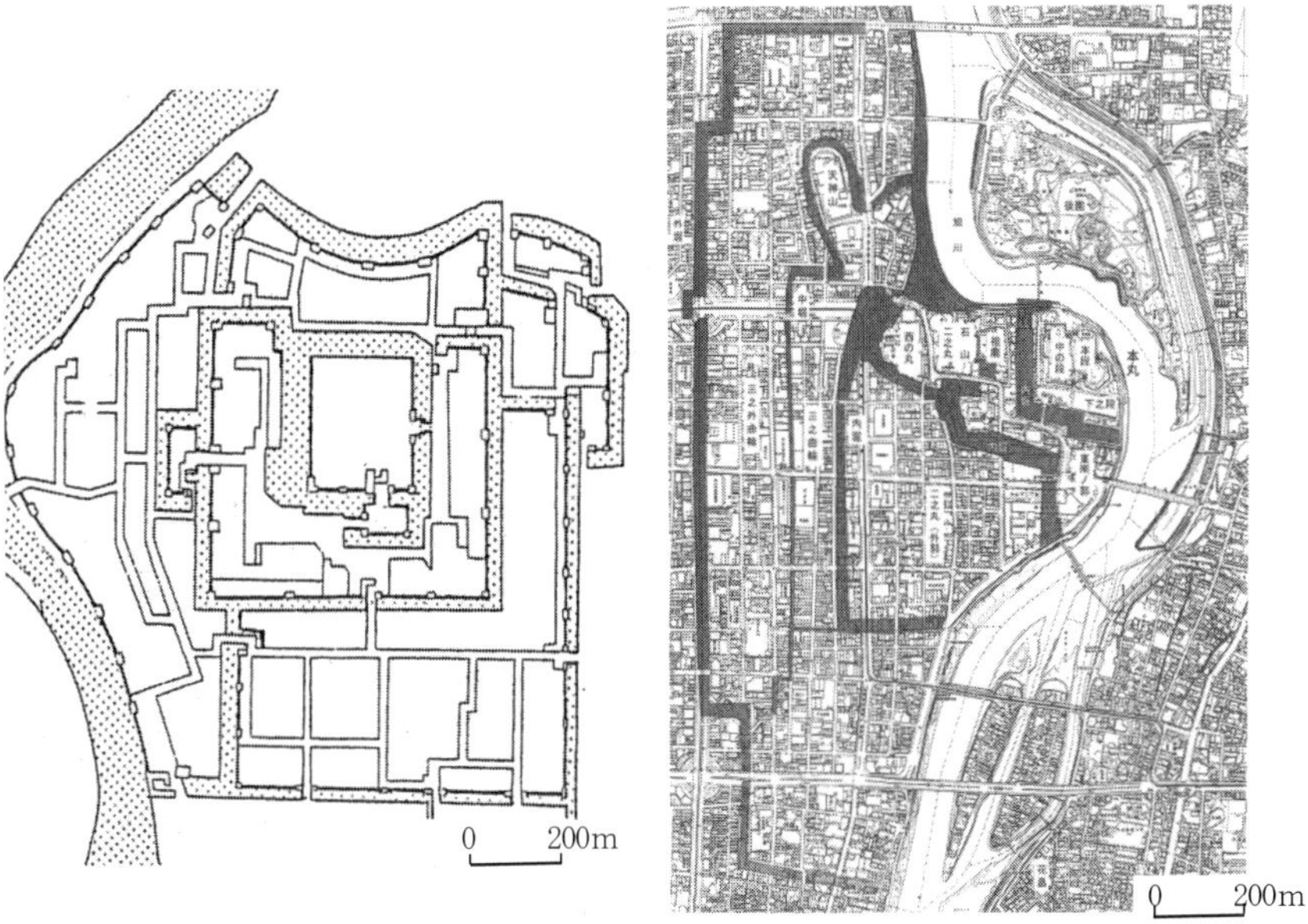

図７　広島城（左）と岡山城（右）同一縮尺（小都 2005、岡山県教委 2003 から一部改変）

丘に立地し、長軸約１５０㍍にわたって曲輪が連なる小規模な海城に過ぎなかった。

直家の天文十八年（一五四九）からの居城とされるのは吉井川を西に越えた「奈良部」の城で、やはり宗景から城攻めの恩賞として与えられたという。この城は通説では新庄山城跡（岡山市東区）に比定されるが、別地とする説［森 二〇〇一］もある。新庄山城は、中小河川の砂川を見下ろす比高１２０㍍の山城で、長軸２００㍍にわたって曲輪が続く。

次が亀山城（岡山市東区）（図5右）で、永禄二年（一五五九）に直家が浦上宗景の命を受けて滅ぼした義父の中山信正の居城であったとされる。砂川によって開けた平地が狭くなった位置にある比高約30㍍の小丘に主郭を置き、隣接する別小丘を含めて主軸が約４００㍍の規模をもち、周囲には水濠の役割を果たす湿地が広がっていた。比高の小さな平山城で、さほど拠点性のある立地ではないが、すぐ傍らを山陽道が通過し、陸路掌握型の立地で交通の利便性が良く、関所ないしは宿所的な中継地としての側面が窺えるのが特徴である。

通説では直家の次の居城は岡山城であるが、永禄十一年(一五六八)に奪取した松田氏歴代居城の金川城(岡山市北区、図5左)に直家が翌年に居たことを示す史料があり、在城は短期ながらも直家が松田氏に代わる西備前の統治者であることを宣言する意味があったと評価できる[森 二〇〇六]。金川城は旭川中流の山間にあるが、備前西部最大の政治・軍事の拠点であって、森俊弘氏が指摘するように直家の戦国大名化の大きな節目と連動することは重大である。

岡山城を金光宗高から奪い取った直家が、改修を加えて居城化したのは天正元年(一五七三)とするのが通説であるが、前年の元亀三年には直家がすでに岡山城に居たことを示す史料がある[森 二〇〇九、畑 二〇二〇]。直家の岡山城は旭川本流西岸の最大比高約20㍍の岡山とそれより低い石山・天神山を中心に展開したとみられるが、その丘群だけでも主軸全長は約1000㍍ある。

直家の居城の実体については、不詳な部分が多い。しかし、本貫とされる砥石城や戦国東備前の経済拠点であった福岡のある吉井川東岸の邑久郡の平野に固執することなく、居城を頻繁に変えたのは間違いない。既存城郭の再利用とは言え、移動を経ることで居城規模が戦国大名としての発展過程と直結して見事に右肩上がりで大きくなり、居城地が吉井川東岸から旭川西岸へと段階的に西遷し、最終的に岡山城に落ち着いたのである。亀山城ないし金川城の居城化までは大名権力としての浦上宗景の意志が働いていた可能性があるものの、当時の政治的動向からすると金川城から岡山城への居城移転は自立的な判断に違いない。

岡山周辺は、弥生時代以降の歴史を巨視的にみると、広くて豊かな穀倉地帯で人口密度も高く、備前ないしは山陽東部の政治・経済・文化、また交通・商業・手工業の総合的中枢地域であった。城下町を含む岡山城の城地は、備前国府や鹿田荘の最中枢あるいは都市的な場と厳密には重複はせず、そのことは広大な城地として開発可能地という観点では重要な事実である。一方、大局的には一連の地域であって、備前一国ないしはそれ以上の世界観での拠点としては、本来あるべき場所に帰結したと言えよう。それは一般論としての国府や守護館の選地観とも通じる部分もあるが、近世城郭全体の方向性でもある。

そうした岡山の地の選定を、直家が正式に織田信長に従属した天正七年（一五七九）に先行する元亀年間に独自の判断でおこなったことは、直家の先進性を示している。頻繁に居城を移せたのは急激に成長した新興勢力ゆえに、毛利氏とは違った身軽さが手伝ったのであろう。上洛と天下統一を目指した信長の居城移動とも通じるものがある。なお、西方への居城移動には、毛利氏と軍事戦略的に対峙するためという要因もあったに違いない［乗岡 二〇一五］。

岡山城は、微視的には城下への道筋の取り込みという改変を伴ったが、古代・中世以来の山陽道の沿線に立地した。城下を含めて臨海地でない点は、瀬戸内の豊臣大名の居城のほとんどと異なるが、秀吉が天正八年に織豊系城郭化を図った姫路城、同年に秀吉腹心の蜂須賀正勝が入った龍野城など播磨の豊臣政権下から徳川期に続く大名居城とは共通している。すなわち、岡山城以東の豊臣大名の居城の主たる交通インフラは、海路ではなく山陽道という国家的幹線陸路であり、かつ秀吉による備中高松城攻めがあった天正十年（一五八二）以前からの秀吉方の拠点城郭で、天正十六年以降に築城された豊臣大名の居城とは選地観の違いがある。

4 宇喜多秀家の岡山城の織豊系城郭化

岡山城は戦国大名の居城の中心部が、豊臣大名の居城として織豊系城郭へと変遷を遂げたことが遺構実体として確認できる稀有な事例である。岡山城本丸跡では岡山市教育委員会が史跡整備事業に伴って継続的に発掘調査を実施しており、江戸時代の絵図とも位置・内容が一致する上層遺構の下層をはじめ、錯綜する埋没石垣を含めて、複数の遺構面から多彩な遺構が検出された［岡山市教委 一九九七・二〇〇二］。このうち、本格的な織豊系城郭成立の画期は1期から2期への変遷である（図8―1・2）。

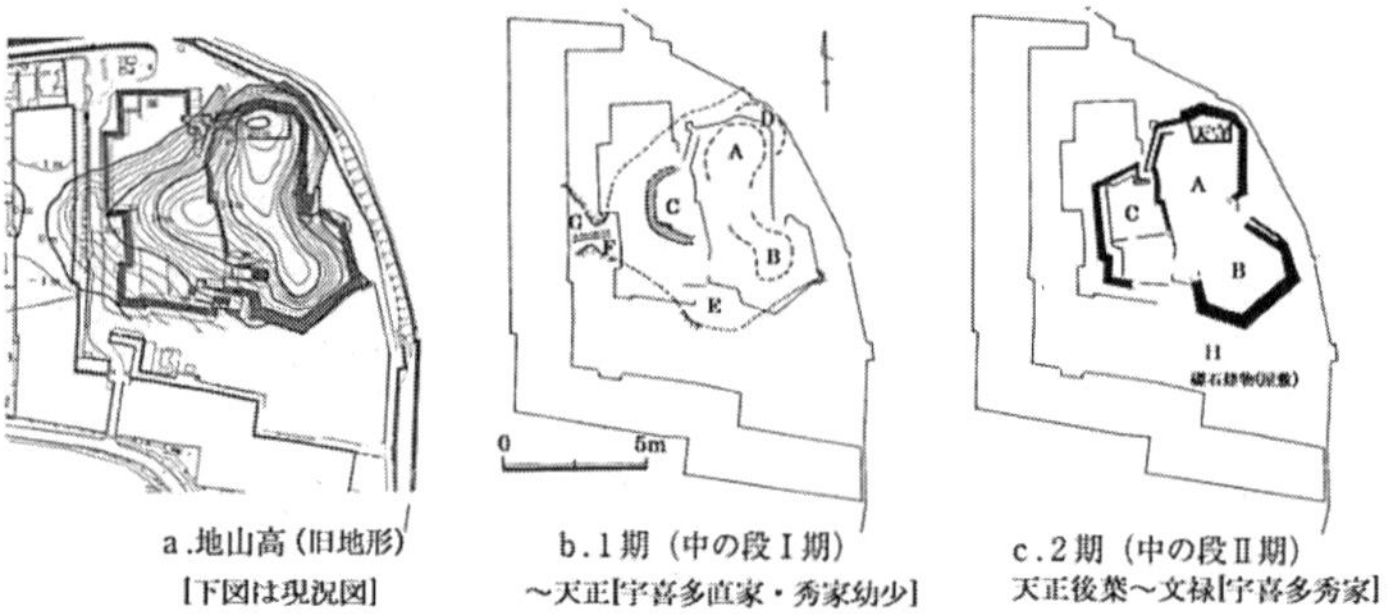

1．構造（縄張）の変化

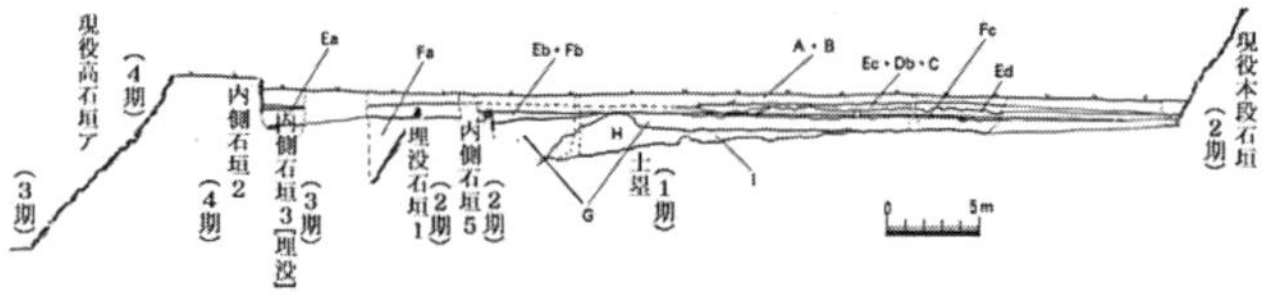

2．中の段東西断面

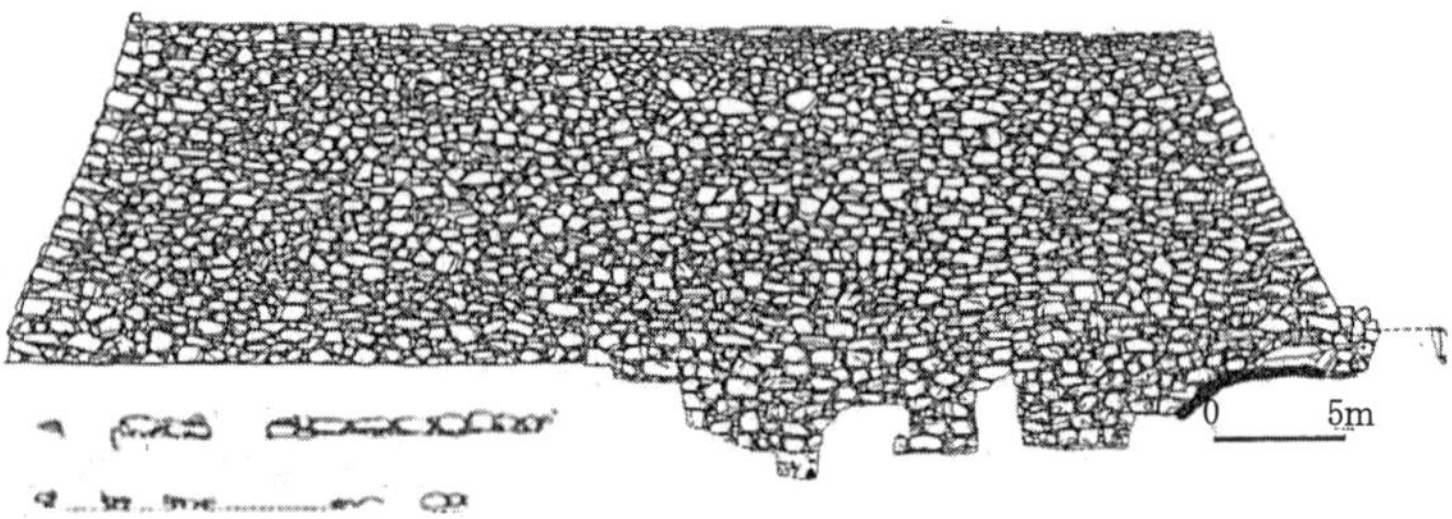

3．1期の土塁裾石積み（左下の2面）と2期の高石垣

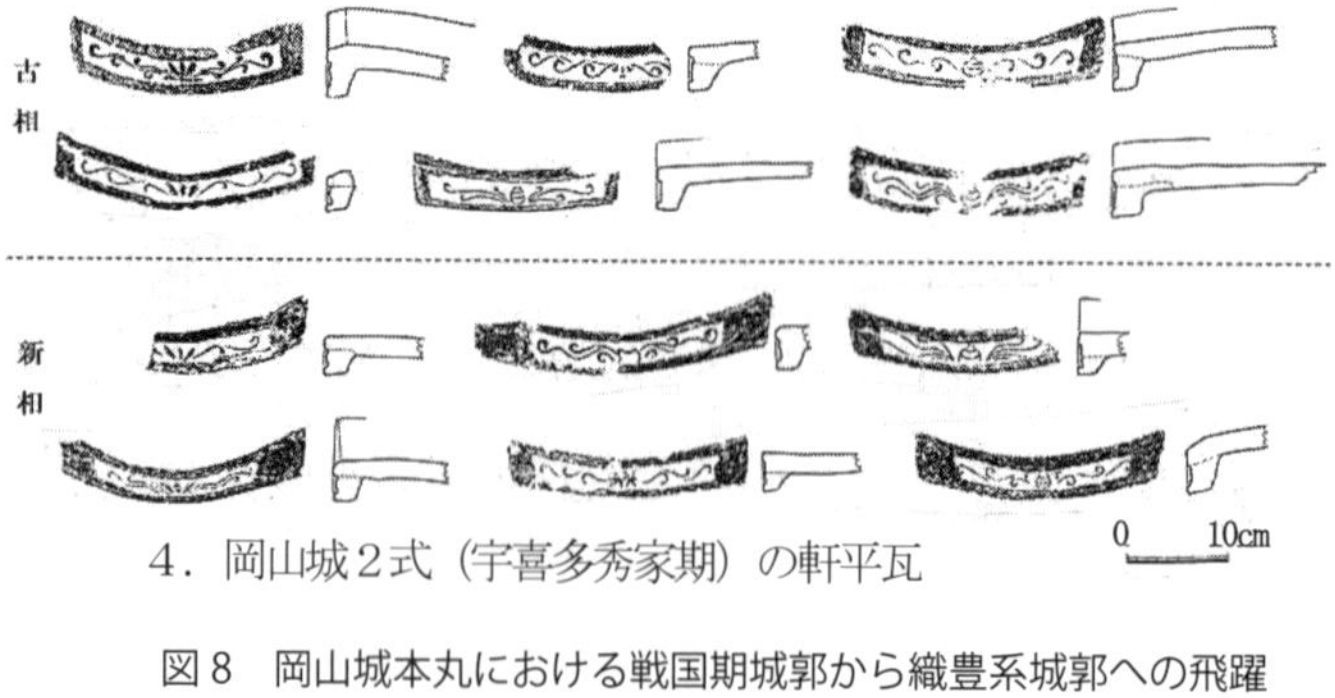

4．岡山城2式（宇喜多秀家期）の軒平瓦

図8　岡山城本丸における戦国期城郭から織豊系城郭への飛躍
（岡山市教委 1997 ほかから作成）

2期の本丸は、後の本段相当となる部分では、北隅に天守台を配する北部の曲輪Aと南東部の曲輪Bとの分離度が高く、後の中の段相当の西の曲輪Cがまだ狭かった。高石垣は元の丘の地形に従って原則として鈍角で接合するが、曲輪C・Aの接合部で検出された城門の脇は、おそらく門前通路との関係で鈍角となる。他の城門も曲輪間の括れ部に想定される。少なくとも曲輪Cでは高石垣背後は、城内側にも低石垣を伴う石塁状となり、上には多門や土塀が載っていたとみられ、北西隅には要となる隅櫓が建っていたとみられる。一方で、A〜Cの曲輪がある丘部分を取り巻く下の段相当には石垣が構築された形跡がなく、南と西には後の段階より内側に素掘りの内堀があったと判断される。ただ南東部については曲輪Hが造成され、屋敷系の礎石建物が配された。こうした宇喜多秀家期の岡山城本丸の構造と想定される各部の機能は豊臣秀吉の大坂城との相似性が強く窺える〔乗岡 二〇一二〕（図9―1・2）。なお、本丸本段での新旧二面の埋没石垣や屋根瓦の新古相の所在などから、2期は細分できる可能性がある（図8―4）。

5 安芸・毛利輝元らの居城移動と織豊系城郭化

先述のように毛利宗家の伝統的な居城は、山間部に立地する郡山城（安芸高田市）であった。東西約1．1㌔、南北約0．9㌔の山塊に三〇〇以上もの曲輪が展開する（図6）。郡山城の変遷については小都隆氏によって史料と遺構から整理と考察がおこなわれている〔小都 二〇〇五・二〇〇九・二〇二〇a〕。輝元が隆元に家督を譲った天文十五年（一五四六）頃までの山城は、南東尾根にあって主軸全長約200㍍に過ぎない「本城」部だけであったが、城地が標高402㍍の山頂を中心とする全山に拡大した。隠居した輝元が山頂部「かさ」に、隆元が「本城」のち「尾崎」に住み、満願寺などの複数の寺院を山腹部の曲輪に取り込んでいた。天文二十年頃には南山麓に堀も設けられた。輝元の秀吉への臣従が未だ微妙な段階の天正十二年（一五八四）には「麓堀」「会所」「大門」の整備を含む「城内之普請」がおこなわれ、輝元が上洛して正式に豊臣大名としての位置づけを得て、広島城の築城が決まった天正十六年にも「石組」を伴う「惣普請」がおこなわれた。郡山城は天正十九年に輝元が広島城に本拠を移した後も、いわば副本城として機能したことが、文禄年間に小早川隆景が「吉田」に出頭したことを示す記事などからもわかる［篠原 二〇〇三］。

郡山城は基本的には土造りである。山頂の本丸〜三の丸、あるいは南山麓の大通院谷の屋敷群などを中心に石垣が多用されるが、たいていの個所は高さが3㍍未満で地山石を垂直近くに立ち上げ、広島城のような大きな石材で高さ10㍍を越えて一定の傾斜で積み上げ、完結した塁線を形成する石垣上に天守や櫓等の瓦葺の重量城郭建築が建てうる織豊系の城石垣［乗岡 二〇一六］との差は歴然としている。逆に郡山城で復元高が4㍍を超える限定的な個所の石垣は豊臣期に降るとみられる。また、山頂周辺の複数曲輪に瓦を伴うが、輝元が秀吉に臣従する直前〜直後となる天正年間頃の製品と見通せて、廃城が慶長五年に下るとしても、その頃の製品ではない。

史料から窺える毛利輝元による広島城築城の経緯については、高下洋一氏がコンパクトに整理しており、考古学成果と対比した考察もおこなっている［高下 二〇一四］。輝元が広島での新城建設を決めたのは天正十六年（一五八八）九月であるが、同年七月に上洛し聚楽第に出向いた直後であることが注目される。翌天正十七年三月頃には普請を開始し、天正十九年四月以前に輝元が入城を果たして居城としての機能が開始され、同年十二月頃には城下の堀川についての普請がおこなわれた。天正二十年四月には秀吉［藤井 二〇一一］が肥前名護屋に向かう途中に立ち寄り、広島城の出来栄えを賞賛している。さらに、慶長二年（一五九七）には輝元が「御新宅」へ遷居しているし、慶長三〜五年にも石垣構築を伴う普請がおこなわれた［光成 二〇二二］。諸氏による評価は多岐にわたるが、輝元の居城移転＝広島城築城が自発的なものであった［光成 二〇一六］のか、秀吉の指示によるのか［中井 二〇〇二、福原 二〇〇九］は大きな論点となっている。「芸州広嶋城町割之図」の検討から最初期の広島城には内堀に浮かぶ二の丸はなかったとの説［光成 二〇〇二］や、「平塚瀧俊書状」［岩沢 一九七〇］から天守竣工は通説の慶長四年ではなく天正二十年四月頃に遡るとの指摘［篠原 二〇一二］などもある。しかし、全体とすれば毛利輝元の広島城は、城下はもちろん城郭部においても関ヶ原合戦間際まで工事が続き、宇喜多秀家の岡山城と同様に、毛利輝元期に限った内でも既存構造の改修も予見できる。二の丸や三の丸東部では金箔瓦も出土しているが、毛利期としても最初期に遡るとの保障はない。

なお、広島城跡では天守台の高さ12.4㍍を筆頭に本丸・二の丸を高石垣が取り巻くが、矢穴技法による割石の多用、隅角部における算木積みの完成、その他直線部を含めた積み方全般や石材の加工度・規格性、刻印石の所在などからすると、慶長五年以降の福島～浅野期に降るとみられる構造が多い。先行する毛利期の石垣と同規模で積み直された結果の可能性もあるが、むしろ毛利期の高石垣は天守台や城門付近に限定、あるいはその他の部位にも石垣があったとしても、堀護岸程度の低いものであった可能性もありうる。岡山城本丸でも宇喜多秀家期の石垣は下の段には及ばず土手造りで、施工範囲は限定的であった［乗岡 二〇二三c］。一般論として豊臣期と徳川期、あるいは天正期と文禄・慶長期とでは、城郭構造の具体像や近世城郭としての達成度の違いが大きいと見通せるのである。また、両城の縄張を対比（図7）すると、広島城は東に、岡山城は西に正面を配し、約150㌔の距離を隔てて対峙しているのは、注目される。

輝元を支えた小早川隆景［光成 二〇一九］の戦国末の本拠は新高山城（三原市）である。港湾を備えた三原から約10㌔内陸に入った山陽道沿いの比高約180㍍の山塊にある約500㍍四方の範囲に曲輪が続く大規模山城であった。一方、豊臣大名化以前から三原にも拠点があったのも確実で、天正二十年に秀吉や平塚瀧俊が名護屋に出向く際にも逗留しているので、その時点で織豊系城郭として三原城（三原市）が一定度は整備されていた可能性が強い。さらに三原城は豊臣大名として伊予・筑前への転出後の隆景隠居城として、文禄四年（一五九五）に大規模改修して本格的な織豊系城郭化を図ったとみられる。新高山城の廃城は慶長元年（一五九六）とされ、それまで両城は同時に機能していたとみられる。

隆景と同じく輝元を支えた吉川元春・元長の居城の日山城（北広島町）［小都 二〇〇九］は広島湾岸から内陸山間部に約45㌔入った、比高約２９０㍍の山塊にあり長軸約６７０㍍の大規模山城であった。細かな前後関係は不詳であるが、日山城は広島城築城が決まったり、郡山城で普請があったのと同じ天正十六年に普請がおこなわれていることは重要で、決して放棄されていないのである。元長を継いだ広家は、秀吉の意志で天正十九年に山陰に移封され、戦国大名尼子氏の居城で内陸部にある巨大山城であった出雲富田城（安来市）を居城として一定度は織豊系城郭化したが、中海に面して港湾を持つ米子城も整備して、段階的に重心を米子に移そうとした［中井編 二〇一八］。

時間差や程度の違いはあるが、豊臣期の毛利両川三家は本城とともに副本城を同時に機能させたのが特徴で、山間部の従来からの本拠である大規模山城に新たに石垣を積んだり、瓦葺建物を建てるなど一定度の織豊系城郭化を果たす一方、海岸部に本格的な織豊系城郭を築城して、居城機能また政治・経済・交通の中枢機能としての重心を段階的に移したのである。瓦の年代観［乗岡 二〇一九］などからすると、宇喜多秀家も金川城を複数ある岡山城の支城として存続させたが毛利氏と同じ意味での副本城としての姿は浮かばない。

おわりに—戦国大名の居城から豊臣大名の居城へ—

瀬戸内の大名居城を全体に俯瞰すれば、内陸ないしは山間部立地が目立つ戦国大名と臨海性が強い豊臣大名の立地の違いは鮮明で、個別の大名家としての継続の有無はともかく、地域を統治する大名居城の所在地としては圧倒的多数が移転を伴っていることになる。戦国大名の居城が、同一地で織豊系城郭へと変遷を遂げたのは、岡山城、丹生島城だけである。加えて戦国期末での副本城性を重視すれば三原城も該当するし、徳川期までを視野に入れれば、備中松山城も戦国期城郭から近世城郭への変遷を遂げたし、金川城も岡山城の支城として近世城郭化が図られたが、その程度の数の内訳に過ぎないのである。

居城移転の主要な方向性は、山城から平山城・平城へ、平野進出また城下町形成に適した広大な平地の確保、広域交通路掌握、なかでも汎列島的な広域陸路またそれ以上の港湾指向である。特に豊臣政権下の西国の大名居城は、領国経営上の地理的拠点性や後背地の広さを多少は度外視しても、港湾掌握に傾倒したものが多く、その傾向は後の徳川期城郭以上に強い。

こうした広範な豊臣大名の一元的な居城移転の動きは、個別大名の完全自立的な動きの集合と考えるよりは、豊臣政権側の意図が強く働いたと考えた方が理解しやすい。秀吉から個別大名に具体的・直接的な指示があったかどうかは、事実の究明と言う意味ではそれ自体が重要であるにしても、評価の要点は豊臣政権側の城郭政策や規範に従うものであったか否かではないか。大名側が秀吉の意図を忖度したり、水面下で大名側が事前に政権側に打診した上で、あるいは豊臣政権下という新時代の大名居城のあり方を悟って、形式的には自主的に新居城を定めたといった事態も含めて良い。そもそも、旧領安堵型を含めて豊臣大名の人選と配置は秀吉の意志で決まっているし、その領国の何処に居城を置くかは「惣無事」を唱える政権側からすれば地方統治と政権自体の安全保障上、さらに国家戦略の最重要課題に違いない。

このことは、織豊系城郭という用語自体が示すように、考古学的に言えば石垣・瓦・礎石建物の有機的結合［中井一九九〇］という城郭の基本構造の共通性にも示される。むろん大名居城としての織豊系城郭の具体構造には相当のバリーションがあり、単一のマニュアルに100パーセント従って築城されたわけではない。石垣の高さや量、構築部位や城郭全体で石垣構築場所が占める比率などは相当の偏差があるし、瓦葺建物も然りである。瀬戸内で最も織豊系城郭としての達成度が高い岡山城や広島城でさえ、高石垣の施工部位は限定的で、秀吉自身の居城である大坂城や名護屋城との差は歴然としている。豊臣政権側の身分に応じた規範の要素もありうるが、大名側の事情や思惑も絡んで

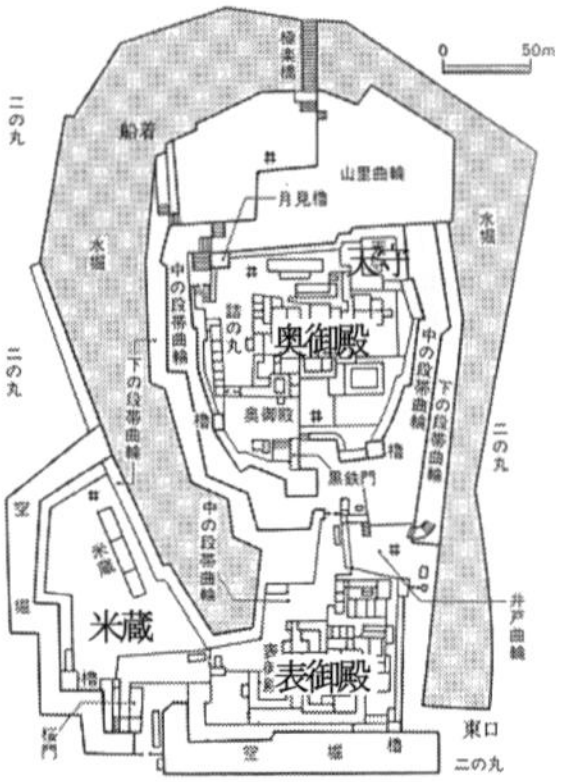

１．摂津・豊臣期大坂城（内田 1989 から）

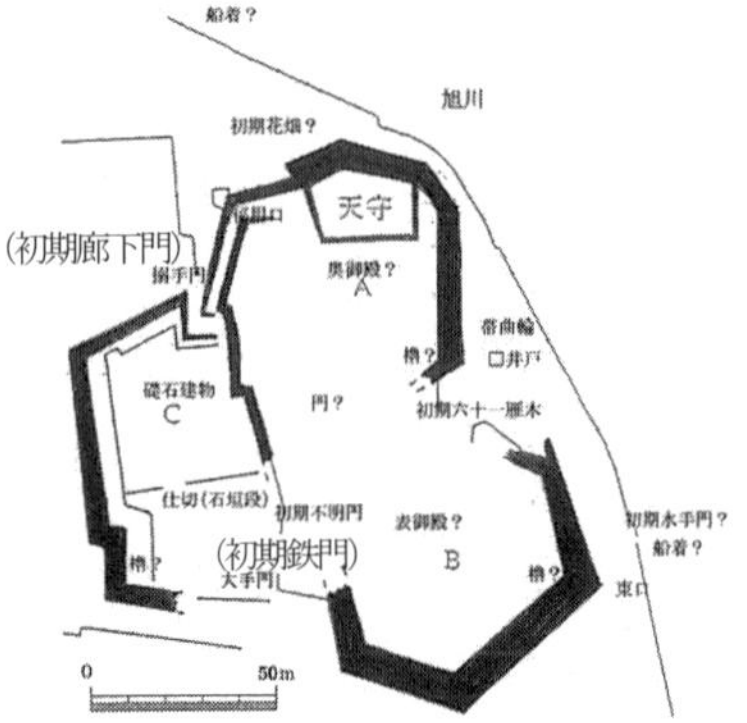

２．備前・宇喜多秀家期岡山城
（岡山市教委 2001 に加筆）

３．備後・三原城（三原市教委 2017 から）

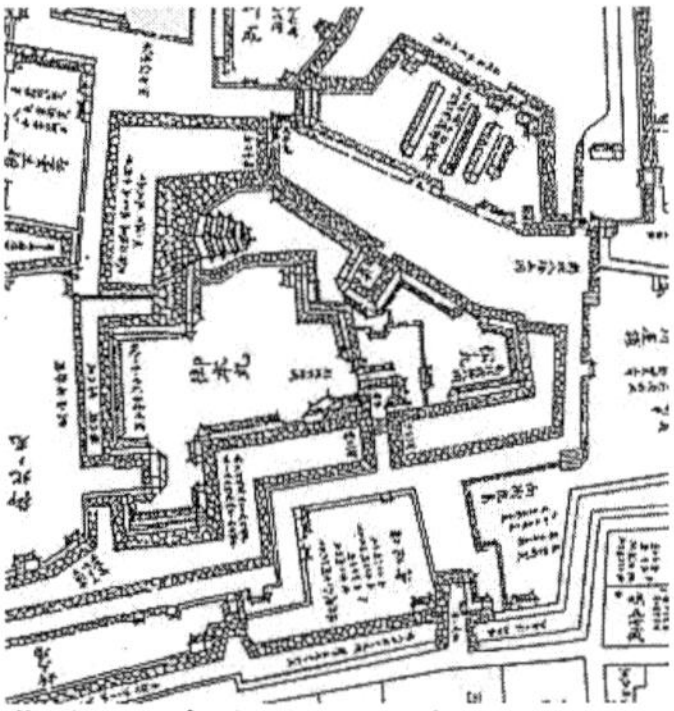

４．豊前・小倉城（北九州市博 2020 から）

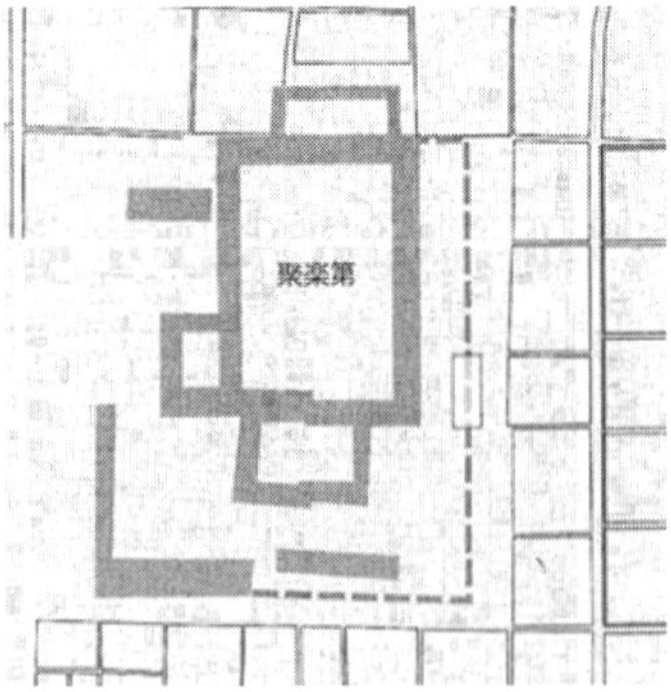

５．京・聚楽第（鈴木 2019 から）

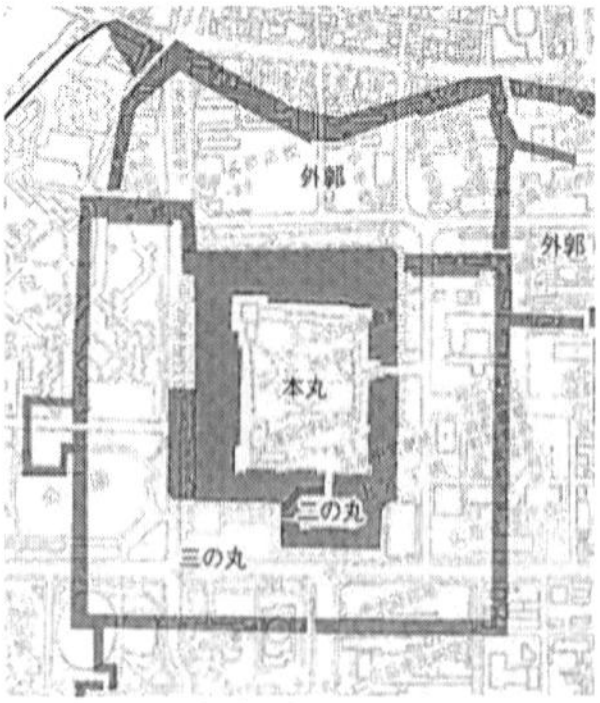

６．安芸・広島城（小都 2020 b から）

図９　大坂城型・聚楽第型の縄張りの城郭　縮尺不同

いるに違いなく、それはそれで類型化したり、評価を深めていく必要があるものの、ほとんどが織豊系城郭としての規範が何らかの形で反映されていると判断できる。石垣構築技術にしても、戦国期城郭にも石垣は普遍的であるし、安芸・吉川氏のように豊臣大名化以前に独自様式の石垣を積む石工集団を抱えた事例［木村 二〇一八］もある。とはいえ、織豊系城郭の城石垣は、高さや構造面で相当な飛躍があり、外来すなわち豊臣政権側の発想と技術的な飛躍を経ないと達成できないのである［乗岡 二〇一六］。その際、秀吉の指図による政権側からの直接的工人派遣が必要条件とまでは考える必要はなく、畿内での先行事例、高度な技術に倣いながらも大名側の事情に応じた工人編成を想定すれば良い。つまり大名側の裁量による工人棟梁の招聘や技術移入である。だからこそ織豊系の城石垣は技術的に細かくみれば多様なのではないか。石材調達時の矢穴技法も、瀬戸内の戦国城郭石垣にはなかった技術で、やはり織豊系の城石垣と一体となった外来の技術であるが、城郭やその内での部位ごとに偏差をもつ［乗岡 二〇二三a］。瓦についても、守護大名の館では古くから、また非守護系の戦国大名でも備前の宇喜多氏のように豊臣大名化直前に、少数の瓦葺建物を建てた事例もある。ところが、織豊系城郭築城による瓦葺建物は、同時多発的で量的飛躍があり、膨大量の瓦需要は、新たな工人編成ないしは製品購入先の確保が要件となる［乗岡 二〇一九］。そこまでしても瓦葺建物を林立させたのは、豊臣大名に相応しい居城の必須アイテムとして、城郭建築についての規範が完徹したからに違いない。

大名居城の縄張にしても、豊臣政権内部に共通の規範があった。広島城は秀吉の聚楽第をモデルにしたとされている［中井 二〇〇二］（図9―5・6）。また、岡山城・三原城・小倉城は秀吉の大坂城をモデルにしたみられる大坂城型（図9―2・3・4）で、宇喜多秀家・毛利輝元・小早川隆景・森勝信の居城の縄張は、豊臣政権側の何らかの意図が反映したに違いないが、一方で山陰の富田城や米子城など吉川広家の居城の縄張は独自性が窺える［乗岡 二〇二三b］。

豊臣大名の居城における平山城・平城化、広大な平地確保と城下町形成、交通路掌握は全国政権の安全保障、個別大名による領国経営拠点の形成、家臣団集住による大名権力の強化、経済・交通や富の掌握といった近世城郭の一般論に合致するが、特に港湾掌握の徹底については、諸氏がすでに指摘［中井 二〇〇二、加藤 二〇一二など］するように、秀吉の大陸侵攻計画に即応した側面が強いと評価できる。瀬戸内では三原城・広島城・小倉城・名島城、洲本城・徳島城・讃岐高松城・国府山城・湊山城・松前城、中津城、丹生島城といったラインナップに端的に示される。また大坂城・姫路城の西に続く岡山城・三原城・広島城・小倉城は、天正二十年に秀吉が筑前名島城を経て肥前名護屋城に至る道中の逗留地となっており、御座所としての性格が明確である。同年に同じく名護屋に向かう平塚瀧俊も全く同じ行程を辿っている。こうした織豊系城郭の配置自体が秀吉政権の意に叶うものであったことは間違いない［乗岡 二〇二三c］。

そうした豊臣政権による西国の大動脈設定という意味では、同じ瀬戸内でも山陽・豊前側と四国・豊後側では事情が異なり、配置大名の格や経済規模の差も絡みながら、各大名居城の織豊系城郭としての質と量の上での達成度の違いに結びつくとみられるし、山陽・豊前・筑前の道筋に沿った金箔瓦所在城郭の分布の意味［中井 二〇〇六］も解釈できる。

戦国末から豊臣期にかけての大名居城の移転と城郭構造の変化は、瀬戸内の近世社会の幕明けを告げる、極めて重大な意味があった。

参考・引用文献
石田善人　一九九一「群雄と下剋上の世相」『岡山県史』第五巻　中世二　岡山県
岩沢愿彦　一九七〇「肥前名護屋城図屏風について」『日本歴史』第二六〇号　日本歴史学会
臼杵市教育委員会　二〇一〇『臼杵城』
愛媛県埋蔵文化財センター　二〇〇〇『湯築城跡』第四分冊
岡山県教育委員会　二〇〇三『岡山城二の丸跡』
岡山県教育委員会　二〇二〇『岡山県中世城館跡総合調査報告書』

岡山市教育委員会　一九九七『史跡岡山城跡本丸中の段発掘調査報告』
岡山市教育委員会　二〇〇一『史跡岡山城跡本丸下の段発掘調査報告』
小都　隆　二〇〇五『中世城館の考古学的研究』渓水社
小都　隆　二〇〇九「本拠の変遷」『西国城館論集』Ⅰ　中国四国城館遺跡検討会
小都　隆　二〇二〇a『考古学から探る郡山城』渓水社
小都　隆　二〇二〇b「広島城跡」『安芸の城館』ハーベスト出版
香川県教育委員会　二〇〇三『香川県中世城館跡詳細分布調査報告』
加藤理文　二〇一二『織豊権力と城郭』高志書院
北九州市立自然史・歴史博物館　二〇二〇『小倉城と城下町』海鳥社
木村信幸　二〇一八「十六世紀後半における安芸国吉川氏の土木事業」『戦国大名の土木事業』戎光祥出版
高下洋一　二〇一四「毛利輝元の広島城」『中国・四国における織豊系城郭の成立と展開』中国四国地区城館調査検討会
重見高博　二〇〇九「勝瑞城館跡」『西国城館論集』Ⅰ　中国・四国地区城館調査検討会
重見高博　二〇二一「勝瑞の城・町・港津」『中近世移行期における城・寺・まち・ムラ』武家拠点科研・徳島研究集会実行委員会
篠原達也　二〇〇三「毛利輝元と二つの城」『毛利輝元と二つの城―広島城と残された吉田郡山城―』広島城・吉田歴史民俗資料館
篠原達也　二〇一二『しろうや　広島城』三二　広島城
鈴木久史　二〇一九「京都における織豊期の造瓦の様相」『織豊城郭』第一九号　織豊期城郭研究会
洲本市教育委員会　二〇二一『洲本城整備基本計画』
高松市　二〇二二a『勝賀城跡』Ⅲ
高松市　二〇二二b『史跡高松城跡保存活用計画書』
中井　均　一九九〇「織豊系城郭の画期―礎石建物・瓦・石垣の出現―」『中世城郭研究論集』新人物往来社
中井　均　二〇〇一「城郭史からみた聚楽第と伏見城」『豊臣秀吉と京都』文理閣
中井　均　二〇〇二「織豊系城郭の地域的伝播と近世城郭の成立」『新視点　中世城郭研究論集』新人物往来社
中井　均　二〇〇六「「唐入り」を演出した豊臣秀吉の黄金ロード」『戦国の堅城』Ⅱ　学習研究社
中井均編　二〇一八『伯耆米子城』ハーベスト出版
乗岡　実　二〇一五「秀吉政権下の宇喜多氏と毛利氏の城郭群」『西国城館論集』Ⅲ　中国・四国地区城館調査検討会
乗岡　実　二〇一六「兵庫・中国地方における織豊系の城石垣の成立」『織豊城郭』第一六号　織豊期城郭研究会

乗岡　実　二〇一九「瓦から中国・四国地方の織豊系城郭と瓦工人を考える」『織豊城郭』第一九号　織豊期城郭研究会
乗岡　実　二〇二三ａ「織豊期城郭に用いられた矢穴技法」『岡山市埋蔵文化財センター研究紀要』第一五号
乗岡　実　二〇二三ｂ「織豊系城郭における縄張の諸型式」『織豊城郭』第二〇号　織豊期城郭研究会
乗岡　実　二〇二三ｃ「西国における秀吉政権下の城郭政策」『織豊城郭』第二一号　織豊期城郭研究会
畑　和良　二〇二〇「文献史料から見た備前国の中世城館」『岡山県中世城館跡総合調査報告書』岡山県教育委員会
福原茂樹　二〇〇九「広島築城再考」『西国城館論集』Ⅰ　中国四国城館遺跡検討会
藤井譲治　二〇一一「豊臣秀吉の居所と行動(天正十年六月以降)」『織豊期主要人物居所集成』思文閣出版
光成準治　二〇〇二「広島城二の丸の築城時期についての一考察」『芸備地方史研究』二三三号　芸備地方史研究会
光成準治　二〇一六『毛利輝元』ミネルヴァ書房
光成準治　二〇一九『小早川隆景・秀秋』ミネルヴァ書房
光成準治　二〇二二「中世後期・近世史研究から見た広島城の位置づけ」『芸備地方史研究』三二二号　芸備地方史研究会
三原市教育委員会　二〇一七『史跡三原城跡　保存整備事業報告書』
森　俊弘　二〇〇一「岡山藩士馬場家の宇喜多氏関連伝承について」『岡山地方史研究』九五　岡山地方史研究会
森　俊弘　二〇〇六「宇喜多直家の権力形態とその形成過程」『岡山地方史研究』一〇九　岡山地方史研究会
森　俊弘　二〇〇九「岡山城とその城下町の形成過程」『岡山地方史研究』一一八　岡山地方史研究会

※城史や城跡に関わる一般的な理解については、参考文献の掲載を省略したものがある

第2部　中世城館の様相

周防山口の大名居館　大内氏館跡

増野晋次

はじめに

中世の周防国に本拠をおき、西国を治めた大名大内氏は、現在の山口市街地東部の大殿地域に館を構えていた。小稿では、この大内氏館跡(以下「館跡」という)について、主に発掘調査の成果をもとに紹介することとする。

1　大内氏について

大内氏(多々良氏)は、百済の王族琳聖太子を祖とするという伝承をもつ氏族である。平安時代には周防国府に出仕する在庁官人の一員であったが、次第に勢力を伸ばし、平安時代末にはその最有力者となった。この頃から周防権介を世襲する惣領家が大内介を名乗るようになる。鎌倉時代には周防国を造営料国とした東大寺の国司上人とも争うほどとなった。南北朝期、

写真１　大内氏館跡（南東上空から）（山口市教委提供）

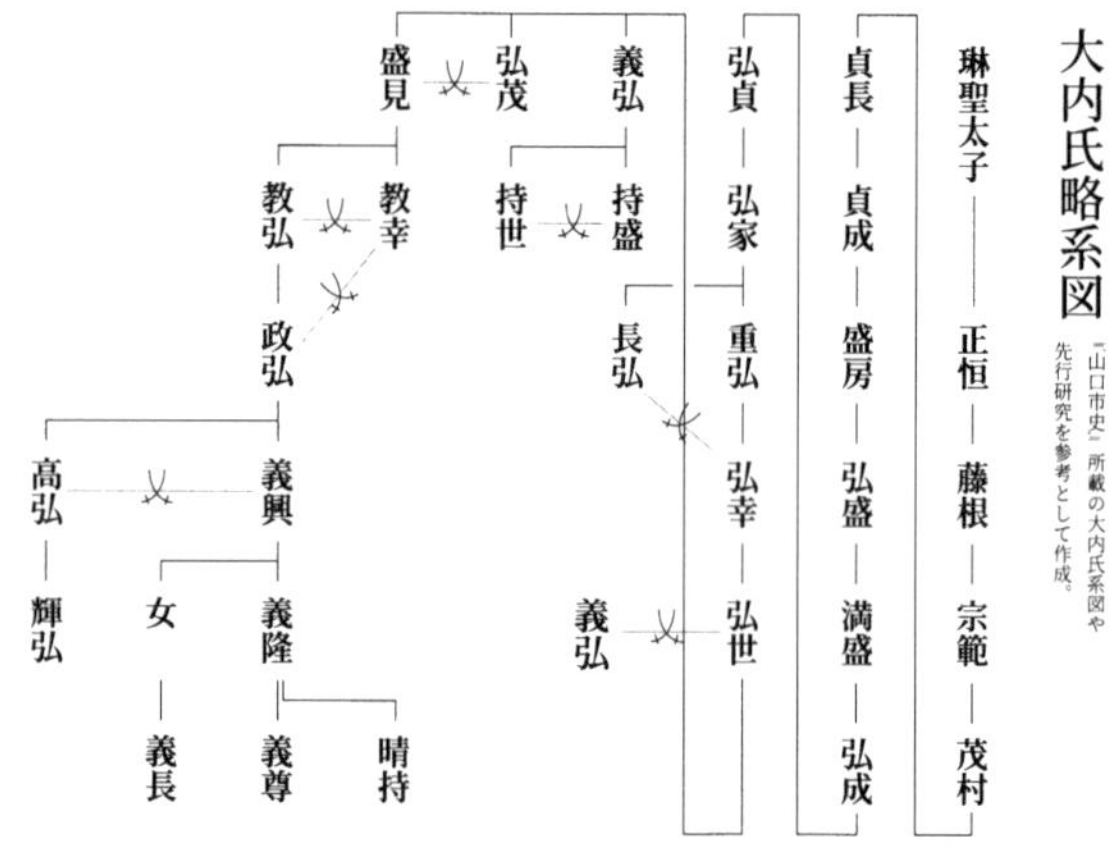

図１　大内氏略系図（山口市歴史民俗資料館 2019 より）

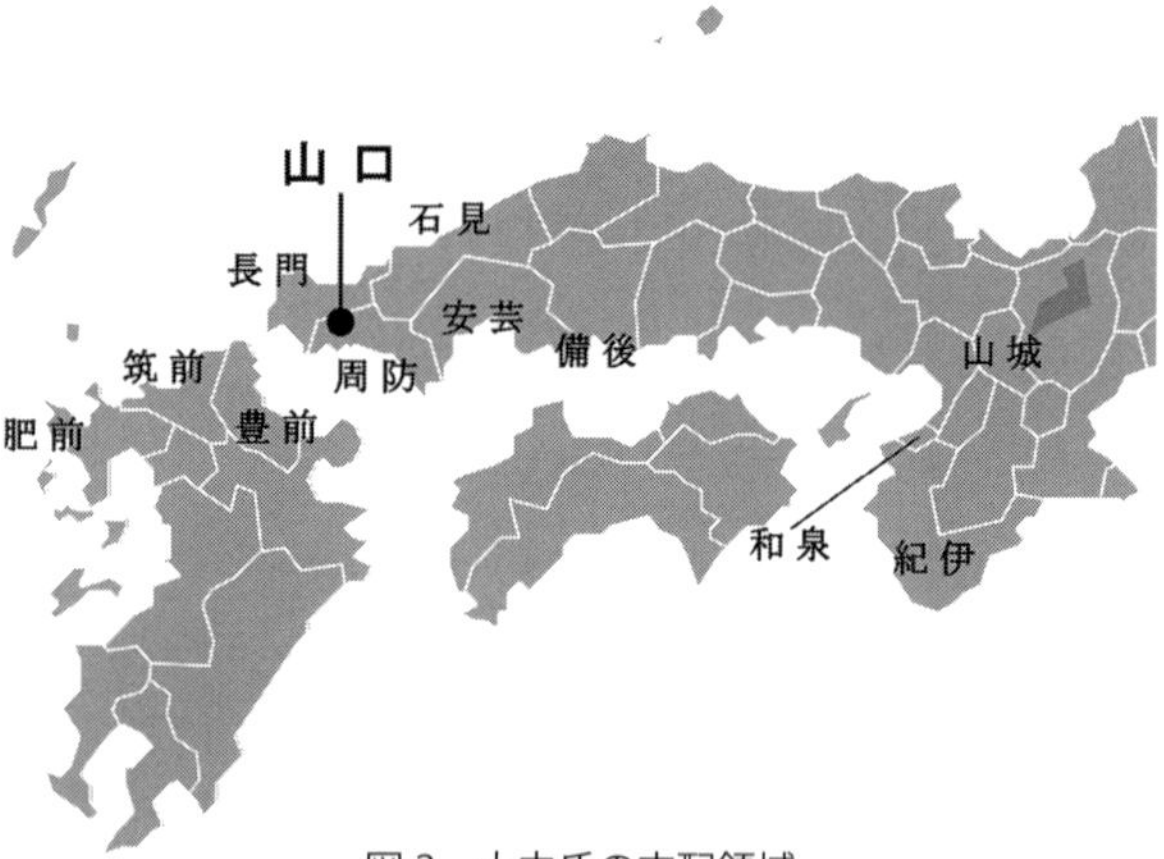

図２　大内氏の支配領域

弘世の代には、周防国に加え長門国を領有するに至り、この頃山口に移転したと考えられている。その後は、山口を拠点に広く西国を支配した。

弘世以降の支配領域の変遷について中国・九州を対象に簡単にみてみることとする。南北朝内乱の際、弘世は自力で周防国、長門国を平定する。当時弘世は南朝方であったが、貞治二年（一三六三）には北朝方に転じ、周防国、長門国守護に任ぜられる。弘世は根本領国である周防国、長門国より東の安芸、石見への勢力拡大政策を取り、貞治五年（一三六六）には石見国守護に任ぜられる。義弘期には関門海峡を挟んで向かい合う豊前国を領国とし、瀬戸内海の西端を押さえた。盛見期以降は筑前国にも影響力をもつようになり、教弘期には筑前国守護に任ぜられた。大内氏の支配領域は、最大で周防・長門・石見・安芸・備後・筑前・豊前・肥前に及んだ。支配領域の拡大には、東では安芸の武田氏、出雲の尼子氏、西では九州の大友氏、少弐氏等の勢力との抗争があった。

表1　大内氏略年表

西暦	元号・年	事項
611	推古19	大内氏の始祖、百済の琳聖太子が来朝したという。
1182	寿永元	盛房、周防介に任じられ、この頃から「大内」を称す。
1183	寿永2	大内氏は源平合戦の時、源氏に味方し功があった。
1192	建久3	弘成(弘盛カ)、東大寺の木材調達を妨害し、重源に訴えられる。
1206	建永元	満盛、山口白石の地に瑞雲寺を建立。
1254	建長6	山口円政寺の鰐口に初めて「山口」の文字が見える。
1281	弘安4	弘貞ら、弘安の役に出陣と伝える。
1318	文保2	重弘が東大寺の国務と対立、抗争した。
1334	建武元	建武中興に弘幸は北条方に味方した。
1336	建武3	足利尊氏により鷲頭長弘が周防国守護に、厚東武実が長門国守護に任ぜられる。
1351	正平6	弘世、南朝より周防国守護職に任ぜられる。
1352	正平7	弘世、鷲頭氏を攻める。
1353	正平8	弘世、この頃周防国を平定。
1358	正平13	弘世、厚東氏の居城霜降城を攻め落とす。南朝より長門国守護に任ぜられる。
1363	正平18	弘世、北朝方に転じ、周防・長門守護職に任ぜられる。
1366	正平21	弘世、石見守護に任じられる。
1369	正平24	弘世、京都から祇園社を勧請する。
1373	文中2	明使趙秩らが大内氏「日新館」に滞在する。
1379	天授5	義弘、高麗の韓国柱の帰国に際して、朴居士に兵を率いて入鮮させ、海冦の討伐に当たらせる。
1392	元中9	義弘の周旋で南北朝の和議が成立した。 義弘、紀伊・和泉の守護職に任ぜられる。
1395	応永2	義弘、朝鮮に貿易船を送る。
1399	応永6	義弘、朝鮮に百済の後裔であることを主張し、土地の下賜を請う。 義弘、幕軍と戦い、泉州堺で戦死。(応永の乱)
1431	永享3	盛見、九州深江で豊後の大友氏と戦い、戦死。
1441	嘉吉元	持世、嘉吉の乱で遭難し、京都で死す。
1442	嘉吉2	香積寺五重塔建立。

義弘以後義興までの当主には在京期間がある。義弘は明徳の乱の鎮圧や南北朝合一に貢献するものの、その後将軍義満に反旗を翻し戦死した(応永の乱)。持世は少弐氏、大友氏討伐の「幕府系連合軍」とも呼ぶべき主要指揮官となったが[桜井 二〇〇一]、嘉吉元年(一四四一)に起こった嘉吉の乱で重傷を負い死亡した。政弘は応仁・文明の乱では山名氏率いる西軍に属し、同軍の主力となり、最終的に同乱の終息に関与した。乱後は在国を基本とし、本拠である山口に腰を据えて領国経営を行った。義興は将軍職を追放された足利義尹(のちの義稙)を将軍に復職させ、その後十年にわたり在京し幕政を支えた。

また、大内氏は西国に拠点をもつという地の利を活かし、朝鮮や中国と貿易を行い、巨額の富を得た。文化振興にも力を入れ、京都の文化と大陸の文化を融合し、大内文化という独自の文化を築いたとされる。

1444	文安元	大内氏衙門を焼く。
1451	宝徳3	日明貿易に初めて参入。
1453	享徳2	教弘、琳聖太子「日本入国記」を朝鮮に求める。 朝鮮、教弘に通信符を送る。
1454	享徳3	山口白石の宝珠山瑞雲寺を再建し、宗派臨済宗を曹洞宗とし、瑞雲山龍福寺と改める。
1461	寛正2	この頃雪舟が山口に来る。
1465	寛正6	教弘、伊予に出陣するが、興居島で病死。
1467	応仁元	応仁・文明の乱勃発。大内政弘は西軍として参加。
1470	文明2	大内教幸（道頓）の乱。
1476	文明8	能阿弥、「君台観左右帳記」を記して政弘に贈る。
1477	文明9	応仁・文明の乱終息。政弘、京都から帰還。
1480	文明12	連歌師宗祇が政弘に招かれて山口に来る。
1485	文明17	「在山口衆」の記載が見られる。
1495	明応4	政弘、病死。
1500	明応9	将軍の職を追われた足利義尹（義稙）が、大内氏を頼って山口に来る。
1508	永正5	義興、前将軍義尹（義稙）を擁して京に上り、以後十一年間将軍を補佐した。
1511	永正8	義興、船岡山の合戦で細川氏を破る。
1518	永正15	義興、山口に帰還。
1520	永正17	義興、伊勢神宮を山口に勧請。
1521	大永元	義興、この年から連年、安芸で尼子氏と戦う。
1523	大永3	大内・細川の遣明使、寧波で争う。（寧波の乱）
1528	享禄元	義興、病死する。
1532	天文元	義隆、小弐氏を討つため、九州に出兵。
1536	天文5	義隆、太宰大弐に任ぜられ、昇殿を許される。 陶興房、小弐資元を肥前多久城に攻め、自害させる。
1543	天文12	義隆、尼子氏を討つため出雲に出陣するが、大敗を喫し山口に帰還。
1547	天文16	最後の遣明船派遣。
1550	天文19	サビエルが山口に立ち寄り、キリスト教の布教に当たった。
1551	天文20	義隆、陶隆房に攻められ、長門の深川大寧寺で自害。

このように、政治的、経済的、文化的に繁栄した大内氏であるが、弘治三年（一五五七）、毛利氏により滅ぼされ、その歴史に幕が降ろされた。

大内氏は、室町幕府、朝廷と強いつながりを持ち、それらの制度や秩序を最大限活用して自らの正統性を主張した。加えて、独自の系譜を創造することにより、日本国内に収まらない特殊な存在であることを喧伝することで、国内外において存在感を示した。

2　周防山口

大内氏が拠点とした山口は、現在の山口市街地の東部に位置する。地形的には山口盆地を貫流する椹野川の支流である一の坂川の形成した扇状地と椹野川の開析により形成された山口低地にあたる。地名の由来については、「一の坂川に沿って長門国阿武郡の山地に分

1552	天文21	豊後から大友晴英(大内義長)が迎えられる。
1555	弘治元	陶晴賢、厳島合戦で毛利元就に敗れ、自害。
1556	弘治2	内藤隆世と杉重輔が争い、山口の町が炎上。 義長、毛利氏の侵攻に備え高嶺に城を築く。
1557	弘治3	義長、毛利元就に攻められ、長門の長府長福寺(現功山寺)で自害。 毛利隆元により館の跡地に龍福寺(大内義隆の菩提寺)が建立される。
1569	永禄12	大内輝弘、山口に乱入し龍福寺を本陣とするが、敗走し自害。

※『山口県文化史年表』、『山口市史』等を参考に作成。

け入る入口であったから、東鳳翩山の東方にある一ノ坂銀山の山口にあたるから」などと言われている[竹内編 一九八八]。建長六年(一二五四)銘のある円政寺金鼓に「山口」という地名が見えることから[内田 一九九〇]、鎌倉時代には「山口」という地名が存在したことが分かる。

山口は周防国、長門国のほぼ中心に位置し、山陰と山陽を結ぶ萩街道と石州街道が交差し、日本海側の肥中港へと続く肥中道、瀬戸内側の秋穂浦へと続く秋穂道等の起点となっており、陸上交通の要衝であった(図3)。

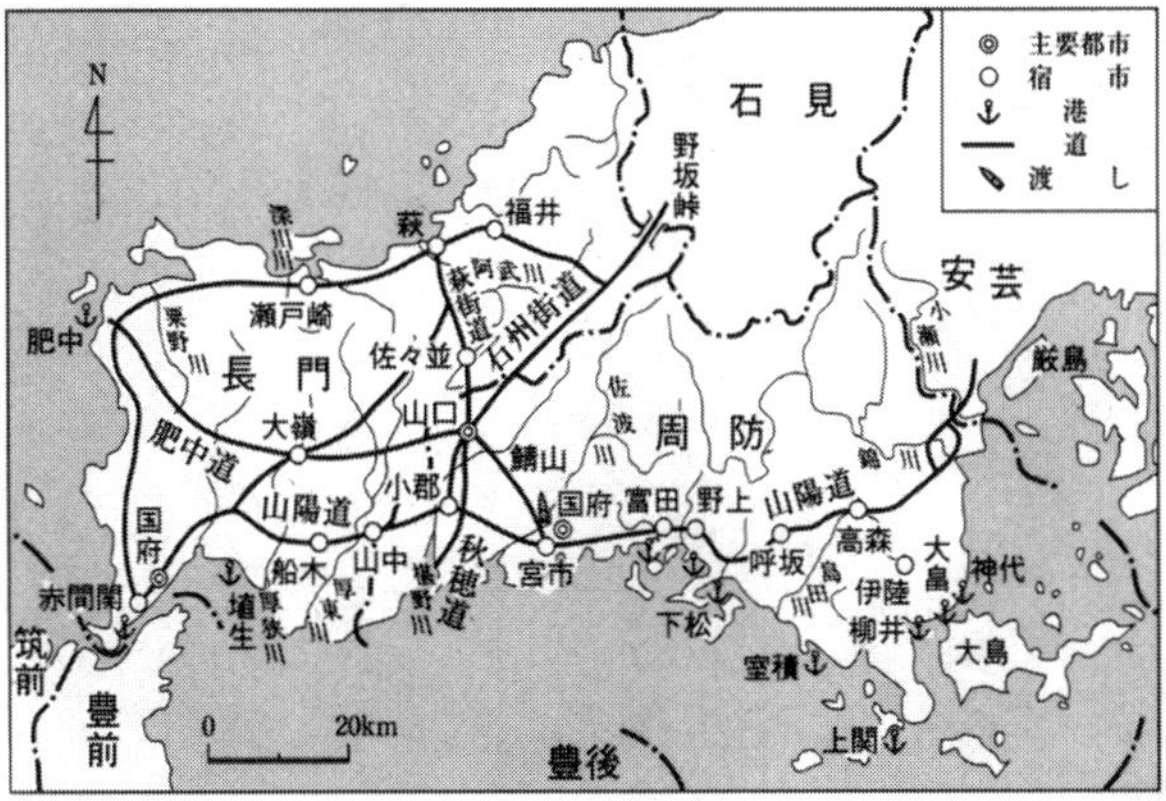

図3　中世周防国・長門国の交通要図（平瀬 1998 より）

3　中世山口の城館・寺社・まち

大内氏治下の山口の主要な構成要素は、城館、寺社、まちである(図4)。

(1)　城館

平地居館としては館跡と築山跡がある。また、盆地を取り囲む丘陵上には山城跡が所在する。館跡は室町・戦国期における大内氏の拠点の跡である。築山跡は大内教弘が造営した居館の跡である。発掘成果から、居館として使用されたのは十五世紀後半のごく短期間であり、その後は教弘を祀る宗教施設となったと考えられている[佐藤ほか 二〇一六]。山城跡では発掘

島根県
広島県
山口市
福岡県
古城ヶ岳城跡
七尾山城跡
大内氏関連寺院集中地域
北兄弟山城跡
築山跡
館跡
高嶺城跡
周慶寺山城跡
兄弟山城跡
大内氏関連町並遺跡
山口?
障子ヶ岳城跡
乗福寺跡
姫山城跡
国土地理院発行の2万5千分の1「山口」「小郡」を使用
0
(1:40,000)
2Km

図４　関連遺跡位置図

調査が行われていないため、時期的な位置づけができていない。文献史料では、大内氏末期に高嶺城、姫山城の存在が確認できる。

(2) 寺社

文献史料からは十五世紀以降、山口には多くの寺社が存在したことが分かる(表2)。ただし、発掘調査で確認できたものはわずかである。

(3) まち

中世の山口は防府と萩を結ぶ萩街道(山口においては「竪小路」という)と小郡と石見国を結ぶ石州街道が交差する交通の要衝であった。

文献史料では、守護城下町に関する初見史料は長禄三年(一四五九)五月の「大内氏掟書」(以下、「掟書」という)であり、大路や辻が成立していたことが読み取れ、文明十七年(一四八五)発布の掟書では、「町」の存在が確認できる[川岡二〇一二]。また、キリスト教布教のために山口を訪れたフランシスコ＝サビエルは、十六世紀中頃の山口を大きな町と認識している[河野訳一九八五]。中世の山口の範囲については、近世の山口町とほぼ同じ範囲が想定されている(図4)[平瀬二〇〇二]。中世山口の変遷については、歴史地理学や考古学の分野により研究が行われている[山村一九九九・二〇〇七・二〇〇九・二〇一二、古賀二〇〇六、増野二〇一七b]。

山口の中央部は周知の埋蔵文化財包蔵地「大内氏関連町並遺跡」(以下、「町並遺跡」という)に登録されており、令和五年(二〇二三)末までに一二六回の発掘調査が行われている。発掘調査の結果、遺構・遺物が多く確認されるようになるのは十五世紀後半であることが明らかとなっている。また、現在の山口の町と方向性を同じくする遺構が多く確認できることから、現在の山口の町の骨格は大内氏の時代に形づくられたものと考えられる。

山口はよく「小京都」、「西の京」などと呼ばれ、京都に似せたまちづくりが行われたと言われる。しかし、これま

初見年代		初見史料	中世	中世後期			
元号・年	西暦		前期	Ⅰ・Ⅱ	Ⅲ	Ⅳ	Ⅴ・Ⅵ
建長 6	1254	金鼓銘文	●	●	●	●	●
応永 7	1400	防長風土注進案所収古文書		●	●	●	●
応永 7	1400	南朝編年紀略		●	●	●	●
応永 14	1407	防長風土注進案所収古文書		●	●	●	●
応永 16	1409	防長風土注進案所収古文書		●	●	●	●
応永 16	1409	防長風土注進案所収古文書		●	●	●	●
永享 7	1435	癡鈍梵顗袖判宛行状		●	●	●	●
寛正 5	1464	竹居西遊記			●	●	●
文明 2	1470	防長風土注進案所収古文書			●	●	●
文明 17	1485	防長風土注進案所収古文書			●	●	●
文明 18	1486	大内氏掟書			●	●	●
永正 15 以前	1518 以前	高嶺太神宮御鎮坐伝記				●	
永正 15	1518	高嶺太神宮御鎮坐伝記				●	●
永正 15	1518	高嶺太神宮御鎮坐伝記				●	●
永正 17	1520	高嶺太神宮御鎮坐伝記				●	●
永正 17	1520	高嶺太神宮御鎮坐伝記				●	●
大永 6	1526	神光寺宛文書				●	●
享禄 5	1532	中国九州御祓帳				●	●
天文 3	1534	防長風土注進案所収古文書				●	●
天文 6	1537	毛利隆元山口滞留日記				●	●
天文 18	1549	大内義隆記				●	●
天文 18	1549	元就公山口御下向之節饗応次第				●	●
天文 19	1550	大内義隆記				●	●
天文 19	1550	黒地蔵銘文				●	●
天文 20	1551	大内義隆記				●	●
天文 19	1550	防長風土注進案所収古文書				●	●
天文 19	1550	防長風土注進案所収古文書				●	●
天文 20	1551	大内義隆記				●	○
天文 20	1551	耶蘇会士日本通信				●	●
永禄 11	1568	防長寺社由来所収古文書					●
-	1587	フロイス日本史					●
慶長 6	1601	防長風土注進案所収古文書					●

初見年代		初見史料	中世	中世後期			
元号・年	西暦		前期	Ⅰ・Ⅱ	Ⅲ	Ⅳ	Ⅴ・Ⅵ
延長 5	927	延喜式神名帳	●	●	●	●	●
応永 14	1407	防長風土注進案所収古文書		●	●	●	●
文明 10	1478	大内氏掟書			●	●	●
文明 19	1487	大内氏掟書			●	●	●
永正 16	1519	高嶺太神宮御鎮坐伝記				●	●
永正 16	1519	高嶺太神宮御鎮坐伝記				●	●
永正 16	1519	高嶺太神宮御鎮坐伝記				●	●
永正 17	1520	高嶺太神宮御鎮坐伝記				●	●
永正 17	1520	高嶺太神宮御鎮坐伝記				●	●
天文 20?	1551?	大内義隆記				●	●
天文 20?	1551?	大内義隆記				●	●
天文 16	1547	宝殿墨書				●	●
天文 19	1550	防長風土注進案所収古文書				●	●

表２　中世の史料において確認できる山口の寺社

【寺院】

No.	名　　称	大内氏創建	宗　　派	建立年代		所在地
				元号・年	西暦	
1	円政寺		不明			円政寺
2	國清寺	●	臨済宗	応永 11	1404	滝
3	法泉寺	●	臨済宗			滝
4	香積寺	●	臨済宗			滝
5	安養寺(善福寺)	●	時宗	正応元	1288	久保小路？→西門前
6	観音寺(勝音寺)	●	臨済宗	永享 2	1430	滝
7	保寿寺(保寿院)	●	臨済宗			滝
8	雲谷庵					天花
9	平蓮寺(長山薬師堂)		天台宗→真言宗	長久元	1040	長山
10	廣澤寺	●	曹洞宗	文明元以前	1469 以前	古熊
11	永興寺	●	臨済宗	正応年間	1288-93	白石→古熊
12	観音堂	●				滝
13	正法院					滝
14	観音堂			永正 15	1518	春日山
15	正因庵					滝
16	普門寺	●	臨済宗	建武年中	1334-38	白石
17	神光寺		真言宗	建久年間	1190-99	江良
18	玉蔵院					後河原
19	西方寺	●	浄土宗	弘長元	1261	古熊
20	大蔵院					天花
21	真如寺	●	浄土宗			江良
22	浄光寺					鰐石
23	瑞雲寺(竜福寺)	●	臨済宗	建永元	1206	白石→大殿大路
25	萬福寺		曹洞宗	推古 5	597	堂ノ前
26	求聞持堂	●				滝
27	浄泉寺	●	浄土宗			円政寺筋
28	圓通寺	●		大永元	1521	古熊
29	覚雄寺(覚皇寺)					白石
30	住院・学院(大道寺)					
31	霊光院		禅宗	永禄年中	1558-70	滝
32	本國寺	●	法華宗	文和年中	1352-56	道場門前
33	端坊		浄土真宗	天文年中	1532-55	松木

【神社】

No.	名　　称	大内氏勧請	宗　　派	建立年代		所在地
				元号・年	西暦	
1	仁壁神社		-			宮の前→三ノ宮
2	厳島社		-	応永 14	1407	滝
3	今八幡宮		-	貞観元	859	朝倉→八幡馬場
4	築山社	●	-			上竪小路
5	祇園社	●	-	応安 3	1370	竪小路？→水の上→滝
6	諏訪大明神・辨才天		-	永正 16 以前	1519 以前	竪小路→滝
7	貴船大明神		-	永正 16 以前	1519 以前	今道→滝
8	高嶺太神宮	●	-	永正 17	1520	滝
9	祇園社御旅所		-			今道
10	春日神社		-	天文年間	1532-55	春日山
11	多賀神社		-	天文年間	1532-55	上竪小路
12	北野天神	●	-	応安 6	1373	北野小路
13	荒神堂		-			馬場殿小路

※山村 1999 を基に作成

※中世後期のⅠ～Ⅵは大内Ⅰ～Ⅵ式(表３参照)

表3　本稿の時期区分と大内氏館跡の変遷

西暦	編年	土師器皿		年代推定資料名	推定根拠	変遷		推定規模 東西×南北	区画施設	遮蔽施設	庭園				
		在来系	京都系								①	②	③	④	
1350	大内OB式	○													
	大内Ⅰ式	○													
1400	大内Ⅱ式	○		乗福寺跡滴水瓦【1374～1397製作】	乗福寺跡滴水瓦	前半期	Ⅰ	120m×250m?	幅2mの溝	築地塀					大内氏館
1450	大内ⅢA式	○					Ⅱ	140m×250m?	幅5mの堀	不明(塀?)	■				
1500	大内ⅢB式	○	少量	京X期新	京都系土師器皿	後半期	Ⅲ-1	200m?×250m?	不明	築地塀or土塀		■			
	大内ⅣA式	○	○	京ＸⅠ期古								■			
	大内ⅣB式	○	○	山科本願寺SD66【1532年下限】=京ＸⅠ期中			Ⅲ-2					■	■	■	
1550	大内Ⅴ式	○	○			龍福寺		160m×160m	幅5～10mの堀	築地塀or土塀					
1600	大内Ⅵ式	○													

註
大内氏遺跡出土京都系土師器皿は、京都の土師器皿と類似点が多く、京都の土師器皿と併行させて考えることが可能。ただし、大内氏滅亡後は併行させることができない
大内ⅢA式の年代については、年代推定資料を欠くため、Ⅱ式とⅢA式の境については、便宜的にⅡ式の定点である14世紀末からⅢB式の15世紀末までを二分して15世紀中頃としておく

参考文献
高正龍2006「山口乗福寺跡出土瓦の検討－韓国龍文端平瓦の編年と高末鮮初の滴水瓦の様相－」『喜谷美宣先生古希記念論集』
小森俊寛2005『都から出土する土器の編年的研究－日本律令的土器様式の成立と展開、7～19世紀－』京都編集工房
山口市教育委員会2004『乗福寺跡Ⅲ』
山口市教育委員会2010『大内氏館跡ＸⅠ』

での調査・研究の結果、京都のように条坊による区割を設定した上に諸施設が配置されたのではなく、時代の経過とともに東西、南北方向の道路が敷設され、その結果、碁盤目状の町が形成されたと考えられている［山村二〇〇九］。

4　大内氏館跡

館跡は、一の坂川が形成した扇状地の扇央に位置する（図4）。昭和三十四年（一九五九）に「史跡大内氏遺跡附凌雲寺跡」の一遺跡として国史跡に指定された。史跡指定地は一辺約160㍍の方形で、面積は約2万4000平米である。昭和五十三年（一九七八）からこれまでに三七回の発掘調査が行われ、多くの遺構、遺物が確認されており、存続期間、変遷等が明らかとなっている（図5）。

(1) 小稿の立場と暦年代観

発掘調査の成果をもとに大内氏の拠点であった大内氏館について考えるにあたって、小稿では館跡とその周辺に広がる町並遺跡から出土する土師器皿や共伴遺物をもとにした編年をふまえ［北島 二〇一〇］、時期区分や暦年代観を表3のように考えておく。

(2) 変遷（図6、表3）

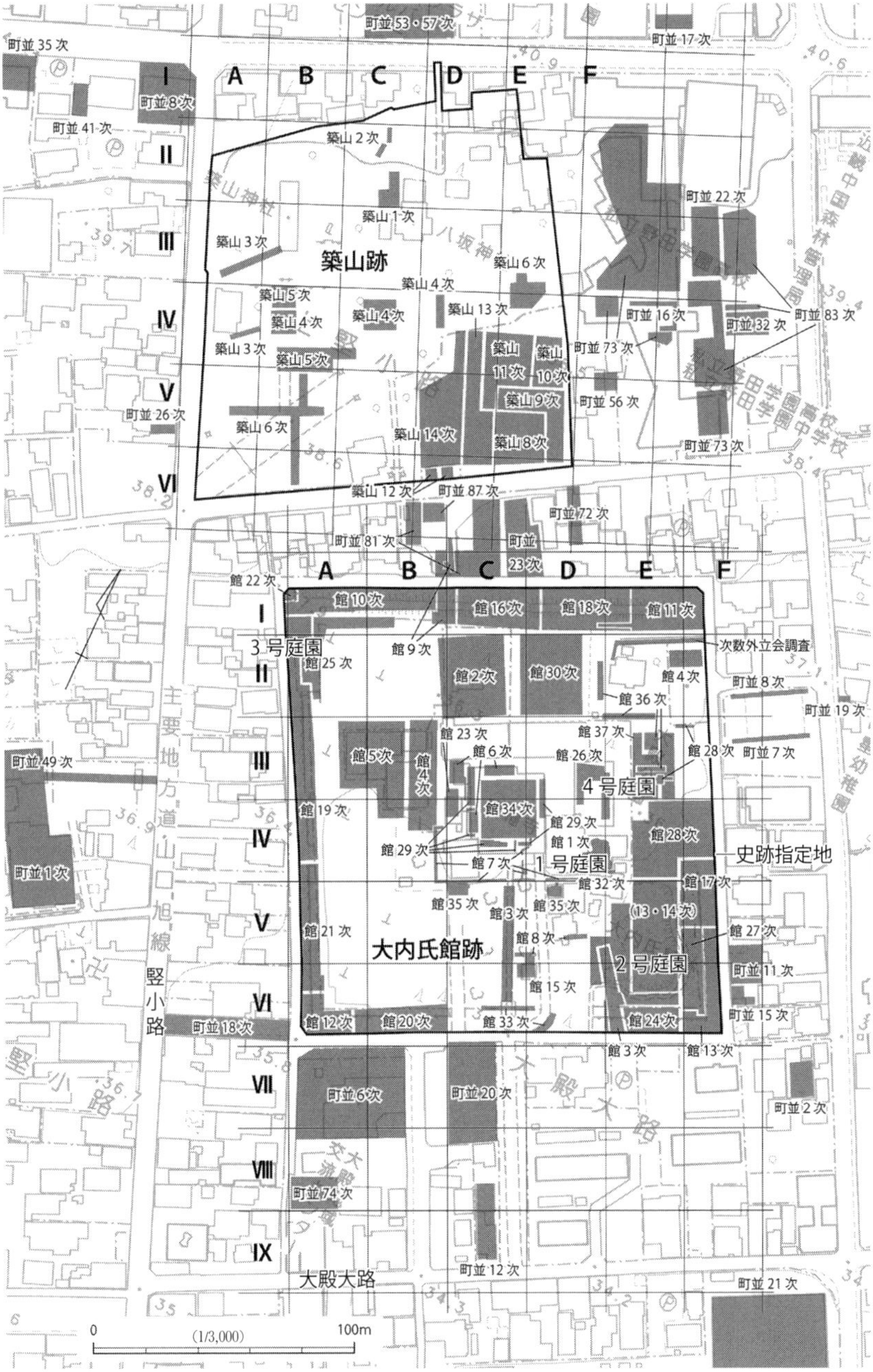

図５　館跡調査地点位置図（丸尾編 2014 に加筆）

屋敷地規模の変化をもとに、館跡の変遷を見ていく。

①第Ⅰ段階より前（大内０Ｂ式～Ⅰ式：十四世紀中頃～後半）　館跡の東部で十四世紀後半の遺構、遺物が確認されている。この時期の遺物の分布の中心は館跡の東部から山口と宮野を画す七尾山の山麓周辺である〔北島 二〇一五〕。遺構のなかには南北方向に延びる幅約５㍍の堀もある。ただし、これが屋敷地を区画するものであるかは不明なため、ここでは区画施設ではないと考えておく。今後の調査で確認する必要がある。

②第Ⅰ段階（大内Ⅱ式：十四世紀末～十五世紀前半）　幅約2㍍の溝と塀により屋敷地を区画する。これ以後、同一地割にもとづくと考えられる遺構が検出されることから、本段階は大内氏館とその後継承される地割〔北島編 二〇一四ａ〕の出現期ということになる。屋敷地の規模は東西約１２０㍍、南北は発掘調査からは確定できていないが、地割の基礎となると考えられる大殿大路を南限とすると南北約２５０㍍である。

③第Ⅱ段階（大内Ⅱ式～大内ⅢＡ式：十五世紀前半～十五世紀後半）　屋敷地が東に約10㍍拡がり、区画施設は幅約５㍍の堀となる。ただし、この堀が確認されているのは屋敷地東辺のみであるため、屋敷地全体が幅５㍍の堀で区画されていたわけではないようである。想定される屋敷地の規模は、東西１４０㍍、南北約２５０㍍である。本段階の遮蔽施設は不明であるが、前後の段階が塀であることから、この段階も塀と考えておきたい。屋敷地の東部に立石や護岸石、玉石敷から構成される庭園（1号庭園）が築かれる。

④第Ⅲ―１段階（大内ⅢＢ式～ⅣＡ式：十五世紀末～十六世紀前半）　館跡の変遷の中で大きな画期である。屋敷地がさらに東に約20㍍拡がり、池泉庭園（2号庭園）とその北側に台所や蔵等の施設が築かれる。また、屋敷地の西側においては遮蔽施設に沿って設置された石組溝や石列の西側への拡がりが確認できる（図７第Ⅲ段階）。これら南北に走る石組溝や石列とこれらから西に屈曲する石組溝や石列が同時施工であるか否かを判断するのは難しいが、ここでは同時施工と考え、当該期には屋敷地が史跡指定地よりも西側に拡がっていたと考えておきたい。西限を竪小路と考えると、

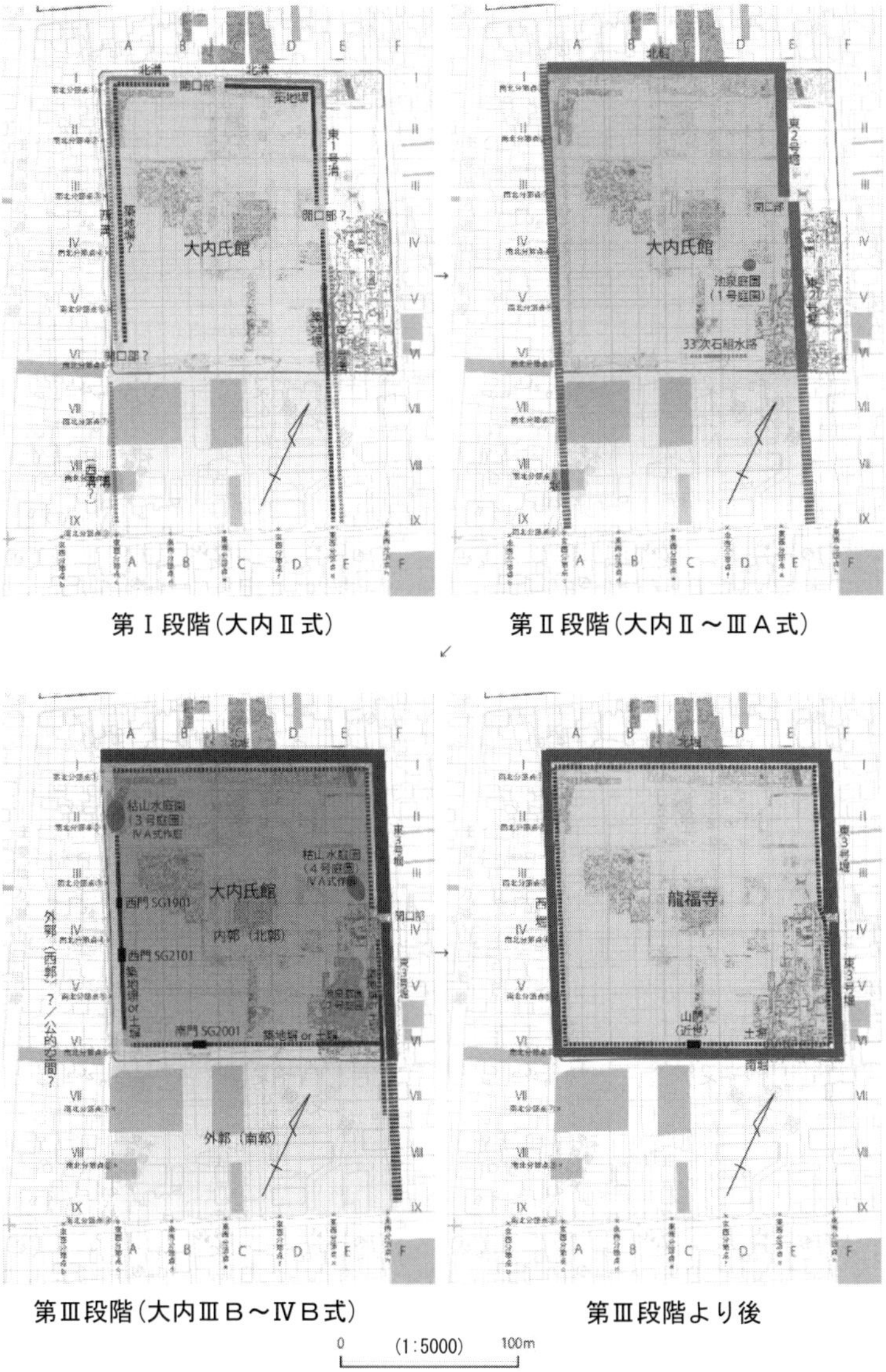

図６　館跡の変遷（丸尾編 2014 に一部加筆）

想定される屋敷地の規模は、東西約２００㍍、南北約２５０㍍で、大内氏館の変遷の中で最大規模となる。遮蔽施設は築地塀あるいは土塀である。

⑤**第Ⅲ―２段階**（大内ⅣＡ～大内ⅣＢ式：十六世紀前半～十六世紀中頃）　屋敷地の規模、遮蔽施設は前段階と同じである。屋敷地の北西部（３号庭園）、東部（４号庭園）に庭園が築かれる。また、第Ⅲ―１段階に造られた庭園（２号庭園）では改修が行われる。

⑥**第Ⅲ―２段階より後**（大内Ⅴ式：十六世紀後半）　大内氏滅亡後は館の跡地に龍福寺が移転し、屋敷地の規模が一辺約１６０㍍の方形となる。

⑦**変遷上の画期**　大内氏館は三段階の変遷を遂げるが、大きく十五世紀後半までの前半期（第Ⅰ段階、第Ⅱ段階）と十五世紀末以降の後半期（第Ⅲ段階）に分かれる。前半期から後半期の移行期には邸内の東部を中心として盛土整地が行われるとともに、屋敷地が東西に拡がり、史跡指定地にほぼ相当する一辺約１６０㍍四方が主要な空間、史跡地西辺から竪小路までと史跡地南辺から大殿大路までが副次的な空間となる。

（３）検出遺構（図８・９）

検出遺構を前半期と後半期で比較すると、後半期の検出数が多く、種類も豊富である。主なものについて紹介する。

①**区画施設**　幅２㍍ほどの溝や幅約５㍍ほどの堀が確認されている。このうち堀については、龍福寺期に掘削された堀による攪乱を受けているため、その有無や規模は不明な点が多い。

②**遮蔽施設**　築地塀あるいは土塀と考えられる。塀は、前半期は築地塀で基底部幅約２．１５㍍、後半期は築地塀あるいは土塀で、基底部幅約２㍍である。また、主要な空間と副次的な空間を画す塀も存在し、その規模は基底部幅１．５㍍である。これらの高さは３㍍程度と推定されている（図７）。

③**門**　後半期の主要な空間となる史跡指定地の西辺と南辺でそれぞれ一つ確認されており、主要な空間の遮蔽施設で

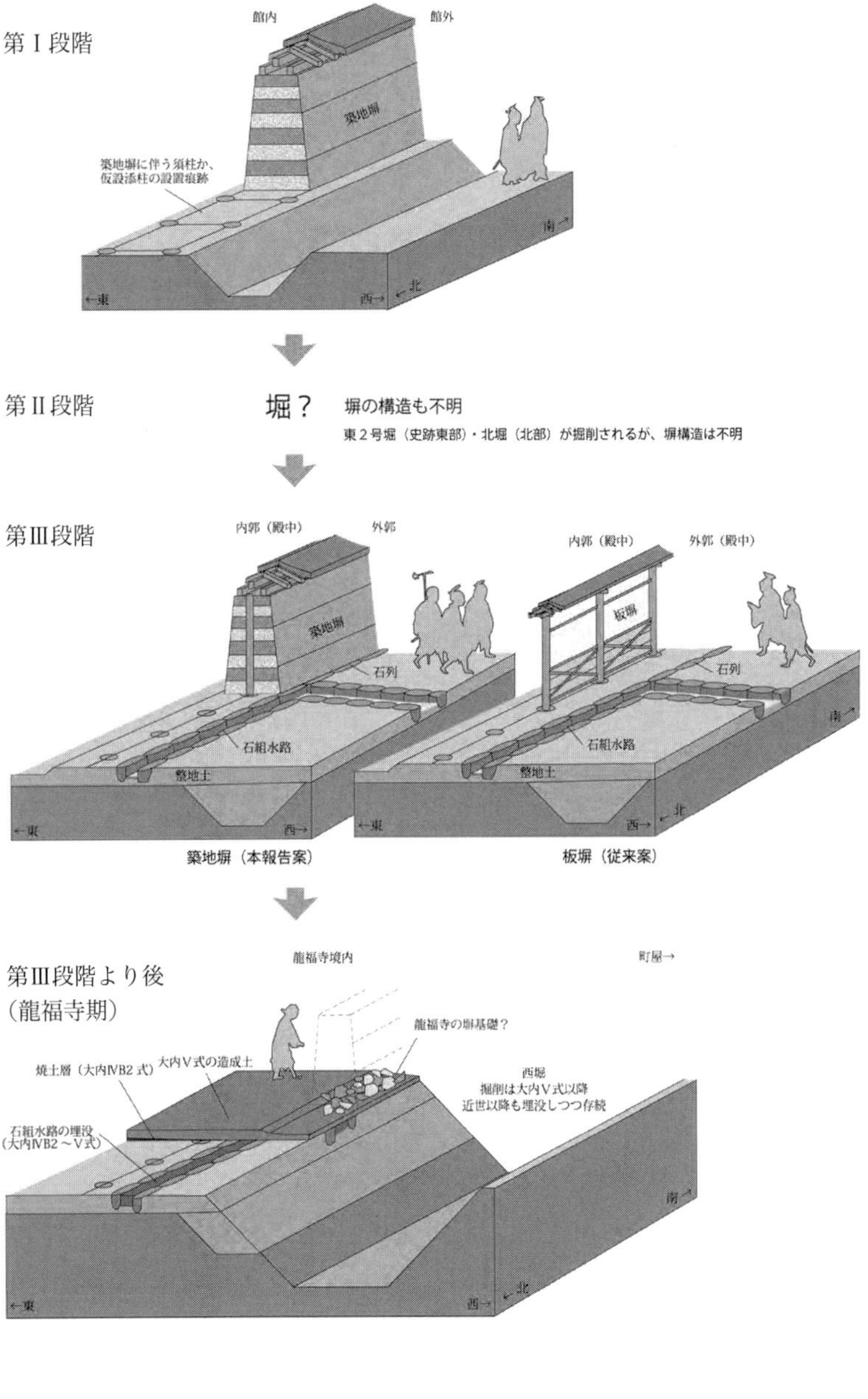

図７　館跡の遮蔽施設（北島 2014b を一部改変）

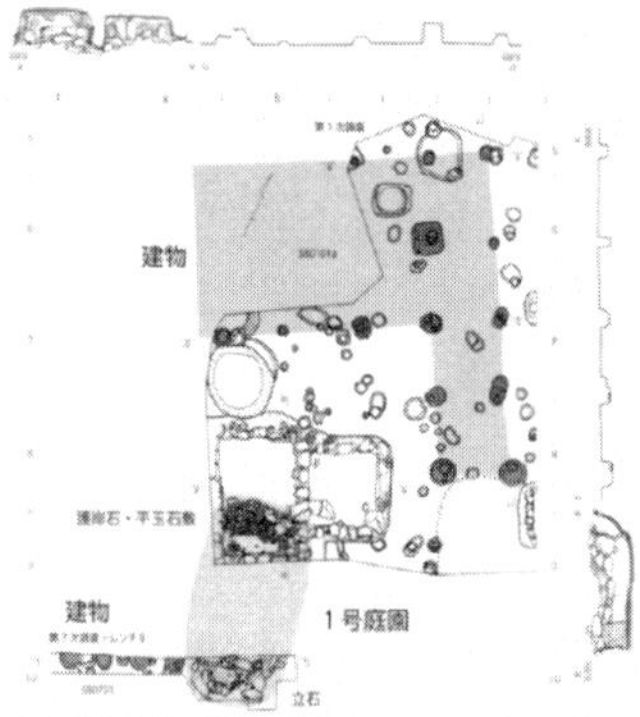

1号庭園(1:400)(丸尾 2016 を一部改変)

2号庭園(整備後)(山口市教委提供)

3号庭園(整備後)(山口市教委提供)

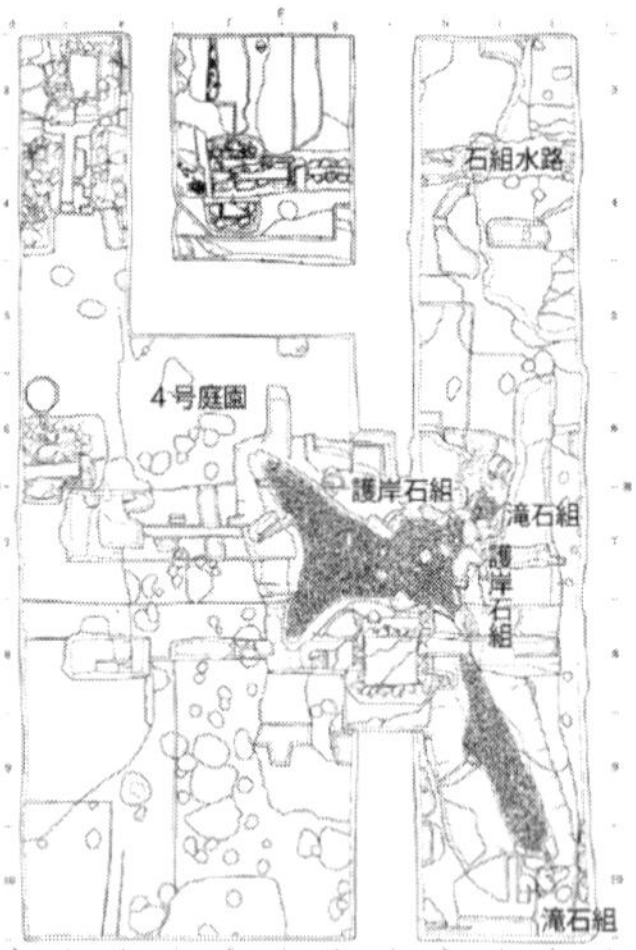

4号庭園(1:400)(丸尾 2016 より)

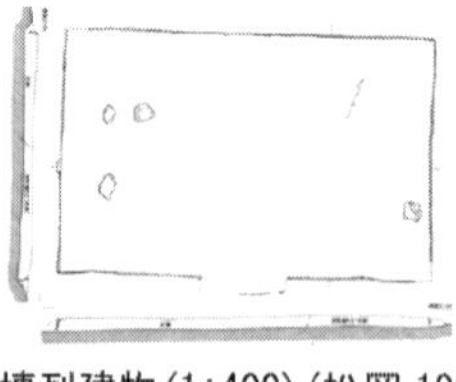
塼列建物(1:400)(松岡 1987 より)

掘立柱建物(1:400)(丸尾編 2014 を一部改変)

0　(1:400)　5m

図８　館跡の主な検出遺構

ある塀に取りつく。主柱穴は二本で、柱間寸法は西辺の門は1．8㍍、南辺の門は4．5㍍である。いずれも掘立柱で、前者は柱の両脇に楔形の石を置く。後者は礎板をもつ。なお、主要な空間の西辺では、先述した門跡の南に柱間寸法3．6㍍の門跡の存在が想定されている［北島編 二〇一三］。大殿大路沿いでは礎板を伴う柱穴が一個確認されており、大殿大路に開口する門柱とも考えられる。

④**建物**　掘立柱建物・礎石建物・石列建物・塼列建物等が確認されている。前半期はほとんどが掘立柱建物で、ほかに石列建物が確認されているのみであるが、後半期になると礎石建物や塼列建物も見られるようになり、瓦の出土頻度も高くなる。ただし、丸瓦・平瓦の大量出土はみられず、植物質の屋根の棟に瓦を葺く建物であったと考えられる。現状で最も規模の大きい建物は、史跡中央部で確認されたSB３４０４であり、長辺約7．4㍍、短辺6．9㍍であり、時期は後半期である（図8右下）。塼列建物は蔵と考えられる（図8左下）。

⑤**庭園**　これまでに四つ確認されている。前半期が一つ、後半期が三つである（図6・8）［丸尾編 二〇一四］。前半期の庭園（1号庭園：図8左上）は館の東部に築かれた。本庭園は部分的にしか発掘されておらず、不明な点が多い。護岸石組・立石・平玉石敷が確認されている。庭園は地面を掘りくぼめたところに造られ、上から見下ろす形で鑑賞するものであったと考えられる。庭園跡の約10㍍北には掘立柱建物が確認されており、庭園の構成からして、北から鑑賞したと考えられる。庭園の面積は70㎡以上である。後半期には、主要な空間と考えられる史跡指定地において、第Ⅲ―1段階には南東部に2号庭園（図8右上）、第Ⅲ―2段階には北西部に3号庭園（図8右中）、東部に4号庭園（図8左中）が築かれた。2号庭園は、南北約40㍍、東西約20㍍の池泉をもち、庭園の面積は約１４００㎡と考えられる。庭園に伴う建物は確認されていないが、遺構の配置状況から池泉の西側に存在したと考えられる。本庭園は第Ⅲ―2段階には改修され、南東部に小規模な石列建物が造られた。3号庭園は枯山水庭園で、東に庭を鑑賞する礎石建物があり、その西側から北側にかけて滝石組・護岸石・平石を配置し、滝壺、流れを表現する。滝石組の南には高さ0．3㍍ほどの

高まりがある。庭園空間の面積は70㎡以上である。本庭園は後世に掘削された堀により西部が失われているものの、庭園の収まりを考えると史跡指定地よりさらに西側に広がっていたものと考えられる。4号庭園は1号庭園同様、地面を掘りくぼめ、そこに護岸石・立石・平石を配置し、滝、石、流れを表現している。枯山水庭園と考えられる。庭園の面積は300㎡以上である。庭園を鑑賞する建物は確認されていないが、石組の構成等からして、西側から鑑賞したものと考えられる。第Ⅲ―2段階の三つの庭園は位置・規模・構造が異なる。2号庭園は大勢で楽しむ公的なもの、3号庭園と4号庭園は少人数で楽しむ私的なものであったと考えられる。

⑥土師器皿廃棄土坑　儀礼や饗宴等で用いた土師器皿等を投棄した土坑で、館跡や築山跡、町並遺跡で多く検出される。館跡では史跡指定地の北部を中心に確認されている(図9右上)。

⑦井戸　全て石組である。史跡中央部から東部に分布する。埋没時期は後半期以降である(図9左上)。

⑧方形石組　方形、長方形の穴を掘り四辺に石を積み上げた遺構で、史跡指定地の東部、池泉庭園より北で多く確認されている。埋没時期は後半期以降である(図9左中)。用途については地下倉庫、水溜、便所の溜桝等が想定されるが、特定するのは難しい。館跡、築山跡、町並遺跡で多く確認されるものの、その他の中世遺跡では確認例が少ないため、都市に特徴的な遺構と言える。

⑨邸内の諸施設　文献史料には大内氏館の施設が記載されているものがある。文明十八年(一四八六)から延徳元年(一四八九)にかけて発布された「掟書」には、「御門」「御庭」「御厩」「文庫」「常之御座所」が、「明応九年三月五日将軍御成雑掌注文」には「会所」が確認できる。これら史料の文言と検出遺構との対応については、「御庭」は1号庭園か2号庭園の可能性が高いものの、建物については不明である。館跡の空間構成がさらに明らかになれば、施設の比定も可能となろう。

(4) 出土遺物(図9)

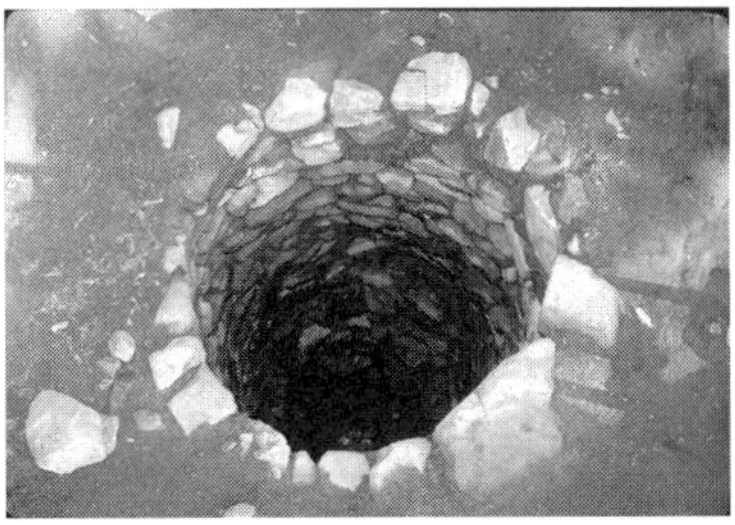
井戸（山口市教委提供）

土師器皿廃棄土坑（山口市教委提供）

方形石組（山口市教委提供）

土師器皿（上：在地系、下：京都系）（山口市教委提供）

貿易陶磁（山口市教委提供）

図９　館跡の主な検出遺構

表4　史跡大内氏館跡における主要な威信財陶磁器の出土状況

中国								
天目		青磁						
茶碗	茶入	梅瓶	器台	瓶	酒海壺	香炉	太鼓胴盤	盤
○	×	×	×	○	○	○	○	○
中国						朝鮮		
青磁	白磁	五彩	磁州窯系	元様式	黒褐釉薬	高麗青磁		白磁
馬上杯	四耳壺	盤	燭台	染付	四耳壺	陶枕	梅瓶	耳杯
○	×	○	○	×	○	○	×	○

館跡を特徴づける出土遺物として、土師器皿・貿易陶磁・動物遺存体を取り上げる。

①土師器皿　土師器皿は素焼きの皿で簡素なものであるが、館跡では大量に出土する。土師器皿にはさまざまな用途があったと考えられるが、古代・中世には饗宴や儀礼に用いられた。これらを廃棄したのが、土師器皿廃棄土坑である（図9右上）。土師器皿にはロクロ成形の在来系と手づくねの京都系がある（図9右中・右下）。山口では本来前者のみであったが、十五世紀末から十六世紀初頭頃に後者が見られるようになり、十六世紀後半まで使用された。館跡では十六世紀中頃になると京都系土師器皿の出土が在来系よりも多くなる。京都系土師器皿は館跡を中心にその周辺の町並遺跡や大内氏関連の寺院跡等において出土し、それ以外の遺跡ではほとんど出土しない。京都系土師器皿は大内氏により山口に導入されたと考えられている。戦国期における京都系土師器皿の導入はいくつかの地域で確認されているが、これらの中で山口の京都系土師器皿は最も京都産土師器皿に似ていることが指摘されている［中井二〇二二］。大内氏は饗宴や儀礼に京都と同じ器を用いることにまでこだわったことになる。「京都系土師器皿」は大内氏館の特質を示すものと言える。

②貿易陶磁　碗皿等の安価なものが主体を占めるが、元、明代に生産された青磁酒海壺、天目茶碗等の奢侈品もある（表4）。中世の集落跡では奢侈品は盤を除き出土するのはごく稀である。出土した奢侈品を館跡、町並遺跡で比較すると、館跡からは磁州窯系の燭台、高麗青磁陶枕といった町並遺跡では確認されていない製品もみられ、山口で最も優れたものとなっている。

③動物遺存体　土師器皿廃棄土坑には饗宴や儀礼で用いられた器とともに食べ残しの食材

表5　館跡廃棄土坑出土の動物依存体

		調査次数	30次	34次	34次	34次	36次	36次	30次	30次	34次
		位置	北	中央	中央	中央	東	東	北	北	中央
		遺構名	土坑2	土坑222	トレンチ17落込状遺構	土坑218	土坑7	土坑20	土坑10	土坑1	土坑216
		時期	大内Ⅲ A3	大内Ⅲ A3	大内Ⅲ A	大内Ⅲ A3～Ⅲ B	大内Ⅲ B	大内Ⅲ B	大内Ⅲ B～Ⅳ A	大内Ⅳ B1	大内Ⅳ
魚介類	軟体動物	種類不明貝類		○	○	○					○
	腹足類(巻貝)	種類不明巻貝		○	○						○
		サザエ	○			○?			○		
		アカニシ			○?					○?	
	軟骨魚類	サメ／エイ類						○			
		サメ類									○
		トビエイ上科(エイ類)									○
		ハモ属						○?			
	硬骨魚類	種類不明魚類		○	○		○			○	
		サケ科(種不明)					○	○			
		アユ					○	○			○
		コイ科(種不明)						○			
		イワシ類(種不明)					○	○			
		フサカサゴ科(種不明)					○	○		○?	○
		スズキ属					○	○		○	○
		アイナメ科(種不明)									○?
		ハタ科(種不明)									
		アジ科(種不明)					○	○		○?	○
		イサキ科(種不明)								○?	
		タイ科(種不明)						○			
		クロダイ属						○			
		ヘダイ			○		○	○		○	○
		マダイ亜科(種不明)						○			○
		マダイ		○			○	○		○	○
		タイ類	○	○	○	○	○			○	○
		タイ類(歯)								○	
		ウミタナゴ科(種不明)		○?	○		○	○			
		サバ科(種不明)						○			
鳥類		種類不明鳥綱					○	○		○	○
		カモ亜科(種不明)						○			
		キジ科(種不明)						○			
		スズメ目(種不明)						○			
哺乳類		種類不明哺乳綱					○	○		○	○
		ネズミ科(種不明)						○			
		ノウサギ					○?				
		タヌキ				○					
		テン						○			
		カワウソ						○			

北島編2011・2012、丸尾編2014を基に作成

も廃棄された。館跡では魚介類の骨や貝殻等を中心に鳥類、哺乳類の骨が出土している(表5)。

「明応九年三月五日将軍御成雑掌注文」、「元就公山口御下向之節饗応次第」といった文献史料には、大内氏館で催された饗応の献立が記録されている。献立と料理秘伝書や故実書等とを照合すると、食材には、魚介類(海水魚・魚卵類・甲殻類・軟体動物・貝類・淡水魚等)を主体に、鳥類、稀に獣類(カワウソ・イ

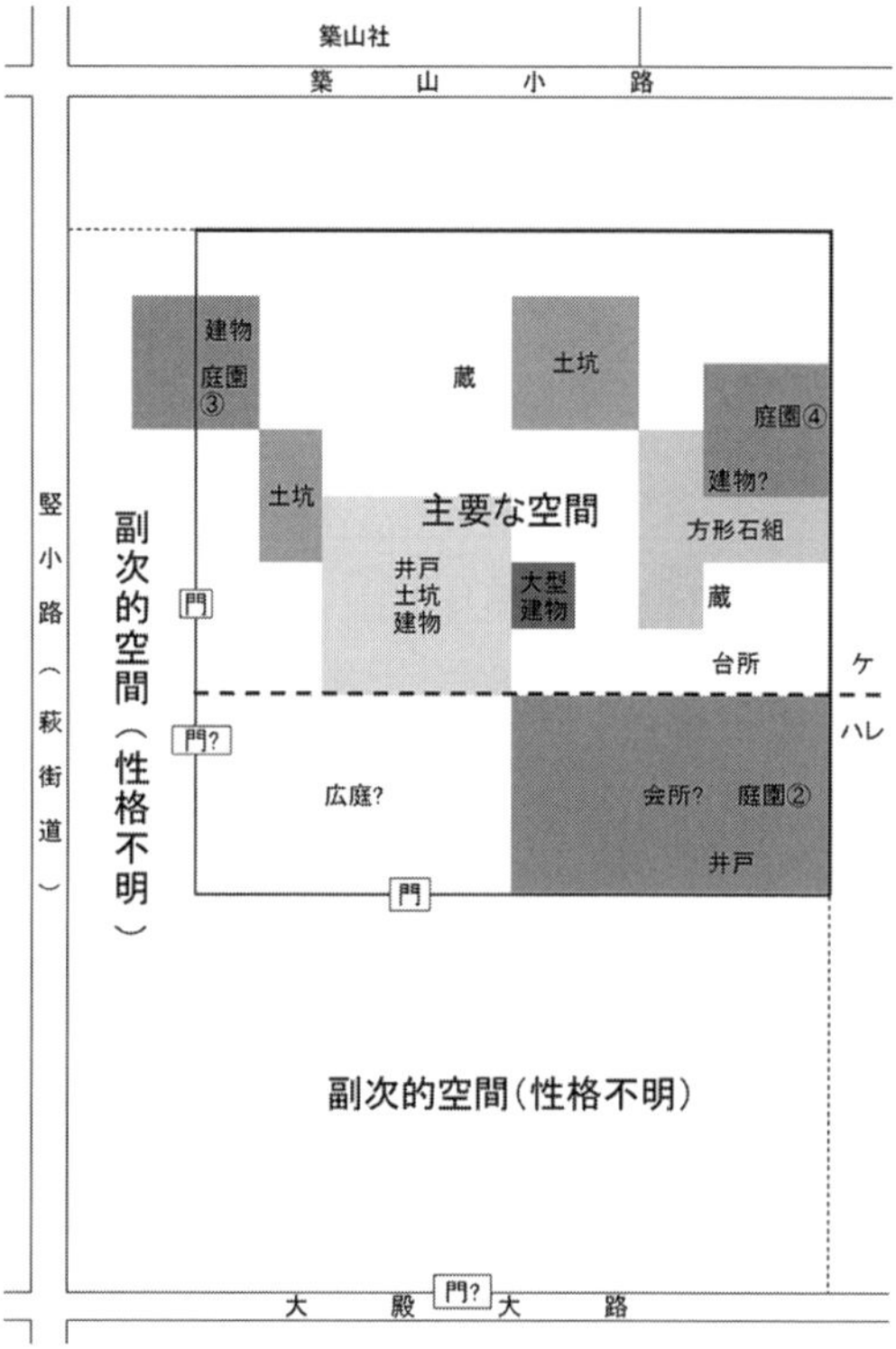

図10　検出遺構からみた大内氏館後半期の空間概念図

ルカ・クジラ）、野菜・穀物・果実・野草・地衣類が使用されたことがわかる［北島編二〇一二］。これらの産地をみると、太平洋側の外洋に生息するカツオやマグロ、北海産のカズノコ・サケ・マスノスケ・ホッケ・タラ・ホヤ・コンブといった遠隔地のものも含まれており、饗宴が贅を尽くしたものであり、それを調達し得た大内氏の交易圏の広さもうかがえる。

(5) 空間構成（図10）

前半期の空間構成については、検出遺構が少なく不明な点が多いため、ここでは後半期の空間構成を取り上げることとする。史跡中央部、龍福寺本堂のあたりに規模の大きい建物が検出されている。史跡中央部より北西には石組井戸が分布し、史跡中央部より北側、西側に廃棄土坑が多く分布する。現状の発掘状況からは、主要な空間である史跡指定地部分の北部と中部はケの空間、南部はハレの空間と考えられる。後半期の居館の西限は竪小路、南限は大殿大路と考えられる。当該期の正門の位置は確定できていないが、現状では大殿大路沿いで確認された礎板をもつ柱穴がその候補となろう。

(6) 発掘からみた大内氏館

大内氏館は十四世紀末から十五世紀初頭に大殿大路に築かれ、その後大内氏の滅亡する十六世紀中頃まで一貫して同じ場所にあった。第Ⅰ段階に長方形の居館が出現して以来、屋敷地は周囲に築地塀あるいは土塀を巡らす構造であった。館は設置後、拡張を繰り返した。その中でも大きな画期は、第Ⅱ段階から第Ⅲ段への変化である。本段階に屋敷地が東西に広がり、史跡指定地にあたる約160㍍四方が主要な空間となる。想定される居館の規模は東西約200㍍、南北約250㍍と、平地居館としては領国内で最大となる。また、館の設置当初の地割が館の最末期まで、さらには龍福寺期に至っても踏襲された。ただし、その地割が及ぶのは邸内のみで、周辺の都市域まで及ぶものではなかった。

5　大内氏の動向と居館

ここでは、発掘調査で明らかとなった館跡の変遷と文献史学の研究で明らかとなっている大内氏の政治的動向［川岡二〇一二、須田二〇一一、平瀬二〇一七a・二〇一七b、藤井二〇一三・二〇一四・二〇一九、山田貴二〇一五、和田二〇〇七・二〇一三等］を合わせて考えることとする。

第Ⅰ段階の当主としては、義弘・盛見・持世が考えられる。大内氏館の設置時期は十四世紀末から十五世紀初頭と考えられるが、当時の室町殿（将軍御所）は花の御所であり、その規模は、東西約120㍍、南北約300㍍、区画施設は溝及び築地塀と考えられている（図11）［山田邦二〇二三］。当該期の大内氏館は東西約120㍍、南北250㍍で、遮蔽施設は塀、区画施設は溝であり、同時期の花の御所と類似している（図6左上）。義弘・盛見とも在京期間が長く、幕政に参画していたことから、大内氏館は室町殿を模したものである可能性がある。

第Ⅱ段階の当主としては、持世・教弘・政弘が考えられる。屋敷地が東に拡がるとともに、区画施設は幅約5㍍の堀となる。屋敷地東部には庭園が造られる（図6右上）。当該期の後半には土師器皿廃棄土坑も多くなり、儀礼や饗

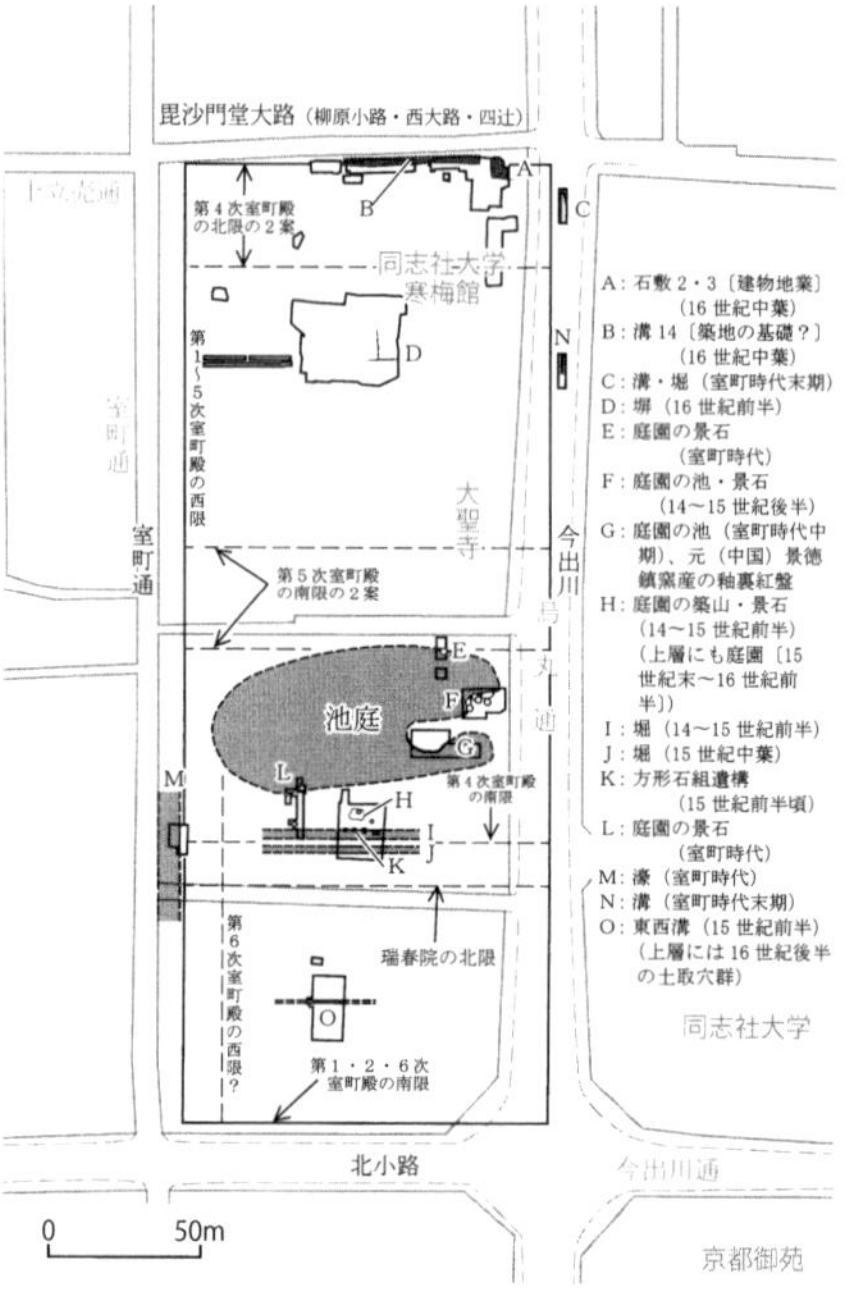

図11　室町殿復元図（山田邦2023より）

宴が多く行われるようになったことが分かる。区画施設が溝から堀に変化するのは、大内氏にそうせざるを得ない事情があったためと考えられる。ただし、幅5㍍の堀が屋敷地を全周するものでないということは、第Ⅱ段階のある時点で東辺のみ区画施設が堅固なものとなった可能性も考えられよう。当該期には、盛見死去後の永享四年（一四三二）に兄持世、弟持盛の合戦が起き、持世が嘉吉の乱（一四四一）の負傷が原因で死亡すると、その後継者を巡って兄教幸と弟教弘の争いが起こっている。また、応仁・文明の乱中の文明二年（一四七〇）には、政弘の叔父の道頓（教幸）が東軍に転じて挙兵し、多くの家臣が道頓方につくという深刻な事態も起こっている。現状で館の区画施設の変化の理由を一つに絞ることは難しいが、可能性としてこれら大内氏の不安定な状況を挙げておくこととしたい。

和田秀作氏によれば、十四世紀末に義弘が在京すると、「義弘の意思は、通常は山口の支配組織を経ずに、現地にいる守護代に直接伝えられるという命令系統が成立する」が、十五世紀前半の盛見期になると「盛見の意思は、守護代クラスの重臣層を中心とする山口の支配組織に伝えられ、彼らが連署した奉書によって現地の支配にあたる小守護代・郡代に下達される」ようになるという［和田 二〇〇七］。この命令系統の変化により山口の政庁（大内氏館）の拠点性は高まったと考えられる。第Ⅱ段階の区画施設の変化は、拠点性が高まった政庁の防備を固めるための緊急措置と考えておきたい。

第Ⅲ―1段階の当主としては、政弘・義興が考えられる。敷地が東西に拡張され、東部には大規模な池泉を伴う庭園が築かれる。本庭園の作庭時期は、十五世紀末から十六世紀初頭と考えられることから、将軍職を追われた足利義尹の山口下向が契機になっていると考えられている［古賀二〇〇〇］。この他、十五世紀末段階の大内氏の動向としては、応仁・文明の乱終息から文明十八年（一四八六）にかけて行われた政弘による諸政策が挙げられる。政弘は、応仁・文明の乱後、教弘以来、悪化していた幕府との関係を修復し、自己の家督の正統性を領国内外に主張するため、また分裂していた領国と家臣団の再結集を図るために、教弘の従三位贈位運動を行っている。文明十八年（一四八六）には多くの法令を発布し、領国支配の整備を進めると同時に、氏寺氷上山興隆寺の勅願寺化、朝鮮からの渡来伝承を柱とする系譜を作成し、自らの系統を大内一族の中でも超越したものとした［須田二〇一一、山田貴二〇一五］。想像をたくましくすれば、これらの諸政策と合わせて拠点の荘厳化を行ったと考えることもできるのではなかろうか。第Ⅱ段階から第Ⅲ段階への変化の背景については、今後の調査・研究で明らかにしていく必要がある。

第Ⅲ―2段階の当主としては義興・義隆・義長が考えられる。義隆は上洛することはなかったが、京都とのつながりは強く、多くの文化人が山口を訪れた。この時期には新たに二つの庭園が築かれるなど、邸内の諸施設は最も充実したものとなる。また、邸内では京都系土師器皿が大量に使用された。当該期が大内氏館の最盛期と言えよう。

おわりに―大内氏館の特質―

中世の山口は大内氏の領国の首都であり、その居館は領国経営の拠点であった。十五世紀末から十六世紀中頃にかけては敷地面積が東西で２００㍍、南北２５０㍍の大規模なものとなり、大きな池庭等の接客空間を備え、贅を尽くした饗宴が行われた。また、京都系土師器皿を大量に使用し、貿易陶磁も中国や朝鮮の優品を備えていた。このように大内氏館は領国内で最上位の居館であった。大内氏館は、室町・戦国期の約一五〇年間、一貫して山口の大殿大路に所在した。この間何度かの改修が行われるものの、地割は当初のものが継承された。この間の大内氏の当主は義弘あるいは盛見から義長までとなるが、当主たちはこの地に同一の地割による館を築き続けたことになる。室町将軍の御所や各地の大名の拠点には移動する事例もあるが、大内氏館では拠点の場への強い執着が認められる。これは、大名大内氏としての系譜意識にもとづくものであろうか。今後、発掘資料の再点検に加え、文献史料の研究成果も取り入れた検討を進めることにより、大内氏館の特質はさらに明らかになっていくであろう。

参考文献

乾　貴子　一九九五「戦国期山口城下における城館と屋敷神―周防国守護所別邸「築山」について―」『山口県地方史研究』第七四号　山口県地方史学会
内田　伸　一九九〇『山口の金石文』マツノ書店
大内氏歴史文化研究会編　二〇一九『室町戦国日本の覇者　大内氏の世界をさぐる』勉誠出版
沖田絵麻・北島大輔・杳名貴彦　二〇一九「大内文化を科学する」『室町戦国日本の覇者　大内氏の世界を探る』勉誠出版
川岡　勉　二〇一二「南北朝の動乱と室町幕府―守護体制」『山口県史　通史編　中世』山口県
河野純徳訳　一九八五『聖フランシスコ・ザビエル全書簡』平凡社
北島大輔　二〇一〇「大内式の設定―中世山口における遺物編年の細分と再編―」『大内氏館跡IX』山口市教育委員会
北島大輔編　二〇一一『大内氏館跡一二』山口市教育委員会
北島大輔編　二〇一二『大内氏館跡一三』山口市教育委員会
北島大輔編　二〇一三『大内氏館跡一四』山口市教育委員会
北島大輔　二〇一四a「大内氏館の空間分節原理―設計・測量・地割の技術解明にむけて―」『大内氏館跡一五』山口市教育委員会
北島大輔　二〇一四b「大内氏館の塀構造」『大内氏館跡一五』山口市教育委員会
北島大輔　二〇一五『大内氏関連町並遺跡九』山口市教育委員会

北島大輔編　二〇一七『大内氏関連町並遺跡一〇』山口市教育委員会
古賀信幸　二〇〇〇「防州山口における城・館・寺」『中世都市研究七　都市の求心力―城・館・寺』新人物往来社
古賀信幸　二〇〇四「大内氏館跡」『山口県史　資料編　考古二』山口県
古賀信幸　二〇〇六「周防国・山口の戦国期守護所」『守護所と戦国城下町』高志書院
古賀信幸　二〇一四「大内氏遺跡築山跡小考」『山口考古』第三四号　山口考古学会
桜井英治　二〇〇一『室町人の精神』講談社
佐藤進一・池内義資・百瀬今朝雄編　一九七五『中世法制史料集　第三巻』岩波書店
佐藤力・丸尾弘介　二〇一六『大内氏築山跡八』山口市教育委員会
須田牧子　二〇一一『中世日朝関係と大内氏』東京大学出版会
竹内理三編　一九八八『角川日本地名大辞典　三五　山口県』角川書店
中井淳史　二〇一二『中世かわらけ物語　もっとも身近な日用品の考古学』吉川弘文館
平瀬直樹　一九九八「防長の中世社会」『山口県の歴史』山川出版社
平瀬直樹　二〇〇一「中世都市の空間構造―周防国山口を中心に―」『北陸都市史学会誌』№八　北陸都市史学会
平瀬直樹　二〇一七a「大内氏の領国支配と宗教」塙書房
平瀬直樹　二〇一七b『大内義弘』ミネルヴァ書房
藤井　崇　二〇一三『室町期大名権力論』同成社
藤井　崇　二〇一四『大内義興』戎光祥出版
藤井　崇　二〇一九『大内義隆』ミネルヴァ書房
増野晋次　二〇一三「中世の山口」『大内と大友―中世西日本の二大大名―』勉誠出版
増野晋次　二〇一四「周防山口」『守護所シンポジウム2@清須　新・清須会議　資料集』新・清須会議実行委員会Ⅱ実行委員会
増野晋次　二〇一七a『史跡大内氏遺跡附凌雲寺跡「館跡」第一期整備事業報告書』山口市教育委員会
増野晋次　二〇一七b「大内氏の守護所・城下町」『「再論」守護所・戦国城下町の構造と社会―阿波国勝瑞―』城下町科研・徳島研究集会
増野晋次　二〇一九「大内氏の都・山口」『室町戦国日本の覇者　大内氏の世界を探る』勉誠出版
松岡睦彦　一九八七「概要編」『大内氏館跡Ⅶ』山口市教育委員会
丸尾弘介編　二〇一四『大内氏館跡一五』山口市教育委員会

丸尾弘介　二〇一六「周防山口、大内氏館の調査成果」『発掘成果で見る十六世紀大名居館の諸相―シンポジウム報告―』東国中世考古学研究会
丸尾弘介　二〇一九「大内館・築山館を掘る」『室町戦国日本の覇者　大内氏の世界を探る』勉誠出版
山口県　二〇一二『山口県史　通史編　中世』
山口市　二〇一〇『山口市史　史料編　大内文化』
山口市教育委員会社会教育課編　一九八二『大内氏館跡Ⅳ』山口市教育委員会
山口市歴史民俗資料館　二〇一九『大内氏遺跡指定六十年記念特別展「大内氏のトビラ　山口をつくった西国大名」図録』
山田貴司　二〇一五『中世後期武家官位論』戎光祥出版
山田邦和　二〇二三『変貌する中世都市京都』吉川弘文館
山村亜希　一九九九「守護城下山口の形態と構造」『史林』第八二巻第三号　史学研究会
山村亜希　二〇〇七「戦国期山口の微地形と街路・街区」『中・近世における都市空間の景観復元に関する学際的アプローチ―方法論的再検討を目指した畿内と防長両国の比較研究―』
山村亜希　二〇〇九『中世都市の空間構造』吉川弘文館
山村亜希　二〇一二「中世都市の空間構造」『山口県史　通史編　中世』山口県
和田秀作　二〇〇七「大内氏の領国支配組織と人材登用」『毛利元就と地域社会』中国新聞社
和田秀作　二〇一三「大内氏の惣庶関係をめぐって」『大内と大友―中世西日本の二大大名―』勉誠出版

国人領主の館と村
――美作国久田堀ノ内遺跡の中世居館を中心に――

柴田　亮

はじめに

近年、岡山県域を対象としておこなわれた悉皆調査の成果によって、城の位置関係や主要な城の縄張図が公表された[岡山県教委 二〇二〇]。岡山県域の中世城館の全体像は、充実した本成果を参照することで把握できよう。

そこで本論では、岡山県域全体の中世城館の概要を述べるのではなく、地域を限定し、城館の分析からその範囲の歴史的動向を描くことを試みる。分析の中心には、居館が検出された久田堀ノ内遺跡をすえる。当遺跡の成立過程を、遺構・遺物の分析と美作国の主要な中世城館や集落の動態との比較によって論じることとする。

1　分析方法

美作国は、中国山地で最大級の盆地である津山盆地を有し、山陽と山陰をつなぐ要衝である。このため、中世を通じて、美作国は激戦地であった。播磨国の赤松氏、伯耆国の山名氏、出雲国の尼子氏、安芸国の毛利氏、備中国の三村氏、備前国の浦上・宇喜多氏といった勢力が美作国で争った。美作国西部には一級河川の吉井川が南北方向に流れており、この河川沿いは山陰と山陽をつなぐルートのひとつである。このルート上に位置するのが、本論の分析の中心とする久田堀ノ内遺跡である。

美作国の中世集落や山城の発掘調査事例は少ない。そのなかで久田堀ノ内遺跡は芦田ダム建設に伴い広範囲が発掘調査された稀有な遺跡である。特筆すべきは、三時期にわたって拡張を続けた、溝に囲繞される居館である。居館の周辺には屋敷地が形成され、多量の生活遺物が出土した。考古学的な居館の時期幅は十四世紀前半〜十六世紀であり、約二〇〇年以上の存続をみる。中世をつうじて激戦地であり、守護が幾度も入れ替わった美作国において、集落が長期間継続した久田堀ノ内遺跡は非常に特異である。遺跡の成立過程を明らかにするため、遺構・遺物の時期別分析を実施し、その時間軸に沿って津山盆地の山城・中世集落の消長をみていこう。

2　分　析

(1) 久田堀ノ内遺跡の概要

本節は報告書を参考に記述する〔岡山県教委編 二〇〇五a〕。遺跡は岡山県苫田郡奥津町の南部に所在する(図1)。この地域は岡山県の北部、中国山地脊梁部分の南面にあることから、周辺には標高500〜1000㍍級の山々が連なっている。この山々を縦断する形で、一級河川の吉井川が南流する。当該地域にある平野は、その多くが吉井川沿いに形成された谷底平野である。久田地区は周囲を100〜300㍍の山々に囲まれた、幅200〜300㍍の平野が約4㌔にわたって形成されている。

久田堀ノ内遺跡はこの平野上に立地する。当遺跡の周辺には多くの遺跡が分布しており、なかでも夏栗遺跡、久田原遺跡は久田堀ノ内遺跡と一連の遺跡と考えられる。久田地区での大規模な発掘調査によって、縄文時代から近世に

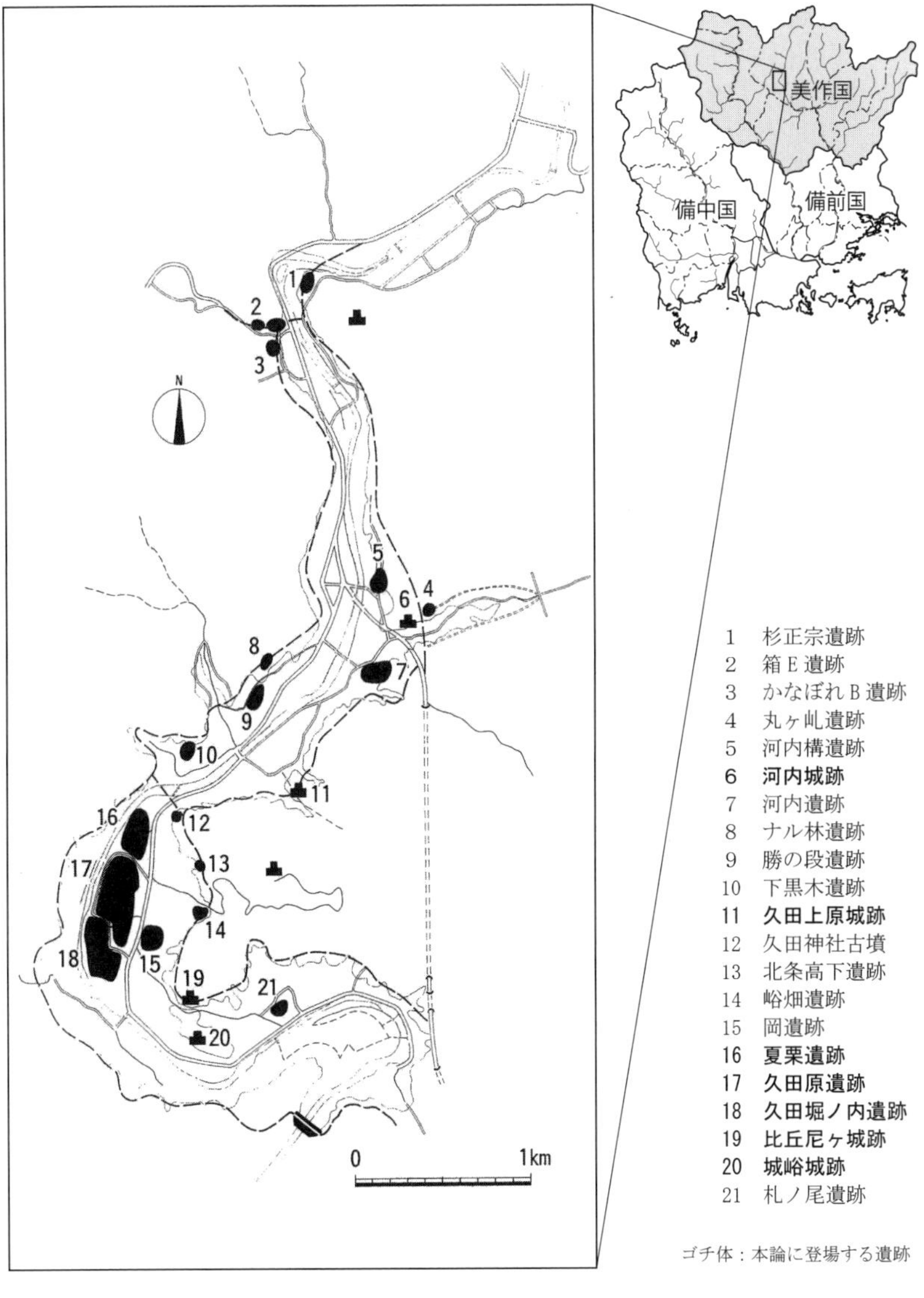

図1　久田堀ノ内遺跡位置（岡山県教委編2005掲載図面を利用して筆者作成）

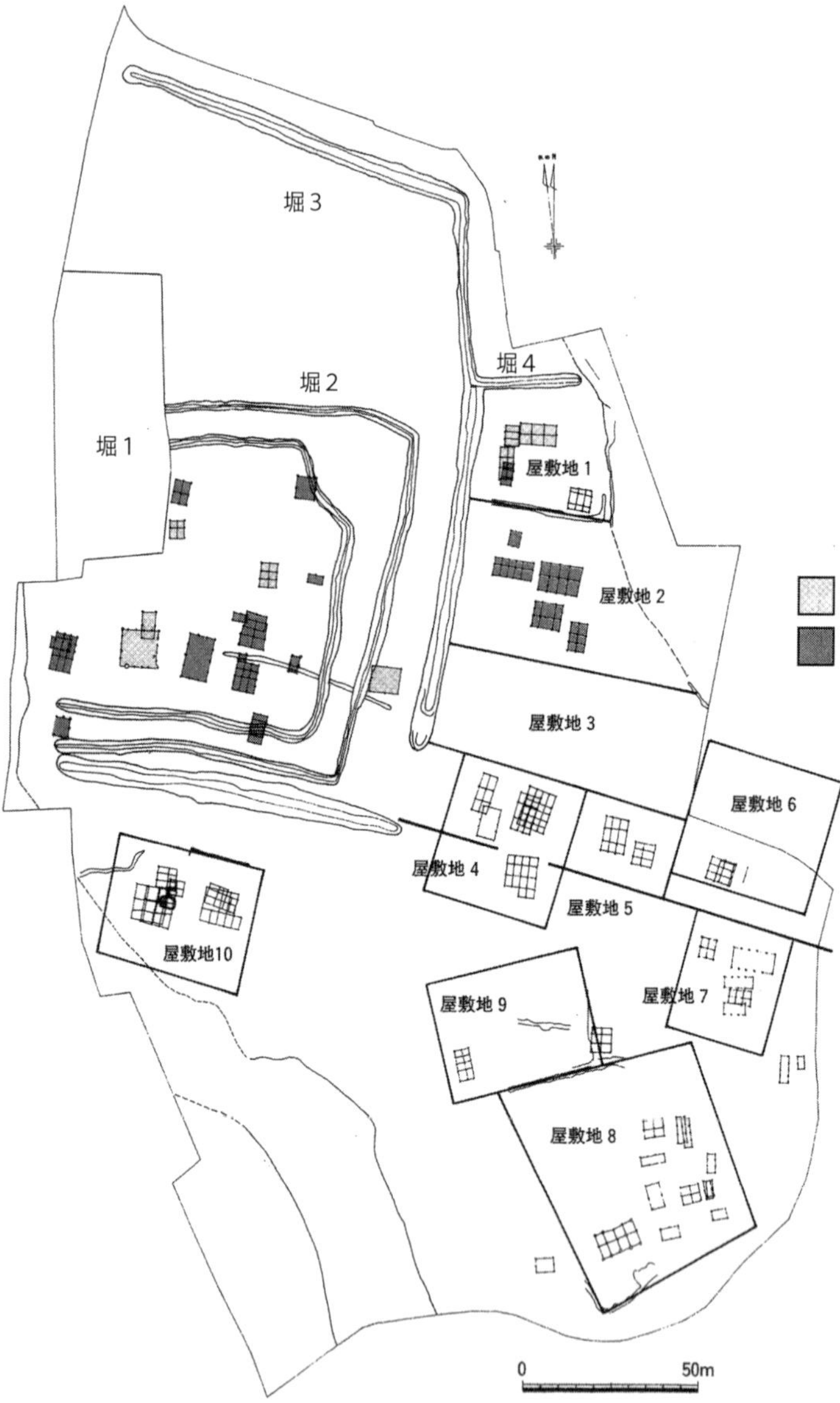

図２　久田堀ノ内遺跡遺構配置図（岡山県教委編 2005 掲載図面を転載）

至るまでの複合遺跡であることが明らかになった。久田堀ノ内遺跡では、コの字形の区画溝が三条検出され、その区画内に掘立柱建物群を有する中世居館の存在が確認された。区画溝は居館の北・東・南側を囲んでおり、西側は吉井川が防御機能を果たしていたと考えられる。そして、その区画溝の外側には10区画の屋敷地が展開する(図2)。

居館は三段階に区分され、堀1から堀3に向けて掘削と埋め立てを繰り返すことで、規模を拡張していったと考えられる。報告書に従い、堀1を居館第1段階、堀2を居館第2段階、堀3を居館第3段階と呼称する。居館第1段階は、【十四世紀前葉以降の鎌倉時代末~南北朝期】、居館第2段階は【十四世紀末~十五世紀前半】、居館第3段階は【十五世紀後半~十六世紀代】である。

居館の内部の掘立柱建物群は、建物の軸方向と区画溝との切り合い関係、出土遺物からa・b群に分けられ、a群は居館第1段階から第2段階、b群は居館第3段階に相当すると考えられている。屋敷地内の建物から出土した遺物は少ないが、包含層中の出土遺物は中世の中でも後期以降のものが多い。このことから、屋敷地の多くも居館の存続時期に成立したことが想定されている。遺物では建物の時期の細分が困難であることから、居館の建物軸をもとに、屋敷地と居館の相関関係について検証してみよう。

図3と図4は、居館内の建物a・b群の軸線に基づき、居館内と屋敷地の建物群をそれぞれ抽出したものである。屋敷地3では、ピットが複数みつかっているが、建物として復元されたものはない。ただし、屋敷地3の北東側に接する久田原遺跡の調査地点では、掘立柱建物が複数みつかっている。このことから、屋敷地3にも建物が存在した可能性は高いが、分析では屋敷地3のピットは除外しておく。

屋敷地8・9の建物群の多くは、a・b群のいずれの軸線にも合わないものが多いことから、建物の成立時期が居館と連動しない可能性があろう。近世の建物群が調査区北側に確認されており、この中には屋敷地8・9の建物群の軸線と近似したものが含まれている。よって、屋敷地8・9の建物群の多くは、居館消滅後から近世にかけての建物

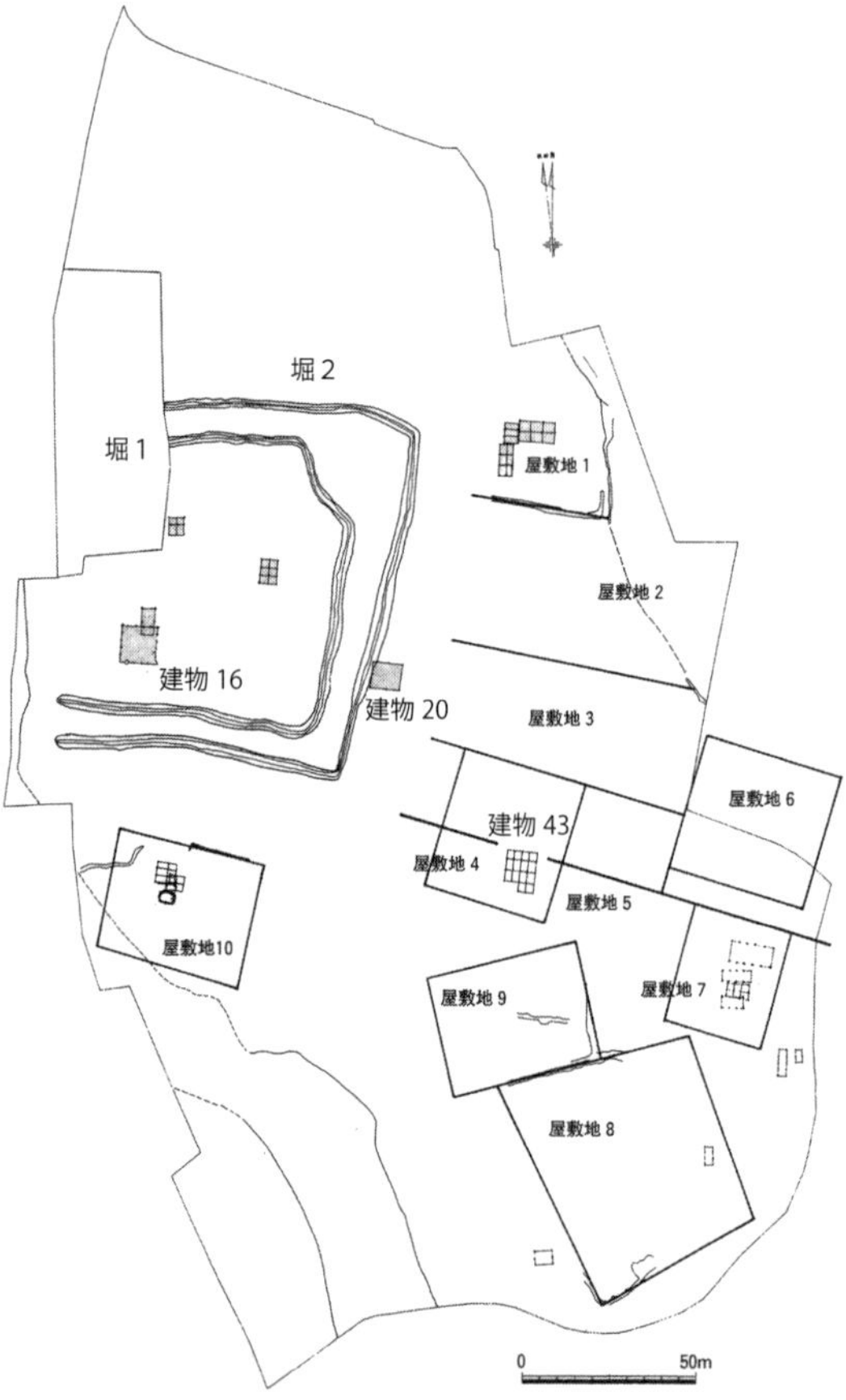

図3　a群建物配置（岡山県教委編2005掲載図面に筆者加工）

であると考えておきたい。したがって図3・図4では、屋敷地8・9の建物群のうち、a・b群の軸線と異なる建物は除外した。

a群の段階では、堀1~2の内部に建物面積が100㎡をこえる建物16が存在する。建物16は久田堀ノ内遺跡で最大の建物面積である。建物20は、堀2によって柱穴の一部が失われており、堀1の時期に近い建物と考えられる。屋敷地の建物は1・4・7・10に確認できる。なかには屋敷地4の建物43のように、80㎡を超える建物が存在する。屋敷地1と7には、複数の掘立柱建物が確認できるが、建物の併存関係は不明である。屋敷地

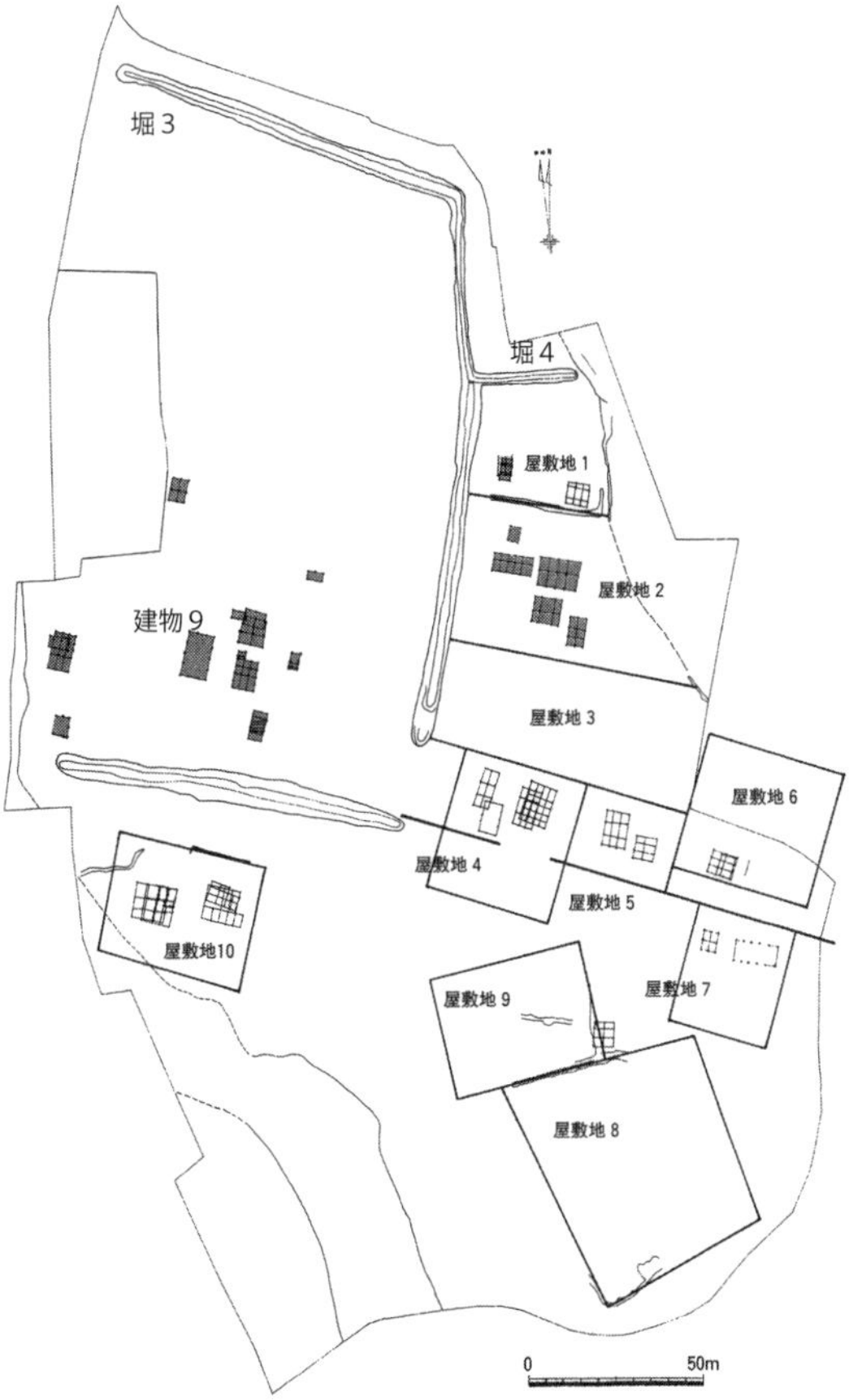

図4　b群建物配置（岡山県教委編2005掲載図面に筆者加工）

10には鍛冶関連遺構が検出されており、この点は後述する。

b群の段階では、堀3の内部に建物が増加する。建物の面積は建物9の約86㎡が最大であり、100㎡を超えるものはない。居館内の北半は遺構が確認されておらず、報告書中では庭などの空間であった可能性が指摘されている。この範囲は、近世の遺構が密集している。したがって、中世の遺構は近世の開発によって攪乱された可能性があり、土地利用については不明な点が多い。居館の主体となる大型建物が、居館北側に存在した可能性もあるだろう。b群の段階では、屋敷地内に建物が増加する傾向がある。敷地面積が80㎡を超える建物と二×三～五間の建物が複数認められる例が多くなり、ａ群の段階と差が認められる。

ａ群の時期となる居館第1段階から第2段階にかけて、屋敷地内の建物が存在していたと考えられるが、建物規模や配置にやや粗密がある。その後のｂ群になると、屋敷地内の建物数が増え、大型建物＋小型建物の配置が複数確認できるようになる。ａ群の段階から、屋敷地は成立したと考えられるが、整然と整備されていたとはいいがたい。屋敷地の整備と充実は、居館第3段階におこなわれた可能性が高いだろう。

次に出土遺物の特徴をみてみよう。久田堀ノ内遺跡の特徴は、①多種多様である点、②貿易陶磁のバリエーションの豊富さと連続性、③鍛冶関連遺物の三点である。出土遺物の種類は多岐におよび、土師器・須恵器・国産陶器・貿易陶磁・瓦質土器・鉄器・鍛冶関連遺物・中世銭などがある（図5～7）。土師器は小皿が多く、白色の胎土が特徴の吉備系土師器椀が混じる。瀬戸・美濃焼は約一二〇点出土しており、花瓶や三足盤、香炉・皿・天目、擂鉢などがある。須恵器では勝央町に窯がある勝間田焼椀・皿が一定数確認されるほか、東播系須恵器鉢・甕が認められる。国産陶器は備前焼が多く、常滑焼や亀山焼の甕が混じる。貿易陶磁は十一世紀後半から十六世紀までの白磁・青磁・青白磁・染付が出土する。

久田堀ノ内遺跡で鍛冶炉は見つかっていないが、屋敷地10の範囲内において、鍛冶関連遺構が確認されている（図6）。これらの遺構からは、精錬・鍛錬鍛冶滓や鉄塊、羽口、椀形滓や鍛造剝片が検出されている。鍛冶関連遺物の稠密な分布は、調査区付近で鍛冶をおこなっていたことを示すものである。

久田堀ノ内遺跡のすぐ北側に接する久田原遺跡でも多くの掘立柱建物とともに、鍛冶の痕跡が確認されている（図7）。久田原遺跡の集落は十一世紀後半頃から出現する。開発主の居住スペースと耕作に従事する人々の住居の範囲があり、久田地区の中心的役割を果たしていたことが予測されている［岡山県教委編 二〇〇五ｂ］。その後の十四世紀代になると、久田原遺跡から久田堀ノ内遺跡へと集落の中心が移動し、居館の成立に至ったと考えられている［岡山県教

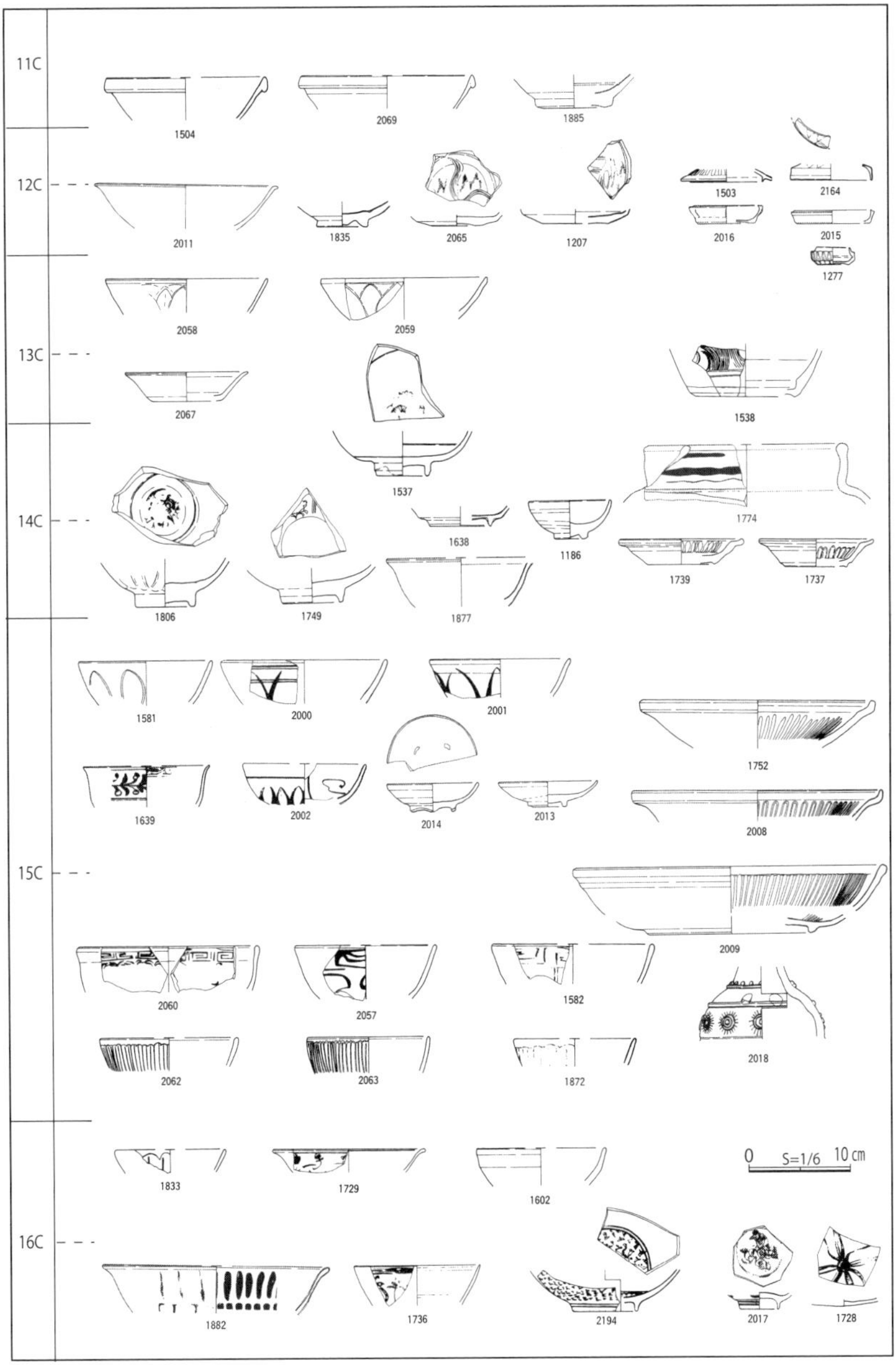

図5　久田堀ノ内遺跡出土貿易陶磁器（岡山県教委編2005掲載図面に筆者が加筆修正）

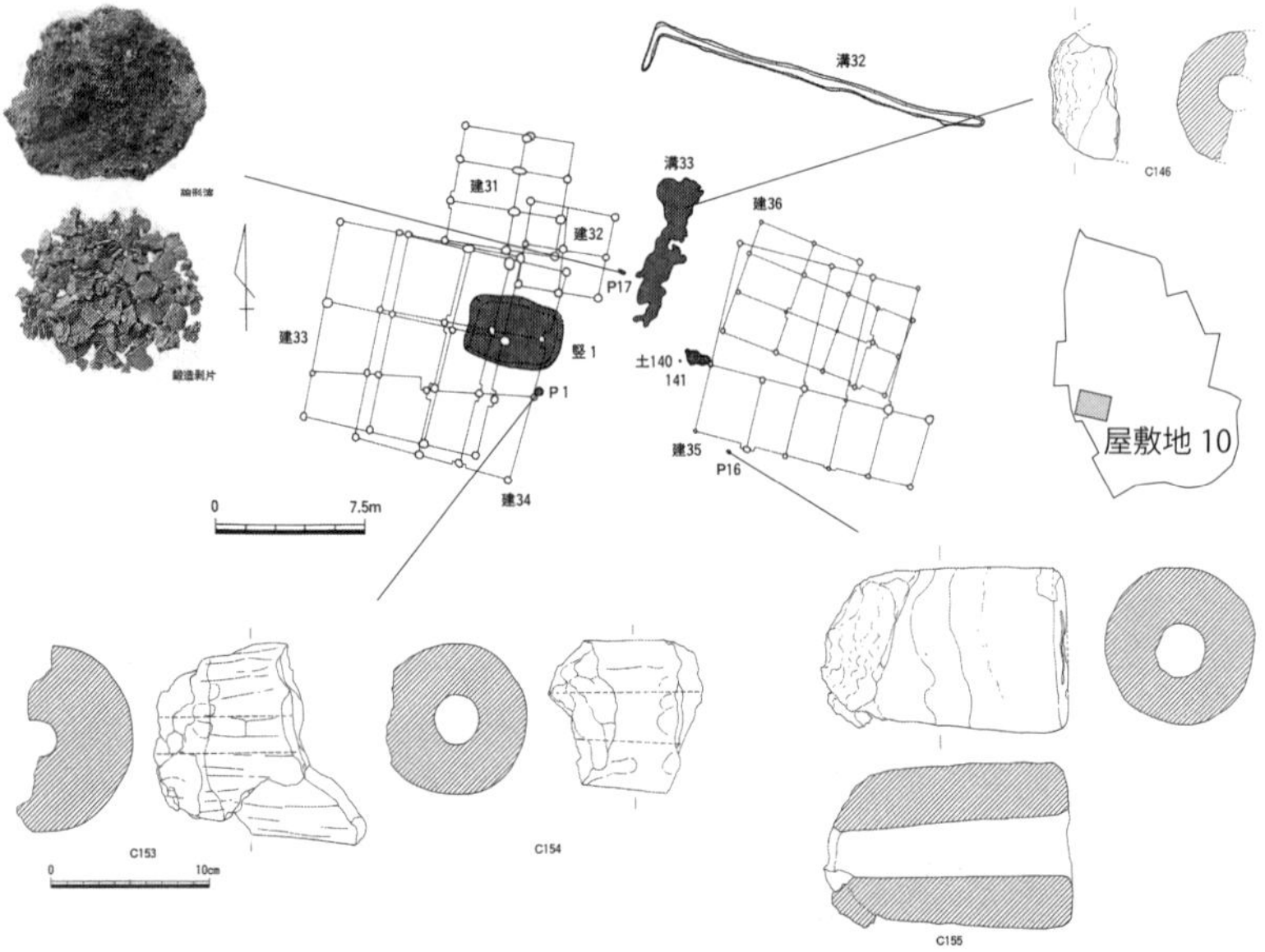

図６　久田堀之内遺跡の鍛冶関連遺物（岡山県教委編 2005 掲載図面に筆者が加筆修正）

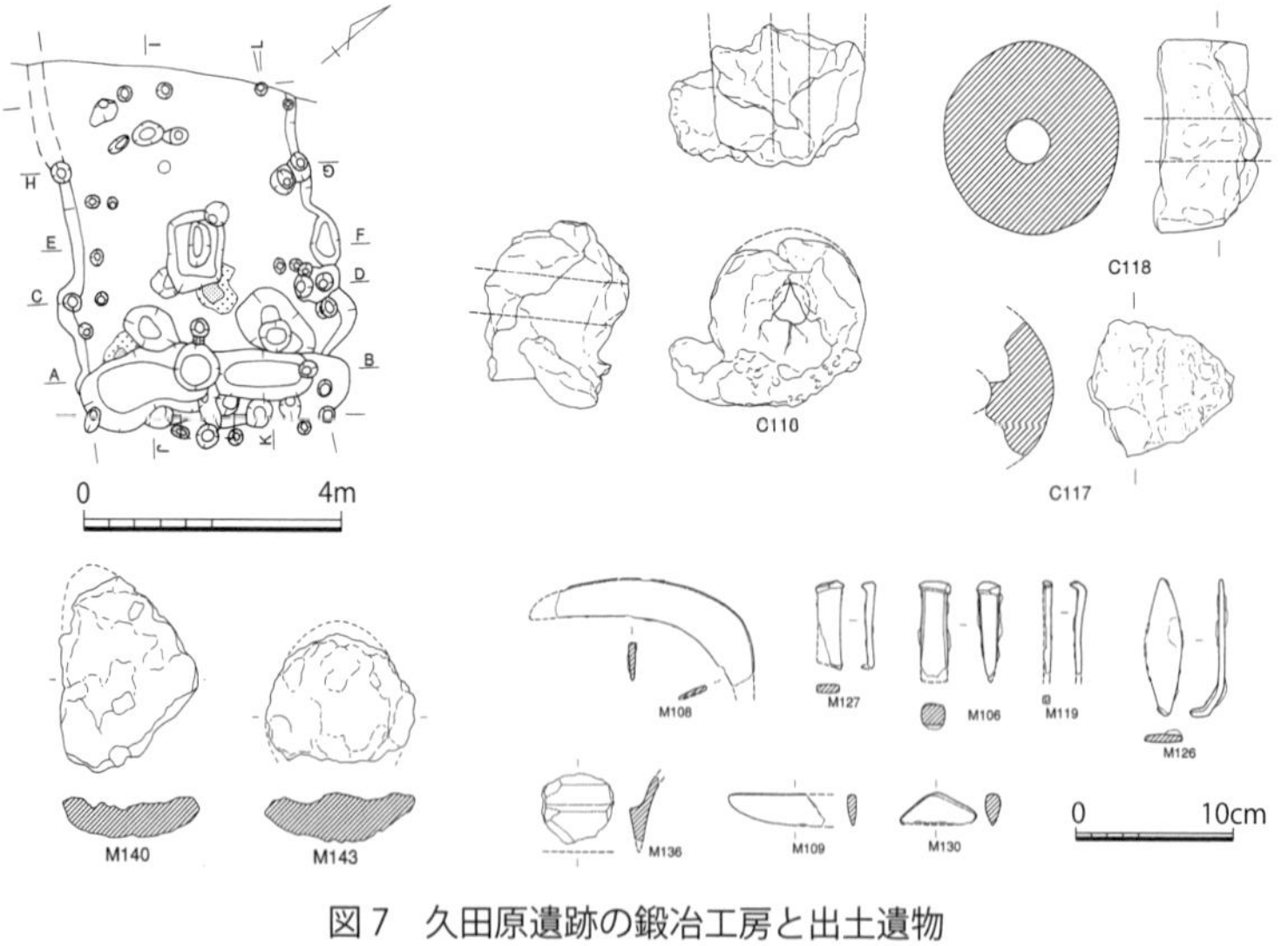

図７　久田原遺跡の鍛冶工房と出土遺物
（岡山県教委編 2004 掲載図面を利用して筆者作成）

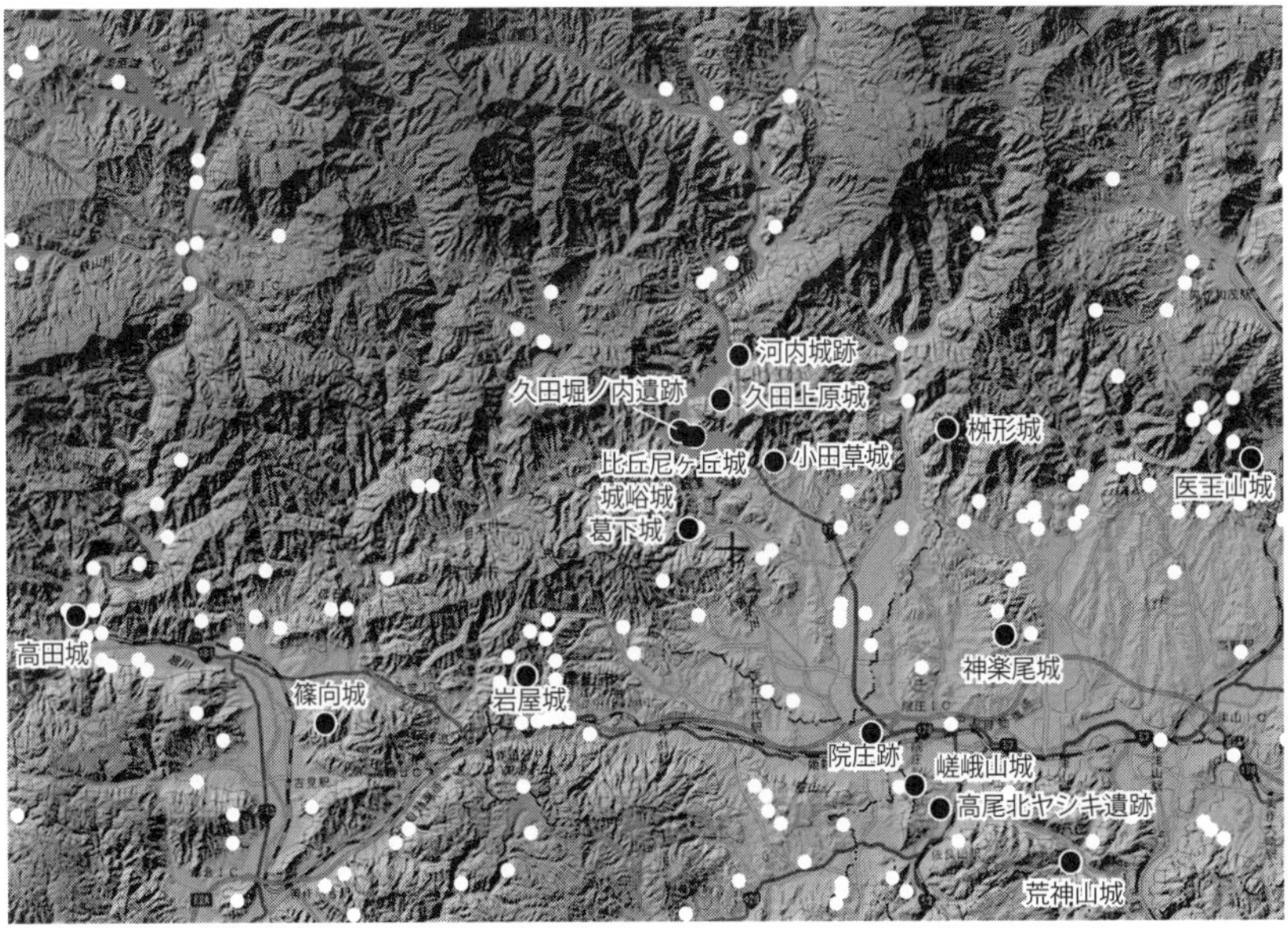

図8　美作国西部の山城・城館位置図
(地理院地図（電子国土 Web）版の画像を利用し、岡山県教委編 2020 を参考に筆者作成)

委編 二〇〇五a]。久田原遺跡では鍛冶炉が一〇基検出されており、鍛冶工房が操業されていたことが明らかになっている。また、久田原遺跡の北側に接する夏栗遺跡では弥生時代の鍛冶炉が見つかっており[岡山県教委編 二〇〇五b]、久田地区全体が中世以前から鉄器生産の発達していた地域であることがわかる。

(2) 美作国西部の山城

居館第1～第3段階において、久田堀ノ内遺跡一帯や美作国西部の山城がどのように分布するかみていこう。本項は、岡山県による城館報告書の成果をもとに記述する[岡山県教委編 二〇二〇]。図8に示すように、中世の美作国には多くの山城・居館・砦が存在しており、中世の激戦ぶりをうかがえる。

居館第1段階(十四世紀前葉以降の鎌倉時代末～南北朝期)では、久田堀ノ内遺跡が立地する谷底平野の周囲の山々に、小型の山城が複数築城される。北から河内城跡・久田上原城跡・比丘尼ヶ丘城跡・城峪城跡の計四城である(図9)。これらの城跡は、規模がほぼ同

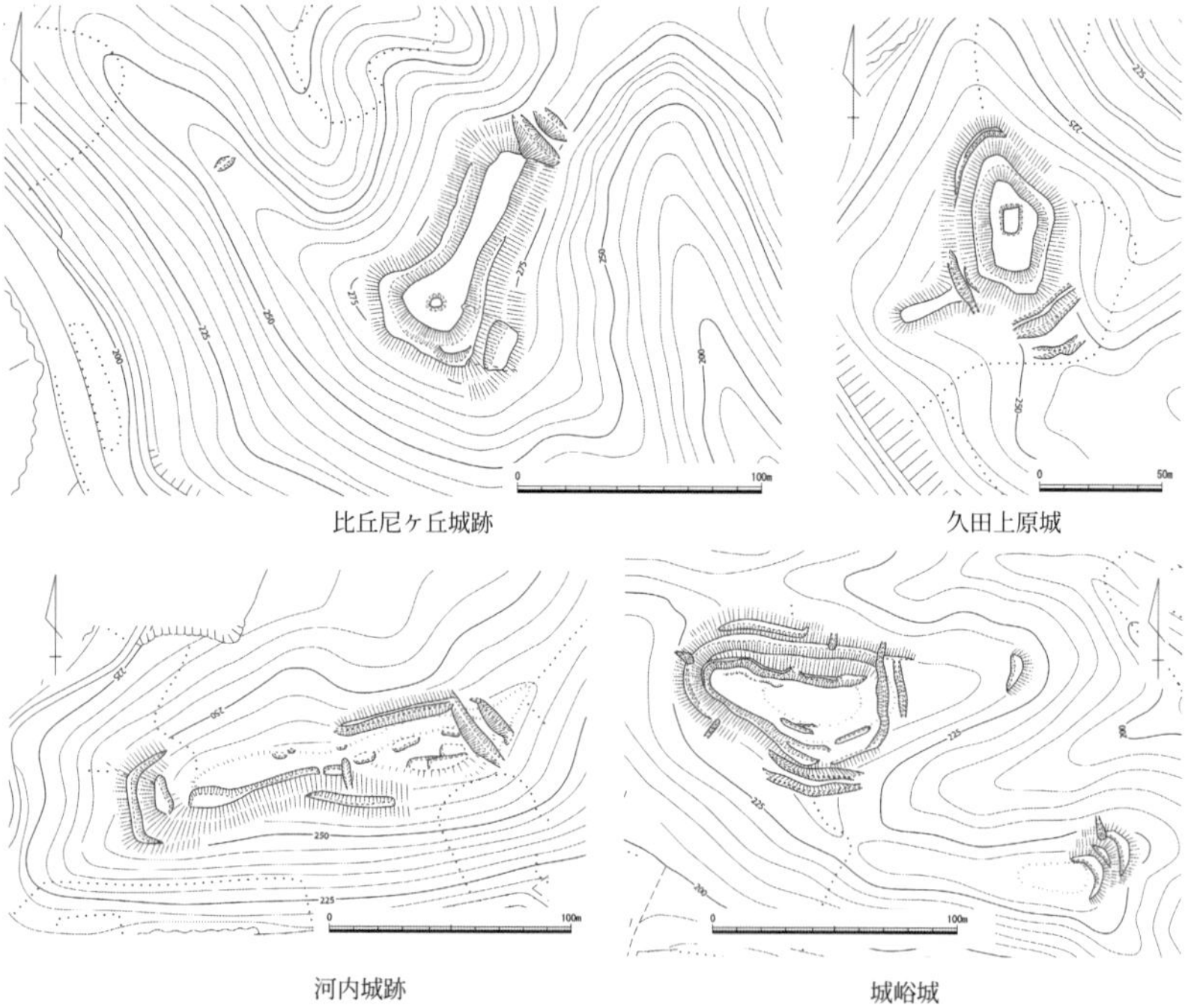

図９　久田堀ノ内遺跡周辺の山城跡縄張図
（岡山県教委編 2020 掲載図面を利用して筆者作成）

じであり、堀切・切岸・土塁が設けられている。また、背後を二条の堀切で遮断するという共通の特徴を有している。発掘調査では、土師器小皿や青磁碗、備前焼、勝間田焼といった十四世紀代中頃から後半の資料が出土しており、報告書中では、この時期を中心に機能したと指摘されている［岡山県教委 二〇二〇］。これら四つの城は、成立時期や立地関係からみて久田堀ノ内遺跡の居館成立と連動して出現した山城と考えられる。各城から出土した遺物量は多くなく、城の稼働時期を限定するには、根拠がやや乏しい。久田堀ノ内遺跡の居館と各城は併存しており、有事の際に適宜使用されていたと考える方が、城の規模や遺物量と整合的である。

　高田城跡は、標高約５００㍍の山塊から西に派生する尾根上に立地する。真庭市指定史跡である。「城山」と「勝山」と呼ばれる二つの曲輪群で構成され、主要な曲輪は城山に集中する。城山は、三方向に伸びる尾根に曲輪を設置する連郭式山城である。西側端部は堀切で遮断する。主郭部分は発掘調査が実施されており、礎石建物や虎口が検出されている。出土遺物は、十四世紀後半や十六世紀後半の備前焼や十六世紀後半から十七世紀前半の土師器がある。本城は延文五年（一三四〇）から嘉慶二年（一三八八）に三浦氏が築城したとされる。その後、十六世紀初頭の山名氏や十六世紀後半の尼子氏の美作侵攻などで重要な役割を果たした。十六世紀後半以降は、毛利氏と宇喜多氏の対立時は、高田城が戦いの前線基地となったようである。

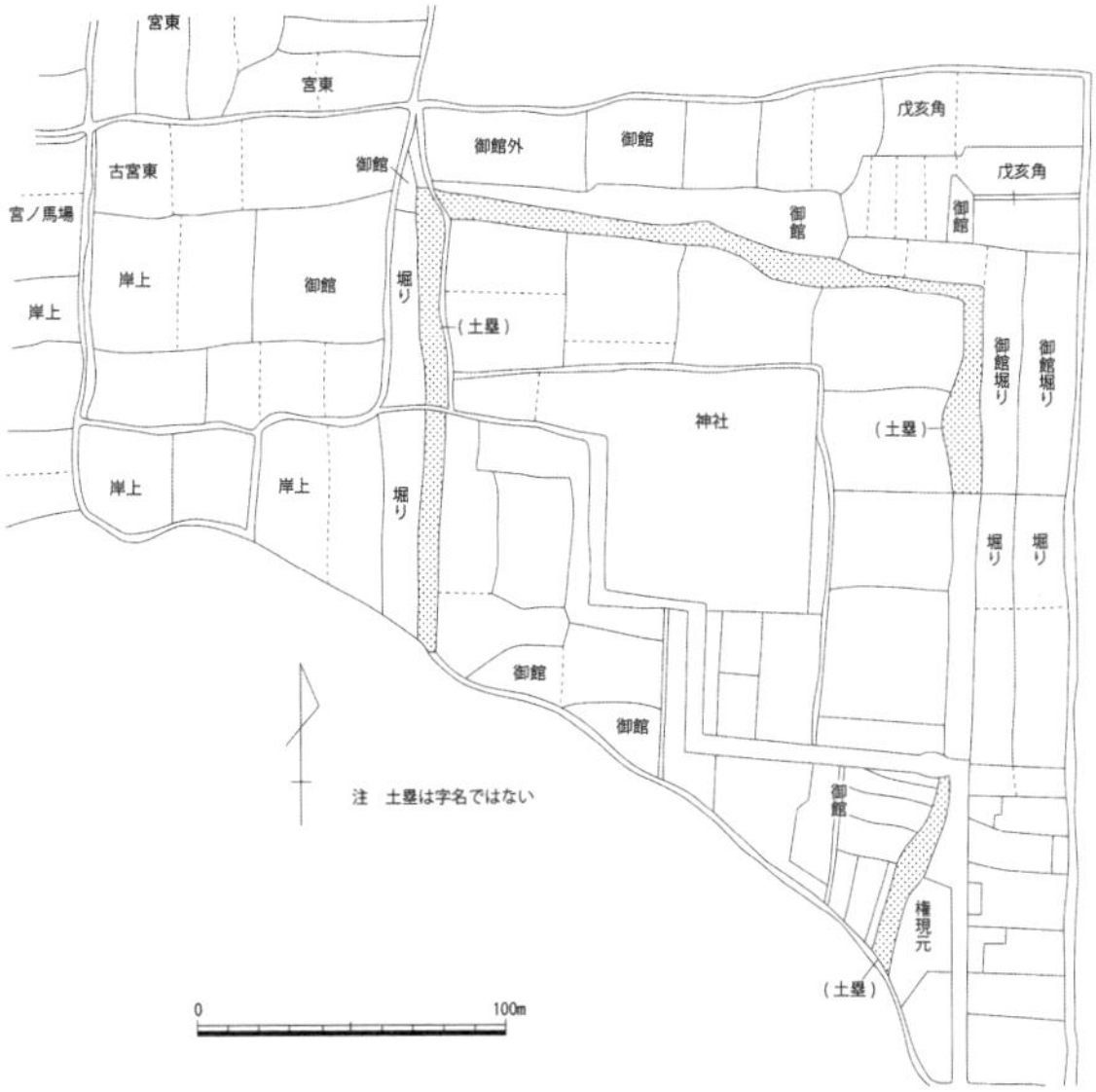

図10　院庄館跡縄張図（岡山県教委編2020より転載）

　中世居館としては院庄館跡が代表的である（図10）。津山市神戸に所在しており、津山盆地西端部の吉井川左岸の微高地上に立地する。現在でも、幅5㍍前後の堀と、幅3～6㍍、高さ0.5～1.5㍍の土塁が方形に巡っている様子をうかがえる。昭和四十八年度の発掘調査で幅2.5㍍の堀が確認されている。現在残る堀は第二次世界大戦末期の所産であり、土塁は鎌倉時代以降の館存続期に築かれたと指摘されている〔行田編 一九八一〕。地籍図から推測される館の広さは、東西250㍍、南北300㍍以上であり、美作国守護所・守護館に比定されている。文献や伝承によると、後醍醐天皇が隠岐に配流される際に天皇の滞在場所となったとあり、康安二年（一三六二）六月には山名時氏も美作院庄に入り、備前・備中に出兵したとされる。

　先に述べた山城・居館は、居館第2段階（十四世紀末から

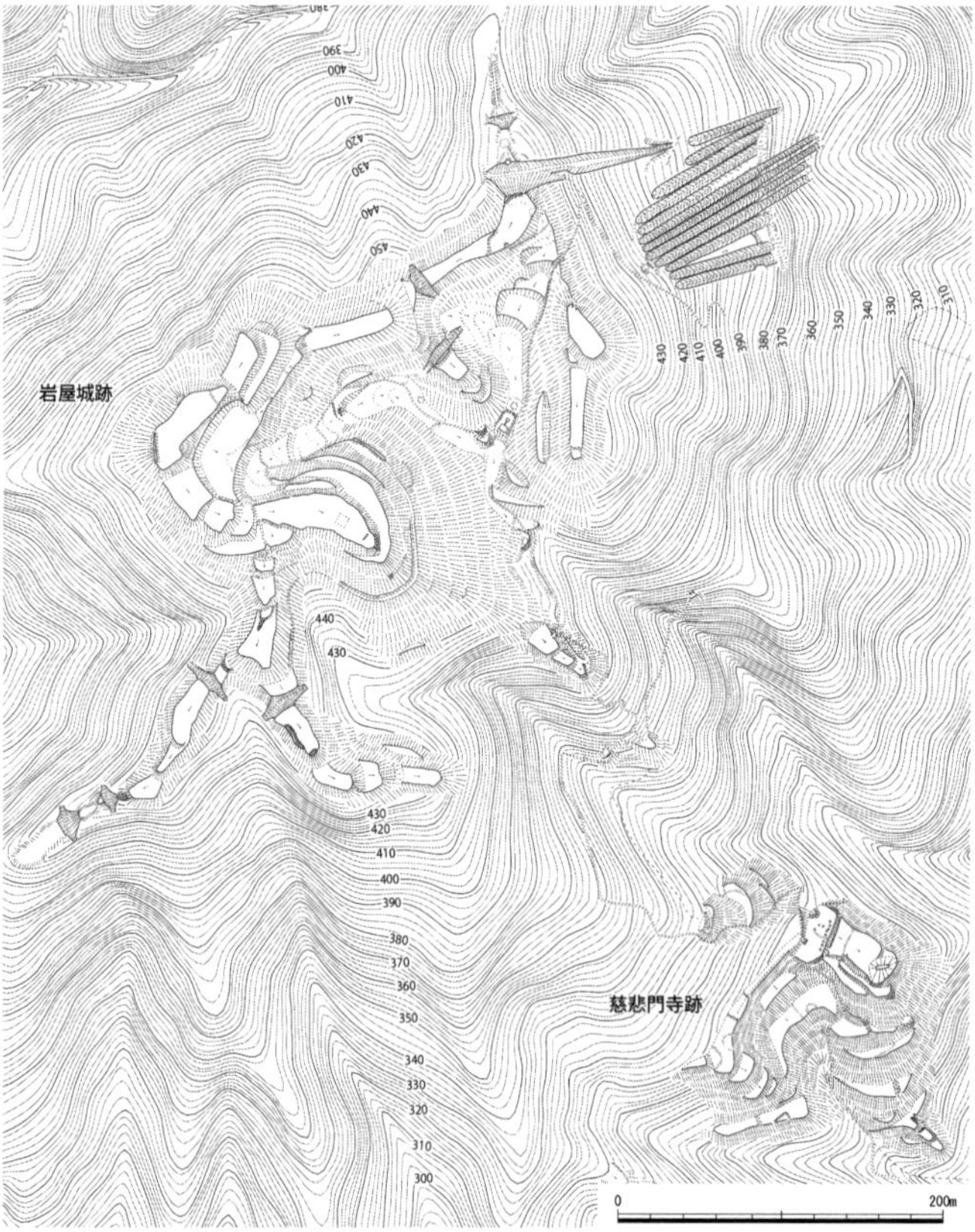

図11　岩屋城跡縄張図（岡山県教委編 2020 より転載）

十五世紀前半）以降も存続しているものが多い。第２段階に築城された山城を判別することは難しいが、代表的なものとしては岩屋城跡がある（図11）。この山城は出雲街道を南に見下ろす標高４８２㍍の山頂に立地する。全長が約５００㍍にもなる大規模な山城である。尾根筋を堀切で分断し、北東斜面には畝状竪堀群を設けている。南東側の尾根には馬場が連なる。『作陽誌』（元禄四年成立の官選地誌）によれば、本城は、嘉吉元年（一四四一）に美作国守護となった山名教清によって築城がはじめられた。応仁の乱で赤松氏が美作国を奪還し、岩屋城を支配下においた後も、浦上氏・尼子氏・宇喜多氏・毛利氏といった勢力によって争奪戦が繰り返された。天正九年（一五八一）には毛利方の中村頼宗の居城となり（『作陽誌』）、翌年、備中高松城の戦いの講和によって、岩屋城を含む高梁川以東の地域は宇喜多氏の領地となった。城の引き渡しを拒んだ頼宗に対し、宇喜多氏は天正十二年（一五八四）に家臣の花房職秀

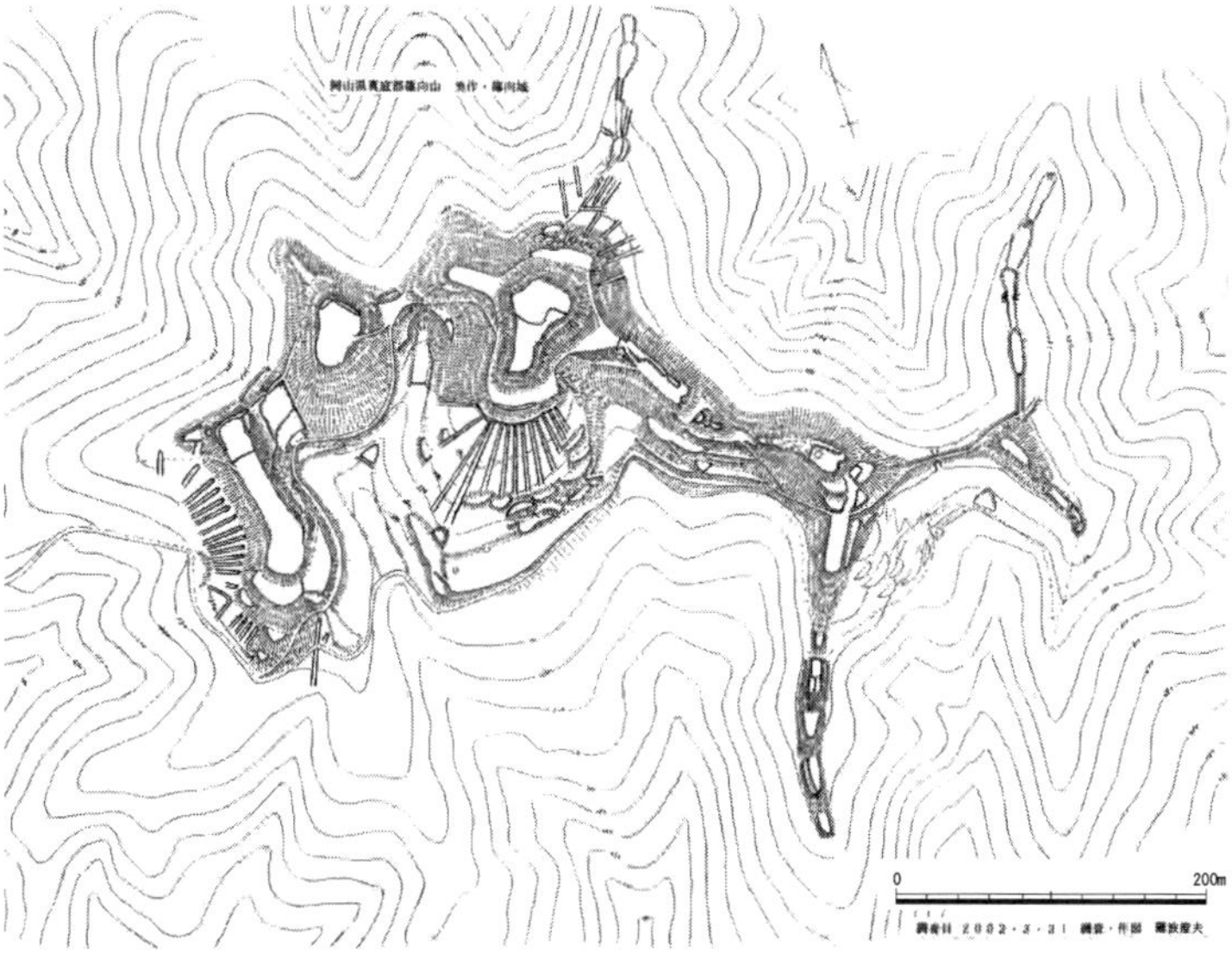

図12　篠向城跡縄張図（岡山県教委編2020より転載）

を派遣し、城の接収戦をおこなった。果たして、将軍足利義昭の仲介によって和議が成立し、開城となった。天正十八年（一五九〇）に全焼し、再建されることはなかった（『岩屋古城覚』『作陽誌』）。築城から廃城に至る一五〇年の中で、幾度も城主がかわった岩屋城は、戦国時代の美作国を象徴する城といえよう。

続く居館第3段階（十五世紀後半～十六世紀代）では、防御機能がより向上した山城が増加する。十四世紀後半代を代表する山城では篠向城跡がある（図12）。旭川と目木川の合流点を西に見下ろす笹向山（標高４１９㍍）に築かれた山城である。城周辺は、勝山・出雲方面や津山・播磨方面、新見・高梁方面へ向かう交通路の結節点にあたる。山全体に防御施設を配した縄張りで、その広さは東西約６００㍍、南北約７００㍍に及ぶ。高い切岸で囲まれた主郭と、斜面に設けられた畝状竪堀群が特徴である。本城は『太平記』に記された康安元年（一三六一）に、山名方が降参させた六城の一つに比定されている。天正七年（一五七九）には備前国の宇喜多氏、翌年には江原親次がこの城に逃れた。天正十年（一五八二）には篠向城は再び宇喜多氏が領有し、城主となった江原親次が病死した

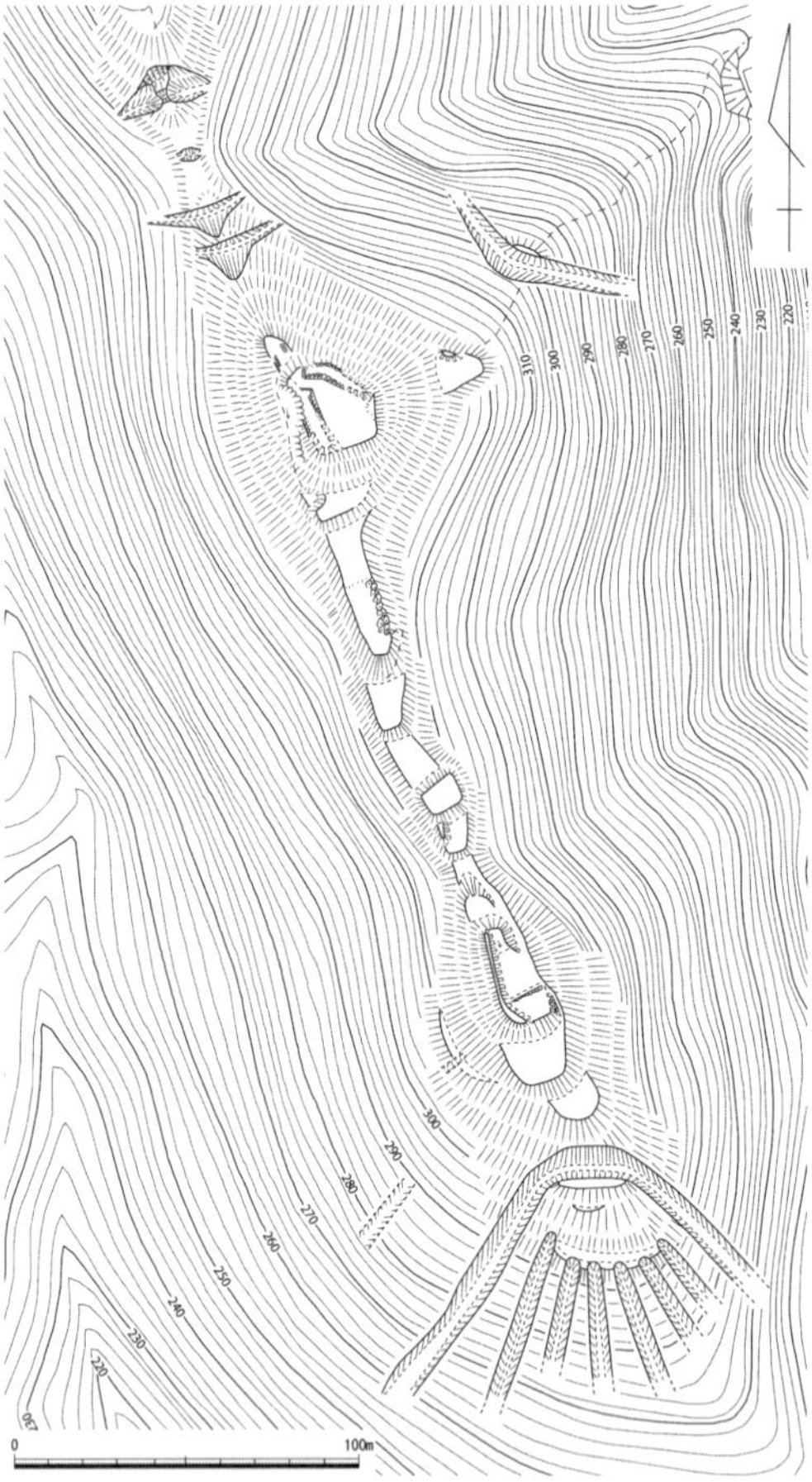

図13　医王山城跡縄張図（岡山県教委編2020より転載）

ことで廃城となった。

医王山城跡は、加茂川を見下ろす標高３４０㍍の山頂に立地する（図13）。津山市指定史跡である。南北に細長い城であり、南端部に放射状の竪堀群が設けられる特徴がある。北側の尾根は四条の堀切で遮断する。宇喜多氏の改修によって、高所の曲輪には石垣や虎口が設けられ、瓦葺の建物があったようである（『萩藩閥閲録』）。戦国時代末期には毛利方の拠点として宇喜多方との戦いに使用された（『藩中諸家古文書纂』『萩藩閥閲録』）。

葛下城跡は、吉井川と中谷川の合流点の南西に位置する大松山の尾根筋に形成されている。津山と奥津方面を結ぶ吉井川沿いの交通路に面し、山頂からは東側に鏡野町入・山城地区の平野が一望できる。城の範囲は東西８７０㍍、南北約５５０㍍の大規模な山城である。城の東半部に曲輪が集中し、高い切岸や堀切で防御し、城の周囲には多数の犬走りや帯曲輪が設けられている。天文年間には赤松方の大河原氏が（『作陽誌』）、大正年間には毛利方の中村氏の居城となった（福原家文書）。天正七年（一五七九）の岩屋城落去をうけ、毛利輝元は頼景に岩屋城への引き移りを命じ、その後、廃城となった（『作陽誌』）。

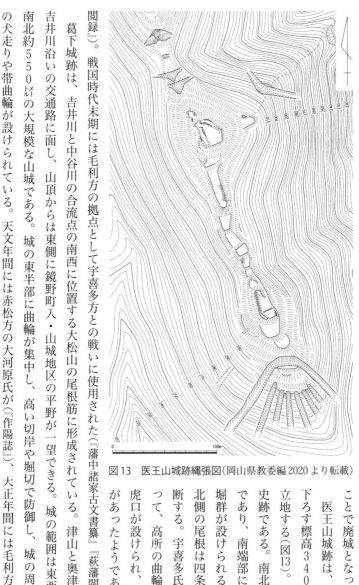

表１　久田堀ノ内遺跡の貿易陶磁器点数（岡山県教委編 2005a より転載）

時期	点数		地区												計	備考
	椀	その他	A1区	A2･6区	A3区	A4区	A7区	A8区	A9区	B1･2区	C1区	C2区	C3区	C4区		
12世紀								2		4		1			7	龍泉1他は同安
13世紀	口15 底10	皿5			1		5	9	1	4	2	5	2	1	30	同安窯系1
14世紀前半	口4 底5			1	3		1					2	3		10	
14世紀後半	口4 底8	皿1			1	1		3	1		2			3	1	12
15世紀前半	口23 底16	盤・鉢4	1	3		2	3	10		5	2	2	7	2	37	器台・壺4
15世紀後半	口10 底23	盤･鉢･皿12		1			7	4	1	13	3	2	14	1	46	
15世紀末～16世紀	口4 底3					1		1		1		3		1	7	
無文碗1				1			2	4		2	1	4	5	1	22	不明2
無文碗2				1		1		5		3	1	2	4		18	不明1
無文碗3							3	3		2	1		3	2	17	不明3
無文碗4						1		1				1	2		5	
体部破片					7		1	34	4	11	4	18	27	10	148	不明32
計			1	8	12	5	25	74	6	47	14	40	70	19	321	

嵯峨山城跡は、吉井川と皿山に挟まれた嵯峨山の山頂に立地する。津山市指定史跡である。城からの眺望がよく奈義町から旧久米町に至る津山盆地を一望できる。背面の鞍部を堀切で遮断し、頂部に主郭が展開する。主郭の南側縁辺には土塁が巡り、一部に切れ目があることから、ここが虎口であろう。城域の南東端に五条の畝状竪堀群が設けられている。明徳三年(一三九二)に赤松義則が美作国守護に補任されたのち、一族の赤松孫三郎教弘に嵯峨山城を築かせ、天文年間には尼子氏一族の錦織右馬助利路が在城し、宇喜多秀家の時には川端丹後が城を守ったとされる(『作陽誌』)。

3　考　察

(1) 久田堀ノ内遺跡の時期別特徴

近年の遺物の研究成果をもとに久田堀ノ内遺跡の出土遺物を時期別に概観する[佐藤 二〇二二、重根 二〇二二、中野 二〇二二、續 二〇二二、山本 二〇二二]。まず、陶磁器の時期別変遷をみてみよう。久田堀ノ内遺跡から出土した貿易陶磁の総量は、点数で示されている(表1)。このうち、時期が明らかな陶磁器を抽出し、グラフに変換したものが図14である。この図をみると、十三世紀頃に最初のピークがあり、居館第1段階の時期となる十四世紀前半から中頃にかけて陶磁器の量が減少する。その後、十四世紀後半から十五世紀後半に向けて、陶磁器の量は順次増加していき、十

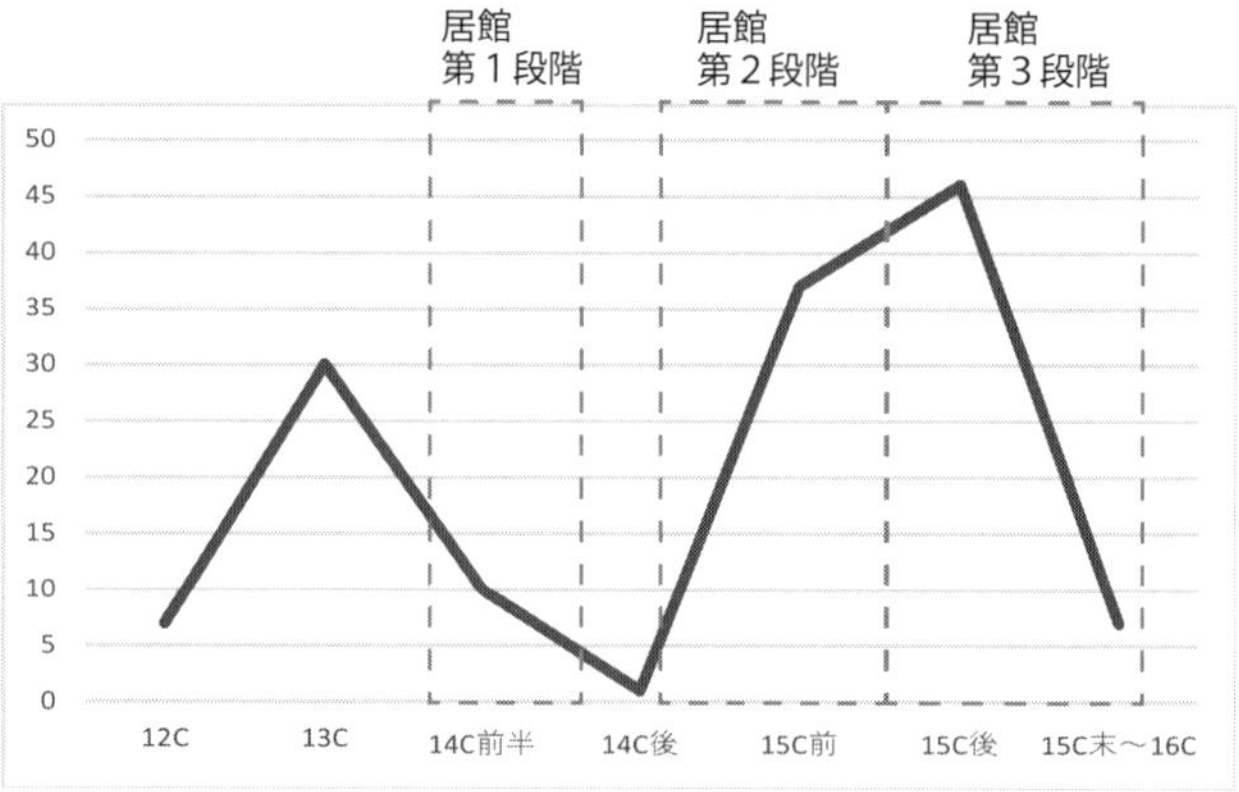

図14　久田堀ノ内遺跡の貿易陶磁器出土傾向

六世紀代にかけて急激に減少する。この陶磁器の増加する時期は、居館第2段階から第3段階への移行期に相当する。居館第3段階となる十五世紀後半が、久田堀ノ内遺跡にもっとも貿易陶磁が流入した時期といえよう。この現象は、居館第3段階において屋敷地が充実する点と整合的である。

貿易陶磁のバリエーションは豊富であり、一般的な供膳具以外に小壺や合子、磁州窯系赤絵壺、梅瓶、東南アジア産陶器、天目が見つかっている。居館第1段階以前となる十一世紀後半から十二世紀初頭頃の玉縁白磁碗が出土することから、この段階には久田地区に陶磁器が流通したと考えてよい。陶磁器の量は少ないが、合子・梅瓶といった希少な器種が流通している点も特徴的である。

十三世紀前半頃になるとさらに多様な物流が認められ、備前焼・勝間田焼といった備作地方の生産品以外に、瀬戸・美濃産陶器が出土する。居館第1段階以前の時期に、滑石製石鍋が久田堀ノ内遺跡で検出されている点も興味深い。岡山県域の滑石製石鍋は、拠点的な遺跡や荘園に関連する遺跡から集中して出土する傾向にあり、階層的に上位の人物が所有するものであったと考えられている[南 二〇一七]。美作国では久田堀ノ内遺跡の出土量がもっとも多く、その総数は五点である。出土位置は、図15に示すとおりであり、屋敷地内の墓や屋敷地周辺の遺物包含層から出土している。滑石製石鍋は長崎県の西彼杵半島や山口県などが生産地として知られるが、近年の研究では紀伊半島にも生産地があった可能性が指摘されている[南 二〇二一]。現時点では、久田地域に流通した石鍋の原産地は不明だが、石鍋から久田堀ノ内遺

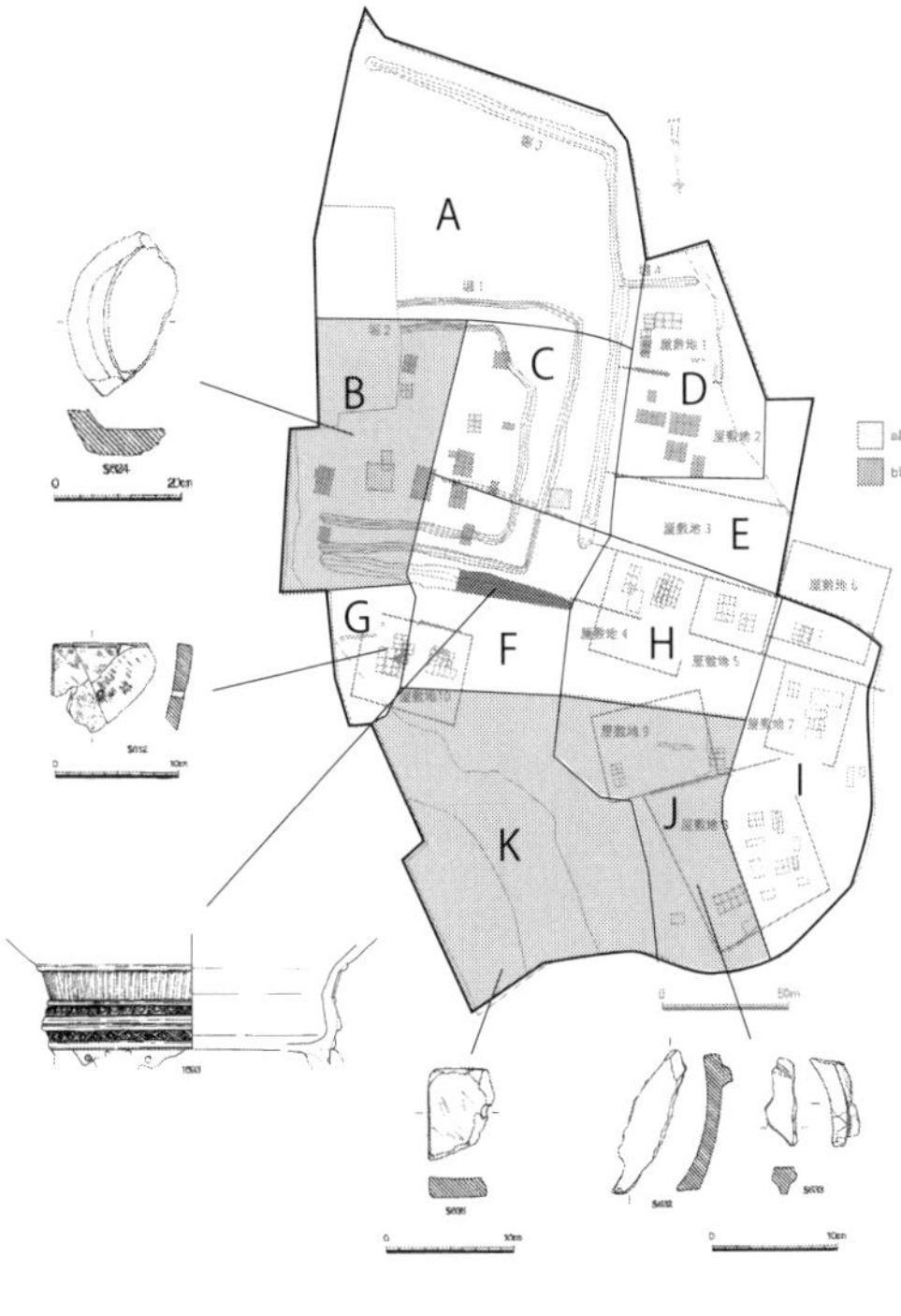

図15　滑石製石鍋・瓦質風炉出土地点
（岡山県教委編 2005a 掲載図面を利用して筆者作成）

跡が物流の重要拠点であったことがうかがえる。

次の居館第2段階（十四世紀末～十五世紀前半）では、国産陶器が増加する傾向にある。瀬戸・美濃焼は十四世紀末の資料が中心であり、備前焼は十四世紀末～十六世紀初頭までの資料が最も多い。貿易陶磁は十四世紀～十五世紀前半まで一定数出土するが、国産陶器の量が増加するため、出土遺物に占める全体の割合は減少する。青磁碗・皿に新たに青磁盤が加わる。その他の土器では勝間田焼が十三世紀代で生産が終了するため、居館第2段階では出土しなくなる一方、亀山焼の甕は少数だが出土している。国産陶器では、備前焼が一定量出土するほか、瀬戸・美濃もわずかに認められる。

瓦質土器の風炉が出土している点も注目される。瓦質の風炉は堀3南辺の東半から一点出土した（図15）。スタンプ文のための区画された文様帯を持つタイプであり、近年の研究成果によれば［新田 二〇二二］、十五世紀前半頃の所産と想定される（図16）。この風炉の類例は、越後江上館や岩手県伏津館跡で出土している（図16）。越後江上館の瓦質土器の風炉は、第317号遺構から出土したものであり、十五世紀第2四半期頃に位置づけられる［水澤 二〇〇一など］。岩手県伏津館跡から出土した風炉は土師質のもので、十五世紀前半頃の所産である［北田ほか編 二〇一九］。

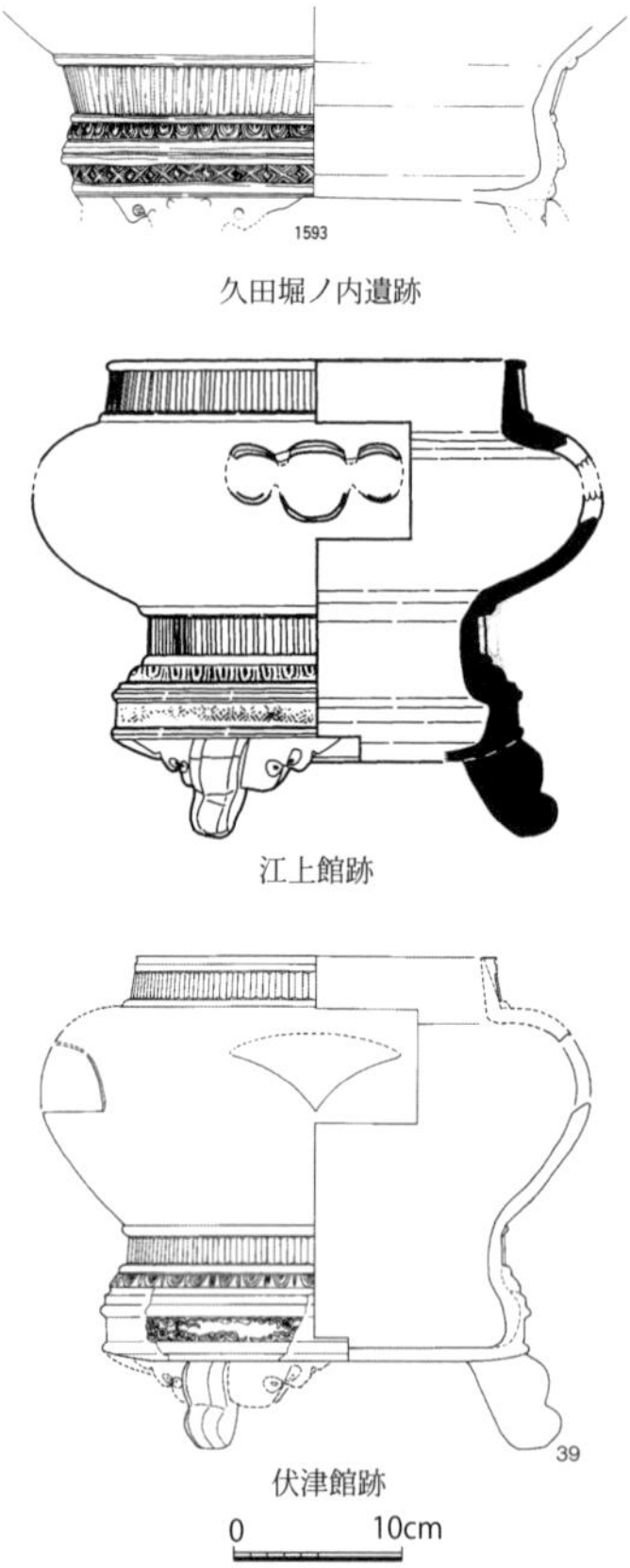

図16　瓦質・土師質風炉実測図
（岡山県教委編2005a、水澤2001、北田ほか編2019より転載）

居館第3段階（十五世紀後半～十六世紀代）では、十五世紀後半に青磁碗・皿以外に大型青磁盤、天目、東南アジア産陶器壺などがあり、産地・器種ともに多様である。一方、十六世紀代には景徳鎮窯・漳州産青花碗・皿が認められるが、量的には激減する［岡山県教委編 二〇〇五a］。国産陶器類は十六世紀初頭まで出土が認められ、その後、十七世紀代の肥前陶磁などが出土している。

(2) 山城や集落の動態

居館第1段階（十四世紀前葉以降の鎌倉時代末～南北朝期）では、山城の発掘調査事例が少なく不明な点が多い。久田地区では四ヵ所の発掘調査によって、南北朝期の山城の実態が明らかになっている。久田地区周辺の山城は構造に共通性があり、久田地区の居館に付帯してほぼ同時期に造成されたと考えられる。

この時期に並行する美作国の中世集落は少ないが、類例としては二宮遺跡や高尾北ヤシキ遺跡の調査事例がある。特に、高尾北ヤシキ遺跡は近年報告書が刊行され、十二～十六世紀後半までの時期幅で集落が存在したことが明らかになった［岡山県古代吉備文化財センター 二〇二四］。この遺跡は、津山盆地南西の嵯峨山東麓に位置する（図8）。弥生時代中期から中世までの複合遺跡である。この遺跡がある佐良山地区は、美作国久米郡に属しており、「佐良庄」という荘園があったことが知られる。周辺からまとまった中世遺跡が見つかっていないことから、当遺跡は佐良庄に関わる遺跡であることが想定されている［岡山県古代吉備文化センター 二〇二二］。中世では、四ヵ所の段状を呈する整地面が見つかっている。この整地面からは、同じ場所に複数回建て替えた掘立柱建物群が検出されており、長期間集落が営まれたことが明らかになっている。建物群はⅠ～Ⅴ期に分けられ、Ⅰ期：十二世紀、Ⅱ期：十三世紀、Ⅲ期：十四世紀、Ⅳ期：十五～十六世紀前半、Ⅴ期：十六世紀後半に相当する（図17）。建物群の最盛期はⅢ期であり、久田堀之内遺跡の居館が最も大きくなる居館第3段階とは時期を異にする。報告書では、Ⅰ～Ⅲ期は美作国守護が院庄に置かれた時期と重なること、院庄館跡から遺跡まで約3キロと近いこと、集落が長期的に継続する点から、高尾北ヤシキ遺跡が美作国守護の支配が及んだ一集落であった可能性を指摘する。その後のⅣ期の衰退期を挟み、集落が再編された

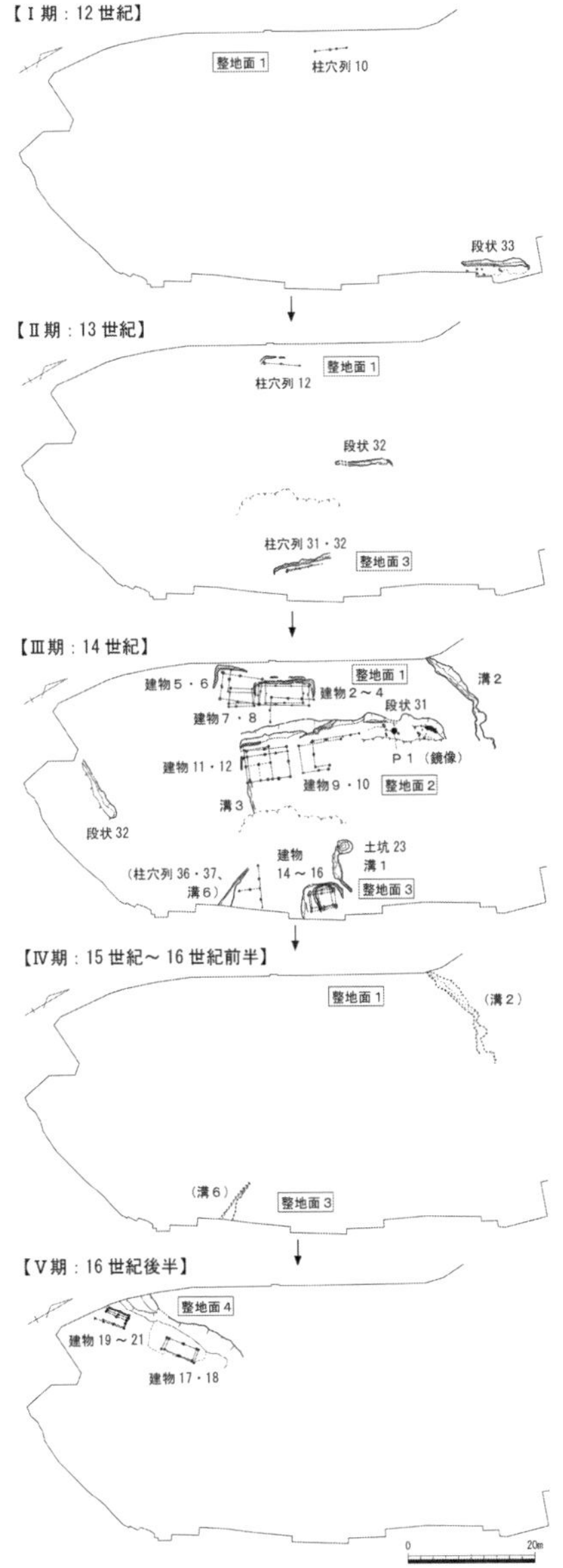

図17　高尾北ヤシキ遺跡中世建物群の変遷
（岡山県古代吉備文化センター2024より転載）

Ⅴ期は、限定された土地を利用する小規模な集落へと変化した。この時期は、宇喜多氏と毛利氏の対立が激化しており、遺跡周辺で争った時期とも重なる点から、争乱に関わる一時的な集落であったと想定されている〔岡山県古代吉備文化財センター 二〇二四〕。

十四世紀後半代の美作国西部の山城の多くは、地域間を結ぶルート沿いの山間部や丘陵上につくられる。篠向城のように全長が100㍍を超える規模のものが含まれることから、地域攻略の拠点的位置づけであったと想定される。これらとあわせて砦や陣と想定される100㍍未満の山城も点在しており、居館第2段階になると多くの山城がつくられたと考えられる。また、岩屋城のように500㍍を超える規模の城が出現しており、より堅牢な防御施設を有するようになる。居館第3段階（十五世紀後半～十六世紀代）は、久田堀ノ内遺跡で居館の区画範囲が最大になる。この時期では、300㍍をこえる大型の山城に加え、医王山城のように畝状竪堀群を有するものが出現する。

十四世紀後半代～十五世紀後半までは、山名氏と赤松氏との対峙が続いた。十六世紀になると、尼子氏の侵攻をはじめとして、宇喜多氏と毛利氏の対立が激化する。美作国の山城は、本城タイプよりも砦・陣タイプの方が多いことが指摘されている〔岡山県教委編 二〇二〇〕。加えて、高尾北ヤシキ遺跡などの数例を除き、美作国には中世前期から後期にかけて継続する集落が限定される〔岡山県古代吉備文化財センター 二〇二四：二九五頁第17表〕。これは、美作国内における戦いの頻度の高さと、それに伴い長期的な村の経営が困難であったことを示していると考えられる。

おわりに

中世をつうじて、津山盆地は激戦の渦中にあった。現時点では、美作国内で長期的に継続する中世集落は非常に限定される。頻繁に守護職が入れ替わる美作国では、安定した集落経営を維持しにくかったと想定される。中世の美作国では、戦局や時勢によって、在地勢力が山名氏や赤松氏といった有力武士団に味方し、勢力が入れ替わるごとに集落が解体されることや消滅させられることもあっただろう。このような中で、長期的に集落が営まれた久田堀ノ内遺跡は非常に稀な存在といってよい。加えて、久田堀ノ内遺跡のピークは、高尾北ヤシキ遺跡とも異なっている。すなわち、久田堀ノ内遺跡は高尾北ヤシキ遺跡のように美作国守護による強い支配下にあったのではなく、また異なる要因によって長期間集落が継続したと想定される。

久田堀ノ内遺跡の特殊性の要因のひとつは、報告書中でも指摘されるように「久多庄」との関わりであろう。十三世紀頃まで、久田原遺跡に荘所や荘司の居宅があり、久田堀ノ内遺跡は関連する施設や屋敷が存在した。その後、十四世紀代になると久田原遺跡から荘園の中心が移り、居館が成立する。居館第3段階は領主単独の館ではなく、城塞としての機能を持つに至ったとされ、その規模から居館に割拠したのは有力国人層と位置づけられている［岡山県教委編 二〇〇五ａ］。具体的な国人名は不明だが、出土遺物からみて久田地区の在地領主は、中世前半から貿易陶磁や国産陶器類の流通経路を掌握していたと考えられる。久田地区で豊富に産出される鉄資源と集落で生産された鉄器も、集落の長期的な経営を可能にした重要なファクターであろう。

居館が成立した十四世紀前葉以降にも、多種多様な遺物が出土している。十四世紀後半から十五世紀にかけて、国産陶器類だけでなく貿易陶磁の量も多くなる。岡山県域では十三世紀から十六世紀へ時期が降るごとに、陶磁器の出土遺跡数が減少する傾向にある［土橋 一九九七］。よって、十四世紀から十五世紀にかけての久田堀ノ内遺跡の貿易陶磁の出土傾向は、岡山県域の全体的な傾向とは合致しない。この要因はなんであろうか。

わが国では、十一世紀後半頃から博多で住蕃貿易が開始され、陶磁器の流通量が激増する。この時、博多から西・東日本へ陶磁器が流通するメインのルートとして、瀬戸内海をぬけて畿内方面へ向かうルートと、日本海に沿って平泉へと向かうルートがある。この日本海ルートは、十五世紀第3四半期頃までは貿易陶磁の主要な幹線路であった

［水澤 二〇一九など］。十一世紀後半から十三世紀代では、備前・備中国の中でも瀬戸内海沿岸に位置する拠点的集落や荘園関連遺跡を中心に陶磁器が一定量出土している［岡山県古代吉備文化財センター編 一九九四、岡山県教委編 一九九六、山口編 二〇一八など］。

十四世紀以降になると、日本海や東国の守護館や国人領主居館で、陶磁器の量が増加する遺跡が確認できるようになる。これらの遺跡では、青磁酒海壺・花生・盤、青白磁梅瓶、泉州系陶器盤といった鎌倉の御家人の嗜好する陶磁器群が出土する［水澤 二〇〇一、池谷 二〇二二］。また、貿易陶磁だけでなく瓦質土器の出土状況も参考になる。北陸や東北地方の瓦質土器の研究によれば、火鉢や風炉の出土する遺跡は城館や寺院に偏っていることから、これらの遺物は支配階級の人々が求めたと指摘されている［水澤 一九九九］。

久田堀ノ内遺跡からは、青磁盤や梅瓶・風炉といった、東日本の国人領主や地域支配者に好まれた遺物が認められるほか、石臼や中国産および瀬戸・美濃産天目が出土している。久田堀ノ内遺跡にいた国人領主は、喫茶文化を嗜み、東国武士の文化的価値観を共有していた人物であったようである。

以上の点から見て、久田堀ノ内遺跡で居館が成立した十四世紀以降になると、日本海沿岸ルートが当遺跡の物流や交流のメインルートになったことが想定される。十三世紀頃から日本海側の流通ルートを掌握していたことが、久田堀ノ内遺跡が長期間、存続し得た大きな要因であったと考えられる。

また、中世の村のあり方に焦点を当てると、久田堀ノ内遺跡の別の側面がみえてくる。中世において、強力な勢力によって挟まれた境目に位置する村では、双方の軍におそわれるのを防ぐため、それぞれに年貢を納める半納という習俗が生まれていた。このような両属的な性格を有する村のあり方は、十六世紀以降に全国的に認められ、周辺の勢力争いが生じた際には、山中の城や小屋に逃げ込むほか、領主の城や寺社に籠る方法がとられていた。藤木久志氏は、村が自衛の力を蓄えつつ、世間の権力争いに日和見する百姓の姿を、強い中立の意思の表れであったとみる［藤木 一九九五]。

久田堀ノ内遺跡は、このような両属的な性格を有していたのではないだろうか。物流と地域間交流の要衝に位置し、鉄器を生産し、周辺の地域勢力と折衝しながら、自衛のための武力を蓄積する。果たして、久田堀ノ内遺跡は地域勢力の狭間にありながら、長期的な存続を可能としたのである。

近世になると、久田堀ノ内遺跡では居館が廃絶され、掘立柱建物群と小規模な墓を有する集落へと変容する。中世から近世への移り変わりの中で、久田堀ノ内遺跡一帯の村は瓦解したとみられる。

参考文献

池谷初恵　二〇二一「遺物からみた武家領主の本拠―静岡県の主要遺跡の遺物分析から」『中世武家領主の世界―現地と文献・モノから探る』勉誠出版

行田裕美編　一九八一『院庄館跡』津山市教育委員会

岡山県教育委員会編　一九九六『百間川原尾島遺跡』五

岡山県教育委員会編　二〇〇四『久田原遺跡　久田原古墳群』

岡山県教育委員会編　二〇〇五a『久田堀ノ内遺跡』

岡山県教育委員会編　二〇〇五b『夏栗遺跡』

岡山県教育委員会編　二〇二〇『岡山県中世城館総合調査報告書　第三冊―美作編―』

岡山県古代吉備文化財センター編　一九九四『三手遺跡・津寺遺跡』

岡山県古代吉備文化財センター編　二〇二二『高尾北ヤシキ遺跡現地説明会資料』

岡山県古代吉備文化財センター編　二〇二四『高尾北ヤシキ遺跡　高尾北ヤシキ古墳』

北田勲・三好孝一・伊藤武編　二〇一九『伏津館跡発掘調査報告書』岩手県文化振興事業団埋蔵文化財調査報告書第六九五集　公益財団法人岩手県文化振興事業団埋蔵文化財センター

佐藤亜聖　二〇二二「第四章　東播系須恵器」『新版　概説　中世の土器・陶磁器』日本中世土器研究会

重根弘和　二〇二二「第五章　中世陶器　第二節　備前」『新版　概説　中世の土器・陶磁器』日本中世土器研究会

鈴木康之・北島大輔・草原孝典　二〇二二「山陽」『新版　概説　中世の土器・陶磁器』日本中世土器研究会
土橋理子　一九九七「日宋貿易の諸相」『考古学による日本歴史』一〇　雄山閣
續伸一郎　二〇二二「第七章　第二節　貿易陶磁器」『新版　概説　中世の土器・陶磁器』日本中世土器研究会
中野晴久　二〇二二「第五章　中世陶器　第一節　東海諸窯」『新版　概説　中世の土器・陶磁器』日本中世土器研究会
新田和央　二〇二二「第六章　瓦質土器」『新版　概説　中世の土器・陶磁器』日本中世土器研究会
藤木久志　一九九五『雑兵たちの戦場』朝日新聞社
水澤幸一　一九九九「瓦器、その城館的なるもの―北東日本の事例から―」『帝京大学山梨文化財研究所研究報告』第九集　帝京大学山梨文化財研究所
水澤幸一　二〇〇一「十五世紀中葉～後半における北東日本海沿岸地域へのやきものの搬入時期―越後江上館を中心として―」『中世土器研究論集―中世土器研究会二〇周年記念論集―』
水澤幸一　二〇一九「貿易陶磁の時空―時代・地域・格差―」『貿易陶磁研究』39　日本貿易陶磁研究会
水澤幸一編　一九九六『江上館Ⅳ』中条町埋蔵文化財調査報告一〇　中条町教育委員会
南健太郎　二〇一七「第五章　考察　一．中世における石鍋の流通構造―岡山県下における検討から―」『鹿田遺跡一〇』岡山大学埋蔵文化財調査研究センター
南健太郎　二〇二一「古代・中世における石鍋生産」『岡山大学埋蔵文化財調査研究センター公開講座　考古学と関連科学第十五回　高級調理具「石鍋」からみた古代・中世発表資料』岡山大学埋蔵文化財調査研究センター
山口雄治編　二〇一八『鹿田遺跡12―第20次A地点・25次調査―』岡山大学埋蔵文化財調査研究センター
山本信夫　二〇二二「第七章　第一節　貿易陶磁器」『新版　概説　中世の土器・陶磁器』日本中世土器研究会

守護の居城　湯築城と城下
――築城、変遷と地域への影響――

柴田 圭子

はじめに

湯築城跡(国史跡)は、伊予(愛媛県)の守護河野氏の居城である。河野氏は、風早郡河野郷(松山市北条)を本貫とする一族で、平安時代後期に府中(今治市)における有力在庁官人として歴史上に登場し(『吉記』『吾妻鏡』)、治承・寿永の乱の過程で勢力を拡大する。承久の乱後の没落や、南北朝期の細川氏との激しい攻防、その後の一族の分裂による惣領家と庶子家(予州家)の対立などを経ながらも、十四世紀には本拠を湯築城(松山市)に定め、伊予国内の中央部を治めた。同時期に河野氏は守護となり、湯築城は守護居城、あるいは守護所としての機能を併せ持つことになる[川岡 一九九八、久葉 二〇〇四ほか]。

湯築城跡では、一九八八年から発掘調査が実施され、基本的な情報が整理された報告書が刊行され[愛媛県埋文 一九九八・二〇〇〇・二〇〇二]、その後、各分野の研究をまとめた論文集も編纂された[川岡・島津編 二〇〇四]。並行して貿易陶磁器や備前焼、銭貨、瓦など出土遺物に対する個別研究も進められ[柴田 二〇〇一a・b、中野 二〇一六など]、その成果をまとめた概説書も刊行されている[中野 二〇〇九]。これらの研究は湯築城への理解を格段に深化させ、伊予の中世考古学を進歩させた。しかし、湯築城跡の発掘調査は城内の一部に限られている上、終了して二〇年以上が経過しており、新たな発掘調査が実施されない限り一層の研究成果を上げるのは難しい状況である。

一方で、湯築城を取り巻く周辺遺跡や松山平野の中世遺跡の調査例は確実に増加しており、湯築城内部から外部へと目を向けることによって、新たに論じることが可能な課題がみえてくる。一つは、河野氏が湯築城に進出した背景である。文献史学からは、権力支配秩序の変化、軍事、交通、宗教施設や温泉などによる町場との関わりなどが推定されているが［川岡 一九九八：五〇～五八頁］、考古学の成果を交えて実証的に検証する必要がある。また、河野氏進出以降、守護所となった湯築城と地域との関係や、城下の形成や発展については、主に十五世紀以降を対象に湯築城近辺の遺跡から検討されているものの［松村 二〇〇七、柴田 二〇〇九・二〇一四、日和佐 二〇〇六］、その前後の時期や、松山平野に範囲を広げての検討はなされていない。

そこで本論では、地域と湯築城の関係に注視し、①湯築城築城前の道後地区の環境、②松山平野の中世遺跡を対象に、湯築城が河野氏本拠となる前後の変化と城下形成の影響について検討を行いたい。これらは、近年深まりつつある守護所を中心とした戦国期城下町論［内堀ほか編 二〇〇六、石井・仁木編 二〇一七］に直結する課題であり、これまで当該議論において積極的な検討がなされてこなかった湯築城と城下について、評価を与えることにつながると考える。
①・②ともに大きい課題であり、関連する全ての要素を対象とすることは難しく、特徴が現れやすい遺構、遺物をピックアップし、文献研究の成果も借りながら検討を行うこととしたい。

1　築城以前の環境

(1) 地理・歴史環境と温泉

伊予中部にある松山平野は、北西側の高縄山系と南側の四国山地に囲まれ、石手川、重信川などによって形成された沖積平野で、西側は瀬戸内海に面している。湯築城が築かれた独立丘陵は、高縄山系の南側裾部に近接し、その東側や南側には旧石手川の氾濫原が広がっている。松山平野には古代に和気郡、温泉郡、久米郡、伊予郡、浮穴郡が置かれ、湯築城が築城された道後地区(1)は温泉郡に含まれる。

河野氏が湯築城に進出する以前(中世前半)の守護所は道後地区ではなく、国衙所在地である府中(越智郡)に置かれ、伊予の政治、軍事などの中心となっていた。在庁官人である河野氏の活動も府中に重点を置いていたが、承久の乱での没落の後に久米郡石井郷(松山市)に所領を得ている。一方、湯築城の文献上の初見は、延元三年(一三三八)に、南朝方の忽那氏が湯築城を攻めた記載(「忽那一族軍忠次第」)であるが、河野氏との関係は不明である。十四世紀末には河野氏当主の元服が湯築城で行われており、その頃に本拠となったことが推定されている[川岡 一九九八]。

道後地区では、明治時代以降に観光地として大規模な改変が繰り返し行われ、中世以前の姿を復元することは難しいが、古代以降の歴史環境は道後温泉を鍵に考えることで理解しやすくなる。この道後温泉という名称自体は近世以降であり[松山市 一九八二、島津 二〇〇四]、古代の温泉は、『伊予国風土記』逸文には「湯」とのみ記され、舒明天皇と斉明天皇の行幸(『日本書紀』)など、中央との結びつきが認められる。周辺には温泉郡の式内社四社のうち、伊佐爾波神社、出雲岡神社、湯神社の三社が集中し、さらに瓦や礎石の出土から湯ノ町廃寺、内代廃寺という白鳳期寺院が想定されている[正岡・十亀 一九八五]。内代廃寺の範囲は湯築城跡の東側とされ、瓦の出土分布から城内にも及ぶ可能性がある。また、湯築城内では円面硯や石帯が出土し、南西に接する岩崎遺跡では八世紀の溝から畿内産土師器や土馬が出土している。これら古代に遡る遺跡や寺社は、湯築城跡や現在の道後温泉本館を中心に、ほぼ1.5キロ圏内に集中し(図1)、この範囲が温泉郡における古代の中心域と推定できる。そして重要な点は、当該期の温泉の位置も道後温泉本館付近と確定できることである。

道後温泉本館東に隣接する道後湯月町遺跡の調査では、上層・下層で池がみつかっており[松山市教委他 二〇〇八]、

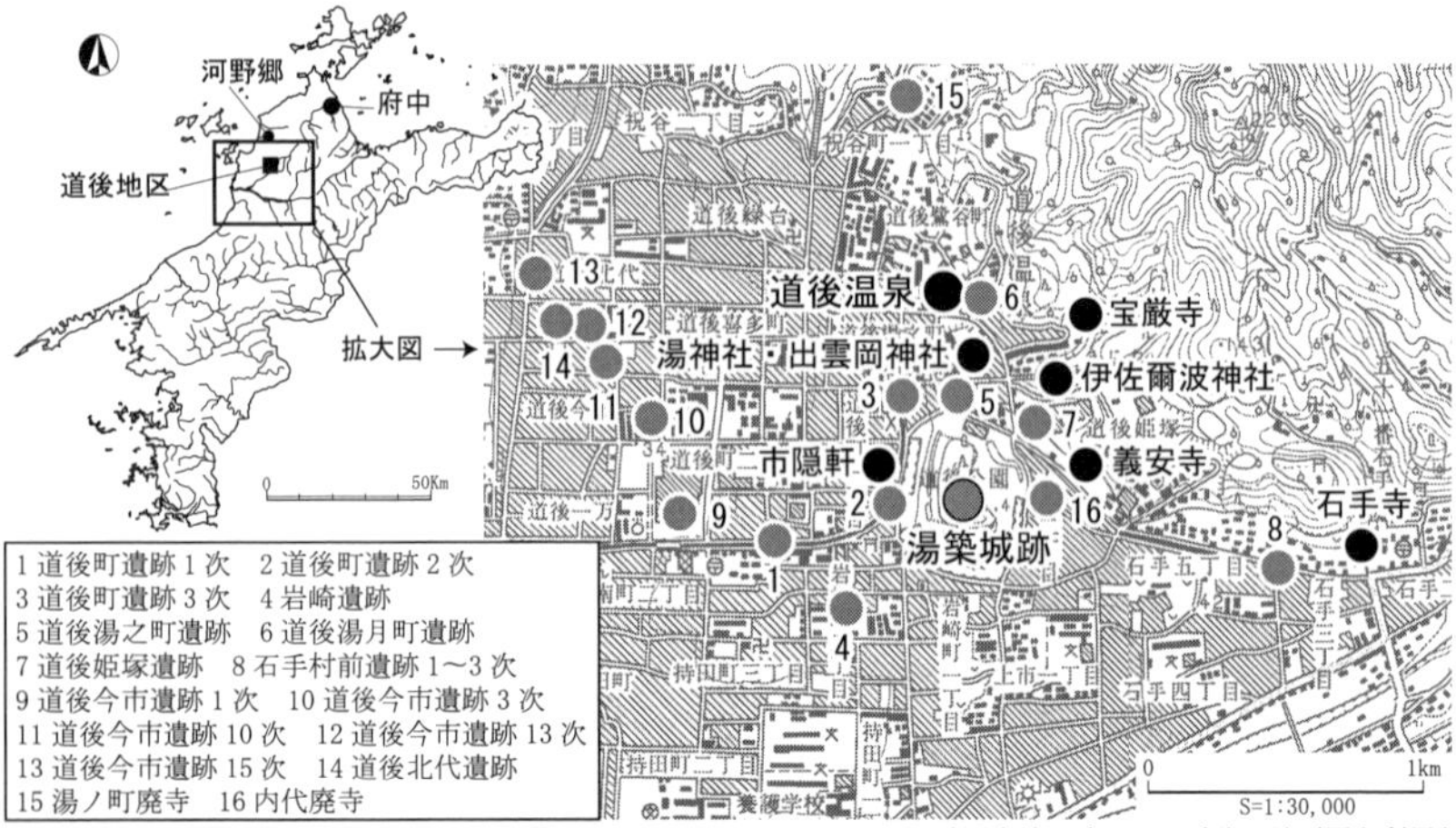

（国土地理院2万5千分1地形図を利用）

図1　道後地区の歴史環境

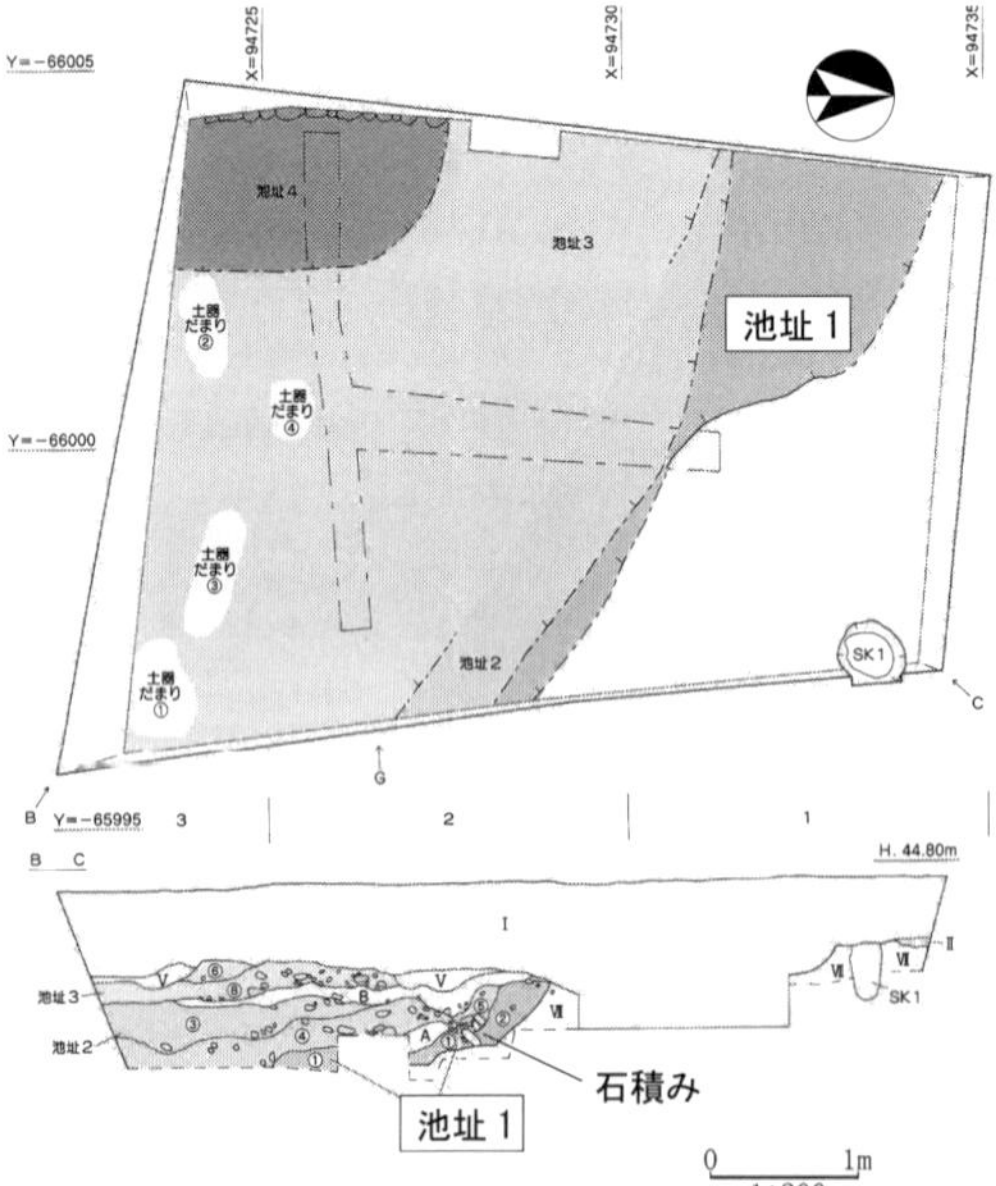

（報告書より転載、加筆）

図2　道後湯月町遺跡遺構図

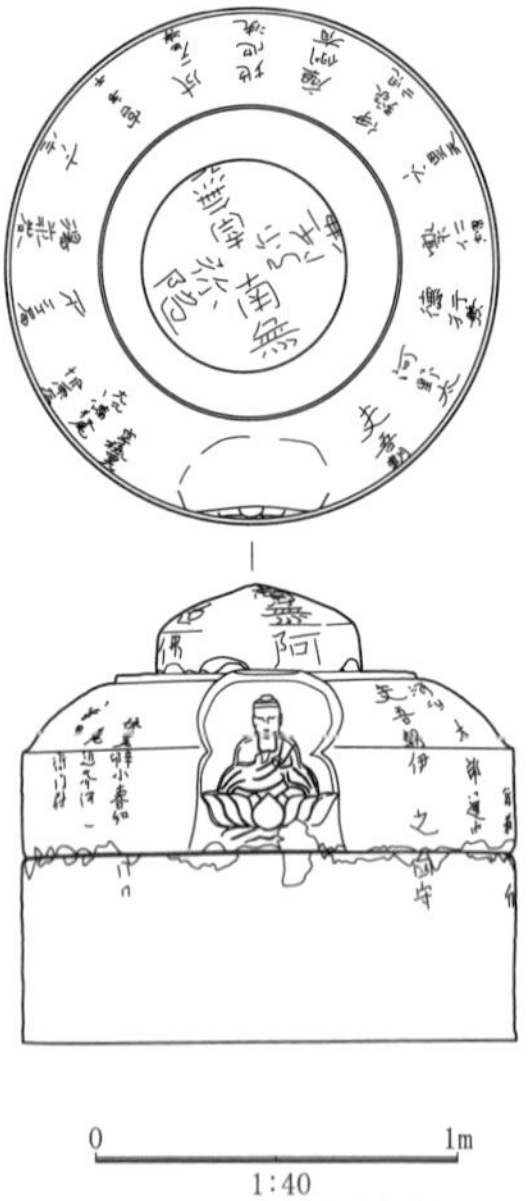

（筆者実測）

図3　石造湯釜実測図

古代の遺物が多数出土した下層の池（池址1）は、周囲に石積みが認められ、硫黄成分も検出されていることから、古代の温泉そのものの可能性が指摘されている（図2）［橋本 二〇一三、梅木 二〇一七］。その是非は今後追加調査が必要と考えるが、この付近に温泉が湧出していたことは間違いない。

中世については、現在湯築城内に置かれている石造湯釜、通称「湯釜薬師」（愛媛県指定文化財）が重要な手がかりとなる。花崗岩製の石造湯釜は、円筒形の上下二段構造で、幅136㌢・総高121㌢を測る。上段上半部は伏せた碗形で、内部は観察できないものの中央に孔が貫通していると推定される。その上に載る別作りの宝珠は四方に孔があり、一遍によるものとされる「南無阿弥陀佛」という文字が刻まれる。上段正面には薬師像が半肉彫に刻まれ、病気平癒の願いを込めた造形を取り、側面には河野氏の命で尾道石工により温泉記が刻まれている（図3）。銘文には享禄四年（一五三一）の年号を有し、石造湯釜は、温泉が信仰と結びついていたことを示すとともに、中世の温泉に直接関わる遺物として唯一無二の石造物である。

その石造湯釜は、明治二十七年（一八九四）の道後温泉本館建築まで「一の湯」の源泉上に設置されていた。「一の湯」の起源は寛永十五年（一六三八）の松平定行の改修に遡り、その源泉は現在の本館内「神の湯」東浴室に位置する道後温泉第1号源泉（現在は使用停止）に当たる。第1号源泉では、大正二年（一九一三）に地表下4．5㍍の岩盤まで掘削を行い、コンクリート製の管とポンプを設置し、はじめて動力を導入している［松山市 一九八二］。このことは、それまでの温泉は、地下の岩盤から自然に湧き出ていたことを示し、本来の温泉がこの位置であったことを物語る。詳しい構造は不明ながら、源泉上に汲み上げ用の井戸などを構えて、上部に湯釜を設置し浴槽に湯を引き入れていたのであろう。

以上のように、道後湯月町遺跡と石造湯釜により、古代・中世の温泉の位置は現在の本館付近であったことは明白である。古代の遺跡や神社は、それを取り巻くように分布していると言える。

(2) 寺社の分布と聖地の占拠

中世の温泉周辺の状況を具体的に記述した資料はないが、永正九年(一五一二)成立の『體源鈔』雑芸催馬楽におさめられた伊予の湯についての歌謡には「くる人絶えぬ」との文言がある。これは十一世紀の源重之の歌の改作と指摘されるが[中小路 一九七四]、温泉地の賑わう様子がうかがえる。

それに加えて、中世には、温泉周辺に石手寺や義安寺、宝厳寺などの寺院も確実に存在した。式内社三社も含め、これほど宗教施設が集中する地域は松山平野では当地区だけである。石手寺には永禄十年(一五六七)の刻板文書があり、その文書の解析とともに変遷が論じられている[川岡 二〇〇七]。それによると、石手寺は平安～鎌倉前期まで院—国衙勢力により権益を保証されており、文保二年(一三一八)には河野通継が二王門(国宝)等を再建し、南北朝期には河野氏の軍事行動に石手寺の僧が同行するなど、河野氏との強い結びつきが指摘されている。その関係性は継続し、文明十三年(一四八一)には本堂、三門、東西伐貫門が河野氏により造営される。義安寺は建長七年(一二五五)の「伊予国神社仏閣等免田注進状」に確認できる古刹で、宝厳寺は河野氏一族である一遍上人の生誕地と伝えられる。なお、石造湯釜が示すように、温泉はその効能から薬師信仰と結びついており、石手寺は創建当初薬師如来が本尊とされ、永禄年間まで薬師堂が本堂であった。義安寺の本尊も薬師如来であり、付近の寺院が温泉と結びついて発展したものとの重要な指摘がある[川岡 二〇〇七]。

また、道後地区は交通の要衝でもあった。江戸時代の街道やへんろ道から推定される中世の主要な道は、「土佐街道」、「大洲街道」(2)、「金毘羅街道」(讃岐街道)、「今治街道」である(図4)[愛媛県史 一九八七]。これらのうち土佐街道は石手寺まで至り、そこを分岐点に府中や河野氏本拠の河野郷へと至る山間部ルート、堀江の港に至る道が想定できる。付近は寺社と温泉、そして交通の要衝として都市的な場が形成され、多くの人・物が集まる場所となっていたことは想像に難くない。

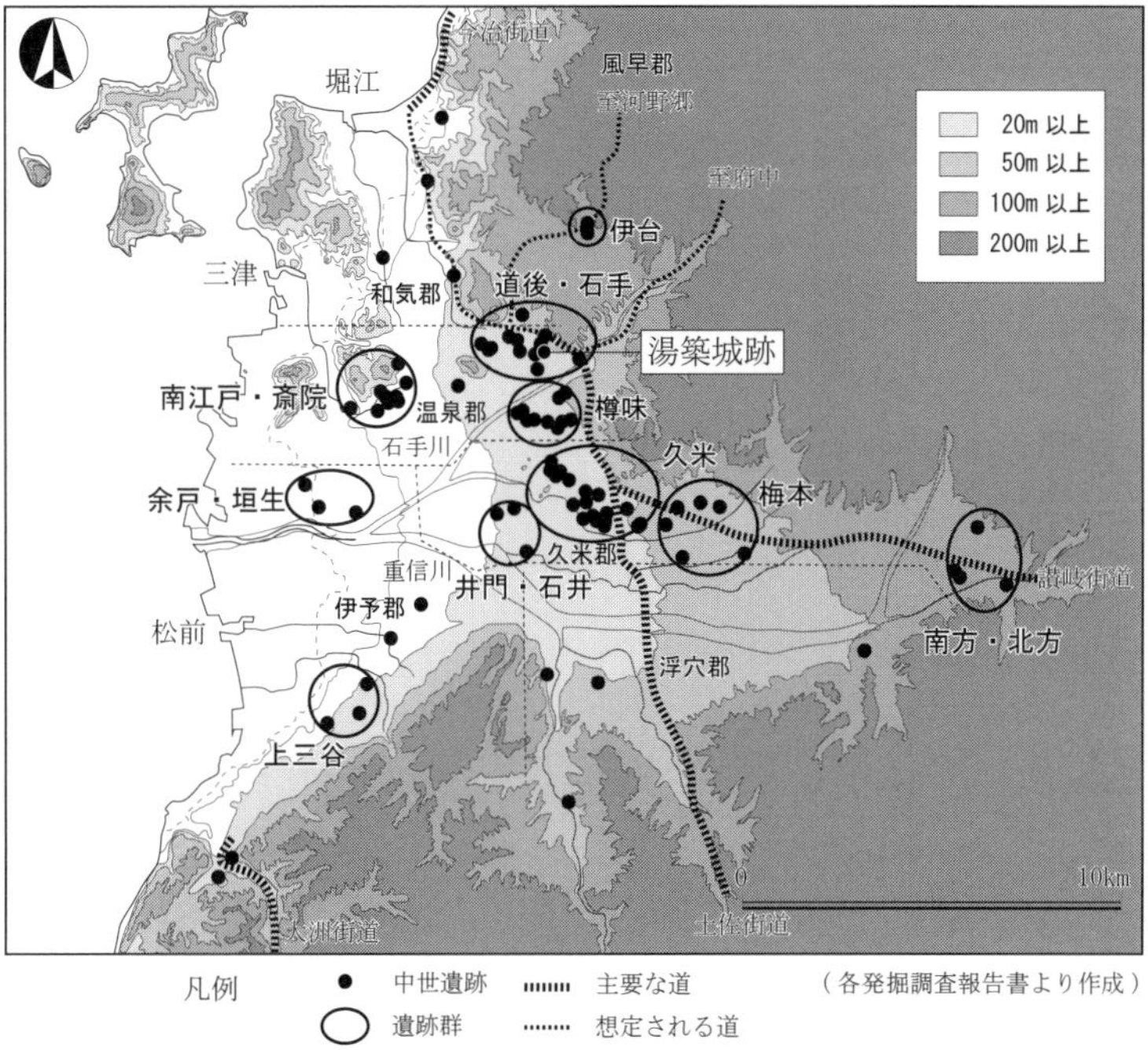

（各発掘調査報告書より作成）

図4　松山平野の中世遺跡

一方、温泉を核として寺社が取り巻く宗教的な色彩の強い道後地区は、地域全体が信仰の場であり、聖地であるという解釈も成り立つ。ここで聖地と城の立地を結びつける議論［中世学研究会編 二〇二〇］にも触れておきたい。そもそも湯築城の立地する丘陵は「伊佐爾波の丘」と呼ばれ、本来は伊佐爾波神社が存在したという伝承が『予陽郡郷俚諺集』（宝永七年・一七一〇）に記載され、聖地として認識されていた。神社だけではなく、中世後期の城郭と関連する聖地として山・岩・泉（温泉）・塚などの信仰対象が挙げられているが［齋藤 二〇二〇］、湯築城内にも礫岩の巨大な露頭があり、その上に鎮座する岩崎神社は中世に遡るとみられる。さらに丘陵上の十五世紀後半の遺構からは水晶製五輪塔形舎利容器が出土し、瓦もまとまって出土するなど仏教施設の存在が予測でき、平地部でも土製護摩炉が出土しており［柴田 二〇二三］、築城後の城内に宗教施設が取り込まれていたことは疑いない。

以上のように、道後地区は、核となる温泉とそれを取り巻く寺社によって、交通とおそらくは経済、文化の発展という現実的な利を伴う聖地であった。河野氏と道後地区は、石手寺の例で示されるように鎌倉時代以降関係を深めており、南北朝期に細川氏との争いと当主の戦死を経た後、その理由は考古学的に立証できないものの、河野氏は国衙所在地の府中から松山平野へ本格的に進出する。その際に鎌倉時代以降関係を深めた道後という聖地の丘陵へ本拠を移動することを選択し、居城を構えるのである。河野氏が室町幕府から守護職を得たことにより、守護所は府中から松山平野（道後地区）に移り、その結果、道後地区は守護所所在地となり、変貌を遂げていくこととなる。

2　湯築城跡と周辺遺跡の変遷

⑴ 松山平野の中世遺跡の概要

では河野氏が本拠を移して以降、松山平野にはどのような影響があったのであろうか。その検討に入る前に、まず、松山平野の中世遺跡の全体像を把握しておこう。

図4は、松山平野の中世遺跡の分布である。地理的にまとまった範囲に遺跡が三ヵ所以上認められる地域を遺跡群とみれば、北から「伊台」「道後・石手」「南江戸・斎院」「樽味」「余戸・垣生」「久米」「井門・石井」「梅本」「南方・北方」「上三谷」の一〇ヵ所の遺跡群が認定できる（遺跡群の名称は、遺跡分布の中心となる近世初期の村落名を採用）。遺跡の立地を確認すると、標高10㍍以上に多くが分布し、特に平野東側と南側の標高20～30㍍に集中している。現在の松山市街地を含む平野西側は、中世には河川が流路を変える不安定な環境にあり、長期にわたる集落が形成されにくい状況であり、南江戸・斎院と余戸・垣生遺跡群以外、遺跡分布が限られている。

湯築城の所在する道後地区は、道後・石手遺跡群に含まれ、久米、樽味遺跡群とともに土佐街道沿いに展開する。

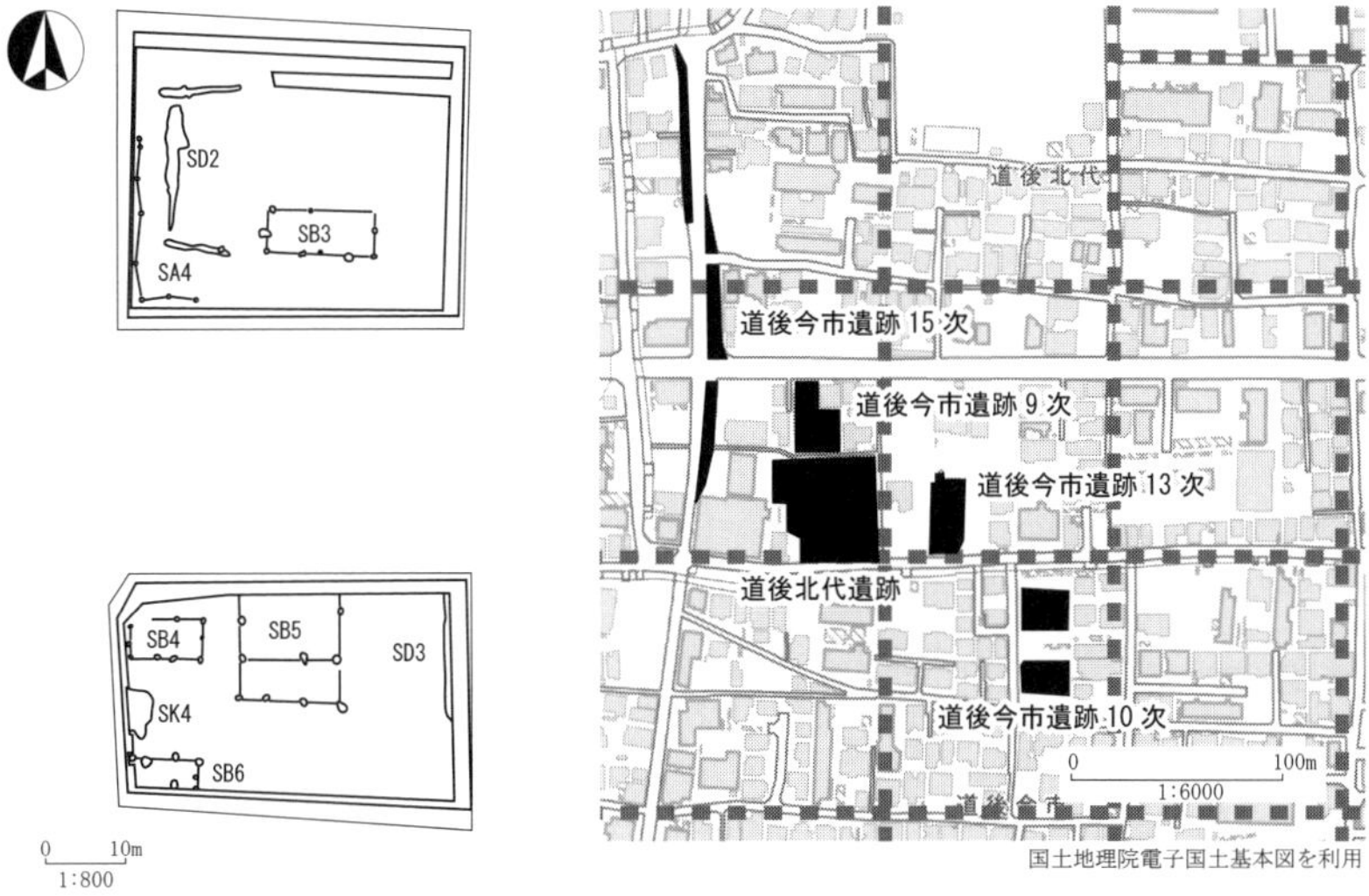

図5　道後今市遺跡 10 次調査遺構模式図と周辺遺跡の位置

先に示した歴史環境と合わせると、温泉や寺社が集中し、交通の要衝にある遺跡群といえる。

(2) 道後・石手遺跡群の変遷と画期

道後・石手遺跡群の変遷を図1、図5～7にもとにみていきたい。当地域では、湯築城跡の西側で東西南北に条里地割が残り、検出される中世の溝や建物は概ねその方向の規制内にある。湯築城より南東側では、旧石手川の氾濫原が広がり、北東側の丘陵方向からも小河川の痕跡が認められる。中世遺跡は東西約2キロの範囲に分布する。そのうち、中世前期の居住域を含む遺跡は、道後今市遺跡及び道後北代遺跡、岩崎遺跡、石手村前遺跡の四遺跡である。

道後今市遺跡（図5）は道後町遺跡の西に広がる［愛媛県埋文 一九九四・二〇〇三ほか］。1～3次調査では、墓以外中世の遺構は希薄であるが、湯築城から約700メートル西にあり、北に向かって標高が高まっている調査地（9・10・13・15次調査地、道後北代遺跡）で、十三～十四世紀を中心とし、十五世紀を下限とする集落がみつかっている。特に10次調査では条里方向と一致する溝や柵列と複数の掘立柱建物が検出され、比較的豊富な国産陶器や貿易陶磁器に加え石硯も出土した。隣接する調査でも居住域が確認されている。

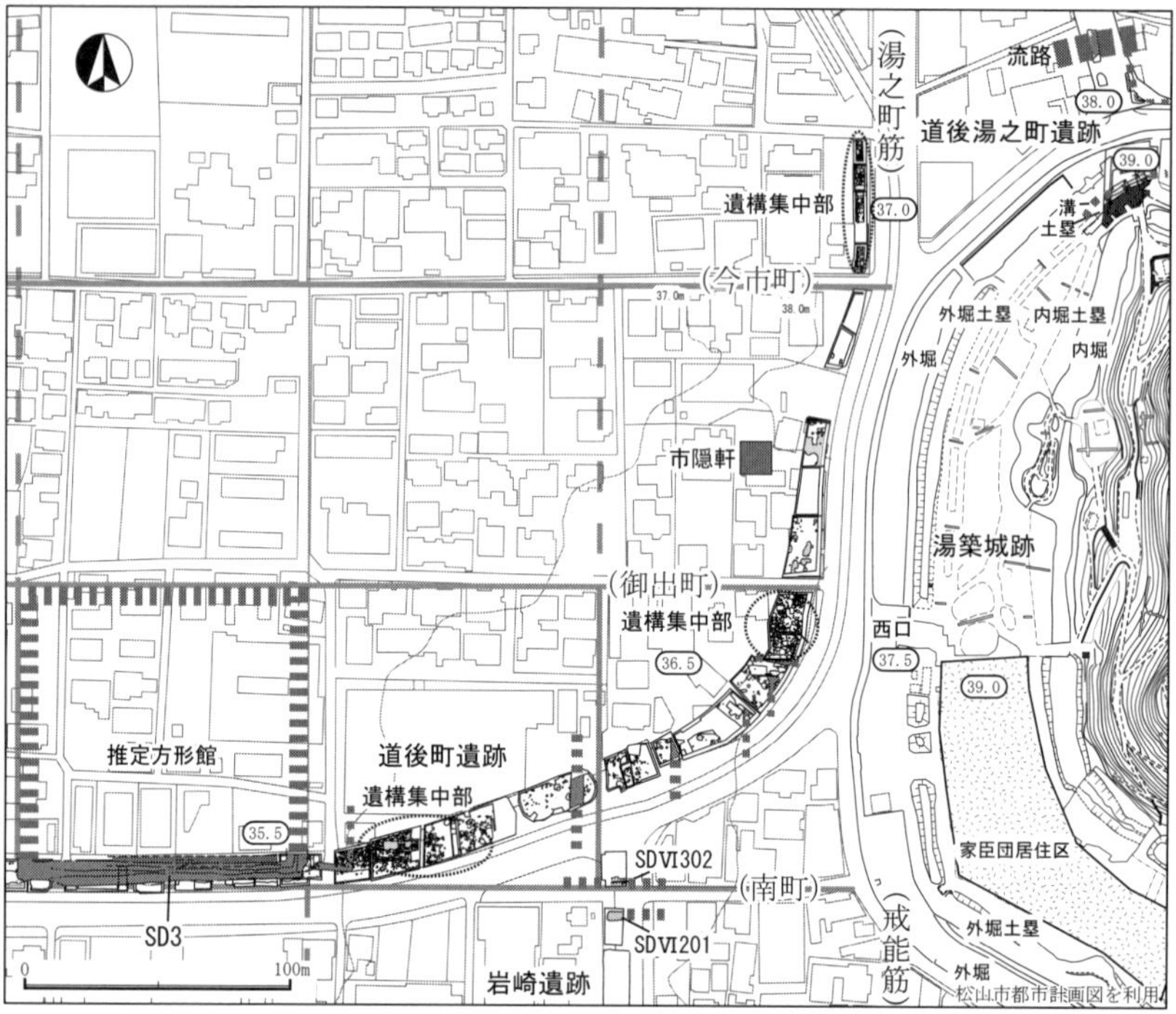

図6　道後・石手遺跡群（部分）

岩崎遺跡（図6）は、湯築城の南西側にあり、図示した調査区を北端として南方向に約500㍍の調査が実施されている［松山市教委 一九九九］。北側は湯築城の立地する丘陵から南西に延びる微高地に当たり、十三〜十四世紀の掘立柱建物や東西方向の溝（SDⅥ302・201）が分布する。その200㍍南にも十四〜十五世紀初頭の小規模な建物群が散在し、さらに南側で標高が約1㍍下がり、十三世紀〜十五世紀後半の水田跡が検出された。

石手村前遺跡は、湯築城から約300㍍東に位置し、石手寺に隣接する集落である。調査区が狭く建物は復元できないが、柱穴がいくつかのまとまりをもって分布する［愛媛県埋文 二〇〇八・二〇一二］。十二世紀後半以降の中世前半と、十四世紀〜十五世紀初頭の遺物が出土している。

以上のように、中世前期から存在する集落は、若干標高が高い位置に形成された居住域と周辺の生産域からなる農村集落、あるいは石手寺付近に展開した門前集落として理解でき、数百メートルの距離を保って分

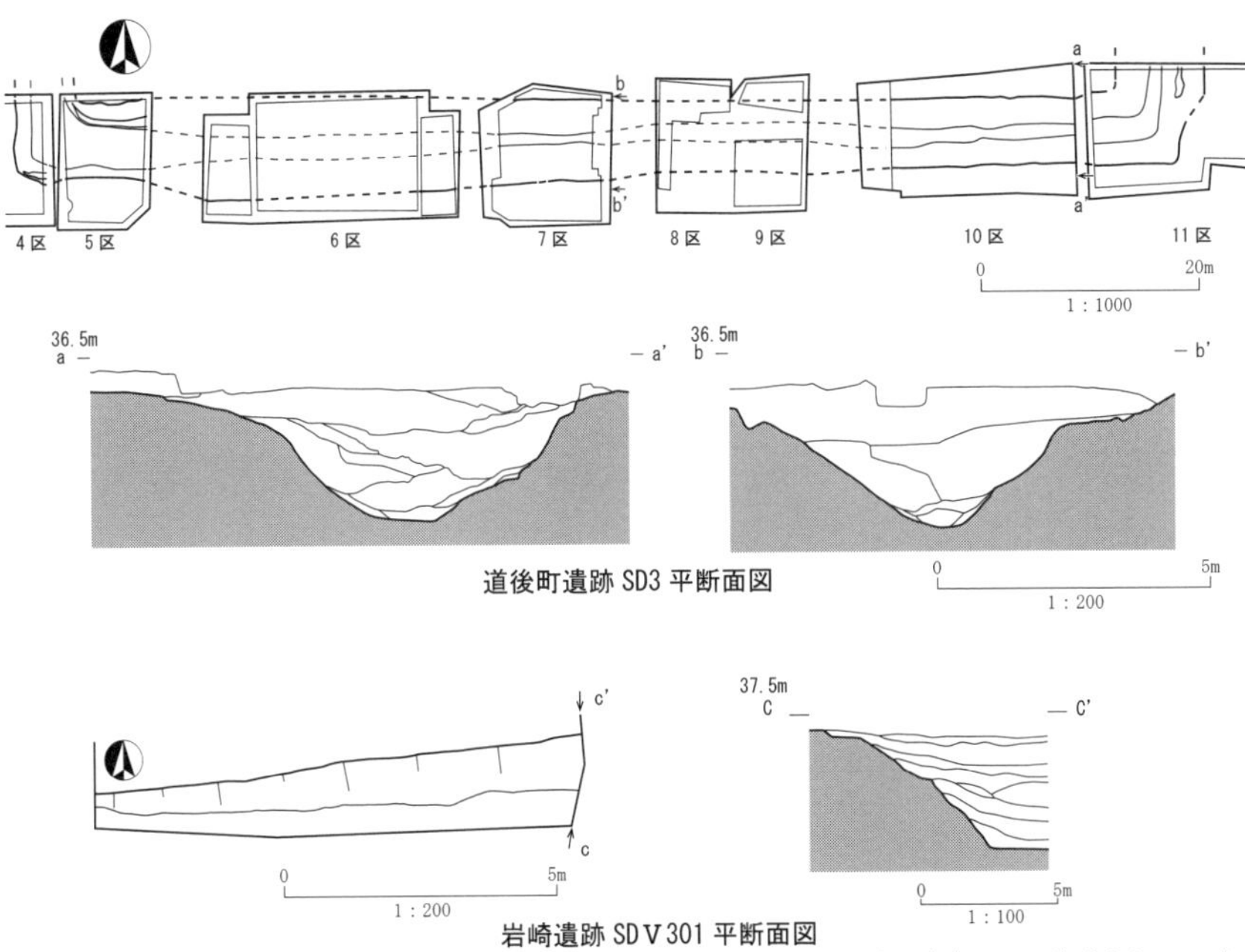

（各報告書より必要部分をトレース）

図７　道後・石手遺跡群の方形区画溝と大溝

散している。いずれも湯築城に河野氏が進出した十四世紀には変化が認められず、居住域が全て姿を消す十五世紀が画期となる。

その十五世紀には、道後町遺跡においても大きな変化が認められる。道後町遺跡では、湯築城の西に接して調査が実施され［愛媛県埋文 二〇〇二・二〇〇五ほか］、大溝（ＳＤ３）が検出された（図６・７）。幅８．４㍍、深さ２．３㍍を測るこの溝は、一辺が１０９．７㍍あり、一町四方の堀の一部とみられ、十五世紀中頃から後半に機能したとみられる。それより東で検出された遺構集中部（図６）は、個別の時期は特定できないが、出土遺物から十六世紀中葉が盛期とみられる。石組みの池状遺構や方形石組み土坑、さらにベトナム産白磁を含む貿易陶磁器や、備前焼、瀬戸美濃天目茶碗の豊富な出土状況などから、湯築城と一体となった城下であると理解されている［松村 二〇〇七］。

また岩崎遺跡では、十五世紀以降、道後町遺跡ＳＤ３より約１００㍍南、つまり図６に示したＳＤⅥ302・201より一町南の位置に、東西方向の規模の大きな溝（ＳＤⅤ301）が確認できた。想定幅は２㍍以上、深度０．９㍍を測り、底面の平らなこの溝は、地割の境に位置し、水利のために整えられたと推定される(図7)。また興味深いことに、湯築城内北側でも、十五世紀後半～十六世紀初頭に内堀を掘削して外側に土塁を築き、その外側には通路と溝が形成される。隣接する道後湯之町遺跡では、湯築城の北側に接して東西方向に走る十五世紀の溝と十六世紀まで下る流路が検出されており[松山市教委 二〇〇八]、丘陵に挟まれた低地で、東から西に向けて急激に標高が下るこの場所では、十五世紀後半から堀、土塁、溝で治水を行い、最終的に十六世紀の外堀の掘削後に安定したものと推定する。

以上のように道後・石手遺跡群では、十三～十五世紀初頭まで居住域の認められた岩崎遺跡、石手村前遺跡、道後今市遺跡9・10・13・15次調査地、道後北代遺跡と、湯築城に隣接する道後町遺跡では様相が大きく異なる。前者では、湯築城に河野氏が進出したとされる十四世紀には集落が点在していたが、十五世紀に入ると居住区がみられなくなる。一方、道後町遺跡では、十五世紀中頃には方形館が成立するが短期間で廃絶し、湯築城西に接する調査区では外堀開削後に遺構が集中し、町が形成された状況が確認できる。

(3) 湯築城と城下の変遷

次に湯築城と城下の画期を求め、各遺跡との関連を整理しながら変遷を追ってみたい。西側城下に関しては、湯築城の変遷と深く関わりを持って成立したことをすでに指摘し[柴田 二〇〇九]、また歴史地理的な観点から湯築城以外の方形館について守護所説が論じられたことを契機に[日和佐 二〇〇六]、城下の形成と変遷を含めた景観についても考察を行っており[柴田 二〇一四]、それらの成果を踏まえて論じていく。

湯築城の変遷に関しては、十六世紀前半の外堀の開削を境に湯築城前期と後期に分け、また遺構面の形成によって1～3段階を設定し[柴田 二〇〇四]、文献研究の成果と合わせて表1にまとめた。概要を述べると、河野氏が湯築城を本拠とした頃は、惣領家と庶子家(予州家)が対立しており、「国中錯乱」とされる時期に当たる。十五世紀半ばに

表1　発掘調査の成果と湯築城に関わる出来事

発掘調査				文献	
期	段階	遺構の変遷	推定年代	湯築城に関わる出来事	当主
湯築城前期				惣領家と庶子家（予州家）の対立	河野通久
			15世紀前半	永享 2（1430）年、国中錯乱	
			15世紀後半	寛正 4（1463）年、細川氏の侵入 「井月合戦」寛正伊予の乱 教通と通春の争い 文明12（1480）年、石手寺改修、 大工居住、上市町	河野教通
		山上礎石建物火災 一部の内堀土塁築造 丘陵西裾郭＋土塁	16世紀初頭	明応 9（1500）年、教通死去 永正16（1519）、通宣死去 天文 2（1533）、弾正少弼に任じられる	通宣 （刑部大輔） 通直 （弾正少弼）
湯築城後期	1 段階	外堀・外堀土塁築造 平地部居住区	16世紀前半	天文 4（1535）年、「温付堀」普請 大友氏と婚姻関係 大内氏との争い	
	2段階	大規模改変 一定期間存続後 火災 （Ⅲ層形成）	16世紀中頃	天文11（1542）年か「父子不快」 天文伊予の乱 天文21（1552）年、通宣に実質代替わり 天文22（1553)年、通直、通宣「鉾楯」	通政（晴通） 通宣 （左京大夫）
	3-1段階	火災後の改変	16世紀後半	永禄 5（1562）、左京大夫任官 永禄10（1567）、来島通康死去 永禄11（1568）、鳥坂峠の戦い 通直（牛福）に代替わり	通直（牛福）
	3-2段階	詳細時期不詳（小規模改変		永禄13（1570）、通宣死去	
	3-3段階	火災 小規模改変		天正 9（1581）年、通直、吉見広瀬女と婚姻 天正10（1582）年、来島村上氏離反	
				天正13（1585）年、湯築城開城 天正15（1587）年、通直死去 廃城	小早川隆景 福島正則

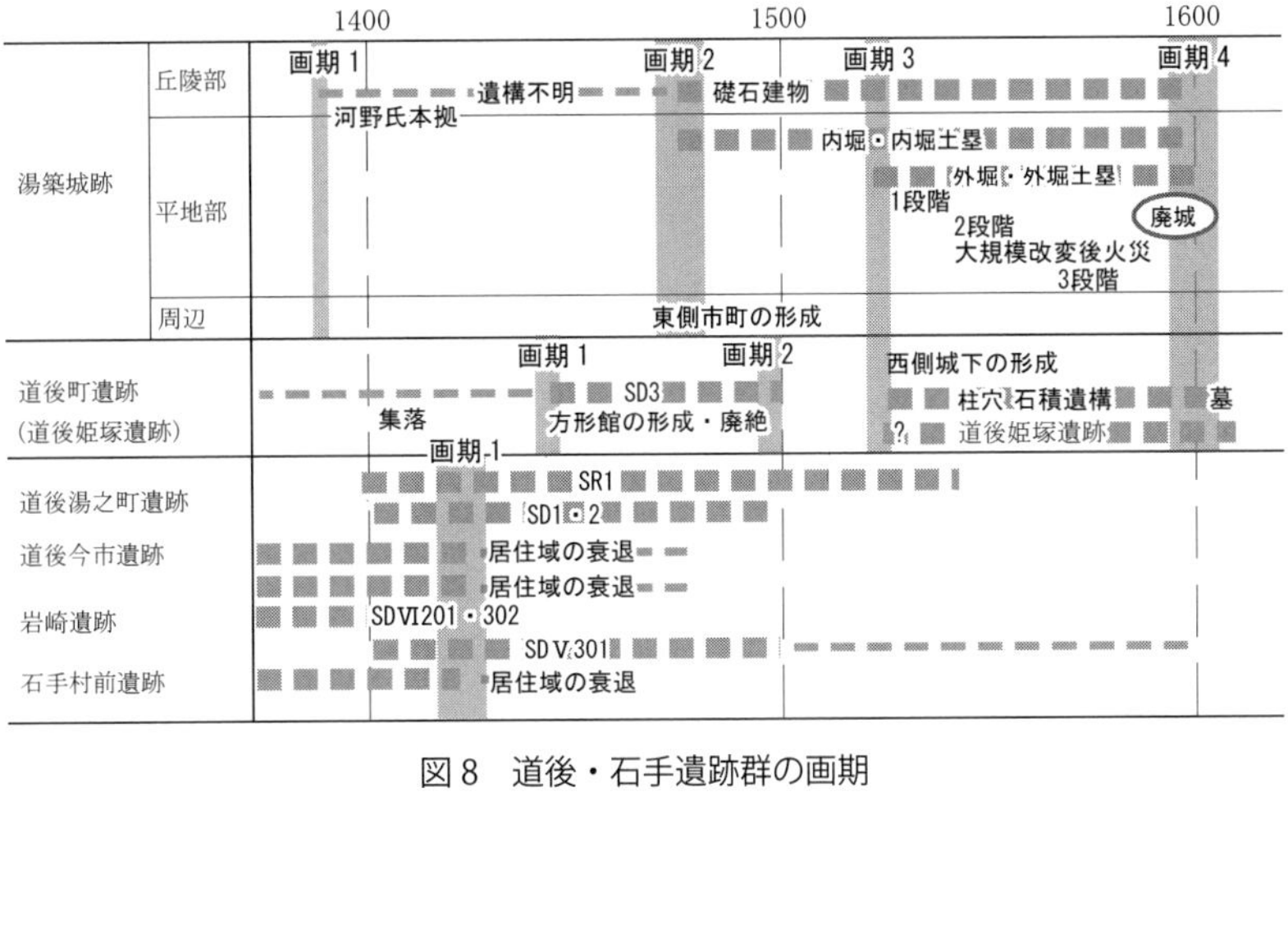

図8　道後・石手遺跡群の画期

は予州家が引き入れた細川氏に一時湯築城を奪われ、「井月(湯築)合戦」により、惣領家が湯築城を取り返している［川岡 一九九八］。河野氏惣領家の支配が安定してくるのは十五世紀末頃とみられ、石手寺の再興を行っている。同時期以降に湯築城内では遺構が確認できるようになり、十六世紀前半に外堀と土塁を築き城域が拡大する。以上の変遷から湯築城跡の画期は、十四世紀末頃とされる河野氏の本拠（守護所）化(画期1)、丘陵部の遺構や内堀が確認できる十五世紀後半〜十六世紀初頭(画期2)、外堀の掘削時期である十六世紀前半(画期3)、廃城時期である十六世紀末〜十七世紀初頭(画期4)が設定できる(図8)。

前項で整理した周辺遺跡における画期は、道後町遺跡と他の遺跡では異なる。道後町遺跡では、方形館の形成(画期1)と消滅(画期2)以降、湯築城の画期と一致するのに対して、他の遺跡では十五世紀前半に集落居住域の衰退があり(画期1)、湯築城を取り巻くように散在していた集落は姿を消していく。これは十五世紀前半の伊予国が「国中錯乱」とされる混乱状態にあったこととも関連するとみられるが、それ以降の画期は抽出できなくなる。これらの画期をもとに、湯築城と周辺遺跡の状況を模式化したのが図9である。画期1については前節で述べているため、湯築城画期2以降について周辺の変遷を詳細にみていきたい。

十五世紀末には、遺跡では確認できないものの、湯築城周辺に町の存在が認められる。石手寺再興の際の「石手寺棟札」（文明十三年・一四八一）に、職人の居住地として記された「上市町」である。この市町の位置は、近世に作成された『道後湯築城之図』に記載のある「上市通」［柚山 二〇一二］により湯築城東側と推定できる。また同図には近辺に「上古市」という通りも描かれている。湯築城の東には石手寺があり、湯築城との境界は「切抜門」とされる(『予陽郡郷俚諺集』)。この門は、漢字表記こそ異なるものの、『石手寺往古図』に描かれた石手寺再興の際に建てられた東西「伐抜門」のうち西側の門と考えられ、その位置は上市町推定地より東である。このことから、上市町、あるいは上古市も湯築城と石手寺の間に形成された市町としてとらえられる。

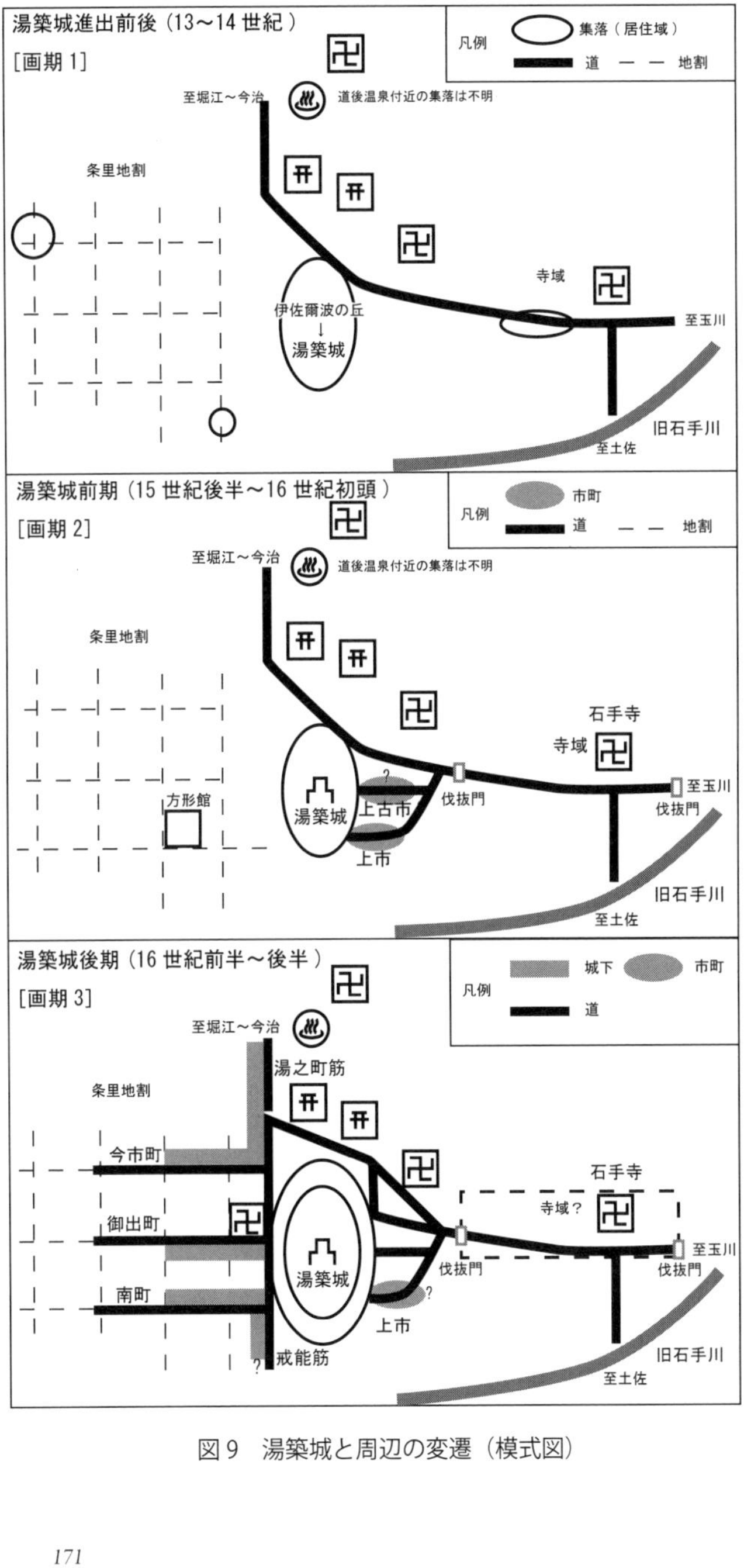

図９　湯築城と周辺の変遷（模式図）

そして、湯築城画期3の十六世紀前半、湯築城外堀開削とともに西側にも町が形成される。新たな町は、道後町遺跡の調査により南北約250㍍、東西200㍍の範囲が想定できる。『道後湯築城之図』には地割に従って東西に伸びる「南町」「御出町」「今市町」という「町」名の道が記載されており、その道に沿って片側に遺構は分布する。岩崎遺跡の調査では、明らかに城下と関わる遺構は認められず、町の南限が「南町」付近までであったことを示している。(3) 同時期の温泉周辺は調査がないため不明だが、道後町遺跡では、温泉方向に向かう「湯之町筋」沿いにも遺構が確認でき、地名からの推定となるが、温泉周辺の町が湯築城下と一体化していることを示している。相前後して石造湯釜に銘文が記され、温泉に対する河野氏の直接的な関与が確認できることも、築城前から存在する温泉周辺との一体化が進んでいたことを裏付ける。

天正十三年（一五八五）、秀吉の命によって小早川氏が伊予を攻め、河野氏は湯築城を明け渡すことになる。その直後、伊予を訪れた宣教師による記述がフロイス『日本史』にみられ、宣教師は伊予国のもっとも主要な市である「道後の市」、すなわち湯築城下を訪れ、司祭が居住することになる〔川岡 一九九八〕。市の賑わいや、一画に河野氏が蟄居しているようすは興味深いが、注目すべきは、城下がいくつかの町に分かれていることで、これは先述した「南町」「御出町」「今市町」「湯之町筋」沿いに展開する遺跡の状況と一致する。また市に付けられた「道後」という名称は、戦国期には河野氏や湯築城を表わすとされ〔川岡 二〇〇六〕、名称からも城下と湯築城の一体化がうかがえる。

その繁栄も十六世紀末〜十七世紀初頭の湯築城廃城、さらには松山城と城下形成によって失われることになる。ただし、慶長二年（一五九七）の木札に「予州道後湯之住人」の記載があり〔松山市子規記念博物館 一九九四〕、温泉あるいは周辺の町が「道後湯」と呼称されていたことが確認できる。中世に河野氏や湯築城を指していた「道後」の名称は、温泉周辺の名称として存続し、現在までつながっていくのである。

これまで、湯築城と城下の変遷をみてきた。その結果、特に十五世紀後半に湯築城と周辺遺跡の変遷には関連が認められるようになり、十六世紀前半の湯築城外堀掘削後に西側に城下が形成されて以降、温泉周辺も含めて一体となって発展していく様子が確認できた。では、その影響は松山平野の他の地域にも及んでいるのであろうか。次節で検討してみたい。

3　松山平野における湯築城下形成の影響

(1) 南江戸・斎院遺跡群の変遷

松山平野において中世遺跡が最も密集し、かつ発掘調査が実施されているのは、南江戸・斎院遺跡群である。平野西側に位置する本遺跡群は、道後・石手遺跡群同様に温泉郡に含まれ、独立丘陵である大峰ヶ台丘陵と岩子山の南側から南東側の低地に展開する。丘陵裾には宮前川が蛇行して流れ、中世港湾である三津に注ぐ。条里地割は認められるもののズレが多く、幾度か施行された地割が混在していると推定される。遺跡の多くは現在の宮前川周辺に分布し、最も集中しているのは南江戸鬮目遺跡や古照遺跡である(図10)。また平野内で方形館の検出数が最も多い点も注目できる。

中世前期の中心的な遺跡は南江戸鬮目遺跡である。総柱建物や溝などが密集して発見され、周辺には土師質土器皿・杯が大量に出土する土器溜まりが多数あり、十二世紀から十三世紀にかけて継続している[松山市教委他 一九九一、愛媛県埋文 二〇〇四]。常滑焼や東播磨産須恵器、畿内産瓦器椀、貿易陶磁器などの搬入品も多く、貿易陶磁器には白磁四耳壺や水注といった高級な製品が豊富に含まれ、同時期の府中よりも質・量ともに勝る。その背景には、永暦二年(一一六一)に京都東山の新日吉社《いまひえ》に寄進され、鎌倉時代には妙法院領となった斎院勅旨田の存在が想定される。なお、斎院勅旨田は、正応六年(一二九三)には鶴岡八幡宮に寄進され、応永五年(一三九八)までは年貢徴収の記録により存続が確認できる[西尾 二〇一二]。中心となる総柱建物は、その中枢部である可能性が高い。

古照遺跡では、6・7・8・11次調査において中世の遺構・遺物が多数見つかっている[松山市教委他 一九九三・一九九四・一九九六ほか]。十二世紀後半～十三世紀初頭には、大小数棟の建物や湖州六花鏡を副葬した墓から構成される

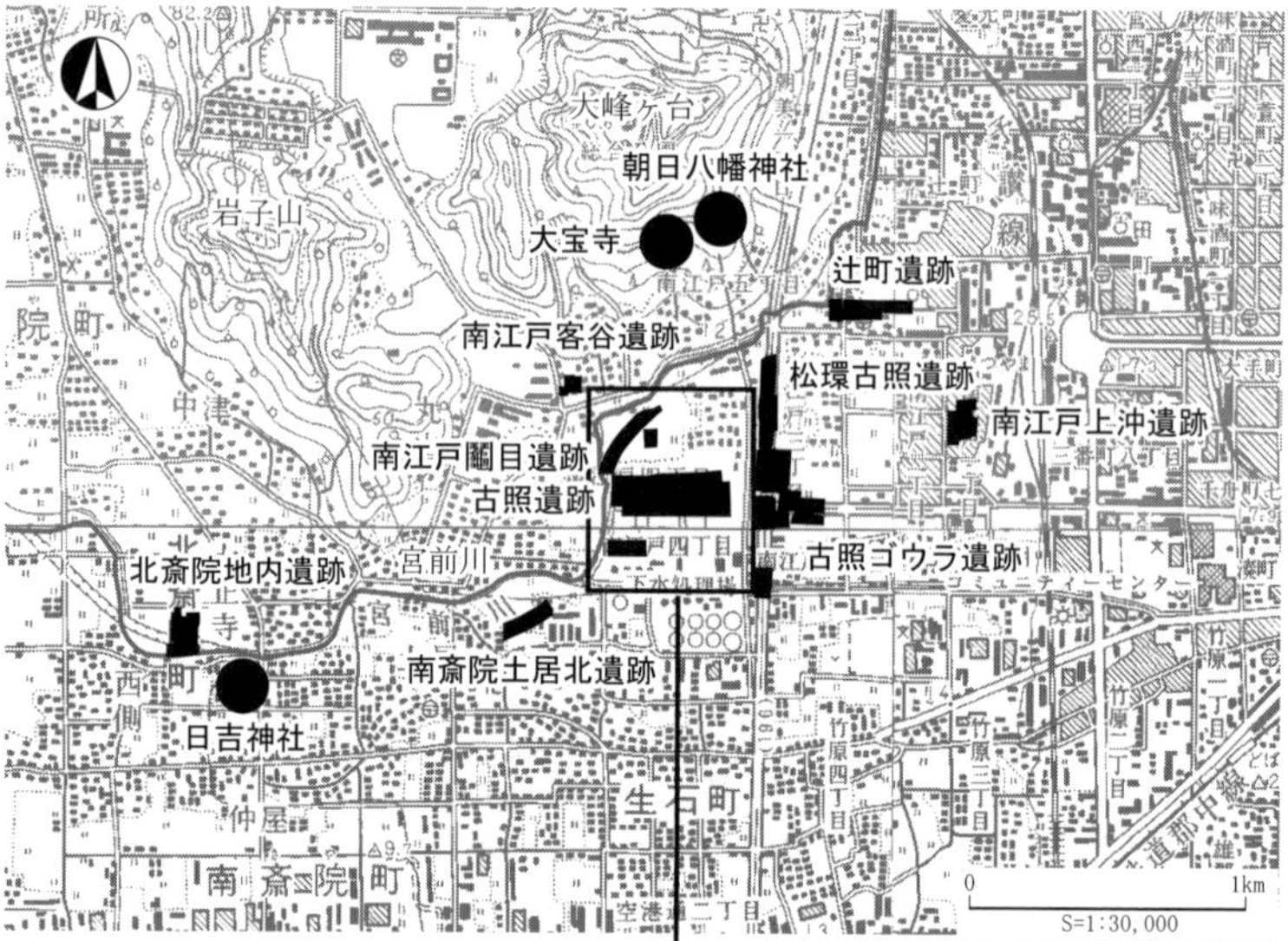

（国土地理院２万５千分１地形図を利用）

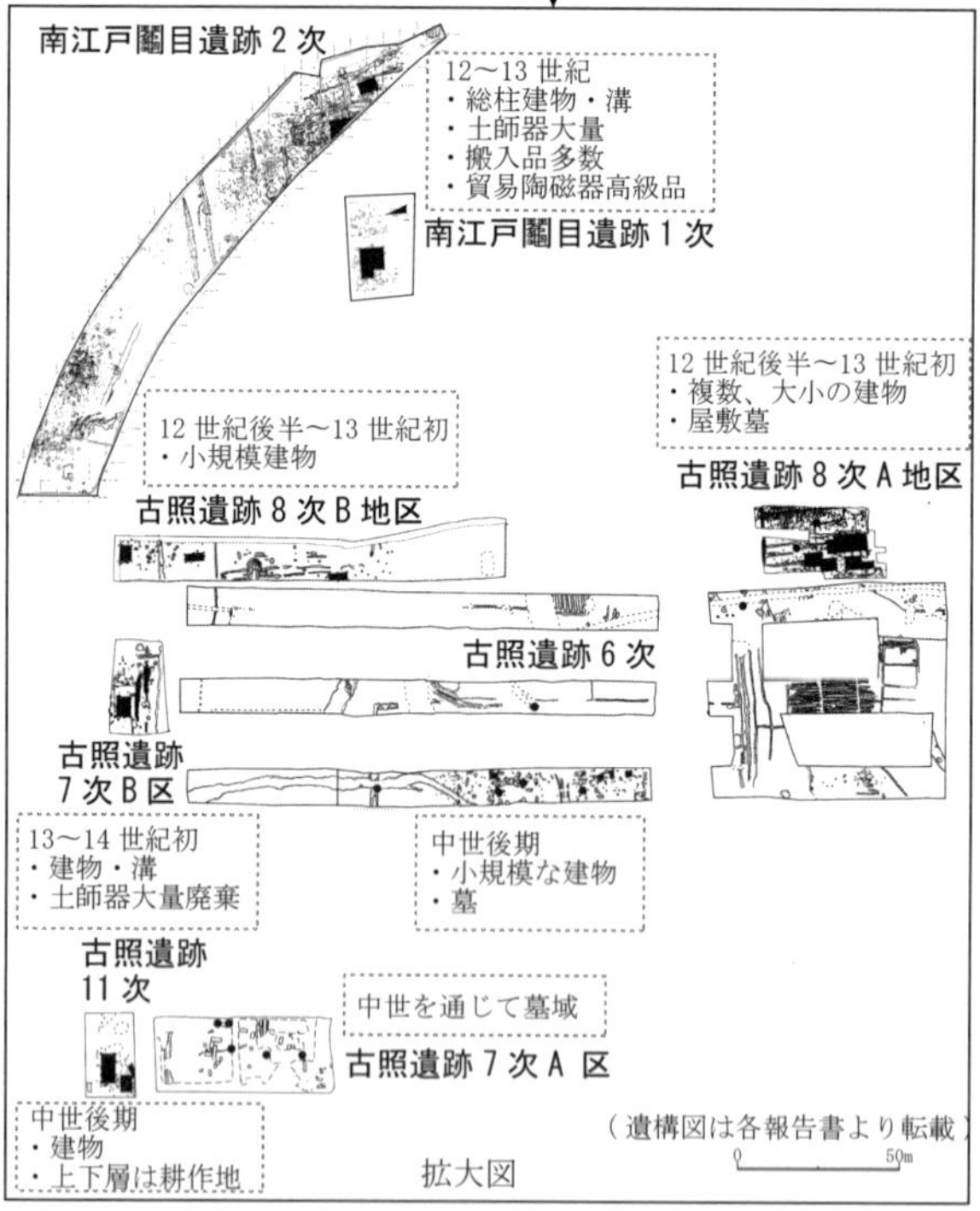

図 10　南江戸・斎院遺跡群と中心域

屋敷が形成され、周辺に小規模な建物が散在する(8次調査A・B地区)。南江戸鬮目遺跡との関係から、荘官の屋敷などが想定できる。十三世紀～十四世紀初頭には、小規模な建物と溝から大量に廃棄された土師器がみつかっている(7次調査B地区)。

このように南江戸鬮目遺跡や古照遺跡では、集落の盛期は平安時代末から鎌倉時代にある。中世後期には、南江戸鬮目遺跡は耕作地となり、古照遺跡でも小規模な掘立柱建物が少数、あるいは短期間存在するのみで、ほかは耕作地と墓のみ認められる(6次・7次A地区・11次調査)。

その傾向と反して、中世後期に隆盛する遺跡は、松環古照遺跡［愛媛県埋文 一九九三］、南江戸上沖遺跡［松山市文他 二〇一二］、南斎院土居北遺跡［愛媛県埋文 二〇〇四］、少し西に離れる北斎院地内遺跡［松山市教委他 一九九四・二〇〇一ほか］である。これらの遺跡では、遺構・遺物が増大し、特に注目すべきは、方形館あるいは大溝を伴った居住域が出現している点である(図11・表2)。方形溝と大溝の規模は、概ね一辺50㍍前後(半町)であるが、南江戸上沖遺跡では検出長が75㍍あり、一町四方の可能性がある。また南江戸上沖遺跡以外は、宮前川沿いに立地する特徴がある。

南江戸上沖遺跡では中世前期から集落が形成され、十五世紀には方形の大溝が出現するが、十六世紀後半に廃絶し、再び集落化し墓が散在する。北斎院地内遺跡の大溝は十六世紀に入ると廃絶し、墓が造られ、区画溝を伴う集落へと変化する。一方、南斎院土居北遺跡の方形区画溝は十六世紀後半まで存続し、江戸氏や垣生氏の館とも推定されており、周辺の遺構分布から集落と近接した方形館であることが指摘されている［中野 二〇〇四］。最後まで存続したこの方形区画溝も十六世紀末から十七世紀にはその痕跡を利用した小規模な溝となり、方形館は廃絶している。

以上のように、南江戸・斎院遺跡群では、南江戸鬮目遺跡と古照遺跡を中心とした中世前期に盛期があり、十四世紀を境として地域の様相が一変している。中世後期には集落が分散傾向になり、半町から一町四方の方形館が出現するが、比較的短期間で廃絶していく。方形館出現の背景は、先に触れた斎院勅旨田の存続と一部重複し、その存在が

表2　南江戸・斎院遺跡群　大溝一覧

遺跡名	遺構名	規模（m）			方位	時期	備考
		幅	深度	長（※1）			
松環古照	Ⅳ-2小区　SD01	2.5	0.25	54	N-7°-E	14世紀	土師杯廃棄
南江戸上沖	区画溝Ⅰ（SD304・6・201・106）	2.8	0.45	[75]	東西	14世紀後半～15世紀前半	
北斎院地内1・2・4次	SD2	4.3	0.56	[48]	東西	15世紀	土壙墓・溝に切られる
南斎院土居北	方形区画溝	3.5	0.8	55	N-90°-E	15～16世紀	永禄・天正紀年銘笹塔婆

※1　検出できた長辺の長さ。［　］は検出長

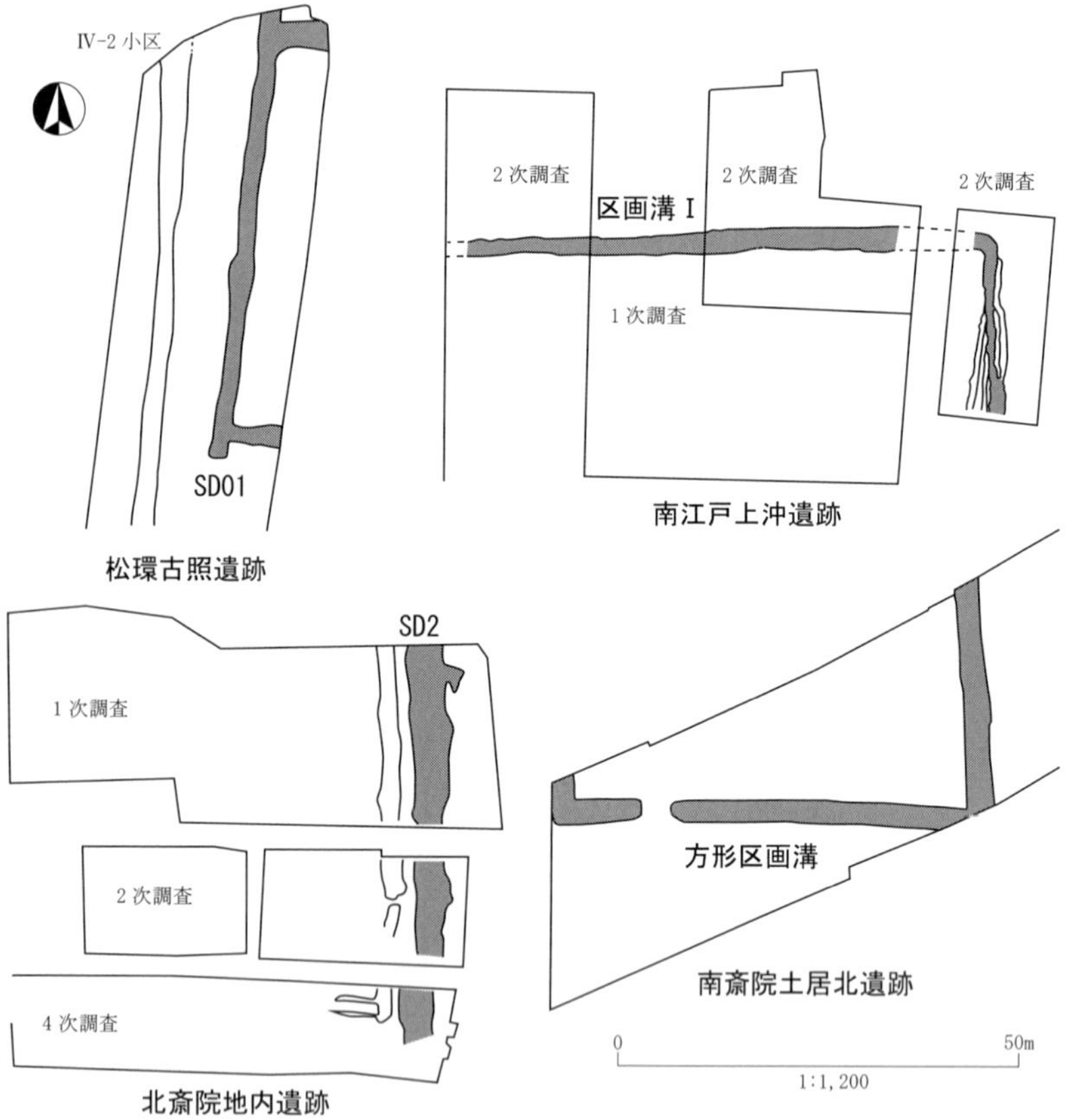

（各報告書より必要部分のみトレース）

図11　南江戸・斎院遺跡群の大溝・区画溝

確認できなくなった十五世紀に活発化するため、斎院勅旨田の解体に伴い在地土豪が進出したものと推定できる。その傾向は、松山平野の小地域における支配や淘汰の状況を反映したものであり、先にまとめた河野氏の松山平野への進出や城下の形成との関係を具体的に問えるものではない。

つまり、道後地区における城下の形成と、松山平野の他の遺跡群の画期は明確に連動するものとは言えない。少なくとも遺構の変遷からみえる影響は、道後・石手遺跡群のある道後地区に限定できる。平野全体での画期は、伊予においては河野氏支配の終焉、さらに松山城と城下建設という中世から近世への移行期である十六世紀末〜十七世紀初頭を待たねばならない。

(2) 搬入品からみた湯築城下の特徴

湯築城と城下形成は、遺構の分析では道後地区という限られた地域でのみ影響が認められた。しかし、出土遺物からは異なる側面がみえてくる。ここで対象とするのは、他地域から購入するほか入手方法のない搬入品である。それらは、豊かな消費地に多数もたらされることが容易に予測され、搬入品の多寡は経済力の反映と捉えることができる。ここでは、平野内での搬入品出土の状況を見ることにより、湯築城の城下の性格と影響について検討する。

広域流通品のうち、一般的に出土し、消費サイクルが比較的短く時期の指標にも用いることが可能な製品として、碗、皿、鉢の主要型式を取り上げた。具体的には、東播系須恵器こね鉢（十二〜十四世紀前半）、備前焼擂鉢Ⅳ・Ⅴ（十五・十六世紀）、貿易陶磁器の白磁碗Ⅱ・Ⅳ類と龍泉窯青磁碗Ⅰ・Ⅱ類（十二〜十三世紀）、邵武窯白磁皿・杯、細線蓮弁文青磁碗、青花磁碗・皿（十五・十六世紀）（図12・13）［日本中世土器研究会 二〇二二］を対象とした。対象遺跡の一覧表と出典を示すべきだが、多数の遺跡を取り扱ったため本稿では省略した。これらの遺物を中世前期と後期に分け、報告書掲載分を数値化して遺跡群とともに分布を示した結果、時期により明らかな相違点が確認できる。

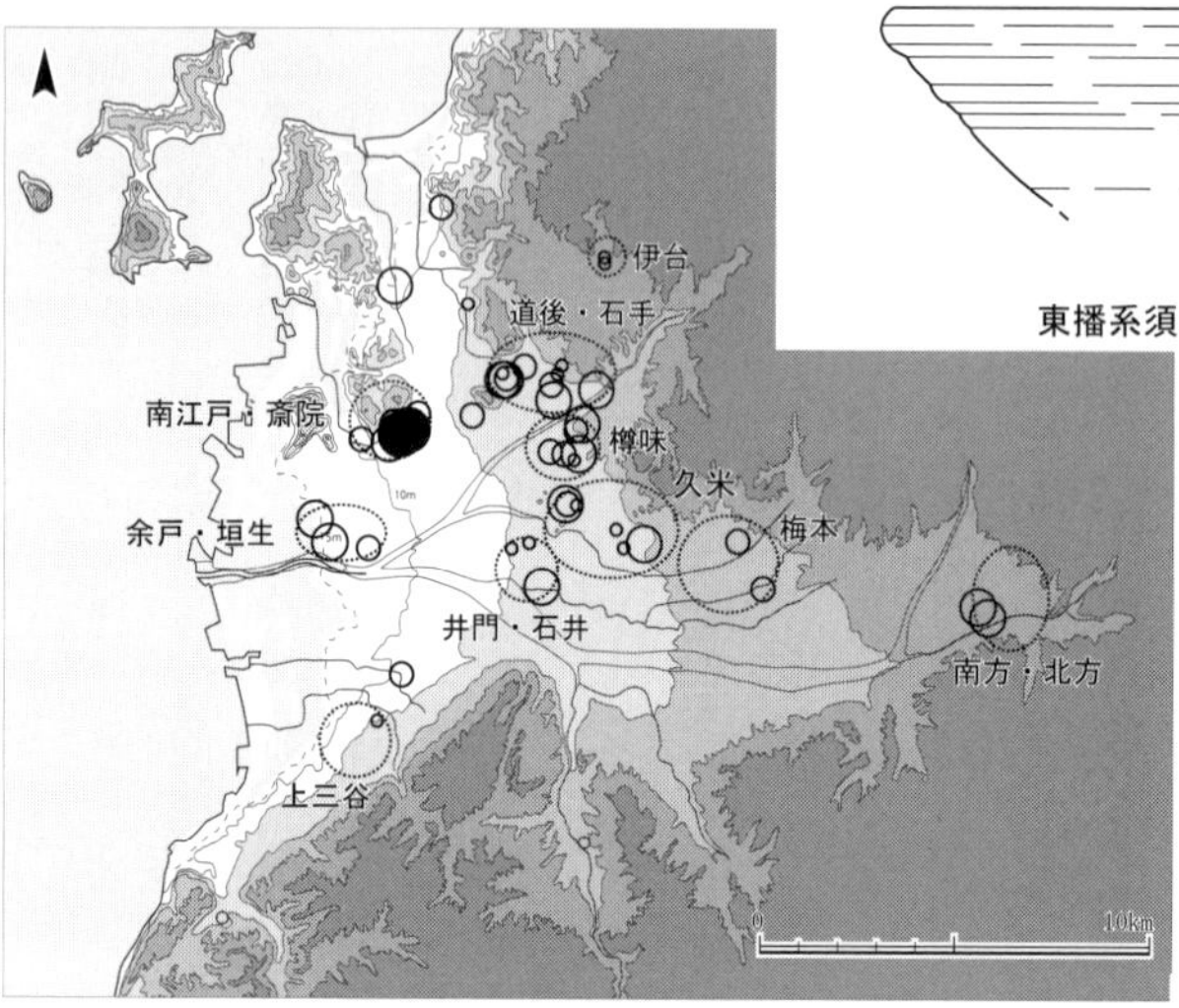

東播磨産須恵器こね鉢出土遺跡

［余戸払川遺跡 1・2 次 382］

東播系須恵器こね鉢

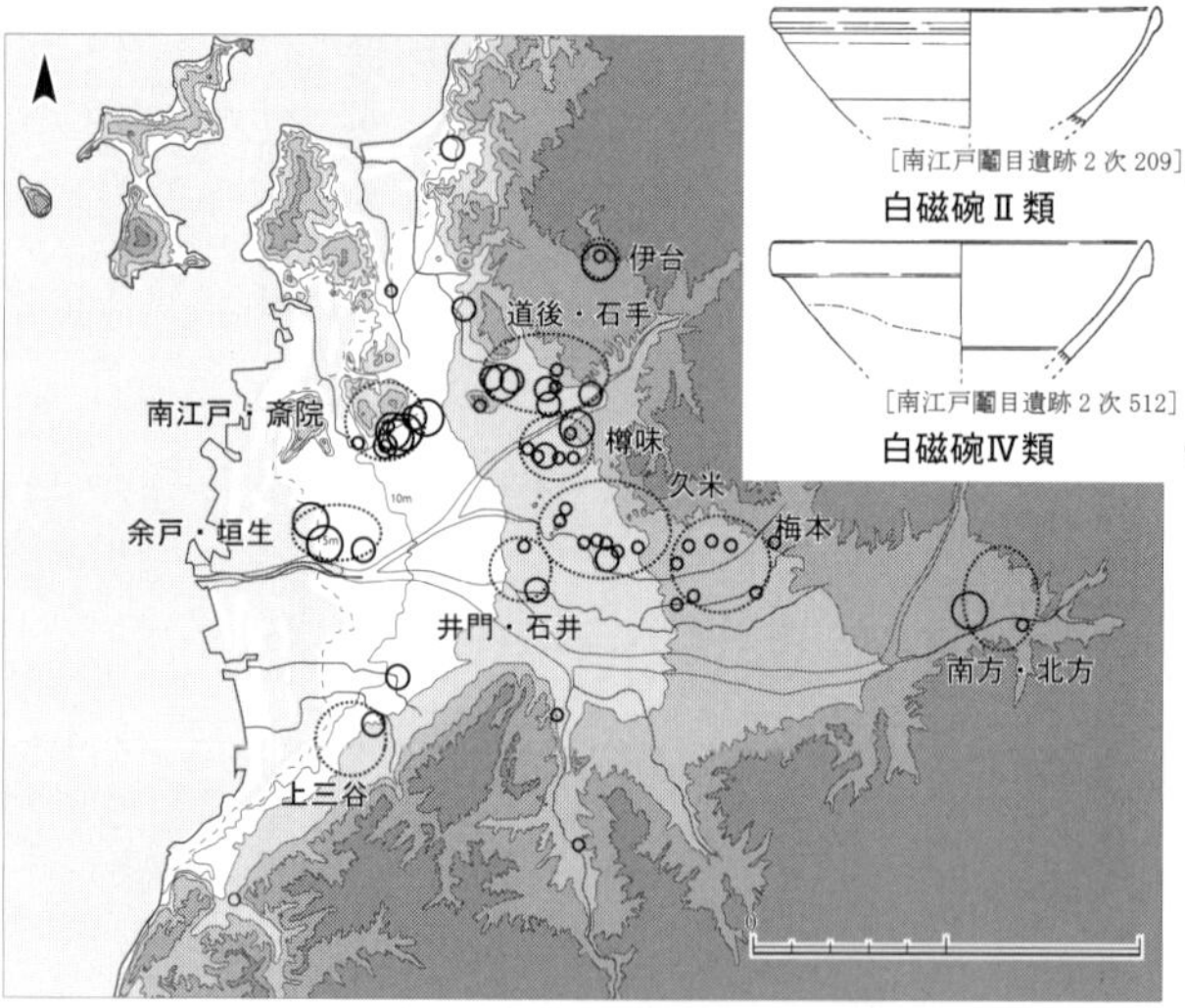

中世前期貿易陶磁器出土遺跡

［南江戸鬮目遺跡 2 次 209］

白磁碗Ⅱ類

［南江戸鬮目遺跡 2 次 512］

白磁碗Ⅳ類

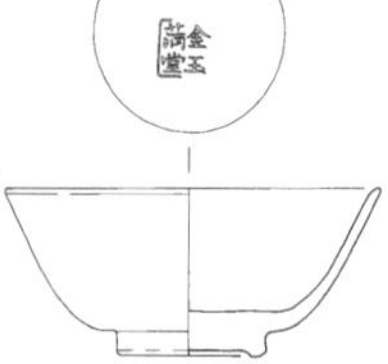

［南江戸鬮目遺跡 2 次 135］

龍泉窯青磁碗Ⅰ類

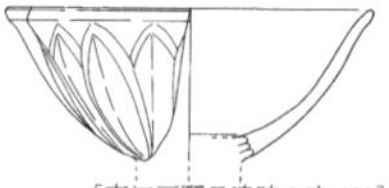

［南江戸鬮目遺跡 2 次 809］

龍泉窯青磁碗Ⅱ類

陶磁器掲載数
1～4
5～9
10～49
50以上

（遺物実測図は各報告書から転載）

図 12　中世前期の搬入品と出土遺跡

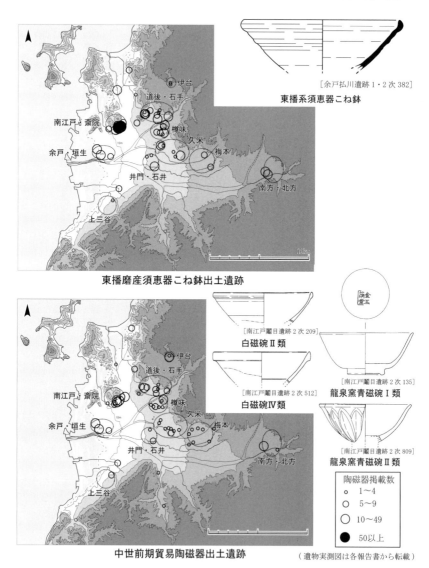

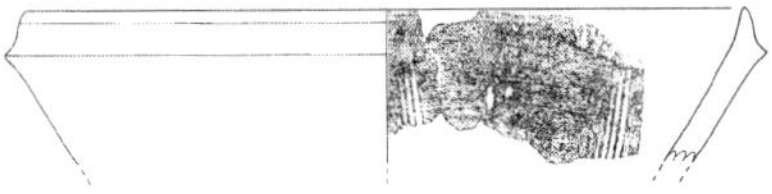

［南斎院土居北遺跡 231］

備前焼擂鉢Ⅳ

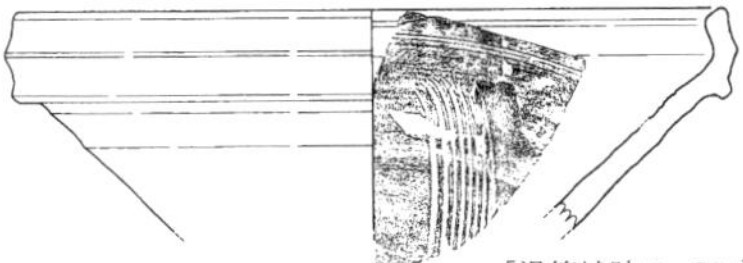

［湯築城跡 2　594］

備前焼擂鉢Ⅴ

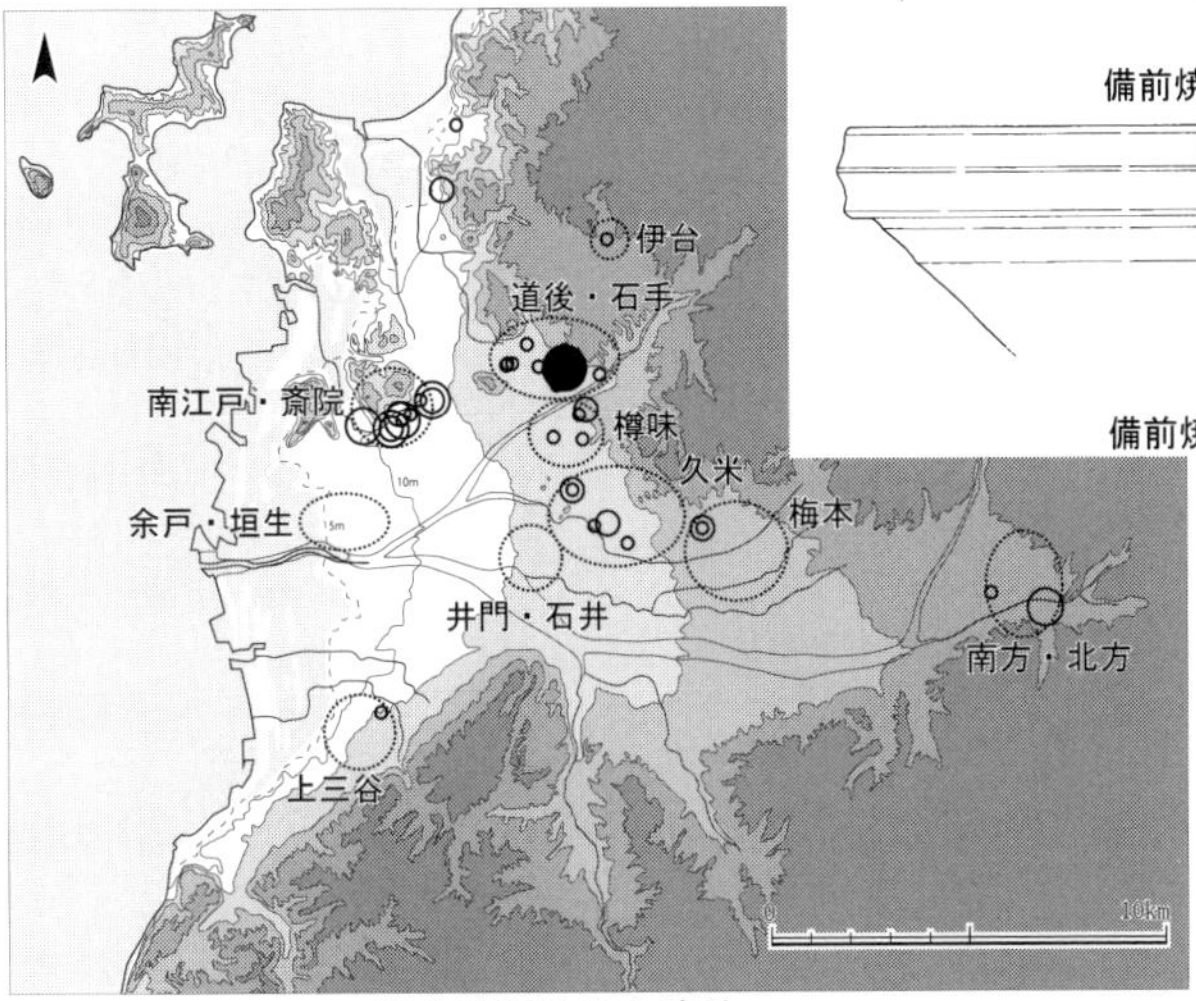

備前焼擂鉢出土遺跡

［湯築城跡 1　625］

細線蓮弁文青磁碗

［湯築城跡 1　264］

邵武窯白磁皿

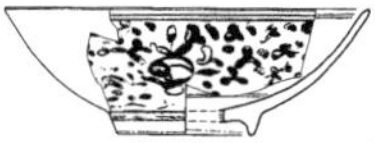

［湯築城跡 1　269］

青花磁碗

［湯築城跡 1　504］

青花磁皿

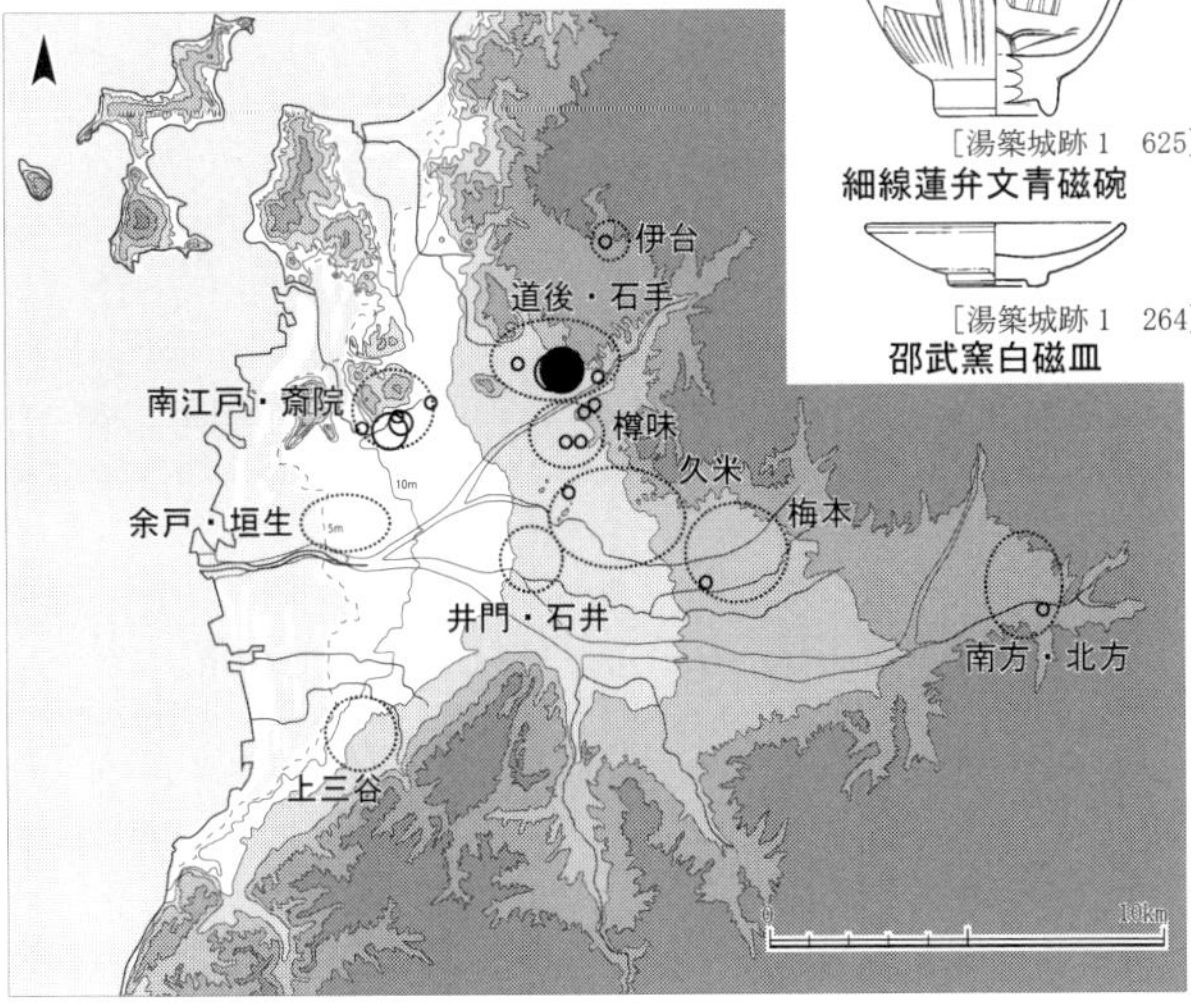

陶磁器掲載数
1〜4
5〜9
10〜49
50以上

貿易陶磁器出土遺跡

（遺物実測図は各報告書から転載）

図 13　中世後期の搬入品と出土遺跡

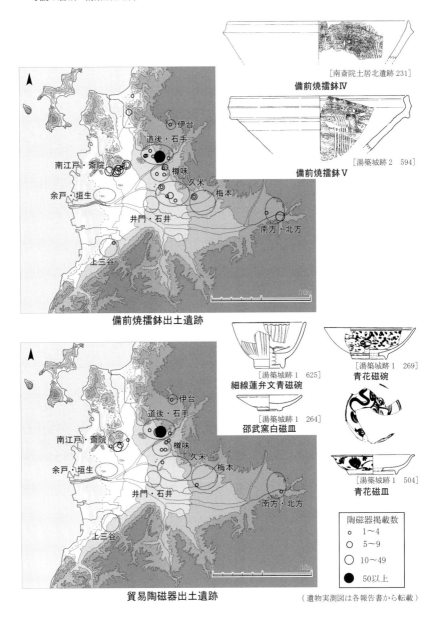

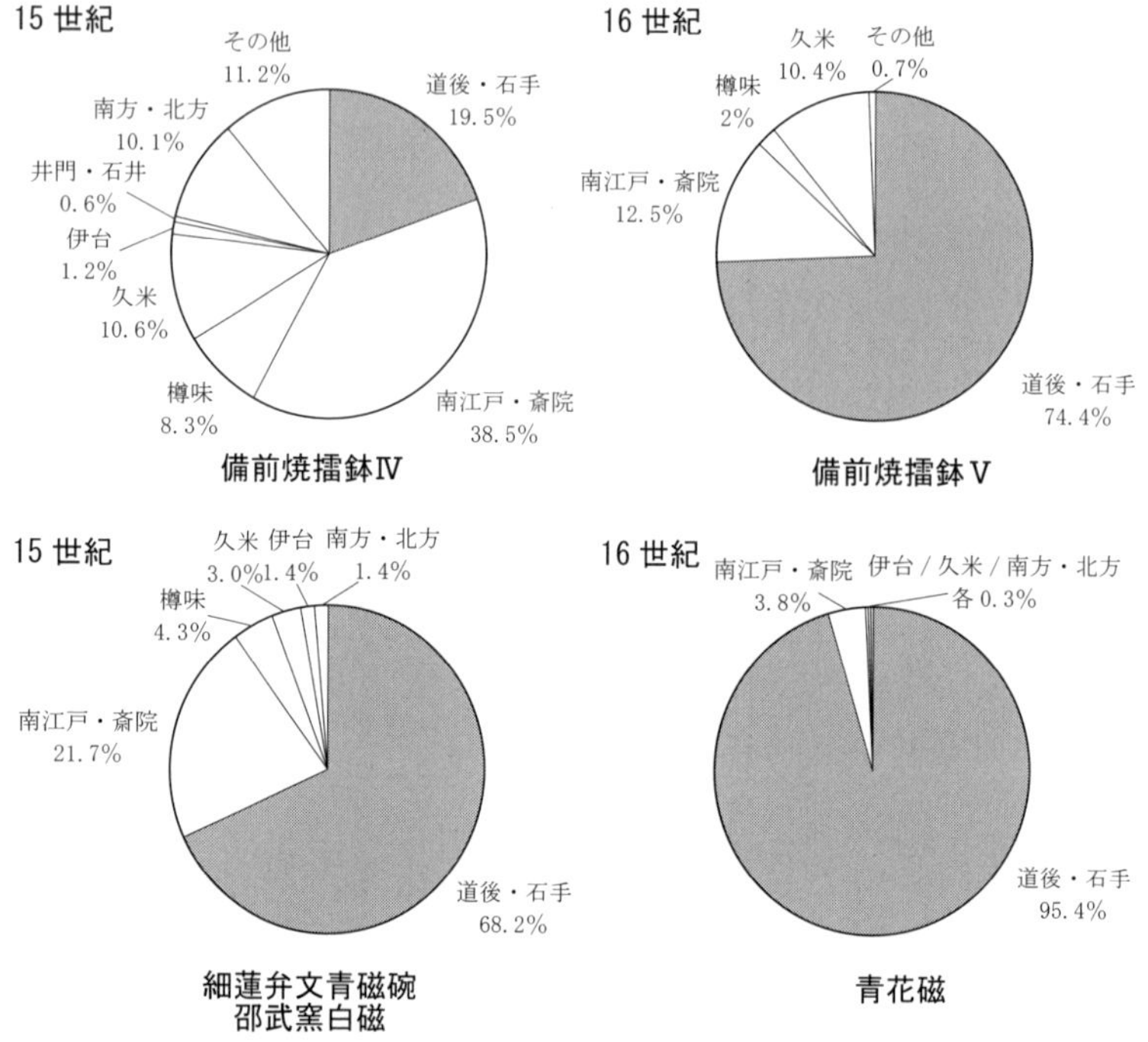

図14　中世後半搬入品の比率

中世前期の遺物は、いずれも平野内から比較的満遍なく出土する特徴がある(図12)。南江戸・斎院遺跡群に最も集中し、消費地としての豊かさを示すが、いずれの遺跡群においても出土が確認でき、遺跡群内でも複数の遺跡において出土する。歴史環境から経済的にも発展していたことが予測された道後・石手遺跡群も、平野内に分布する消費地の一つとして理解される。しかし、中世後期ではその傾向が一変する(図13)。備前焼・貿易陶磁器ともに、道後・石手遺跡群に出土が集中し、南江戸・斎院遺跡群を除いて他の遺跡群では明らかに出土量が激減し、全く出土がみられない遺跡群さえ存在する。中世後期における道後・石手遺跡群の他の遺跡群を寄せ付けないほどの出土量は、当遺跡群の消費地としての成長と、平野内での流通構造の変化を示しているとみられる。

具体的に十五世紀以降の出土量を確認し、備前焼と中世後期の貿易陶磁器に占める各遺跡群の比率をグラフ化した（図14）。備前焼擂鉢ではⅣ（十五世紀）一七〇点、Ⅴ（十六世紀）一四三点、貿易陶磁器では邵武窯白磁（十五世紀中心）が一七点、細線蓮弁文青磁碗（十五世紀中心）が五二点、青花磁（十六世紀中心）が三四五点である。道後・石手遺跡群での出土率を確認すると、備前焼ではⅣが19．5％に対して、Ⅴは74．4％、邵武窯白磁・細線蓮弁文青磁碗は68．2％と半数以上を占めるが、青花磁では95．4％と圧倒的な高さとなる。このことは、道後・石手遺跡群内では、特に十六世紀に遺物出土の集中度が飛躍的に上がっていることを示す。

遺跡群内での状況をみると、備前焼Ⅳでは湯築城跡58％、邵武窯白磁・細線蓮弁文青磁碗は87％、備前焼Ｖ86％、青花磁97％となる。この傾向から、道後・石手遺跡群での消費の中心は湯築城であり、貿易陶磁器ではうまく表れなかったものの、備前焼の傾向をみれば、十六世紀に一層集中している傾向は顕著に認められる。

遺物の出土傾向と周辺遺跡の変遷を合わせて考えると、河野氏進出以降、道後・石手遺跡群の経済的発展は群を抜いており、十六世紀前半に湯築城の外堀の開削と軌を一にして形成され、温泉周辺まで一体化して発展した西側城下は、流通の掌握を伴いながら、湯築城を支える経済都市としての役割を担ったことを示唆している。湯築城跡における全く他を寄せ付けないほどの広域流通品の集中的な出土は、松山平野や伊予一国の問題を超え、湯築城への物流と広域流通拠点との直接的な関係が想定でき［柴田 二〇一一］、その流通を支える存在として西側城下は形成されたとも捉えられる。湯築城下という強大な経済拠点の出現は、平野内の流通構造の変化をもたらし、その意味においては強く影響を及ぼす存在であったと考えられる。

おわりに

本論では、湯築城の所在する道後地区の築城前の環境についてまとめ、河野氏の湯築城進出とは、道後温泉とそれを取り巻く寺社によって支えられた聖地であり、交通・経済・文化の発展した地域への本拠の移動であり、結果的に守護所の移動になったことを指摘した。また湯築城周辺遺跡の変遷は、十五世紀末以降、湯築城の整備と並行して、元々存在した温泉や周辺の町も一体化しながら城下が段階的に発展したことを示している。一方で、遺跡の画期という点では松山平野の他地域とは一致せず、城下形成の影響範囲は小地域にとどまることを指摘した。しかし、広域流通品の出土傾向は、湯築城の求心性が他を寄せ付けないほどであり、湯築城の拡張と同時に誕生した西側城下は湯築城と一体のものであり、経済都市として平野内に影響を及ぼすものであることを推定した。

戦国期の守護所に関して、それを取り巻く城下町の構造や機能、変遷などが論じられ［内堀他編 二〇〇六、石井・仁木編 二〇一七］、それを総括的に述べた仁木宏氏は、南北朝後半から室町時代には、守護所は、府中やそれとは異なる交通の要衝に築かれ、既存の町場を伴うことはあっても城下町は形成しない政治拠点としてのみ存在し、十五世紀末以降に、守護が各地に下向し、地域を治めていく中で戦国城下町が成立していくと述べている［仁木 二〇一七］。守護所としての湯築城の成立や城下の形成過程は、上記の中世都市像と一致するものと考える。

しかし、戦国期の中世都市にはそれぞれの個性が顕著であることも明らかにされつつある。近隣地域では、経済都市を志向した豊後府内において、二町四方の方形館である大友館を中心に、都市景観まで京都をモデルとし開放的な城下を形成したことが指摘されている［坪根 二〇〇六］。また、同様に巨大な方形館を発達させる阿波の勝瑞では、経済基盤としての市や町場が近接しないことが特徴であるとされる［重見 二〇一七］。

湯築城は、巨大な土塁と堀を構築し、城としての防御性を高めた上で、同時に経済を掌握する城下を新たに形成した。この特徴は、大友府内町や勝瑞とも異なり、個性的な戦国時代都市の一面を示していると言えよう。この都市を支えるための港湾や航路、道などの周辺環境については現時点では調査例がなく、今後の課題としたい。

註

（1）現在、「道後」と呼称されイメージする範囲は、道後温泉本館の所在する道後湯月町、温泉街の広がる道後鷺谷町や道後湯之町、道後姫塚、湯築城の住所である道後公園付近ほか、町名に道後を冠する地域であるが、本稿では、現在の岩崎町や石手なども含め道後地区と呼称する。

（2）大洲街道については、松山平野南西部から山間部を抜けるルートとなるが、中世段階での平野内のルートは不明である。

（3）最近の調査で、戒能筋に沿って城下と見られる遺構が発見された。戒能筋沿いでは、南限がのびるとみられる。

参考文献（論文等）

石井伸夫・仁木宏編　二〇一七『守護所・戦国城下町の構造と社会【阿波国勝瑞】』思文閣出版
内堀信雄・鈴木正貴・仁木宏・三宅唯美編　二〇〇六『守護所と戦国城下町』高志書院
梅木謙一　二〇一七「古代・中世の道後温泉」『月刊　考古学ジャーナル』六九三
愛媛県史編さん委員会　一九八七『愛媛県史　近世下』
川岡　勉　一九九八『［増補］河野氏の歴史と道後湯築城』青葉図書
川岡　勉　二〇〇六「中世の道前・道後と地域支配」『中世の地域権力と西国社会』清文堂
川岡　勉　二〇〇七「中世の石手寺と四国遍路」『四国遍路と世界の巡礼』法蔵館
川岡勉・島津豊幸編　二〇〇四『湯築城と伊予の中世』創風社出版
久葉裕可　二〇〇四「鎌倉時代の河野氏と伊予」『湯築城と伊予の中世』創風社出版
齋藤慎一　二〇二〇「戦国城館の構造と聖地」『城と聖地　信仰の場の政治性』高志書院
重見高博　二〇一七「発掘調査から考える守護町勝瑞の範囲と構造」『守護所・戦国城下町の構造と社会【阿波国勝瑞】』思文閣出版
柴田圭子　二〇〇一ａ「十六世紀中葉の輸入陶磁器の再評価―中国・四国地方の遺跡を中心に―」『中世土器研究論集』真陽社
柴田圭子　二〇〇一ｂ「伊予の中世備前焼［2］―湯築城跡出土資料の特徴と編年的位置づけ―」『紀要愛媛』第二号
柴田圭子　二〇〇四「湯築城跡の段階設定と遺構の変遷をめぐる諸問題」『紀要愛媛』第四号
柴田圭子　二〇〇九「湯築城跡と周辺遺跡の変遷過程」『西国城館論集Ⅰ』中国・四国地区城館調査検討会
柴田圭子　二〇一一「消費地遺跡から復元する戦国期流通の一様相」『西国における生産と流通』清文堂
柴田圭子　二〇一四「守護所としての湯築城と周辺景観」『新・清洲会議』資料集

柴田圭子　二〇二三「湯築城跡出土の土製護摩炉」『紀要愛媛』第一九号
島津豊幸　二〇〇四「「道後」あれこれ―まえがきにかえて―」『湯築城と伊予の中世』創風社出版
中世学研究会　二〇二〇『城と聖地　信仰の場の政治性』高志書院
坪根伸也　二〇〇六「豊後府内の歴史的展開と特質」『守護所と戦国城下町』高志書院
中小路駿逸　一九七四「雑芸催馬楽「伊与湯」推考」『愛媛大学教養部紀要』第Ⅶ号
中野良一　二〇〇四「南江戸地区の中世集落」『南斎院土居北遺跡　南江戸鬮目遺跡』㈶愛媛県埋蔵文化財調査センター
中野良一　二〇〇九『湯築城跡　伊予道後の中世城館』同成社
中野良一　二〇一六「湯築城跡出土瓦と墨書土師器杯についての最新の知見」『紀要愛媛』第一二号
仁木　宏　二〇一七「守護所勝瑞と権力・地域構造―阿波モデルの構築―」『守護所・戦国城下町の構造と社会【阿波国勝瑞】』思文閣出版
西尾和美　二〇一一「伊代「三津」考―その周辺、斎院と久万に注目して―」『伊予史談』三六三号
日本中世土器研究会　二〇二二『新版概説 中世の土器・陶磁器』真陽社
橋本裕行　二〇一三「道後温泉と華清池」『橿原考古学研究所紀要　考古學論攷』
日和佐宣正　二〇〇六「地籍図等からみた伊予国守護所湯築城周辺の都市構造」『戦乱の空間』三号
正岡睦夫・十亀幸雄　一九八五『日本の古代遺跡二二　愛媛』保育社
松村さを里　二〇〇七「遺跡からみた湯築城下―道後町遺跡の調査から―」『河野氏と湯築城をとりまく諸問題』伊予の遺跡と中世史研究会
松山市　一九八二『道後温泉　増補版』
松山市子規記念博物館　一九九四『伊予の湯』
柚山俊夫　二〇一二「湯築城廃城と近世の伝承」『二〇一一年度湯築城歴史塾要旨集』湯築城資料館

発掘調査報告書

㈶愛媛県埋蔵文化財調査センター・(公財)愛媛県埋蔵文化財センター　一九九三『松環古照遺跡』・一九九四『道後今市遺跡10』・一九九八『湯築城跡』第一分冊・二〇〇〇『湯築城跡』第二～四分冊・二〇〇二『湯築城跡』第五分冊・二〇〇二『道後町遺跡』・二〇〇三『道後今市遺跡13次』・二〇〇四『南斎院土居北遺跡　南江戸鬮目遺跡(2次調査)』・二〇〇五『道後町遺跡Ⅱ』・二〇〇八『石手村前遺跡』・二〇一二『石手村前遺跡2次・3次』
松山市教育委員会・(公財)松山市文化・スポーツ振興財団埋蔵文化財センター　一九九一『南江戸鬮目遺跡』・一九九三『古照遺跡　第6次調査』・一九九四『斎院の遺跡1』・『古照遺跡　第7次調査』・一九九六『古照遺跡　第8・9次調査』・一九九九『岩崎遺跡』・二〇〇一『斎院の遺跡2』・二〇〇八『道後湯月町遺跡・道後湯之町遺跡』・二〇一一『南江戸上沖遺跡1・2次調査』

海賊の城　能島城——中世「海城」の実像——

田中　謙

はじめに

瀬戸内海のほぼ中央部に位置する芸予諸島。その伊予側には小さな島全体を利用した珍しい構造の城が多く存在する。伊予と安芸の境目に位置する甘崎城、宮ノ窪瀬戸の能島城、来島海峡に連なる務司城・中渡城、そして来島城がよく知られているが、そのなかで唯一の国指定史跡が能島城跡である。周囲８４６㍍の能島と隣接する周囲２５６㍍の鯛崎島の両島全体が城郭化され、現在も良好な状態で遺構が保存されている。

山内譲氏はこのような「小さな島全体を要塞化した海賊衆に関わりのある中世城郭」を「海城」として限定的に定義した〔山内 一九九二〕。一方、網野善彦氏は、「岬に構えられ、海に対する警固所・関所としての役割と防御機能をもった」「海の領主の城郭」を広く海城と表現している〔網野 一九九二〕。山内氏はその後、海辺の山頂や丘陵上に位置することによって海と接している城郭、あるいは大規模島嶼のなかの山頂や丘陵上に占地した海と接する城郭についても「海との関わり」が想定される立地として注目した〔山内 一九九八〕。また三浦正幸氏は、平山城の海城、山城と平城が合体したような海城の例を挙げ、「水城や海城は平城の特殊例と思われがちであるが、山城や平城などの分類とは別の概念」であると述べている〔三浦 一九九九〕。

多くの研究者が、これらの提唱を基本として「海城」を語るなかで、近年では、淡路島の志知城のように、海に隣接していなくとも、海と通じる河川に接し、船手衆（水軍）の拠点となった内陸の城郭も「海城」とする見方もある〔中井二〇二三〕。つまり、「海城」と呼ぶに相応しいか否かの現在の基準は、海との関連性の有無やその度合であり、個々の城の立地、構造と機能、築城背景などを踏まえて個別に判断しているのが現状であろう。

柴田龍司氏は能島城をはじめとした瀬戸内の島の城は、確実に「海関」の機能を有していたとして、汎列島的に存在する軍事施設の「海城」とは異なる「特殊」な存在と位置づけた〔柴田二〇〇八〕。ただし、この見解はおもに立地と周辺環境、そして瀬戸内の海賊衆の性格からみた評価であり、城自体の構造や機能が加味されたものではない。

能島城が「海城」のなかでも特殊な存在だとするならば、①城自体の構造・機能とその変遷を把握し、②他の「海城」との比較研究を行うというプロセスを経たうえでその役割を明らかにする必要があるだろう。さらに地域史、城郭史の中に「海城」を体系的に位置づけるためには、③島・岬・鼻に立地する海辺の城と陸地部の城の比較研究も必要である。拙稿に限れば、①は『総括調査報告書』〔田中編二〇一九〕が現状の到達点であり、②・③についてもそれぞれ課題と展望を示してきた〔田中二〇一七・二〇一九・二〇二〇〕。

本書の趣旨を踏まえて、本稿では改めて①を主題とする。新たな調査成果を踏まえて、瀬戸内における中世「海城」の一様相を示すことを目的としよう。そして「海城」とは何か、という問いに対しても、能島城研究を踏まえて若干の私見を述べたいと思う。

1　研究略史

(1) 従来の能島城の評価

能島城の本格的な研究は鵜久森経峰氏の業績をもって嚆矢とする［鵜久森 一九三九］。「堅固な関門城塞」「今日の海軍要港部又は鎮守府の起源をなすもの」と称し、軍事施設としての側面を強調した。この評価は、当時の社会情勢を反映した「伊予水軍」や「村上水軍」という呼称の定着［田中 二〇二二］とも相まって一般化されることになる。

一九九〇年代以降になると、山内譲氏は、近隣の見近島遺跡の発掘調査で夥しい量の中国陶磁器が出土した様子から、能島城が「日常生活の場」［山内 一九九四］であった可能性に言及する。さらに柴田圭子氏は、能島の採集資料に生活の基本となる供膳・貯蔵・煮炊・調理具が豊富に揃うことを明らかにし、生活の場としての機能を備えていることを指摘した［柴田 二〇〇二］。

その一方で能島城を生活の場とする見方には、懐疑的な意見も根強い。福川一徳氏は、能島城は「出城的な役割を持たされ、見張り場や船溜まり」に過ぎず、「能島村上氏にとって、いわば瀬戸内支配の、シンボル的な存在」［福川 二〇〇五］として位置づけた。日常生活の本拠、詰めの城は本島である対岸の大島にあるとし、陸地部にあるはずの村上武吉の本拠の探索を優先すべき、という強い主張が込められている。

(2) 能島城の築城と海賊衆村上氏の台頭

能島城の城主はいわゆる海賊衆村上氏の一勢力である能島村上氏であり、史料上の初見は貞和五年（一三四九）である。この頃、「塩の荘園」として有名な芸予諸島の弓削島では、小早川一族による「濫妨」が問題化しており、荘園領主の東寺はその停止を求めるため、使者の派遣を幕府に要請。弓削島に向かうその使者を迎えるにあたり、東寺は「野嶋」に「酒肴料」という名目で「三貫文」を支払ったという（東寺百合文書）。「野嶋」とは能島村上氏を、「酒肴料」は警固料を示すとされ、十四世紀中ごろにはすでに海上警固を期待される存在であったとされている。

十五世紀中頃には、守護から遣明船の警固を命じられた「備後海賊村上」「伊与周防等海賊」「四国海賊」（『満済准后日記』）が姿をみせ、山内氏や網野氏らが指摘したように、南北朝時代以降になると海賊のイメージが大きく転換し始めた。「賊的ニュアンス」［山内 二〇一八］は消えることはないが、鎌倉時代以前とは異なり、海上警固への期待、そして海上交通を下支えし、その活発化を促す勢力としても存在感を高めていくことになる。

海賊の台頭とともに、芸予諸島の景観は大きく変化した。柴田圭子氏の研究によると、十五世紀以降に港湾機能を持った集落が湾入した海浜部に展開し、それと連動して、網目状の航路を睨むように、小さな島や岬・鼻の先端、海を望む丘陵上に次々と城が築かれた［柴田 二〇〇五］。

発掘調査成果によると、能島城跡で最も古い遺物群の年代は十四世紀中頃から後半以降であり、この頃に能島の本格的な利用が開始されたとみられる。また少なくとも十五世紀前半以前に郭が形成されていることから、築城は十四世紀中頃から十五世紀前半までの間となり、芸予諸島の他の城に先行して築城された可能性がある。この時期は、先に述べた文献にみる能島村上氏の台頭と合致しているとみて良いだろう。また、貿易品や広域流通品の搬入時期の傾向をみると、能島城のほかに十四世紀後半まで遡る遺跡は少ないことから、能島村上氏がその牽引役となって当地域の流通への関与が強まっていったと考えることができる［柴田 二〇一二］。

また、海辺の城とともに海浜部の集落が展開する点は極めて重要である。すなわち、能島城などの「海城」が単体で機能したのではなく、後背の集落と一体となって海の勢力の本拠が形成されたことを示している。この後背集落は「水場」と呼ばれ、能島城跡のほか来島城跡、務司・中渡城跡、甘崎城跡の対岸にもその地名が残る。「水場」研究の重要性は、山内氏がすでに指摘している通りであり［山内 一九九四］、宮窪平野に位置する幸賀屋敷遺跡の発掘調査により、陸地部の本拠のあり方を具体的に議論できるようになってきた。4節で詳しく述べることとしよう。

(3) 文献にみる能島城の機能

能島城の役割を垣間見ることができる史料もいくつか存在する。例えば元亀二年（一五七一）の毛利氏らによる能島城攻めの記録には「能島要害」という文言がある（内藤六郎右衛門『萩藩閥閲録』）。軍事拠点としての「能島」の存在を示す用例と位置づけることができよう。

また、『フロイス日本史』にも能島城を「要害」とする例を確認できる。天正十四年（一五八六）、堺を出発した宣教師ルイス＝フロイスら一行は、「ある島」に到着した。フロイス日本史の複写版（大村市博物館蔵）を確認したところ、「ある島」の原文表記は「illus」（複数形）であるため、正確には「ある島々」であり、文脈から芸予諸島と考えて良いだろう。続いて「その島には日本最大の海賊が住んでおり、大きい城を構え、多数の部下や地所や船舶を有し」、「この海賊は、能島殿」と記されている。この記述から想起される景観は、能島城とその周辺を除いて他に見当たらない。さらに、「大きい城」の原文表記を確認すると「fortaleza grande」と書かれていたことがわかった。ポルトガル語で「grande」は大きい、「fortaleza」は「要塞」であることから、能島＝要塞という認識をフロイスが持っていたことがわかる。

小島である能島城が「城」として認識できるかという点については、日和佐宣正氏が史料を用いてその妥当性に言及している。すなわち、天正五年（一五七七）における讃岐元吉城からの村上元吉の帰着という同じ事柄に対し、「御帰島」・「御帰城」（いずれも「屋代島村上文書」）と記されており、島と城が言い換えられるものと認識されていたことは明らかであるとする主張である［日和佐 二〇〇二］。

以上のように、「城」や「要害」、つまり軍事拠点としての能島城の姿を見ることができる。さらに、福川氏は十六世紀における能島城の居住性を否定したが、これらの史料を読み解く限りにおいても、十六世紀後半まで海賊たちの「居所」としての能島城の機能を想定することは可能であろう。このことを念頭に置きつつ、次に発掘調査の成果からみた能島城の構造・機能とその変遷について述べていきたい。

3　発掘調査成果からみた能島城

(1) 立地と縄張り

能島北側の小さな入江は船だまりと呼ばれている。干潮時には広い砂浜が形成され、湾部の潮の流れは穏やかで、かつ船折瀬戸を通過する東西最短の航路に面していることから、能島の主要な船着場と考えられる。また、東部海岸は能島で最も長い海岸線を形成する。東の燧灘方面から宮ノ窪瀬戸へ進入したであろうフロイスの一行が「大きい城」で見た多くの船船を有する光景は、この海岸に並ぶ小型和船の姿だったのかもしれない。船だまりや東部海岸からは、保存状態は良好ではないが、上部の郭へと続く通路状の遺構の一部が残存している。

能島は島全体を大きく三段に削平されており、頂部(標高25㍍)の本丸(郭Ⅰ)、それを取り巻く帯曲輪の形態を呈する二之丸(郭Ⅱ)、西側に接する三之丸(郭Ⅲ)が展開する。また、南側、北東に張り出した尾根にもそれぞれ出曲輪があり、それぞれ東南出丸(郭Ⅳ)、矢櫃(郭Ⅴ)と呼ばれている。さらに、能島南西側の広い平坦面は、南部平坦地と呼ばれており、能島で最も広大かつ低位にある曲輪である。隣接する鯛崎島の頂部にも広い平坦面があり、これを鯛崎出丸(郭Ⅵ)としている。このほか斜面部にも小規模な平坦面が多く形成されている。とくに郭Ⅱから郭Ⅳへの尾根筋、郭Ⅲの南部平坦地側、船だまり斜面上に平坦地が多く認められる。

現況の遺構を見る限り、能島城の防御施設は切岸の機能を果たした急峻な崖を除いて明確ではない。能島北側の郭Ⅱ西側直下の斜面については、最上部が盛土で形成されており、人為的な「切岸」が造成されていることが平成三十年西日本豪雨の復旧工事に伴う発掘調査で明らかとなった。斜面中位は岩盤斜面であり、下位の一部には盛土整地層が確認されている。盛土と岩盤によって形成された急峻な崖は能島・鯛崎島の周囲をめぐる。一方で斜面直上の郭の

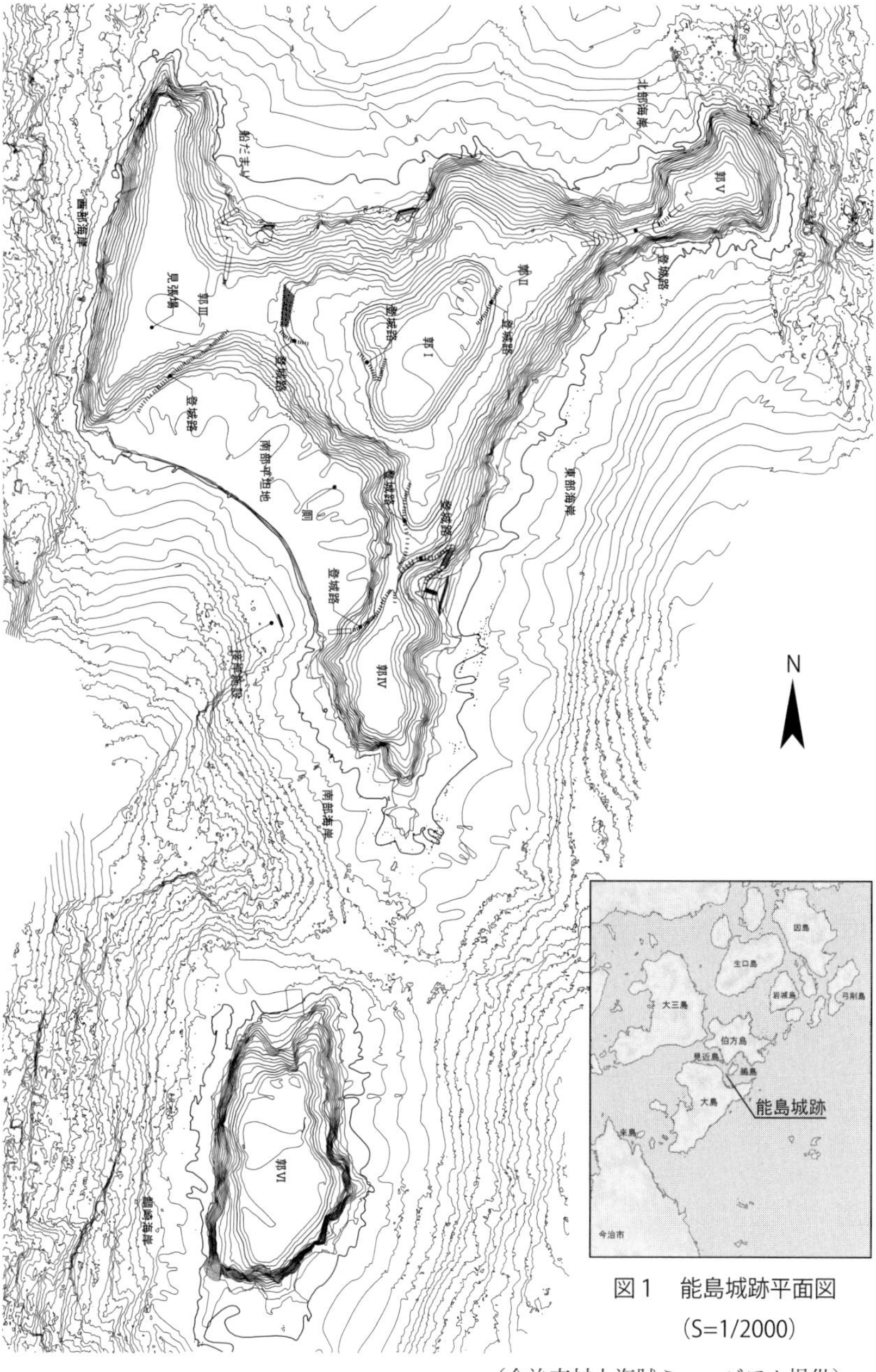

図１　能島城跡平面図
（S=1/2000）

（今治市村上海賊ミュージアム提供）

縁辺に土塁の痕跡は確認できず、竪堀や尾根筋を遮断する堀切も現況では確認できない。なお、郭の縁辺に柵が施された痕跡は発掘調査では確認されていないが、肩部は崩落を繰り返している可能性があるため、その存在を否定することはできない。

このように能島城は「切岸」もしくは急峻な海蝕崖を除けば、土塁、堀切、竪堀、複雑な虎口構造などの山城に顕著な防御施設は確認できず、総じて簡素な縄張りと言うことができる。

(2) 自然の防備性と海岸部の遺構

①「天然の要塞」の検証　山内氏は能島城の縄張りが簡素であることを主張する一方で、それを根拠に防御性が低いとする見方は「陸の視点」であるとし、縄張図に現れない防御施設の存在を強調した。すなわち、「海面が土塁となり、潮流が堀」であり、それらを防御に活用できる海面上が戦場になるという見方である[山内 一九九四]。

確かに大潮・中潮時の最強時間の潮流は5～10ノット（時速約10～20キロ）であり、この主張を裏付けるに足る迫力がある。能島周囲の暗岩や干出岩も上陸を妨げる障壁となったであろう。このような自然の防御性自体を否定するものではないが、大潮であっても一日四回、約六時間の周期で潮止まりがあり、大潮満潮時にはむしろ上陸が容易となる事実も見逃すことはできない。さらに、小潮時には最大でも1.4ノット（時速約2キロ）の時もあり、常時高い防御性を発揮しているわけではなく、むしろ条件に左右される不安定な防御性とも言える[日和佐 二〇〇二]。

②岩礁ピットと海蝕テラス　さらに注目すべきは海岸部の遺構である。戦時に備えるならば、上陸を阻止する何らかの施設の遺構が顕著に残っていてもおかしくないが、いわゆる岩礁ピットや海蝕テラスのあり方は、むしろ船の発着の利便性を求めた海に対して開放的な施設と評価できる。

図2は、能島城で最も海岸部遺構の保存状態の良い船だまりの測量図である。かつて筆者は、船だまりには口

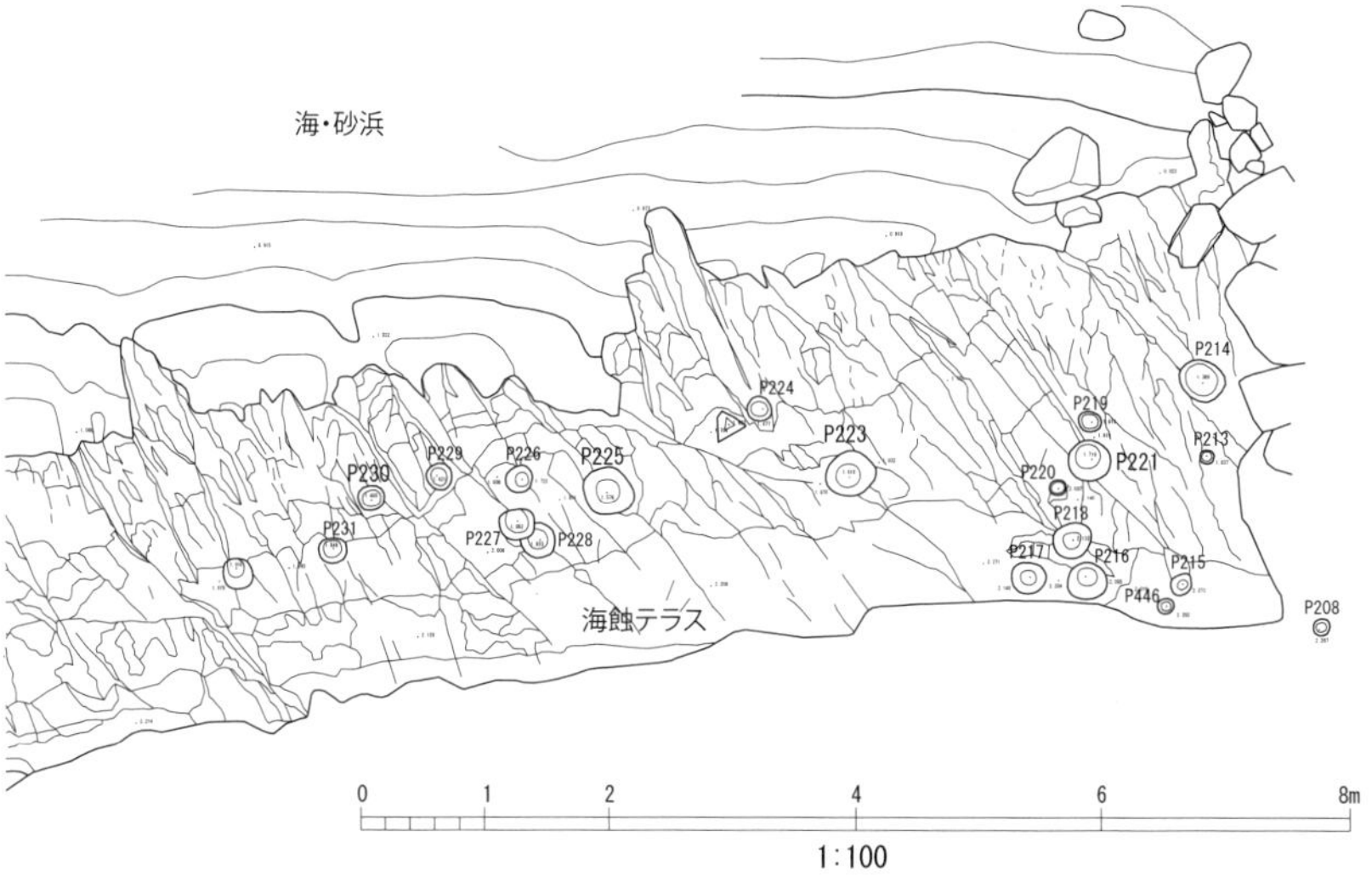

図２　船だまり西側の岩礁ピット配置（今治市村上海賊ミュージアム提供）

径20～30㌢、深さ30㌢台の深いピットで、遺構底部から口部へ垂直近くに立ちあがるA型式〔下條 二〇〇二〕が顕著であり、さらに、それが単独で穿たれるケースが典型であると報告したが〔田中編 二〇一九〕、二〇二一年に3次元計測を実施し、より詳細に現状を記録することができた。

今回の測量の結果、海蝕テラス上もしくはやや下位に位置するA型岩礁ピットの配置には、P221・223・225・230のように約2㍍（六尺五寸）の間隔で穿たれるという規則性を見出すことができる。浸食によって失われている可能性を考慮すると、P230の西側延長上にも同様の間隔でピットが並んでいた可能性もある。このピットが単独で機能した繋船用の柱穴という従来の評価には変わりないが、その規則性を根拠に想像をたくましくすれば、この沖に舫で繋がれた幅約2㍍の小型和船が並ぶ光景を復元できる。さらに遠浅となる船だまりの沿岸に大型和船の接近が困難であることを考慮すると、沖に停泊する大・中型船と船だまりを行き来する小型船が存在し、それを利用して能島へと上陸する海賊たちの姿を想像することができるだろう。

海蝕テラスとは、岩礁の満潮線やや上位に形成された通路状の平坦面である。現状では能島を全周するものではないが、基本的に海蝕作用によって形成された岩盤の平坦面あるいは緩傾斜面を、奥行1㍍から最大で3㍍の平坦面に加工し、通路や作業場として使用したと推測できる。船だまりの発掘調査によると、海蝕テラスは郭へと続く盛土平坦面に連結しており、斜面部に階段状に見られる平坦面を通じて郭への動線ルートが形成されたようだ［田中編二〇一九］。

船だまりの海蝕テラスの一部は十六世紀前半を下限する遺物を含む盛土で覆われているため、少なくともそれ以前から使用されていたことは間違いない。南部平坦地中央部分の斜面裾でも同様に奥行3．5㍍の岩礁削平面が検出されており、十六世紀中葉を下限とする遺物を含む盛土がそれを覆う。もともとはこの岩礁削平面が物資の荷揚場などに使用されたと思われるが、徐々にその前面を埋め立て拡張し、広大な郭を造成したのだろう。

なお、南部平坦地南側では、盛土整地層の下に岩礁を三段以上に削平した階段状遺構が検出されている。最上段は現在の大潮満潮水位とほぼ同レベルであり、これが十六世紀の盛土整地層に覆われているため、階段状の遺構が利用されたのはそれ以前ということになろう。干満差に応じた接岸施設である現代の「雁木」と同様の構造であり、その祖型と評価された甘崎城跡の近世の石垣［谷若二〇〇四］よりも、さらにその時期が遡ることになる［田中編二〇一九］。

③海岸の埋め立てと海水準　南部平坦地はもともと船だまりのような内湾地形で、盛土下には砂浜が形成されていた。各層の時期的根拠は旧稿で詳述しているため繰り返さないが、少なくとも3段階の盛土整地層と遺構面（1～3）が認められる［田中編二〇一九］。

十五世紀前半以降に機能した遺構面1は、上部が削平・浸食を受けている可能性はあるものの、その上面は現在の満潮位よりも約50㌢も低い。十六世紀前半から中葉の間に完成した遺構面2の海側は、現在の満潮位よりもやや低い位置にあるが、上面には石列が見られるため利用面が削平侵食を受けず残存していると考えられる。十六世紀中葉に形成された遺構面3は、全面が現在の満潮位を上回るレベルまで嵩上げされる（図3）。

以上のような遺構面と満潮位の関係から、十五世紀頃は現在よりも水位が低く、十六世紀に海面が上昇し、それに

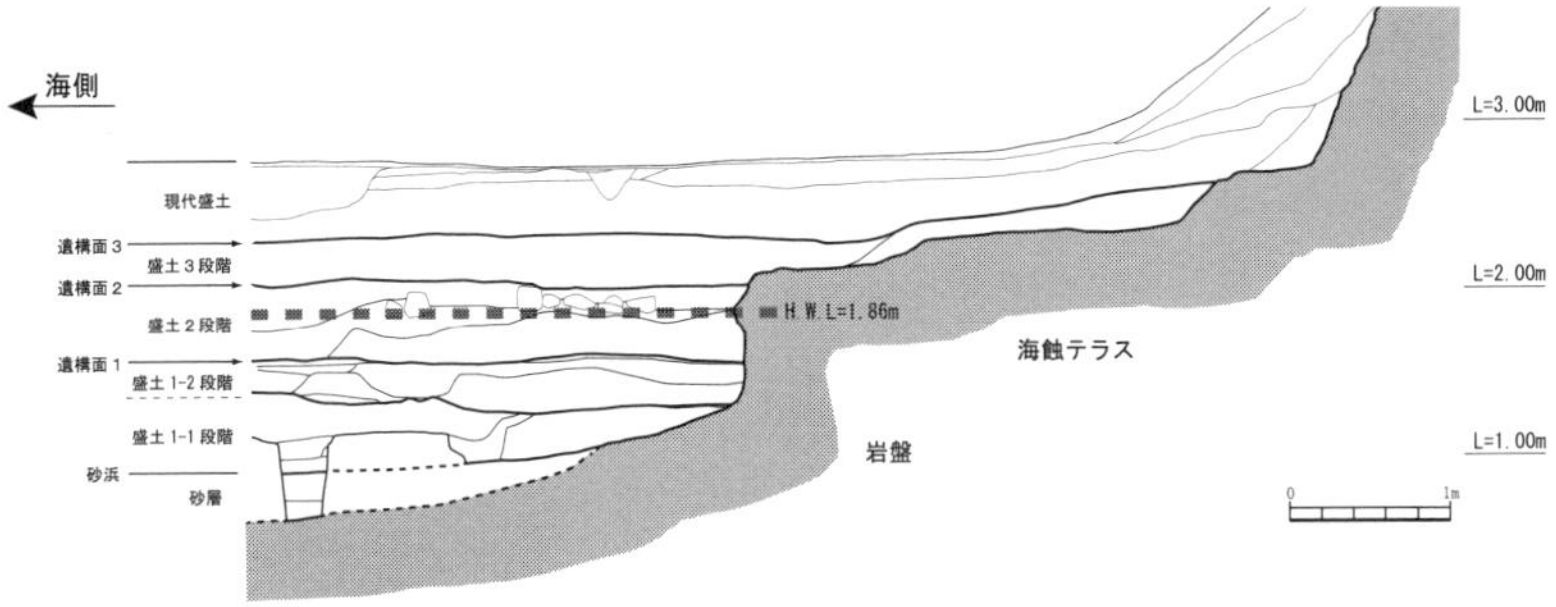

図３　南部平坦地の盛土整地層と海蝕テラス（田中編 2019 より引用）

応じて南部平坦地を嵩上げしたという仮説を立てたことがある〔田中編 二〇一九〕。この現象は、フェアブリッジによる十五世紀半ばの「パリア海退」とその後の急激な温暖化・海面上昇という主張と一致すると述べてきたが、いわゆる「フェアブリッジ曲線」にはその精度に問題があるとする懐疑的な意見もある〔西谷地 二〇一二〕。さらに、中塚武氏は、フェアブリッジ曲線は「海水準変動曲線としてはまったく正しくない」として、「気温の変動が極域の氷床の拡大・縮小や深層水の膨張・収縮を介して海水準の変動につながるまでには、少なくとも数百年の時間がかかるはず」と述べ、その問題点を改めて指摘した〔中塚 二〇二〇〕。これらの科学的検証を踏まえると、海水準変動の問題は慎重に検討したほうがよさそうである。

ただし、南部平坦地の遺構面1および遺構面2の海側が現在の満潮海水面よりもやや低い位置にある点や、年に数回の大潮干潮時にしか検出できない東部海岸（図4参照）の岩礁ピットが存在することを考慮すると、現在よりも海面が低い状態であったと解釈できる現象が認められることは事実であり、今後、科学的研究と連携した検証が必要となろう。この論点については、二〇二三年に実施された南部平坦地の護岸石積背後の発掘調査で貴重な成果が得られているため、その正式報告の検討のなかで議論されることを期待したい。

なお、現存はしていないが、東部海岸にかつて埋め立て地であった可能性を示す岩礁ピット配置（護岸用の列状の木柱か）が確認できる〔田中編 二〇一九〕。海岸部に平坦面を作る理由は、物資の荷揚げや集積、海産物の管理や加工、そして船の修理やメンテナンスなど、現在の漁港に見られる多目的の広大なヤードを想起させる。前述の通り、南部平坦地は、岩盤削平の奥行3.5㍍の平坦面から始まり、徐々に前面を埋め立てて大規模な郭を海岸部に形成したと考えられる。利用の活発化に伴う作業ヤードの拡充とともに、戦国期という時代背景を踏まえると、軍事演習場の確保も目的の一つに想定しても差支えないだろう。

(3) 郭の形成と展開

①遺構の概要　能島城の郭で検出された遺構は、掘立柱建物跡約二〇棟、庇付礎石建物跡一棟、大型方形土坑七基、鍛冶遺構一基、地鎮め遺構四基である(図4・表1)。掘立柱建物は住居または倉庫と考えられるが、そのうち最大五棟の二間四方の総柱建物は「井楼」の可能性が指摘されている。郭Ⅲで検出された城で唯一の礎石建物はその立地と出土遺物の特殊性から「倉」を想定している。大型方形土坑は、壁面と床面に粘土貼りされた土坑で、一辺2㍍を超える。いずれも建物跡に隣接し、覆屋に伴う柱穴が確認できないことから、「水溜め遺構」と推定している。これらは「烽」とされる遺構[中井二〇二〇]と平面形や規模は類似するが、焼土層を伴わないという明確な違いがある。

郭の形成過程や遺構の変遷、出土遺物の盛期から能島城の時期は概ね4期に区分できる[田中編二〇一九]。

②能島城1期(十五世紀前半以前)　能島の利用開始期であり、能島村上氏の史料上の初見時期と概ね合致する。十五世紀前半までには盛土で海岸を埋め立てて南部平坦地の造成を開始するなど、郭の形成期と言えよう。当該期の遺構は不明であるが、土師質土器に加えて、瓦質土器や備前焼甕・擂鉢、中国陶磁器の青磁などの生活に使用された遺物の出土が確認される。

③能島城2期(十五世紀中頃から後半)　基礎となる郭配置が構築された時期にあたる。郭Ⅱには掘立柱建物や地鎮め遺構が見られ、中国陶磁器の搬入も増加するなど、利用が本格化する。この頃の能島村上氏は、小早川一族の小泉

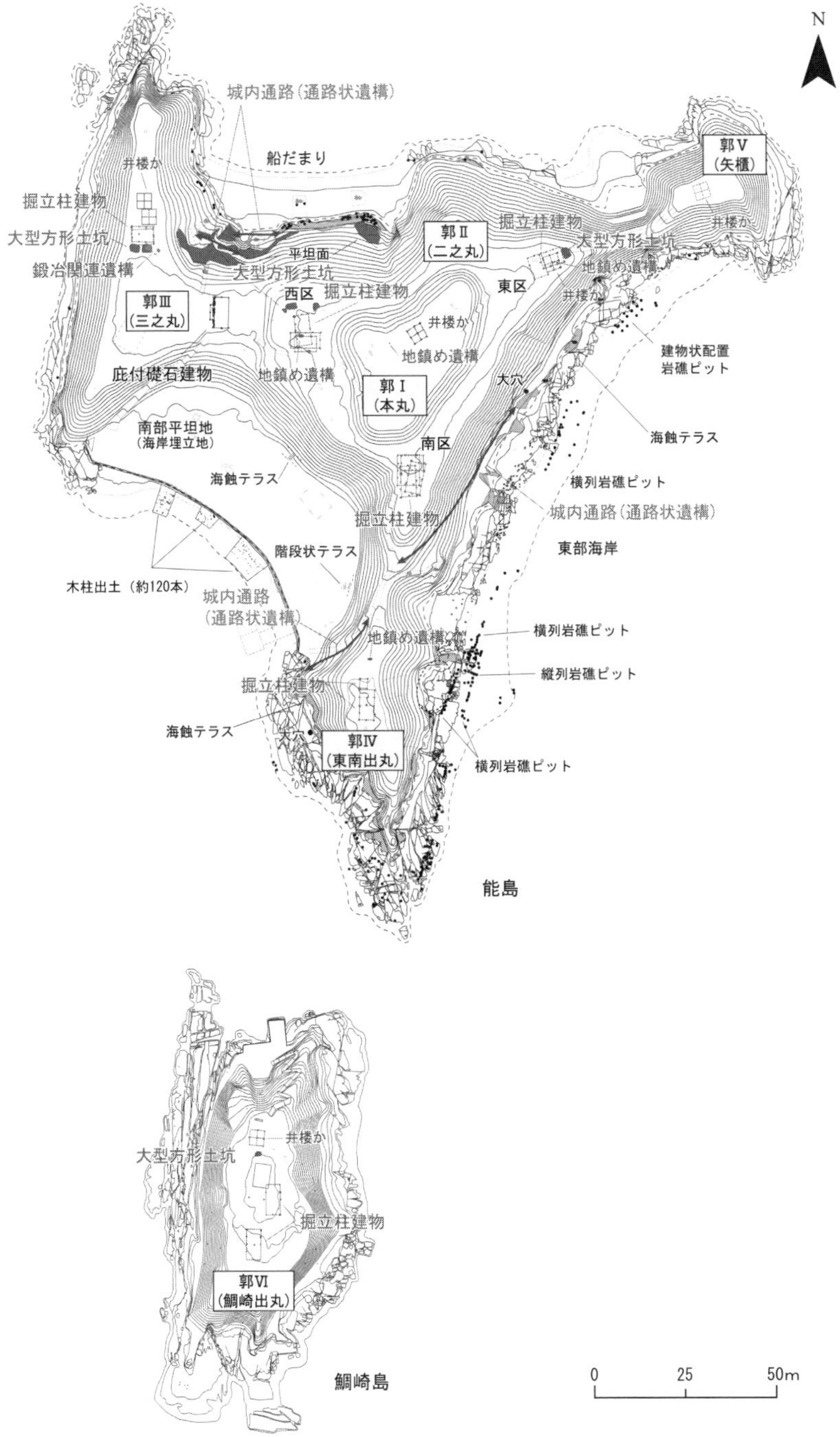

図４　能島城跡遺構分布図（田中編 2019 より利用、一部改変）

表１　検出遺構一覧（田中編 2019 より引用）

郭	遺構	略号	規模	時期	時期比定根拠等
Ⅰ	掘立柱建物	SB-1	2間×2間	16C前葉以降に廃絶	柱穴埋土の景徳鎮白磁皿
	地鎮め遺構	SP-175	皿1、銭5	15C後半	土師質土器皿（草戸千軒町編年Ⅳ期前半）
Ⅱ東	掘立柱建物	SB-1	2間×2間	時期不明	SB-2, 3と切り合うが前後関係不明
	掘立柱建物	SB-2	2間×3間	時期不明	SB-1, 3と切り合うが前後関係不明
	掘立柱建物	SB-3	2間×3間	15C末～16C初以降に廃絶	柱穴埋土の土師質土器皿
	大型方形土坑	SK-1	長2.4～2.8×短1.75～2.05m	時期不明	SB-2と並存か
	地鎮め遺構	SP-1	銭33	時期不明	紹定通寶（初鋳1228年）以降
Ⅱ南	掘立柱建物	SB-4	3間×4間	16C前半以降に廃絶	柱穴埋土の土師質土器皿
	掘立柱建物	SB-5	2間×4間	SB-4廃絶後	柱穴の切り合い関係
	掘立柱建物	SB-6	2間×3間	15C以降か	柱穴埋土の亀山焼系瓦質土器擂鉢
	掘立柱建物	SB-7	2間×4間	時期不明	切り合い関係、遺物なし
Ⅱ西	掘立柱建物	SB-8	2間×4間	盛土⑥層以降	盛土⑥層はSK-7（15C中～後半）以前
	掘立柱建物	SB-9	2間×4間	盛土⑥層以降	盛土⑥層はSK-7（15C中～後半）以前
	掘立柱建物	SB-10	2間×3間	15C中頃～後半以前	地鎮め遺構SK-7に切られる
	大型方形土坑	SK-3	長2.2以上×短1.9m以上	時期不明	SB-8、9と並行か
	大型方形土坑	SK-4	長3.1×短1.63m	時期不明	SB-8、9と並行か
	大型方形土坑	SK-5	長1.4以上×短1.16m	時期不明	SB-8、9と並行か
	地鎮め遺構	SK-7	皿25、銭13	15C中頃～後半	土師質土器皿（草戸千軒町変遷Ⅲ期～Ⅳ期前半）
Ⅲ南東	礎石建物跡	SB-1	2間×4間	16C前半以降	先行する石列内の備前焼大甕
Ⅲ北西	掘立柱建物	SB-2	2間×3間	時期不明	SK-4.5と並行する可能性あり
	掘立柱建物	SB-3	2間×3間	16C前半以降	鍛冶遺構以降
	大型方形土坑	SK-4	長2.7×短1.9～2.0m	鍛冶遺構に先行	鍛冶遺構に切られる
	大型方形土坑	SK-5	長2.95×短2.0～2.1m	16C前半以前、鍛冶遺構に先行	埋土遺物から16C前葉以降廃絶、鍛冶遺構に切られる
	鍛冶関連遺構	SX-6	－	16C前半頃	放射性炭素年代測定+SK-5との切り合い
Ⅳ	掘立柱建物	SB-1	1間×1間	15C末～16C初か	地鎮めの可能性があるSP-47出土遺物
	掘立柱建物	SB-2	2間×4間	15C後半～16C初以降か	内部のSP-51の土師質土器および地鎮めSK-1
	地鎮め遺構	SK-1	皿28×銭82	15C末～16C初	土師質土器皿（草戸千軒町変遷Ⅳ期後半新段階）
Ⅵ	掘立柱建物	SB-1	2間×2間	15C末～16C初頭頃以降の廃絶	埋土の遺物
	掘立柱建物	SB-2	2間×4間	16C前半以降の廃絶	埋土の遺物
	掘立柱建物	SB-3	2間×4間	時期不明	SB-2と並存か
	大型方形土坑	SK-1	長1.62×短1.16m	16C前半以降の廃絶	埋土の遺物

氏らとともに弓削島庄を「押領」するなど（東寺百合文書）、芸予諸島での活発な活動が確認できる。

④能島城３期（十五世紀末から十六世紀前半）　出土遺物と遺構からみた能島城の盛期にあたる。郭Ⅰ・郭Ⅱ西区・船だまり斜面・通路状遺構において、盛土整地による城の改修が行われている。平成三十年西日本豪雨の災害復旧に伴う発掘調査では、郭Ⅲが郭Ⅱ北側直下まで帯曲輪状に続いていた可能性が指摘された［田中編 二〇二二］。そして、この時期に帯曲輪に盛土が施され、現在の郭Ⅱ西区の形状に仕上がっていることが明らかになった。

城内には梁間側二間（一間は約六尺五寸）、桁行側三間もしくは四間の規模の住居または倉庫が最大で六～七棟併存した可能性があり、建築や廃絶に際しては、丁寧な地鎮めの祭祀を行っていた。十五世紀末～十六世紀初頭に比定できる土師質土器皿が多く出土した郭Ⅰは儀礼や饗宴を行う非日常的空間、郭Ⅱはおもに居住空間が想定できる。上級武士的な人物が常駐していたとすれば、いわゆ

表2　遺構・遺物から想定される郭の主な性格（田中編 2019 より引用）

性格	機能	器種	Ⅰ	Ⅱ東	Ⅱ南	Ⅱ西	Ⅲ北西	Ⅲ南	Ⅳ	Ⅴ	Ⅵ	特記事項	南部平坦（参考）	見近島（参考）
			掘立1（2間総柱）地鎮め1	掘立1（2間総柱）掘立2（建替）水溜め1地鎮め1	掘立4（建替）	掘立3（建替）水溜め3地鎮め1	掘立2（2間総柱）掘立2（建替）水溜め2鍛冶1	礎石1	掘立2地鎮め1	掘立1（2間総柱）	掘立1（2間総柱）掘立2（建替）水溜め1		盛土整地	建物15土器溜
生活	食膳具	碗・坏・皿	◎	◎	◎	◎	◎	◎	◎	◎	◎	郭Ⅰ土師器皿突出	○	○
	貯蔵具 調理具 煮炊具	甕・壺 擂鉢・卸皿・臼 鍋・釜	△	○	○	○	○	○	△＋	△	○－	郭Ⅰ以外は一定量出土	◎	◎
	奢侈品（希少品）	青磁瓶・盤・香炉 褐釉・三彩・等	△	△	△	△	△	△	×	×	△	郭Ⅱ西・郭Ⅲ南多い	△	△
	茶道具	茶臼・茶入れ・天目茶碗	△	△	△	△	△	△	×	×	△		△	△
	文房具	硯・水差し	△	△	△	△	△	△	×	△	△	水差しは郭Ⅱ東1点	△	△
	遊戯具	碁石・瓦玉	△	△	△	△	△	△	△	×	△		△	×
	化粧具	鉄漿・紅皿（銅製容器） 鉄漿壺	×	△	×	×	×	×	△	×	△		△	×
	その他	砥石	△	△	×	△	×	△	×	△	△		△	△
	銭貨	唐銭・宋銭・明銭 無文銭（単独出土）	△	△	△	△	△	△	△	△	△	全郭出土	△	△
宗教	仏具	土製仏像	×	×	×	△	×	×	△	×	×	郭Ⅱ西・郭Ⅳで各1点	×	×
	地鎮め	銭貨（一括出土）・皿	△	△	×	△	×	×	△	×	×	4か所	×	×
生業生産	漁具	土錘	△	△	△	△	△	△	△	×	△		△	△
	農具	鋤	×	×	×	×	×	×	×	×	×		×	△
	鍛冶	羽口・鉄滓・鍛造剥片	×	△	△	△	△	△	△	△	△	遺構は郭Ⅲ北西の	△	△
軍事	武器	鉄鏃・小刀 刀装具・刀子等	×	△	×	△	×	△	×	×	△	郭Ⅲ南郭Ⅵやや多い	△	△
	武具	小札・八双金物 覆輪・鞐等	×	×	△	△	△	△	×	×	△		△	△
	附属品	笄	×	×	×	×	×	×	×	×	×		×	△
建築	金物	釘・鎹	△	△	△	△	△	△	△	△	△	全郭出土	△	△
	その他	壁土状土塊	有	有	有	有	有	有	有	無	有		有	有
遺構・遺物から想定される郭の主な性格			儀礼監視	居住	居住	居住（上層）	居住生産監視？	倉庫	居住（儀礼）	不明監視？	居住監視		多目的ヤード	集落流通拠点

※性格・機能・器種の分類は〔柴田2003〕を参考に作成した
※食膳具の皿には、灯明皿を一定量含むが細分はしていない
※貯蔵・調理・煮炊具は器種分類が困難な小破片を含むため、未細分
※壁土状土塊は、数量を把握していないため有・無で記載
※南部平坦地は、整地層出土遺物のため、機能を示すものではない

◎　半数以上（各郭出土遺物の50％以上を占める）
○　多い（同20～30％程度）
○－　やや多い（同15％前後）
△＋　やや少ない（同10％前後）
△　ごく少量（同5％未満）
×　出土していないか、小片のため確認できない

る奢侈品が豊富に出土した郭Ⅱ西側がそうであろう。

郭Ⅲには、現状では能島城で唯一の礎石建物があった。これは船だまりや南部平坦地に荷揚げされた物資が保管される「倉」と考えられる。その西側には鍛冶遺構も検出され、鉄釘や鉄鏃といった小型の鉄製品を生産・補修する場を城内に備えていたことがわかる。

郭Ⅱ・郭Ⅲで確認された掘立柱建物には、水溜めと考えらえる一辺が2㍍以上にもなる大

型方形土坑が付随する。おそらく生活用として雨水を有効利用していたのだろう。

⑤能島城4期（十六世紀中頃から後半）　十六世紀中葉に南部平坦地の整地（盛土3段階）が行われ、城の最終形態が完成した時期である。この盛土整地層には、食膳具・貯蔵・調理・煮炊具が多く含まれるが、とりわけ食膳具以外の生活用具が優勢となる。少なくとも能島城3期までは、生活空間としての性格が非常に強く、4期以降にはそれが弱まり、城内で土師質土器を大量に消費するような利用形態に変化した可能性が指摘されている［柴田 二〇一二］。

一方、鯛崎島では十六世紀中葉の様相を示す中国陶磁器（青磁波状文碗、青花皿B2群、釉薬回し掛け白磁皿、漳州窯青花皿など）の出土が目立ち、この特徴は見近島や湯築城2段階のあり方［柴田 二〇〇二］と類似している。能島からは視認できない燧灘方面の監視強化など、鯛崎島の重要性が増したと考えることもできよう。

天正十五年（一五八七）の小早川隆景の筑前国替えに伴い、この頃に能島村上氏が退去したとされる［山内 一九九七］。なお発掘調査では顕著な焼土面などは確認できないため、焼失による落城ではないと考えている。

⑥十六世紀中頃の画期とその背景　ところで一五四七年における厳島神社神主杉景教の能島城への滞在（嚴島野坂文書）や、一五八六年のルイス＝フロイス一行とのやり取り（『フロイス日本史』）などを踏まえると、能島城4期においても「居所」としての城の役割が継続されていたと考えられる。その一方で、この時期の貿易陶磁器や広域流通品の出土量が3期と比べて急激に減少する。また文献からみた能島村上氏の盛期は能島城4期に相当し、考古学的にみた盛期と一致しないという問題もある。

この問題に対しては柴田氏、筆者、山内氏らがそれぞれ見解を述べてきたが［柴田 二〇一一、田中編 二〇一九、山内 二〇一五］、近年、大上幹広氏が従来の議論を踏まえて、十六世紀中頃の能島城と能島村上氏をめぐる画期について新たな解釈を示した［大上 二〇二一］。それは、天文年間に大内氏が芸予諸島を影響下に置くことで海賊衆の持つ権益を制限し、むしろ海上での経済活動を後退させたという指摘である。そして、このことが能島村上氏の流通拠点とされる見近島が火災による機能停止から復興しなかったことや、能島城跡の貿易陶磁器などの遺物が十六世紀半ばを境に減少していく原因となったと説明している［大上 二〇二一］。紙面の都合上、盛期の不一致および十六世紀中頃の画期の議論は掘り下げないが、今後の議論の前提として一つ考慮しておくべき事柄がある。それは先に述べた通り、能島城が焼失により落城したのではなく、能島村上氏の退去によって廃城したという点である。

能島城跡の発掘調査で検出された掘立柱建物跡のなかで、柱穴遺構に「柱痕」が確認できる柱穴はほとんど見られない。このことは退去の際に、柱をきれいに抜き取って建物を撤去した可能性を示している。そしてこのような丁寧な所作を踏まえると、退去の際に生活用具一式を携えて移動したと考えることができ［田中編 二〇一九］、十六世紀後半から末葉の最終段階にあたる遺物が乏しい理由の一つとして想定しておく必要が生じてくる。

中井氏は、全国的に大量の遺物が出土する城跡が極端に少ないという事実から、焼失による落城ではなく、平和な状態で廃城になった城が圧倒的に多いと考えた。つまり、遺物が出土しない山城＝防御空間としての詰め城、とは単純に評価できず、生活用具を持って山を下ったという状況が想定されるという［中井 二〇二〇］。能島城における廃城時のモノの移動を考える上で重要な見解であり、減少するとはいえ能島城４期の生活遺物が存在することは、居住空間としての使用が継続されていた証にもなり得ると言えよう。

廃城に伴う使用品の移動については、『総括報告書』においてその可能性に若干言及したが、前述の中井氏の見解に接し、論拠を補強し再び議論の俎上に載せた。もちろん、廃城期の前段階である十六世紀中葉を境に遺物量は減少に転じているため、貿易陶磁器や広域流通品からみた盛期は３段階であるという認識が揺らぐものではない。

なお、今後の展望として十六世紀の土器編年に基づく遺物保有量の分析と遺構の変遷を明らかにすることが最も重要な研究テーマと認識しているが、いまだ考古学的な基礎作業を終えていないため、今後の課題とせざるを得ない。

４　能島城の実態と陸地部の遺跡

⑴　能島城の実態と普遍的役割

いまだ多くの課題を残しているが、平成十五年度以降の考古学的な調査によって議論は活発化し、徐々に能島城の実態が明らかになってきた。かつては出城や見張り場に過ぎないという軍事施設としての評価が主流であり、居住性の低さが強調されてきたが、時期による濃淡はあるにせよ、生活に使用された土器・陶磁器が各時期で出土するなど、恒久的な生活の場であったことが証明された。五百点を超える漁網用土錘の大量出土も、能島城が海賊衆の生業の場であったことをよく示している。また、七万片以上の出土遺物のうち、海外産の陶磁器は約５％を占め、中国陶磁器は碗・皿以外の青磁盤・香炉・天目茶碗・茶入れなどが一定量出土することも特徴と言える。その主体を占める能島城３期以降の遺物組成からは、海賊が流通へ関与するとともに、城内で文化的な生活を営んでいたことがわかる。

仮に能島城の役割が軍事的な側面に限られるのであれば、城自体の防御機能も強化される必要があっただろう。しかし現況で確認できる簡素で開放的な縄張りに加えて、発掘調査の成果を見る限りにおいても積極的に防御性を高める改修などは認められなかった。さらに、船の発着や海辺の活動の利便性を高めるための海岸整備を行っているという事実は重要であり、戦時以上に平時の役割が重要視されていたと考えることができる。

瀬戸内海の「海賊」、村上氏などが警固料を徴収したことが知られているが、「海城」はその実現のためになくてはならない施設であった。もしも警固料を出さずにその前面を通過する船があれば、城はその機能を全面的に発揮し、その船を拿捕するが、警固料を置いていくならば、水軍は責任をもって航行の安全を保障したのであった［網野　一九九二］。

右記は網野氏が瀬戸内海の「海城」の機能について述べた部分である。網野氏の言う「城の機能」を能島城の調査成果に基づいて具体的に述べるとするならば、次のようになろう。

切岸と天然の崖以外の防御施設が乏しい縄張りは、むしろ眺望の利く、開放的な構造を目的としており、航行する船舶の監視や情報の伝達を可能にした。また、岩礁ピット・海蝕テラス・海岸の埋め立ては、常時船が発着できるように整備された海岸であり、多くの船舶の停泊とともに、前面を通過する船に対する迅速な追跡を可能とする。そして、豊富な生活用具の出土と何度も建て替えられた住居跡は、海を熟知し、操船技術に長けた海賊衆の常駐を示している。このように、能島城が平時の海上活動に適した機能を有していたことは十分に説明が可能である。

さらに、能島城の機能はこれにとどまらず、より重要かつ普遍的な役割を持っていると筆者は考える。

山内氏は、海賊たちが長い間に作り上げた生活の場を「ナワバリ」と表現したが〔山内 二〇一八〕、能島城はまさに能島村上氏の「ナワバリ」の象徴として普遍的な存在であり続けたと考える。能島村上氏の平時の海上活動が成立する前提として、その「海域」が長い年月をかけて築き上げてきた海賊たちの生活の場、いわば「ナワバリ」であったからであり、それを主張する根拠、あるいはその象徴が海辺や島に築かれた城であった。

ルイス＝フロイスは、『日本史』のなかで、能島村上氏の海域に「大きい城」が築かれていたことを強調し、自らの位置を「城から約二里の地点」と表現した（『フロイス日本史』）。まさに能島城が能島村上氏のナワバリの象徴であり、その役割は、少なくとも城の最終段階である一五八六年まで堅持されていたことがわかる。

また山内氏が紹介したように、廃城後の文禄三年（一五九四）に能島沖を航行した島津氏の家臣新納忠元は「野島とやらん、昔は盗賊を有ける所なれ共、殿下様の御徳にて、今ハ上下の船心安く侍りながら沖中にいかりをおろして」（新納忠元日記『旧記雑録後編』）と述べており〔山内 二〇〇四〕、興味深い。つまり廃城後も能島村上氏の象徴として語り継がれるほど、ナワバリの象徴としての存在感を失っていなかったのである。

(2) 陸地部の遺跡との関係からみた海賊の本拠

海賊衆村上氏の多様な海上活動の前線拠点が能島城だとすれば、その背後に生活の本拠となる集落の存在が想定できる。対岸の陸地部には、「かじや田」(鍛冶屋田)や「ばんちょ給」(番匠給)など、中世の地名が残されており[東二〇〇二]、宮窪平野には城下町的な光景が広がっていたと推測できる。いわゆる詰めの城(山城)と麓の居館の関係を彷彿とさせるが、単純に陸と同じ論理で海賊の本拠を語ることができるだろうか。

写真1　幸賀屋敷遺跡の位置(南東上空から)
(今治市村上海賊ミュージアム提供)

福川氏は、村上武吉の本拠は能島を望む「幸賀屋敷」からその裏手の「城山」にかけて展開しており、東から土生城、丸山城、見近島、能島、鵜島が展開して守りを固めていたと述べた[福川二〇〇五]。地元では「クガヤシキ」などと呼ばれる「幸賀屋敷」遺跡が能島村上氏の居館跡とされ、海側に向かって舌状に延び出した丘陵の中央部に集落が広がっていたと考えられている。なお、遺跡名称の由来については別稿を参照いただきたい[田中編二〇二二]。

平成十六年(二〇〇四)の発掘調査では、わずか2平方㍍の調査地から約八〇〇点の瓦片が出土した。当時は、尾道の中世寺院と類似性のある十四世紀後半の軒平瓦片が一点確認されたものの[平田二〇〇五]、その他の遺物組成から、十六世紀後半から十七世紀初頭が主要な時期であると評価し、能島城と並行もしくは能島村上氏退去後の遺跡と位置づけた[中川・田中二〇〇五]。

しかし、正式な発掘調査報告書の刊行に伴う遺物の再調査を行った結果、幸賀屋敷遺跡の出土瓦は能島城の盛期である十六世紀前半頃を含みつつも、十四世紀後半から十六世紀後半の幅広い製作年代、そして様々な製作技法の瓦が混在していることが明らかになった［田中編 二〇二二］。とくに十五～十六世紀中頃の瓦が多く出土しており、もしその段階の瓦葺建物が存在したならば、城館ではなく「中世寺院」という可能性も浮上する。さらに推測を重ねると、幸賀屋敷遺跡の北東側に隣接する「さんの遺跡」では中世様式の五輪塔などの石塔群や若干の瓦が出土していることから［長井編 二〇〇二］、この両遺跡を含む丘陵上に能島村上氏の宗教空間が形成されていたという仮説も成り立つ。

十四世紀後半から十五世紀初頭に位置づけられる軒平瓦は、その類例が尾道の中世寺院に認められる。当該期は港町尾道が隆盛を極める時期であり、建造物や石造物の特徴から芸予諸島を介した職人の移動を見ることができる。なお、正式報告を待たねばならないが、二〇二三年には、瓦が大量に廃棄された溝状遺構の繋がりを確認することを目的とした発掘調査が実施され、この報告を追認する成果が確認されている。今後の調査で期待されるのは、瓦が葺かれた建物跡（礎石建物）の検出とその性格、そして使用年代の解明と言えよう。

おわりに―いわゆる「海城」論の展望―

能島城跡の発掘調査から、城の構造と機能、およびその変遷について述べてきた。また能島城を含む海賊の本拠のあり方に言及するため、陸地部の幸賀屋敷遺跡の最新調査成果について報告し、同遺跡とその周辺に能島村上氏の宗教空間が存在した可能性に言及した。能島城は戦時のみならず、平時の海上活動に適した構造を有することは明らかであり、さらに通行料徴収の根拠となる「ナワバリ」の象徴としての役割を恒常的に有していたことを明らかにした。このこと自体は従来の主張と変わりはないが、最新の発掘調査成果を踏まえて、やや補強できたと考える。

従来、能島城に代表される海の城の役割は、瀬戸内海航路支配との関連で論じられることが多かった。その根拠の一つは縦列岩礁ピットの分布による幹線航路の推定〔谷若 二〇〇四〕であるが、そもそも能島城には甘崎城や来島城と同タイプの縦列岩礁ピットは確認できない。芸予諸島の中世城郭の役割は重層的と考えられ、海戦における戦略的な城もあれば、港（船だまり・船かくし）を守る城も想定できる〔田中 二〇一九〕。少なくとも存続期間の長い島の城は通行料徴収の根拠である「ナワバリ」の象徴としての普遍的な役割を担いつつ、海賊衆の多様な海上活動の拠点として有効に機能したと言えるのではないだろうか。

能島城と「海との関わり」はすでにその立地から明らかであるが、さらにいえば岩礁ピットや海蝕テラス、海岸の埋め立てなど、海と城とを繋ぐ明らかな遺構の存在がそれを証明する。もし「海城」という用語に定義を必要とするならば、考古学的には、繋船や海岸の利用の実態を証明する必要があるだろう。

「海城」の定義はひとまず脇に置き、海と城を繋ぐ構造のあり方という視点で芸予諸島の中世城郭を概観すると、次のように類型化することができる。

Ⅰ：海と接している

A：小島全体を城郭化しており、繋船施設や海岸の埋め立てを有する

B：三方が海に接している岬・鼻に立地

a：繋船施設が認められる

b：繋船施設が認められない（さらに接岸可能か否かで細分できる）

Ⅱ：海と接しない

A：海に近い丘陵上に立地（前面の岬・鼻の城とセットで本拠を形成する場合もある）

B：山頂に立地

冒頭で述べた山内譲氏の定義ではＩＡで海賊衆と関わりがあるもの、網野論に基づくとＩＡ・ＩＢを多くの研究者が「海城」と理解している。日和佐氏は繋船施設の有無を基準とするため［柴田龍 二〇〇八、日和佐 二〇〇八］、ＩＡ・ＩＢａを海城とするだろう。立地と繋船施設の有無だけを見れば、少なくとも芸予諸島においてはＩＡ・ＩＢａを海城とすることは共通理解を得られそうである。そして、ＩＢｂについても姫内城（大島）や美可崎城（因島）のように、明確な繋船施設は確認できないものの（接岸可能な入り江等はある）、航路を監視し、港や船だまりを守る役割が想定できる城についても「海城」とすることも異論は少ないだろう。

ただし、他地域を見れば、海の勢力である天草一揆衆の棚底城はⅡＡであり、城から海を遠望でき、あるいは航路から眺望できる。このように築城背景や城主の性格が海と関わっているとして海城に含めるケースがある。さらに、冒頭で述べた淡路島志知城は、立地と構造からみればこれらの類型に属さず、内陸に位置し、河川を通じて海と繋がっている例であるが、船手衆の拠点という機能の想定から「海城」とされている。

海と繋がる内陸部の城を海城とする視点は、尾崎光伸氏も提唱している［尾崎 二〇二〇］。尾崎氏は、柴田龍司氏の定義である「主郭群の直下あるいは際が海か河口に接し、海船が接岸可能な城」で、「海城の最大公約数的な機能として、港を長時間防御するための軍事施設」に概ね賛同し、船着き場あるいは港と強く結びついた城を「海城」とし、さらに水運と結びついた内陸部の城についても海の武士たちと活動との関わりで捉えようとしている。

このように、どの類型を「海城」とするかは、その立地や繋船遺構の有無から直接的な海との繋がりを重視して限定的に捉えるか、航路の遠望、水運や船手（水軍）の拠点など築城背景や城主の性格などを踏まえて広域的に捉えるかの二者が存在する。後者は、文献史料や出土遺物の分析による「海との関わりの証明」が必要となるため、前提の議論が重要となるだろう。

三浦氏や中井氏が述べるように、「海城」は山城や平城などとは分類の考え方を異にするものであり、史料上の用語でもない。したがって陸の視点とは異なる「特殊性」を一般に強調する意味においては「海城」は有効な呼称であるものの、「海との関わり」という概念的な定義で用いられる現状においては、アカデミックな場での使用は少し慎重にすべきと考える。従来の主張の通り、まずは個々の城郭の丁寧な分析と解釈が前提であり、そのうえで、多様な海との関わり方を類型化していく必要があるだろう。

最後に、二〇一九年に刊行した能島城跡の総括報告書以来、能島城の普遍的な役割を「ナワバリの象徴」と表現してきた［田中編二〇一九ほか］。本稿は、その後の発掘調査成果を若干盛り込むことはできたが、これまでの主張を再整理したものに過ぎず、研究の進展を果たせなかったことが悔やまれる。海城論も同様である。

ただ、今後、能島城対岸の幸賀屋敷遺跡とその周辺の調査が継続されることによって、海賊の本拠のあり方をより広域かつ詳細に議論できるようになる。その展望は示せたのではないかと思う。今後の調査に期待したい。

引用文献

鵜久森経峰　一九三九『伊予水軍と能島城趾』能島史蹟保勝会
網野善彦　一九九二「太平洋の海上交通と紀伊半島」森浩一ほか編『海と列島文化』八　小学館
大上幹広　二〇二一「天文年間の能島村上氏の内訌と大内氏―十六世紀半ばの転換―」『四国中世史研究』十六　四国中世史研究会
尾崎光伸　二〇二〇「六「海の城」論」小都隆編『安芸の城館　城館五〇選と安芸の城館の実像』ハーベスト出版
柴田圭子　二〇〇一「十六世紀中葉の輸入陶磁器の再評価―中国・四国地方の遺跡を中心に―」中世土器研究会編『中世土器研究論集―中世土器研究会二〇周年記念論集―』
柴田圭子　二〇〇二「第四章　海(島)城出土遺物」愛媛県教育委員会編『しまなみ水軍浪漫のみち文化財調査報告書―埋蔵文化財編―』
柴田圭子　二〇〇三「瀬戸内海における海賊の世界」小野正敏・萩原三雄編『戦国時代の考古学』高志書院
柴田圭子　二〇〇五「芸予諸島における中世遺跡の動向」『考古論集　川越哲志先生退官記念論文集』
柴田圭子　二〇一一「瀬戸内海島嶼部の様相」日本中世土器研究会編『考古学と室町・戦国期の流通　瀬戸内海とアジアを結ぶ道』高志書院

柴田龍司　二〇〇八「海城の様相と変遷」『中世城郭研究』二二　中世城郭研究会
下條信行　二〇〇二「岩礁ピットの分類と構造」愛媛県教育委員会編『しまなみ水軍浪漫のみち文化財調査報告書―埋蔵文化財編―』
田中　謙　二〇一七「海の城」『季刊考古学特集戦国城郭の考古学』雄山閣
田中　謙　二〇一九「瀬戸内海における海の勢力と城―村上海賊を中心に―」村上海賊魅力発信推進協議会編『日本遺産村上海賊調査研究成果報告書　中世日本の海賊と城』
田中　謙　二〇二〇「能島城の防御性をめぐる諸問題」愛媛県歴史文化博物館編『令和二年特別展図録戦国乱世の伊予と城』
田中　謙　二〇二二「村上海賊と芸予諸島の城郭の実像」『歴史研究』特集海賊と海戦・城郭　戎光祥出版
田中謙編　二〇一九『史跡能島城跡―平成十五～二十七年度整備に伴う調査総括報告書―』今治市教育委員会
田中謙編　二〇二一『史跡能島城跡―平成三〇年度災害復旧事業報告書』今治市教育委員会
田中謙編　二〇二二『幸賀屋敷遺跡Ⅰ』今治市教育委員会
谷若倫郎　二〇〇四「海賊衆の城と瀬戸内海航路」『地域と古文化』同刊行会
中井　均　二〇二〇『中世城館の実像』城館研究叢書Ⅰ　高志書院
中井　均　二〇二三『海城の歴史について』淡路島水軍サミット記念講演資料、淡路市教育委員会
長井數秋編　二〇〇一『さんの遺跡』愛媛県宮窪町教育委員会
中川和・田中謙　二〇〇五「Ⅲ今治市宮窪町コウガ屋敷遺跡出土遺物について」村上恭通編『瀬戸内海西部閉鎖海域における海民文化形成史の考古学的研究』愛媛大学法文学部考古学研究室
中塚　武　二〇二〇「第一章中世における気候変動の概観」伊藤啓介ほか編『気候変動と中世社会』気候変動から読み直す日本史4　臨川書店
西谷地晴美　二〇一二『日本中世の気候変動と土地所有』校倉書房
東　昇　二〇〇二「地名にみる村上水軍の足跡」『しまなみ水軍浪漫のみち文化財調査報告書―歴史地理編―』
平田一格　二〇〇五「Ⅳコウガ屋敷遺跡の中世瓦をめぐって」村上恭通編『瀬戸内海西部閉鎖海域における海民文化形成史の考古学的研究』愛媛大学法文学部考古学研究室
日和佐宣正　二〇〇二「縄張りからみた海城」愛媛県教育委員会編『しまなみ水軍浪漫のみち文化財調査報告書―埋蔵文化財編―』
日和佐宣正　二〇〇八「瀬戸内の海城―伊予の「海城」を中心に―」『中世城郭研究』22　中世城郭研究会
福川一徳　二〇〇五「第一章瀬戸内の覇者能島村上氏」今治市教育委員会編『今治市村上水軍博物館保管村上家文書調査報告書』
松田毅一・川崎桃太訳　一九七七『フロイス日本史』五　五畿内編Ⅲ　中央公論社

三浦正幸　一九九九『城郭鑑賞基礎知識』至文堂
山内　譲　一九九二「中世瀬戸内海の海城」『四国中世史研究』二　四国中世史研究会
山内　譲　一九九四「第三節中世の城跡」宮窪町誌編纂委員会編『宮窪町誌』宮窪町
山内　譲　一九九七『海賊と海城』平凡社
山内　譲　一九九八『中世瀬戸内海地域史の研究』法政大学出版局
山内　譲　二〇〇四『中世瀬戸内海の旅人たち』歴史文化ライブラリー一〇六　吉川弘文館
山内　譲　二〇一五『瀬戸内の海賊—村上武吉の戦い—〈増補改訂版〉』新潮社
山内　譲　二〇一六「解題Ⅱ『予章記』の研究」佐伯真一・山内譲校注『予章記』伝承文学注釈草書一　三弥井書店
山内　譲　二〇一八『海賊の日本史』講談社

伊予・土佐境目の城　河後森城

高山　剛

はじめに

河後森城の所在する松野町は、四国西南部の愛媛県南予地方にあって、四国山地を構成する鬼が城山系北部に広がる鬼北盆地の東端部に位置している。町の中央を流れる広見川は、隣接する高知県へと注ぐ四万十川の愛媛県側最大の支流とされ、その流域沿いに町の中心部、松丸の集落が形成されている。松丸は特に藩政時代以降、伊予・土佐の往来の幹線を支えた街村として繁栄しており、河後森城はその街道筋を見下ろす南部の独立丘陵上に立地している。

中世段階の河後森城に関しては、南予全般を含めても現存する史料が極端に少なく、わずかに残る江戸期の編纂書である『宇和旧記』や『宇和郡記』、『清良記』などを頼りに分析が行われてきた。当初の研究段階では、こうした記録類の記述をもとに、現西予市宇和に拠点をもった伊予西園寺氏の南予における強力な支配体制、いわゆる「西園寺十五将」と呼ばれる在地領主層の一括した被官化が想定され、その中に河後森城主の河原淵氏も位置づけられている。

しかしながら、近年の石野弥栄氏による一連の研究成果からは、宇和郡内の、特に周縁部にあった領主たちは必ずしも西園寺氏に従属したわけではなく、戦国期を中心に伊予河野氏、土佐一条氏や長宗我部氏、豊後大友氏等と複雑に結び付いていた様相が明らかにされている［石野 二〇〇〇・二〇〇三］。つまり、宇和郡の周縁部には、西園寺氏からの直接的な影響が及びにくいような比較的自立性の強い領主らが割拠していた可能性が高く、絶えず自国や他国の大勢力と結びつきながら、それぞれが均衡した力関係のもとで存続をはかっていた状況が復元できる［伊藤 二〇一四、小和田 一九九七］。

こうした南予を取り巻く情勢の中にあって、特に河後森城の所在する黒土郷河原淵領は、宇和郡東南部の土佐とは地続きに境界を接する位置にあり、伊予・土佐（以下、予土と略す）境目地帯の最前線とも言える場所になっている。そのため、河原淵領は、一国人領主の領域でありながら、時には土佐勢による伊予侵攻の矛先として茹田狼藉や乱取り等の対象となり［藤木 二〇〇四］、また、時には土佐一条家から迎えられた永禄期の領主教忠や、その後の領主で長宗我部氏に通じたとされる西ノ川（芝）氏のように、逆に土佐側の拠点となる場合もあり、同じ宇和郡内であっても土佐との関係に応じて大きく立場が左右される極めてグレーな存在であったことが知られている。そして、新たな時代の到来である織豊期に至ると、河原淵領は伊予側にとって不可欠な国境警備の場としての性格を強め、秀吉による天正十三年（一五八五）の四国平定以降、小早川氏、戸田氏、藤堂氏、富田氏と至る領域支配の中でも、河後森城の拠点化が継続されるとともに、しばしば城代が置かれることもあったと伝えられている。

それではこのような背景にあった宇和郡の河原淵領内で、長期的にまた大規模城郭として展開した河後森城は、具体的にどのように形成され、どのような機能上の特徴が認められるのだろうか。本稿では、特に発掘調査の成果から確認された事実をもとに、予土境目の城の実態について検討を加えていきたい。

１　河後森城の概要と発掘調査の成果

（1）城の概要

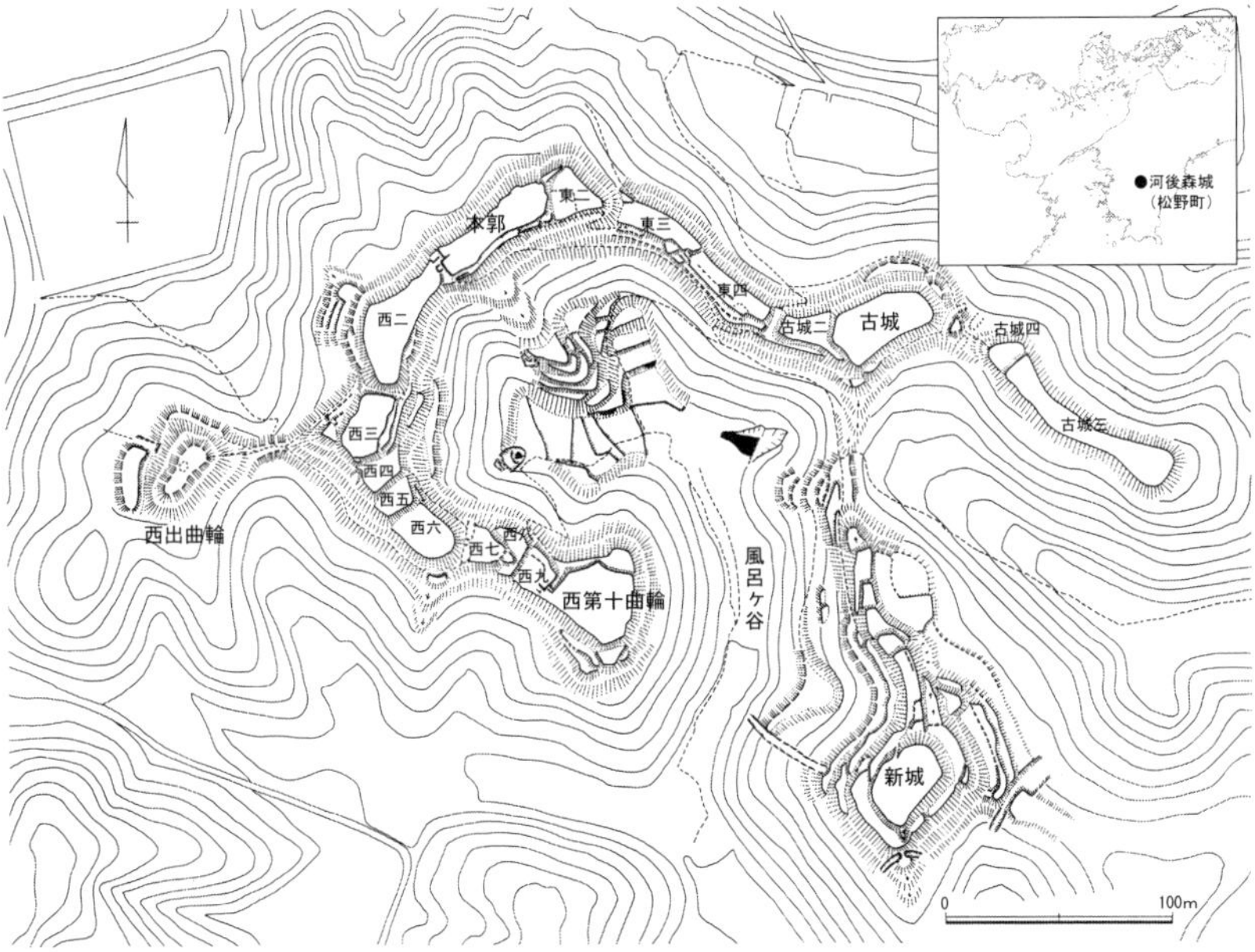

図１　河後森城の位置と概要

河後森城は、古くから城の山と呼ばれる丘陵地に形成されており、最高所の標高は約１７１メートルで、周辺平地部との比高差は約88メートルを測る。城の北側には、西から東へと大きく蛇行をみせながら広見川が流れ、さらにその支流となる堀切川、鰯川が城の東西を区画するように北流している。推定される城域は、東西６５０メートル、南北５５０メートルほどの範囲に及び、現在このうちの約20ヘクタールが国の史跡指定を受けている。

城の主要な遺構は、城域の中央に入る風呂ヶ谷を馬蹄形に取り囲む形で丘陵の稜線部に展開している(図１)。大小さまざまな規模の曲輪群が連郭状に配置されているが、このうち城の中心で最高所に位置するのが本郭であり、その西南側稜線部には西第二から西第十の九つの曲輪が、東側稜線部には東第二から東第四、古城第二、古城、古城第四、古城第三の七つの曲輪が築かれている。また、古城の南側尾根の鞍部を隔てた位置には新城の曲輪群があり、同じく西第三曲輪の西方にも西出曲輪が付属している。

曲輪の造成以外でも、地表面の観察や旧来の調査成果から、虎口・堀切・竪堀・土塁といった防御施設の存在が指摘されている〔中井　一九九九ａ〕。その中で中井氏は、河後森城の基本的な縄張構成が尾根筋に曲輪を階段状に設けたものであると規定したうえで、堀切は存在しても尾根上の顕著な切断がほとんど認められず小規模である点、曲輪には土塁がほとんど見当たらず横矢や折れの形成もない点、一部を除き虎口も明確ではない点等を指摘している。そして、「①堀切を多用せず、尾根筋上を階段状に削平する基本構造は古い山城の様相を示している」こと、「②削平そのものが自然地形を利用したものであり、横矢や折れが認められない点も戦国時代後半以前の様相を示す形態」であることが河後森城の有する構造上の特徴として整理されている。

このような古式山城の姿を色濃く残す一方で、城内から多数出土する遺物は、貿易陶磁器や備前焼、瓦等の年代から推測して、概ね十四世紀後半から十七世紀初頭の長期に及んでいることが判明している。また、検出遺構でも切土や盛土を伴った中世山城としての基本構造に加え、一部では近世城郭に通じる石垣や礎石建物の採用が認められる。発掘調査による遺構・遺物の様相からは、中世後期から織豊期を通した長期間にわたる河後森城の利用の実態が看取できるのである〔高山編　一九九九〕。

このような県下でも大規模で、かつ特異な形状、経歴をもつ河後森城については、これまでに遺構の把握のほか、史跡指定と整備を前提とした発掘調査が長期にわたり継続されてきた。城の発見後、昭和末期から平成初期にかけて行われた最初の本格的な発掘調査では、遺構確認を目的に西第六曲輪と西出曲輪を除くほぼすべての曲輪と風呂ヶ谷が対象となった。続く平成九年の史跡指定以後は、整備にあたり必要な情報を取得するため、西第十曲輪、本郭、古城、新城といった主要な曲輪とともに、西第二曲輪と西第三曲輪の間、また東第四曲輪と古城第二曲輪の間の二地点の大型堀切について再調査が行われている。また、各曲輪の周辺や風呂ヶ谷では、防御施設や道、屋敷地等の確認を目的とした新規の調査も実施された。

これらの調査範囲は、山稜部の曲輪群が主体となりながらも、一部では周囲の斜面や谷部にまで及んでいる。そのため、調査で確認した多種多様な遺構・遺物からは、城の変遷過程や機能形成に関連する興味深い事象が確認されている。以下では、特に近年の史跡整備に伴って集中的に発掘調査を行った西第十曲輪、古城、本郭の三つの地点について、具体的な成果を紹介することにしたい。なお、それぞれの地点における段階設定については、今後の本報告に向けて詳細を検討する予定であるが、本稿では概ね中世後期をI期、織豊期以降をII期として、必要に応じて枝番を付し小期の設定を行っている。

(2) 西第十曲輪とその周囲の調査（図2）

西第十曲輪は、本郭の西南方向へ展開する曲輪群の端部に位置し、城内で最も山裾に近い低位に築かれていた。そのため、敵の襲来に備えて、本郭とほぼ同程度となる城内最大級の規模の曲輪として造成されている。西第十曲輪は、山麓からの進攻に対処する尾根筋攻防の最前線となった地点の一つと言える。

発掘調査では、西第十曲輪の全域に加え、周囲の斜面や南側の尾根筋一帯も対象とし、城の居住や防御に関係する多くの遺構を検出している［高山編 二〇〇二～二〇〇五、高山 二〇〇五］。中心となった時期は中世後期のI期で、番小屋や櫓、門や塀などの機能が想定される建造物をはじめ、[1] 土塁や切岸、堀切状や竪堀状の防御施設がこれに該当する。また、それらの諸施設は、改変や改修の痕跡を顕著に留めており、出土遺物や遺構の切合関係からみて大きく二つの段階で推移したことが判明している。

西第十曲輪I―1期　I―1期は十六世紀後半以前とみられる段階で、中世山城としての典型的な様相をみせている。

この段階における曲輪縁辺部の防御の主体は土塁である。整備に伴う調査では、西南部から南部、東部にかけて盛

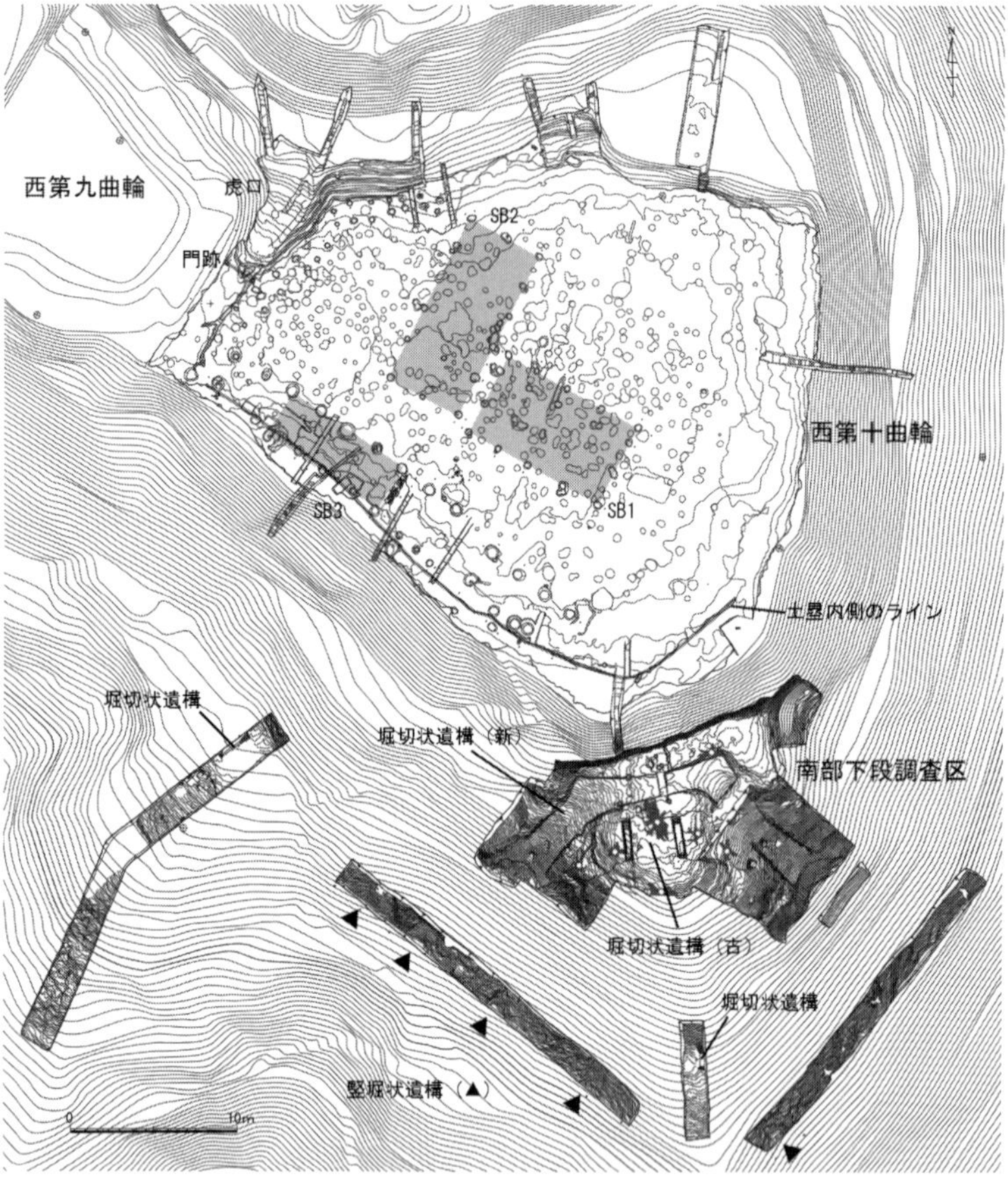

図２　西第十曲輪とその周囲の検出遺構

土の痕跡を確認している。特に残りのよい南部では、土塁内外にわずかな立ち上がりが認められ、復元で幅約２．２㍍、高さ０．８㍍ほどの台形を呈していたことが予想される。構築方法が特殊で、切岸側の斜面の上部を段切りすることによって足掛かりを設け、その上に盛土されていたことが判明している。構築時期は、盛土中から出土した漳州窯系青花の年代から十六世紀後半と考えられる。

この土塁と同時期かやや遡る時期に存在したとみられるのが、曲輪中央で検出したＳＢ１とＳＢ２の二棟の掘立柱建物である。両者は近接した配置のため同時併存は困難であるが、互いに軸を直交させていることから建て替えによる先後関係にあったとみられる。柱穴規模や柱通りが若干不安定で比較的単純な構造となるＳＢ2が先行し、柱穴規模が同等でかつ柱通りが直線的となり、複雑な間仕切り構造のＳＢ1が後出すると考えられる。双方ともに番小屋としての機能が想定でき、年代はＳＢ1が漳州窯系青花を出土した溝に切られている状況からみて十六世紀後半以前、これを遡るＳＢ2が十六世紀前半を前後する時期とみられる。

また、曲輪の北西部には虎口が設けられている。隣接する西第九曲輪との間を箱堀状に掘りくぼめ、底を道として利用したもので、幅は約2～2．5㍍である。道を上った曲輪との境界には、両端に規模を同じくする一対の柱穴跡があり、掘立柱の門とみられる。時期を決める根拠はないが、後述するようにⅠ―2期の遺構に先行した施設であることから、十六世紀後半以前に機能した蓋然性が高い。

図3　堀切状遺構の検出状況

さて、この段階、曲輪上の遺構とともに注目しなければならないのは、周囲の斜面における防御施設である。特に土塁の施されていた曲輪の西南部から南部にかけての一帯は、山裾から続く二つの緩い尾根が接続する地点となっている。もともと地表面調査においても、付属曲輪のような平坦部が確認されていたが、発掘調査を行った結果、曲輪直下の切岸をはじめ、複数の地点で堀切状や竪堀状の空堀群の存在が明らかとなった。

切岸は、土塁の断ち割り調査の延長で検出し、下端からの傾斜角度は60度前後、曲輪までの高低差は5～6㍍程度であったことが判明した。この様相は、現況地形の傾斜変換からも把握が可能で、西第十曲輪の周囲は一定した切岸によって強固に守られていたことがわかる。切岸は縁辺部の土塁と一体

図4　竪堀状遺構の検出状況

となって、曲輪直下の防御の要として機能していたとみられる。

また、切岸下方の尾根筋では、南側に設定した調査区やトレンチから合計四基の堀切状遺構を確認している。このうち、土塁と同時期に機能し、ほぼ全容が把握できたのは、南部下段調査区の遺構であり、①平面が「コ」の字形の鎹状で、堀切と竪堀を組み合わせたような形状となっていること(図3)、②しかしながら、堀切に相当する中央部は深さ20チセンにも満たない溝のような浅さで、竪堀状となる両側に向かうにつれて徐々に深度を増していく竪堀優位の構造となっていること、③そして、両側の竪堀状部分は、堀底に中央から続く箱堀形のわずかな立ち上がりを残しつつ、両側に逆「ハ」字状に開くという特異な断面形を呈しているなどの特徴が認められる。

これと連動したと考えられるのが連続する竪堀状遺構である(図4)。曲輪へと続く二つの尾根筋間に充填するように設けられたもので、いわゆる畝状空堀群と類似する[高屋 二〇一四]。しかしながら、これらが急傾斜地に立地していること、また断面形が浅い「レ」字状に掘り込まれているなど、通常の畝状空堀群とは構築方法に明らかな相違が認められる。本例のような竪堀状遺構は、竪堀と切岸を組み合わせたような機能が期待されたものと想定され、先の堀切状遺構とあわせて独自性の強い防御施設と言える。

以上のように、I—1期は、曲輪中央付近では掘立柱建物や門の構築によって居住性が図られ、曲輪端部や周辺斜面では地山整形や盛土による土塁、切岸、堀切、竪堀といった尾根筋防御ラインを形成することで山城の守りが固められていた段階と捉えられよう。なお、曲輪全域やその周囲から出土した土器・陶磁器類は六〇〇点を超えており、時期幅は十四世紀後半から十七世紀初頭頃となる。曲輪上に密集する柱穴群にも複数の切合関係が生じていることを勘案すれば、Ⅰ―1期の遺構形成は比較的長期に及び、土塁と空堀群の構築をもって一つの完結をみたと推察される。

西第十曲輪Ⅰ―2期　続くⅠ―2期は、Ⅰ―1期に後続する段階である。先期で認められた典型的な中世山城としての様相に変化が生じてくる。

特に顕著な現象は、曲輪縁辺部における大規模な改修痕跡である。Ⅰ―1期の防備の主体であった土塁が排除され、整地を受けた後、大型柱穴を主体とするSB3とこれに連動する柱穴列が出現する。この新たな防御施設は、特に土塁のあった範囲のうち西南部から南部にかけて展開しており、中心となるSB3は、一間×四間規模の長屋状で多門櫓のような役割が想定できる。一方、SB3に連動して機能したとみられる柱穴列は、外側が塀となり内側に控え柱を持つ塀庇として構築された可能性が見込まれている。

この曲輪縁辺部での新たな施設への移行は、石垣の構築こそ伴っていないものの、後の近世城郭に通じるような作事系統による塁線防御の導入であり、前段階とは明らかな懸隔が認められる。その時期は、前身となった土塁の形成が十六世紀後半であることからみて、十六世紀でも終末に近い段階と位置づけることが可能である。なお、この段階には土塁とともに機能していた堀切状や竪堀状の各遺構は役割を終えていると想定され、曲輪周囲の防衛の主体は、依然として切岸が担っていたものと考えられる。

このほか、曲輪の北西部にあたる虎口付近では、縁辺部に沿って二本一組となる柱穴列が現れる。この柱穴列は控え柱を持つ土塀の痕跡と捉えられるもので、先のSB3等と同一の盛土整地層を基盤としている。なお、これに伴う門は検出されていないものの、近隣で大型扁平の川原石を含む集石が確認されている。後世の移動で原位置を留めてはいないが、土塀に伴っていたのは、礎石を用いた門であった可能性が高い。

一方、曲輪の中央部では、Ⅰ―2期に比定されるような建物跡は検出されていない。しかしながら、出土遺物の構

図５　古城の検出遺構

成において十六世紀後半から十七世紀初頭頃の年代幅を持つ青花や産地不明の国産陶器が一定量を占めていること、加えて周辺からの礎石用石材の散在する状況からみて、同時期の居住に供するような建物の存在も十分想定することが可能である。

このように、Ⅰ―２期の遺構は、従来の中世的な様相から一転して、曲輪の縁辺部では近世的な城づくりを連想させるような大型の掘立柱を用いた作事による防御方法への改変が認められた。また、曲輪への居住に関連する建物や門には礎石建物が採用されていた可能性が見込まれるのである。

⑶　古城とその周囲の調査（図５）

古城　本郭の東部一帯は、大小七つの曲輪群によって構成されている城内東側の防御拠点となっている。古城はその中心部に位置し、西第十曲輪や本郭とほぼ同程度となる城内最大級の規模の曲輪として造成されている。整備に伴って行った古城とその周囲における発掘は、曲輪の利用状況の究明を目的とした古城全域と、城の内外を行き来する虎口の詳細を把握するための東第四曲輪・古城第二曲輪間の堀切の再調査を軸に進められ、さらにこの堀切と本郭をつなぐ道の検出を目的とした新たな遺構確認調査も部分的に実施されている［高山編 二〇一五］。

古城Ⅰ期　まず、古城においても多数の柱穴跡の検出が目立っている（図5）。その多くは、地山の岩盤面を基盤としているが、曲輪の北側から西南側の縁辺一帯には盛土による整地が行われており、盛土後に形成された遺構も多い。柱穴に複数の切合関係があることや礎石の存在、また全域から出土した四〇〇点程度の土器・陶磁器類の時期幅が西第十曲輪と同様に十四世紀後半から十七世紀初頭に及ぶことから、やはりⅠ期を中心とした長期にわたる利用が見込まれる。

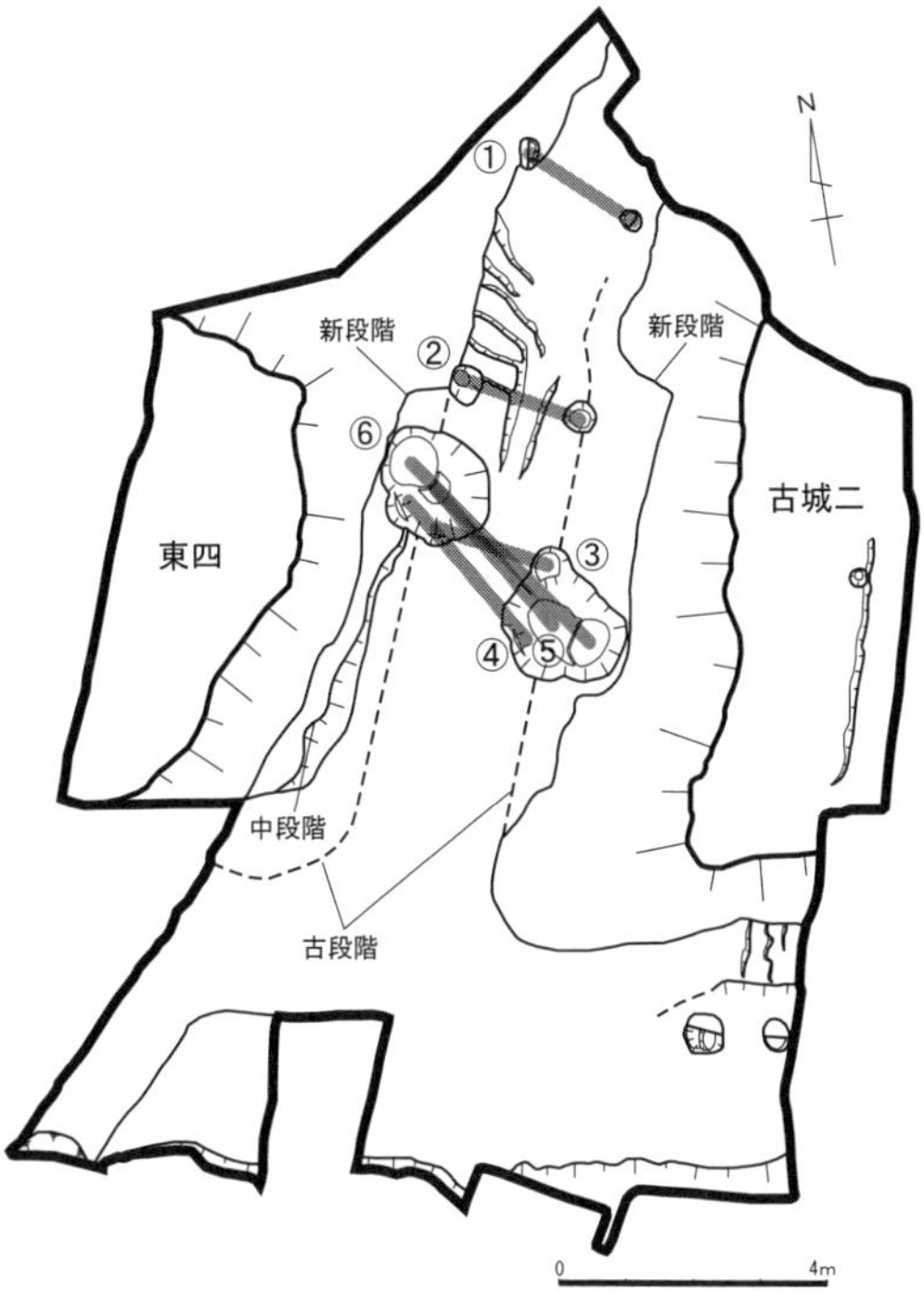

図6　堀切の遺構変遷

柱穴の配置等から抽出された掘立柱建物跡は九棟を数え、切合関係から少なくとも三時期にわたる変遷が想定できる。このうち、最大規模となるのは、西南部に位置するSB8であり、古城の中枢を担った大型の番小屋としての機能が想定されている。また、その北側には軸を同じくするSB7が設けられており、特徴的な二間×二間の正方形プランを有することから、高層の井楼櫓であった可能性が指摘されている。

建物跡以外では、曲輪の北西側端部に沿っ

て形成された二本一組の柱穴列がある。控え柱を持つ塀の痕跡とみられ、石打ち棚や塀庇と呼ばれる縁辺防御を目的とした遺構となる可能性が高い。先述の井楼櫓ＳＢ７と連動することで、切岸直下の敵の襲来に対応した施設と考えられる。

堀切　ところで、古城の役割を考える上で看過できないのが、近傍の東第四曲輪・古城第二曲輪間にある堀切の様相である（図６）。堀切は、上端幅約７㍍、下端幅約４㍍の逆台形を呈し、深さは約３㍍である。曲輪を分断するタイプの堀切で、城内では最大級の規模となる。発掘調査の結果、堀底で新旧六基に及ぶ掘立柱型式の門跡が検出されており、堀切が長期間にわたって虎口として利用されていたことが判明している。虎口は、門を構成する柱穴間隔の差や道幅の広狭等から、大きく古・中・新の三段階の変遷が想定される。

古段階は、道幅が狭く一定の幅をもつ段階で、検出した三基の門は、すべて進行方向に対して直交するように築かれている。いずれも柱穴は比較的小規模で、柱間は約１．８㍍であり、城外となる北側から堀底中央付近に位置している。最も北側にあって最小規模の門①は、登城道の途中に設けられていることから外開きの上げ簀戸門形式、また登城道と堀底の接点にあたる門②と堀底中央のある門③は、棟門形式と想定されている。古段階の中での変遷過程の詳細は不明であるものの、後述する中・新段階の様相を考慮すれば、北側から南側の門へ、つまり城外側から城内側へと変化したものと考えられる。

続く中段階になると、堀底中央の道幅や門の規模、傾きに変化が現れる。堀底は、東第四曲輪側の西南隅が掘削され、道の西側が拡張される。この拡張を受けて設けられたのが門④と門⑤であり、古段階よりも柱間が約２．５㍍と広がり規模を大きくしている。また特筆すべきは、設置位置の変化であり道の進行方向に対して斜行するような形態を採用している点である。このような門位置に傾きを加える行為は、敵の進行に折れをもたせることによって、曲輪上からの攻撃性能を高めた工夫と言える。

そして、中段階の変化をさらに推し進めたのが新段階の門⑥である。門⑥は、中段階でみられた軸の傾きを継承する棟門形式であるが、柱間は約3．5㍍となり、穿たれた柱穴規模も最大となる。また、この門の大型化に呼応するように、新段階の堀底では東側の拡張が加わり、門一帯に方形の空間を作り出している。こうした空間の形成は、前段階から一歩進んで敵兵の側面や背面を狙うという古城第二曲輪側からの横矢効果をさらに期待した造作と捉えられる。なお、堀切の両岸には、柱穴と曲輪を繋ぐような地形の窪みも看取され、門⑥の両脇には矢来のような閉塞施設も付随したと推察される。

このように、堀切は、城の内外を区画する位置に設けられ、長期にわたり機能していること、また城内最大規模の門が形成されていることなどを考慮すれば、大手や搦手に匹敵する虎口として利用された可能性が高い。なお、年代観については直接的な時期比定が困難であるものの、西日本の山城における道や虎口の発達が山上雅弘氏の第Ⅲ類型以降に認められることからみて［山上 一九九九］、古城Ⅰ期に並行する十六世紀中葉以降に形成されたものと捉えておきたい。

⑷ 本郭とその周囲の調査

本郭は、河後森城跡の北西部、馬蹄形となった山塊の根元に当たる部分に位置している。城域の中で最も高所に置かれた大規模な曲輪で、城の中枢機能を担った地点と言える。旧調査における全面的な発掘では、曲輪全域に及ぶ柱穴跡や中世後期を中心とした四五〇点以上の土器・陶磁器類を確認し、また石垣や多量の瓦の存在も判明したことから、中世後期を中心に近世初頭に至るまで長期における利用や改修の実態が明らかとなっている。

整備に伴う本郭とその周囲の再調査は、大きく分けて本郭の曲輪上と西南部の西第二曲輪との境にあたる虎口周辺で実施され［高山編 二〇〇八・二〇〇九］、以下のような変遷が認められる（図7）。

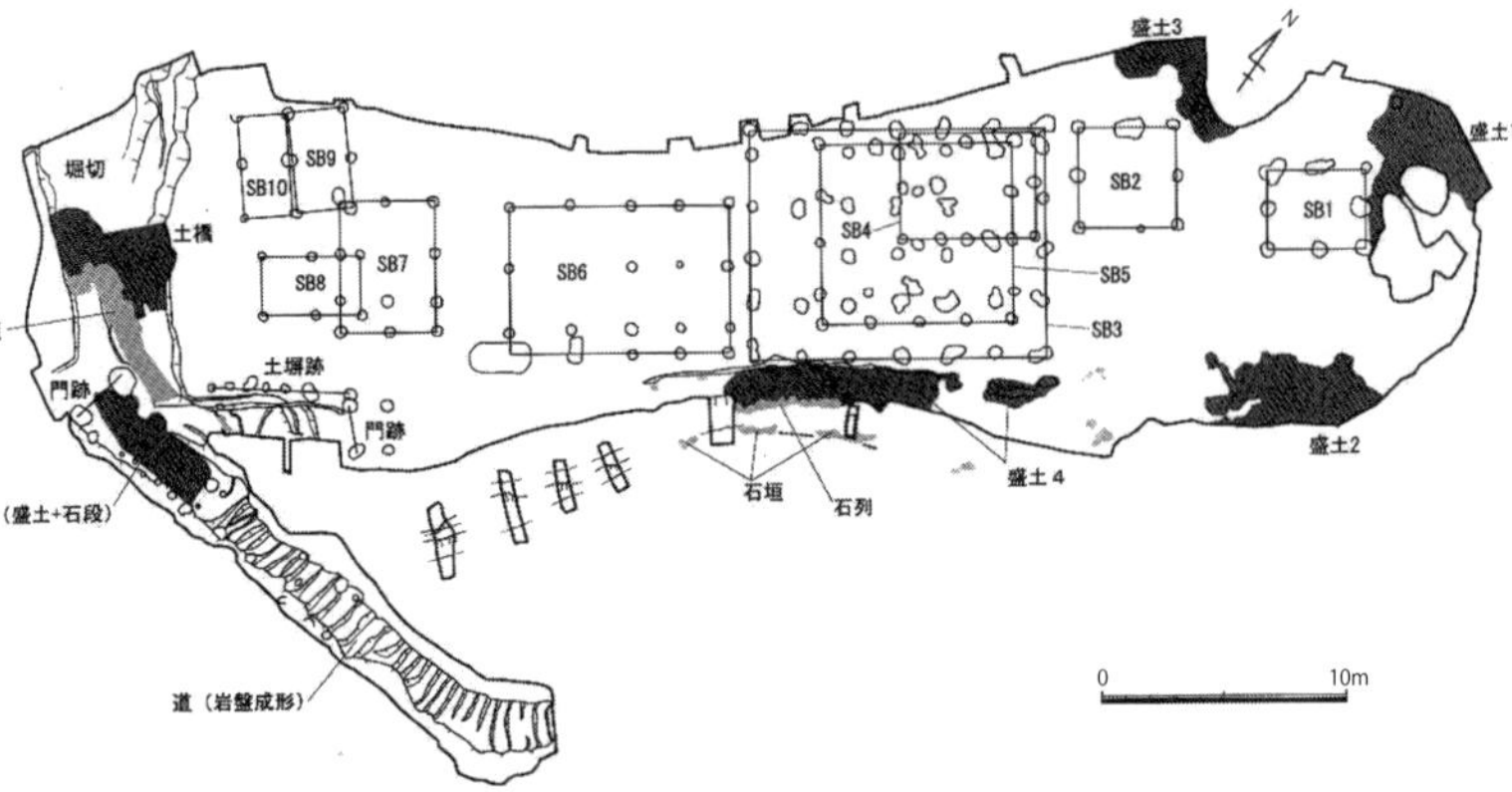

図７　本郭の遺構分布

本郭Ⅰ期　まず、曲輪上では西第十曲輪や古城と同様に多数の柱穴跡を検出し、十棟の掘立柱建物をはじめ、門跡、土塀跡を各一基確認している。掘立柱建物のうちＳＢ1、ＳＢ2、ＳＢ4、ＳＢ7〜10の七棟は、一間×二間から二間×三間までの小規模なものであり、小屋や納屋であった可能性が考えられる。一方、曲輪中央部に集中しているＳＢ3、ＳＢ5、ＳＢ6は、三間×四間以上と規模も大きく、間仕切りを有するような複雑な構造となっている。

　これらの建物の配置を見ると、ＳＢ3・ＳＢ4・ＳＢ5、ＳＢ7・ＳＢ8・ＳＢ9、ＳＢ9・ＳＢ10は明らかに重複しており、少なくとも三時期が想定できる。具体的な前後関係は明示できないものの、ＳＢ3を構成する柱穴内の埋土中からは十六世紀の白磁片が出土している。なお、過去の調査では、曲輪上から多量の近世陶磁器や瓦が発見されているにもかかわらず、これらが各遺構を構成する柱穴には全く含まれないことからみて、主要な掘立柱建物はやはり中世後期段階に機能していたと考えられる。

　また、以上の建物群の中でも、特に注目されるのはＳＢ3とＳＢ6である。ＳＢ3は、これまでの検出事例を通して見ても、五間×六間という城内最大規模の掘立柱建物跡となる。柱間は六尺五寸を基準としており、柱穴の並びも直線的である。間仕切りの状況からは、納戸・主座敷・二の間・三の間を備えた書院造の構成が想定されており、北側には半間幅の縁側、南側には一間幅の広縁が付属している。このような規模や構造上の特徴から、ＳＢ３は河後森城の城主クラスが使用した主殿舎であった可能性が高い。また、ＳＢ３と棟方向を同じくし隣接するＳＢ６を、ＳＢ３と同一の建物と捉えることもできるという。ＳＢ６は西側半分の柱間が広く土間を有したとみられる建物で、台所としての使用が想定され、ＳＢ３と一体的に主殿舎を構成していた可能性が見込まれる。

なお、このＳＢ３と重複する関係にあるのがＳＢ５である。ＳＢ５はＳＢ３に次ぐ規模の四間×四間と大型で同じく間仕切りを有しており、ＳＢ３の前身となった主殿舎と位置づけられている。本郭では、十六世紀を中心とした時期に、主殿舎構造をもつ掘立柱建物がＳＢ５からＳＢ３・ＳＢ６へと二段階にわたって継続的に築かれていたことを示している。

このような主殿舎級の建物を備えた段階に、曲輪の出入口となる西南部では、おそらく門と土塀が形成されていたものとみられる。門は控柱を伴うタイプで、薬医門か高麗門形式とみられ、同じく曲輪の出入りに使用された西第十曲輪の門が棟門であることとは対照的な構造となっている。

次に、Ｉ期における周囲の造成として重要なのは、西南部における登城道や堀切の検出である。登城道は先述した古城西側の大型堀切から続くもので、トレンチによる追跡調査の結果、東第二～四曲輪の南側斜面を経由し本郭に通じることが判明している。特に本郭の南側では、約16㍍の範囲にわたって、斜面の岩盤を「Ｌ」字状に切ることで平坦面を造り出し、さらに上面を階段状に加工した痕跡が面的に確認されている。道幅は１．２～２．２㍍程度と広狭に差がある。また曲輪に近い上部では、両脇を中心に柱穴が配置されており、門や柵、桟敷など道に関連した何らかの構造物が付随した可能性が考えられる。

また、登城道は、曲輪の縁辺に達すると、鋭角的に右に折れて本郭虎口へ向かうルートと、そのまま直進し西第二曲輪虎口に至るルートに分かれている。西第二曲輪虎口では、一対の大型柱穴が検出されており、掘立柱形式の棟門

図8　本郭検出の石垣

が築かれていたことがわかる。

なお、本郭と西第二曲輪の境界には堀切状遺構が南北方向に形成されている。堀底が平らとなった箱堀の形態で、登城道側の南端部は浅く「ハ」字状に広がりを見せ、虎口空間との一体化を志向している。一方、城外側の北側では、両曲輪を分断するように徐々に深度を増しており、堀切本来の機能が求められたものとみられる。

本郭Ⅱ―1期　続く、Ⅱ期は織豊期以降と考えられる段階で、廃城直後の遺構も確認できることから、織豊期をⅡ―1期、廃城後の段階をⅡ―2期とする。Ⅱ―1期における大きな改変は、本郭の西南部から南部にかけての周囲で新たに石垣の導入が認められる点である(図8)。なかでも西南部の石垣は、延長約6㍍の範囲で検出したもので、先述した本郭・西第二曲輪間の堀切の加工面や埋土を基礎として築かれていたことが判明している。現状では根石からの築石が一～三段程度で、高さも1㍍に満たないが、本来的には本郭の遺構面まで構築されていたと見込まれる。また、石垣は、隅角や折れを一部に有し、背面には明確な裏込石を伴うなど本格的な構造で、Ⅰ―1期の主体となった切岸や堀切に替わる抜本的な改修であったことがわかる。

そして、この石垣の採用と同時に目を引くのは、瓦の集中的な出土である。特に本郭の曲輪一帯や西南部の石垣直下からは、軒丸瓦・軒平瓦・丸瓦・平瓦・輪違瓦などが多量に検出されている。これらの製作年代は、主体となる軒平瓦の瓦当文様や丸瓦・輪違瓦の製作技法の分析からみて、天正十五年(一五八七)から文禄三年(一五九四)の戸田氏の治世下でもその後半から、続く藤堂氏の段階に比定することができる〔高山 二〇〇九・二〇一二〕。また、瓦の中には鯱瓦も含まれており、本郭に大型の瓦葺建物が存在したことは間違いあるまい。慶長九年（一六〇四）に藤堂氏によって板島城（現宇和島城）へ移転されたと伝わる天守は、実在した可能性が高いのである。

本郭Ⅱ—2期　さて、先述した曲輪西南部の石垣は、本来の規模や高さを著しく減じているため、人為的な破却を受けたと推定されるが、改変はこれに留まらない。周囲に大規模な盛土造成が行われ、新たな道や土橋が築かれている。この盛土造成には、石垣と同質の石材や礎石を転用したとみられる石材を伴っており、縁辺の根固めや階段として多用されている。また、盛土中には瓦の混入が認められることからも、このような新ルートの造成がⅡ—1期の石垣や瓦葺建物によって築かれた織豊系城郭としての機能を喪失させた行為であったことを意味している。

さらに本郭上でも、盛土による新たな造成面の形成が認められる。その痕跡は、特に曲輪東半部に顕著で、盛土には同じく礎石転用と想定される川原石の土留めや瓦の混入を伴っている。また一部では、この造成面上に礎石が据えられている状況からみて、廃城後間もない時期に何らかの施設が構築された公算が大きい。

以上のように、本郭では中世後期を中心とする1期、織豊期以後のⅡ—1期からⅡ—2期への変遷が確認できる。先述の西第十曲輪、古城と同様に、本郭における主要な遺構の集中は中世後期である。しかし一方で、石垣や瓦の採用にみるように、それまでとは隔絶した技術系譜による織豊系城郭としての改修痕跡が残されていた。そして、廃城直後も何らかの使用が想定でき、本郭の利用は城内で最も長期に及んだものと考えられる。

2　河後森城にみる城郭形成の画期とその特徴

前節では、周辺域も含めた西第十曲輪、古城、本郭の主要三地点の様相を発掘調査の成果をもとに整理を行った。

もちろん、各地点には立地条件に差があり、これに応じて検出した遺構の性格やその変遷過程も異なっている。しかしながら、大局的に見ると河後森城の城郭形成は、Ⅰ期とした十四世紀後半から十六世紀後半に至る中世後期を中心とした時期から、Ⅱ期の十六世紀終末から十七世紀初頭を前後する織豊期以降へという二つの画期を経て推移したことがわかる。

(1) Ⅰ期の特徴

特にⅠ期の段階は、山城の創出期にあたると同時に、現在把握し得る城域一帯に開発の手が及んだ画期として重視しなければならない。これまでに検出した遺構は、西第十曲輪、古城、本郭等の主要な地点に留まらず、その間に所在する曲輪群、そして東南部の新城や西南部の西出曲輪に至るまでの広範な造成が認められるからである。歴史的背景に照らし合わせてみても、本段階は在地領主が主体となりながらも常に周辺情勢の変化や脅威に晒された時期であり、結果的にそのことが山城利用の最盛期を生み出したと言える。

そして、この段階、河後森城における機能上の特徴は、大別すると防御性と居住性の二つの側面に現れていた。まず、防御面では、特に西第十曲輪で尾根筋防御の具体的な様相が判明し、十六世紀後半には曲輪縁辺部に土塁と切岸がめぐり、さらにその周囲には多数の堀切状・竪堀状の空堀群が配備されている。山城が発展的に備えていくとされる基本的な防御施設のセットが確認でき、この時期、河後森城は土造りの城として最も完成度の高い防御形態に達したことがわかる。

また、古城近傍の曲輪間を分断する堀切では、虎口防御の手法も明らかとなった。堀底を利用した通路上には、城の内外を区画する門が設けられ、時期の変遷とともに外から内へと門の位置を移動させながら大型化し、かつ進行方向に対する角度を傾けるようになっている。こうした工夫のあり方は、虎口防備がもともと城外側で進入自体を阻止する方法から、内部に引き入れつつ動線に折れや空間を持たせ側射効果を高める方法へと転換したことをうかがわせる。先の尾根筋防備と同じく、中世城郭の防御施設が一般的にたどる単純なつくりから複雑な構造への変化の動向と軌を一にした現象と言えよう。

一方、居住性の観点から特徴を抽出するならば、山城を担った領主の階層と比較して曲輪の造成規模が大きいことの背景自体を議論する必要はあるが［日和佐 二〇一四］、曲輪上で検出された建物等の頻繁な建て替え痕跡や、一過的な使用とは考えられない程の遺物量は、河後森城が軍事的な拠点のみならず、長期にわたって居住の場として機能したことを推測させる。

これに加え、さらに注目すべきは本郭において主殿舎級とみられる建物が出現していることである。もともと山城は、平時の利用はなく戦時の臨時的な使用が想定されてきたが、近年の発掘調査の成果によると、山城上にも居住空間を設ける事例が徐々に明らかになりつつある。そして、その多くは十六世紀後半を中心とした守護・戦国大名クラスの居城であり、居館や御殿を想起させる礎石建物によって構成され、庭園を備えるパターンまでも確認されるようになっている［中井 二〇二一・二〇二二］。

こうした居住空間をもつ山城の広がりは、通常、麓の館で行われていた儀礼や行事等が山上においても執行されていたことを意味しているが、重要なのはこれが守護・戦国大名クラス固有の現象ではなく、より下位に位置づけられる地域の国人領主層にまで波及していた可能性が見込まれる点である。例えば、滋賀県高島市にある清水山城の山頂主郭部では、床の間や台所を備えたとみられる大型の礎石建物が検出されているが、居城したのは近江守護佐々木氏の支流で高島七頭の惣領家高島氏という在地の領主クラスであったとされる［中井 一九九九b］。また、文献記録の存在からも越後の色部氏が残した「色部氏年中行事」や紀伊の隅田党が開いた饗宴の献立注文にみるように［中野 一九八八、原田 一九八七］、国人領主が主体となって一族や領民を対象に各種行事や儀礼を催していた確かな事実も認められる。小野正敏氏は、このような儀礼・行事の地方への浸透を「内容は少し格落ちし、階層性を有しながらも入れ子状に導入されている状況を示しており、大名や地方領主の権力維持装置として必要不可欠なものになっていた」と評価している［小野 二〇一七］。このことは、行事・儀礼等の執行が守護・大名クラスの上位権力の特権ではなく、さらに下位の国人領主層にまで及ぶ浸透力の高さを持っていたことを示している。

したがって、河後森城の中心をなす本郭での継続的な主殿舎の造営も、このような脈絡の中で位置づけることが可能であろう。また、このことは出土遺物のうち儀礼的飲食や場の装飾等に用いられたとみられる土師質土器や貿易陶磁器等の奢侈品の分布が本郭周囲に偏る傾向があることからも裏付けることができる［高山 二〇一八］。十六世紀の戦乱の最中、儀礼・行事実施の舞台は、国人領主クラスの居城であった河後森城においても同じく準備されていたのである。

以上のような防御面・居住面での特徴を帯びた城郭形成が行われた要因としては、やはり予土の境目という地理的条件が大きく影響したに違いない。戦乱の大規模化、広域化が進行する中、境界の最前線にあった河後森城の領主は、この緊急事態に対処するために二つの手段をもってこれに応じたと考えられる。一つは防衛のための軍事面の強化であり、城の急所にあたる尾根筋や虎口に対して新たな情報をもとにした積極的な改良を施し、順次打ち寄せる敵襲の脅威に備えた。そして、もう一つは、一見軍事とは相反するような儀式用の舞台となる建物の導入であって、おそらく領域内部の結束強化や周辺諸勢力との関係維持などを求めて、儀礼・行事の挙行にも努めたのであろう。いずれも境目地帯という情勢が、このような特色ある城郭形成を促進したといえるのではないだろうか。

そして、河後森城のこうした防御施設、居住施設の構築方法や改修方針に独自的ともいえる志向性が認められる点にも注意しておきたい。例えば、普請面では、伝統性に基づく切岸防備が徹底されている反面、曲輪端部から切岸上部の不安定な部分に盛り上げられた土塁や浅く箱堀状となった鎹形の堀切状遺構、断面が浅い「レ」字状で急傾斜地に設けられた竪堀状遺構等、新たな遺構の出現には他に類例を見ないような工法や独特な使用方法の存在がうかがわれる。また作事面においても、大小の番小屋や主殿舎といった居住施設には比較的精緻な柱間や複雑な間仕切りをもつ建物が認められ、防御用に築かれた櫓や塀、門には大型化の傾向が指摘できるが、これに対応したのは掘立柱構造という旧来からの伝統技術であった。つまり、河後森城の戦国期の城郭形成に新たな情報の流入があったことは間違いないにしても、それは極めて在地色の強い技術基盤と独自の機能性によって支えられていたとすることができよう。

(2) Ⅱ期の特徴

さて、河後森城Ⅰ期にみた戦国期の姿は、新たな織豊期の到来によって一新されることになる。とはいえ、河原淵領の所在した宇和郡では、秀吉による四国平定直後から一様な支配体制が確立されたかというと決してそうとは言い切れず、この点について山内治朋氏は小早川期、戸田期、藤堂期、富田期と続く各段階の時代状況と照らし合わせながら、各大名の河後森城への関与の様相について整理を行っている［山内 二〇二〇］。その中で山内氏は、戸田氏入部の初期段階では宇和郡の南北では実効支配に差があったことを指摘しており、河後森城のある「宇和郡南部においては、北部と同等な在地掌握による十分な現地支配を実現できたかどうか甚だ疑問である」とした。そして、後続する藤堂氏の初期にすでに河後森城の拠点整備が完了していたと見込まれること、また後世の編纂物による戸田段階の城代配置の伝承も参考にしつつ、「戸田期の少なくとも終盤には家臣配置による直轄的支配が叶い、城の整備も可能になっていた」と推測し、河後森城の織豊系城郭としての改修時期に言及している。

この想定は、先述したように、軒平瓦の瓦当文様の系譜関係等からみた年代が天正十五年（一五八七）から文禄三年（一五九四）に至る戸田治世の後半から藤堂氏による天守移転の慶長九年（一六〇四）までの間と見込まれる点と照らし合わせてみても、かなり整合的である。もちろん、瓦の分析からは実際の改修への着手が戸田期のうちに達成できたのか、藤堂期に継承されたものなのか即断できないけれども、石垣の構築範囲が限定的で小規模であることや瓦の焼きムラが激しい点からは、河後森城の織豊系城郭としての改変が短期間のうちでの完成をめざしたものであったことは間違いあるまい。

それでは、こうした時期と経緯で実現した河後森城の織豊系城郭化の特徴とは、いったいどのように評価できるのだろうか。まず注目すべきは、本郭を除く地点では旧来の戦国期の縄張りがほぼそのままの形で残存している点である。中井均氏は、織豊系城郭受容の地域性に言及し、島津氏の佐土原城や伊東氏の飫肥城の例を挙げ、群郭式の南九州型城郭の一部を利用した石垣や瓦の導入事例を紹介している［中井 二〇一七a］。南九州では縄張りよりも戦国時代の居城の一部に石垣、瓦、礎石建物という要素を導入することで織豊系城郭化を実現していたのであり、この点、河後森城でも改修の範囲は本郭に限定されており、類似した傾向にある。

ただし、改修範囲が限定されたとはいえ、織豊系城郭の基本的要素とされる石垣、瓦、礎石建物の三点セットすべてが揃った状態であることもまた重要な意義を持つと考えられる。例えば、出雲・隠岐の堀尾氏の領国内では、本城には瓦が導入されながらも支城では瓦が出土せず、城郭の格付けに瓦の採用の有無が影響した可能性が指摘されている［中井 二〇一七b］。

特に藤堂期には、大津城、板島城、河後森城が南予の三大拠点であったことが知られているものの［藤田 一九九九］、大津城が蔵入代官地の支配拠点、板島城が自領宇和郡の本拠という本城クラスに格付けされる二者と比較すると、河後森城は、やはり国境警備に主眼を置いた支城としての位置づけが濃厚であろう。こうした背景の中で行われた改修行為には、確かに労力の投入という側面で支城ゆえの限界が認められる。しかしながら一方で、河後森城には国境における外部接触の窓口としてのシンボリックな役割が求められていたため、織豊政権の到来を具現化する石垣、瓦、礎石建物という三点セットの導入に積極的な意味が込められたのではないだろうか。

おわりに

最後に城の終焉について言及し結びとしたい。先の山内氏の論考では、河後森城における慶長九年（一六〇四）の天守撤去と板島城への移設の要因を、藤堂氏による関ヶ原合戦後の加増による中・東予方面への傾注、天下普請への相次ぐ動員などから「南予への注力比重が相対的に低下」したためと捉え、ほぼ同時に行われた領国内の支城であった灘城の改修に対する方針を参考に、従来の見解どおり「河後森城の規模縮小に向けた動き」であったと結論付けている。そして、先述した本郭Ⅱ―2期の瓦葺建物の終焉直後に起きた石垣の破却、そして道・土橋の造成や新たな礎石建物の設置については、「今後の課題で保留」としつつも、藤堂期のうちではなく、富田期の改修の可能性に触れている［山内 二〇二〇］。

しかしながら、灘城の当初の改修方針にみるように、藤堂氏が石垣や堀、塀などの目立った普請を不要としながらも、長屋のような必要最低限の新たな作事であれば許容する態度を示していた点は重要であり［山内 二〇一七］、城の破却と何らかの代替施設の設置は同時進行であった可能性も残る。つまり、藤堂氏の改修方針として、天守移転後に城跡を単に放置するのではなく、機能を大幅に低減させながら作事だけを存続させるという特殊な破城形態が選択された可能性についても考慮しておくべきではないだろうか。

ただ、いずれの段階であったとしても、こうした施設の残存は、国境の重要性が城の破却後も継続していたことを示唆する現象として興味深い。そして、この流れは、城下町松丸の振興、伊達氏入封時の筆頭家老桑折氏の派遣へと連なる。一国一城令発布の五十年の後、寛文五年（一六六五）製作の絵図にみるように、河後森城は確かに「城跡」となったけれども［高山編 一九九九］、新たに近郊の地には宇和島藩の樫谷番所が設けられており、姿・形を変えながら境界の論理はその後も生き続けたのである。

註

(1) 以下、河後森城で検出した建物等に関する機能の想定は、特に断りのない限り三浦正幸氏の指導に基づくものである。

参考・引用文献

石野弥栄　二〇〇〇「伊予国宇和郡における戦国期領主の存在形態」『瀬戸内海地域史研究』第八輯　瀬戸内海地域史研究会
石野弥栄　二〇〇三「宇和郡境目における戦国期領主の動向と性格」西南四国歴史文化論叢『よど』第四号　西南四国歴史文化研究会
伊藤正義　二〇一四「『清良記』に見る戦国予土国境の中小領主たち」『清良記シンポジウム―鬼北地域に見る国境の戦国社会―』鬼北町教育委員会・鬼北の文化財利活用戦略会議
小野正敏　二〇一七「館・屋敷をどう読むか―戦国期大名館を素材に―」『遺跡に読む中世史』考古学と中世史研究13　高志書院
小和田哲男　一九九七「戦国の城と武将たち」『明日への文化財』四〇号　文化財保存全国協議会
高屋茂男　二〇一四「畝状空堀群」『中世城館の考古学』高志書院
高山　剛　二〇〇五「伊予・河後森城にみる築城・改修痕跡とその主体像―最近の発掘調査成果の紹介を兼ねて―」『森宏之君追悼城郭論集』織豊期城郭研究会
高山　剛　二〇〇九「河後森城出土瓦の系譜―軒平瓦Ⅱ類と聚楽第の瓦―」『西国城館論集Ⅰ』中国・四国地区城館調査検討会
高山　剛　二〇一二「伊予における織豊系城郭の支城の特質―河後森城出土瓦の分析を中心として―」『織豊城郭』第一二号　織豊期城郭研究会
高山　剛　二〇一八「発掘調査成果からみた河後森城の特徴」『河後森城跡史跡指定二十周年記念&第三回清良記シンポジウム―土佐側勢力との関係を考える―』松野町・松野町教育委員会・鬼北の文化財利活用戦略会議
高山剛編　一九九九『史跡河後森城跡―現在までの調査と成果―』松野町教育委員会
高山剛編　二〇〇二『国指定史跡河後森城跡環境整備事業報告書Ⅰ―西部ゾーン―』松野町教育委員会
高山剛編　二〇〇三『国指定史跡河後森城跡環境整備事業報告書Ⅱ―西部ゾーン―』松野町教育委員会
高山剛編　二〇〇四『国指定史跡河後森城跡環境整備事業報告書Ⅲ―西部ゾーン―』松野町教育委員会
高山剛編　二〇〇五『国指定史跡河後森城跡環境整備事業報告書Ⅳ―西部・本郭ゾーン―』松野町教育委員会

高山剛編　二〇〇八『国指定史跡河後森城跡環境整備事業報告書Ⅵ―本郭ゾーン―』松野町教育委員会
高山剛編　二〇〇九『国指定史跡河後森城跡環境整備事業報告書Ⅶ―本郭ゾーン―』松野町教育委員会
高山剛編　二〇一五『国指定史跡河後森城跡環境整備事業報告書Ⅹ―東部ゾーン―』松野町教育委員会
中井　均　一九九九a「河後森城跡の構造」『史跡河後森城跡―現在までの調査と成果―』松野町教育委員会
中井　均　一九九九b「居館と詰城―発掘成果から見た山城の成立過程―」『帝京大学山梨文化財研究所研究報告』第九集　帝京大学山梨文化財研究所
中井　均　二〇一七a「礎石建物・瓦・石垣」『織豊系城郭とは何か―その成果と課題―』サンライズ出版
中井　均　二〇一七b「支城」『織豊系城郭とは何か―その成果と課題―』サンライズ出版
中井　均　二〇二一「織豊系城郭研究の課題と展望」『織田・豊臣城郭の構造と展開　上』戎光祥出版
中井　均　二〇二二「岐阜県における中世城館跡調査の成果と課題―特に山城を中心として―」『中世城館の諸相―山頂の城と山麓の館―』第三十七回考古学研究会東海例会
中野豈任　一九八八『祝儀・吉書・呪符―中世村落の祈りと呪術―』吉川弘文館
原田信男　一九八七「食事の体系と共食・饗宴」『日本の社会史』第八巻　生活感覚と社会　岩波書店
日和佐宣正　二〇一四「『清良記』の世界に関する試論―伊予国西南部の城郭の特徴を抽出する試み―」『戦乱の空間』第一三号　戦乱の空間編集会
藤木久志　二〇〇四「戦場の村の記憶―『清良記』全三十巻を読む―」『荘園と村を歩く　Ⅱ』校倉書房
藤田達生　一九九九「藤堂氏の伊予支配」『「社会科」学研究』第三六号　愛媛大学「社会科」学研究会
山内治朋　二〇一七「藤堂南予支配における田中林斎と灘城代藤堂良勝」『高虎と嘉明―転換期の伊予と両雄―』愛媛県歴史文化博物館
山内治朋　二〇二〇「近世初期大名による河後森城関与についての一考察」『戦国乱世の伊予と城』愛媛県歴史文化博物館
山上雅弘　一九九九「西日本の中世城郭の虎口と通路」『織豊城郭』第六号　織豊期城郭研究会

第3部　寺社と宗教文化

中世瀬戸内における寺社の形成
――縁起の話型に注目して――

苅米一志

はじめに

中世における地方寺社の形成をめぐっては、九世紀段階における断絶という前提が指摘できる。寺院の場合を考えると、国分寺・定額寺ですら、その多くがこの時期に衰退・廃絶するのであり、古代から中世への単純な連続を考えることは難しい［魚澄 一九二九、追塩 一九九六］。現存する地方寺社の多くは、実は十世紀以降の建立にかかると推測されるが、地方寺社の場合、所蔵文書そのものが稀少であることもあり、その形成過程を考察することは困難である［苅米 二〇二〇］。

ところで、寺社の建立は、完全に「無」の状態から行われるのではない。建造物だけを考えても、そこには何らかの「ひな型（規矩）」が必要とされるのであり、人員構成（組織形態）、儀礼体系、経済基盤の獲得などの点でも同様であろう。

理解しやすいのは、中央からの影響を考えた場合である。いわゆる末寺末社制の形成であるが［瀧 一九三四、西寺 一九五二、竹内 一九五五、六車 一九九八］、その場合でも「なぜ、中央大寺社の『ひな型』を有する寺社が、その地域に建立されなければならなかったのか」という問題は残る。これについては、中央の側からの必要性と、地方の側からの必要性という両面で考えなければならない。特に瀬戸内地域は、陸路・海路ともに大きな交通体系を有しており、中央と地方との関係は密接である。この点で、寺社をめぐる「ひな型」の移入が行われやすい地域であると推測される。瀬戸内における中世寺社の形成過程を明らかにすることで、他地域への敷延が可能になるのではないだろうか。

十世紀以降の地方の動向を考えてみると、寺社の形成に影響を与えたと推測される二つの要素に思い当たる。この時期、中央と地方を結ぶ政治的な存在としては、第一に受領国司が挙げられる。彼らは、一宮・惣社制による国内神祇の整備を進め、また摂関家への宗教的迎合により、任国内において天台系の寺院を保護したことが知られる[井上二〇〇九、上島二〇一〇、苅米二〇〇七・二〇一〇]。ここからは、受領国司を頂点とする国衙組織と国内寺社との関係が問われることになるだろう。

第二に、院政期以降に本格的な成立をみる中世荘園制の存在がある。末寺末社制についても、広義の荘園制に属するものと考えると理解しやすい。つまり、末寺・末社そのものが中央に利益を吸い上げる装置となり、かつ地域にとっても何らかの利益をもたらすという筋道である[河音一九七一]。寺社周辺に何らかの生産領域(境内郷的領域)が存在し、そうした領域の形成と寺社の建立とが併行して進展する場合が考えられる。さらに、地方に中央大寺社の荘園が成立した場合、領家の祈願寺や荘鎮守が末寺末社として新たに建立される、あるいは従前のものが末寺末社化するといった現象も確認される[苅米二〇〇二]。これは、寺社周辺の生産領域が明確に荘園として把握される場合であろう。

以上の前提により、本稿では国衙および荘園制との関係に注視して、瀬戸内における中世寺社の形成を考察することとしたい。その際、一つの方法論として、寺社縁起の読解を試行してみたい。先に述べたように、古文書そのものが稀少であるため、それによって地方寺社の形成過程を考察することは難しい。むしろ、その形成過程を雄弁に語るのは、寺社縁起の類である。無論、それは後世に記されたものであり、寺社を荘厳化するための虚構や誇張を含む場合も多いであろう。一方、異なる複数の縁起に共通の要素が見られる場合、それは「寺社の形成に対する一般認識」

であったと見なすこともできる。さらに、より確かな古文書・古記録と比較することにより、完全ではないにせよ、地方における寺社形成の過程について一定の見通しが得られると考えるのである。

1　神仏の定着過程と移入主体

(1) 神仏の移動と交通

瀬戸内海沿岸の寺社縁起には、水上交通との関連で神仏の定着過程を説くものが多い。すでに黒田日出男氏により、神仏の遊行と定着の伝承は、それを信仰する人々の遊行と定着を反映するとの見方が示されている［黒田 一九八四］。本節では、いくつか特徴的な縁起を取りあげ、そうした人々がどのような存在であったのかを考えてみたい。

最初に、讃岐国の例を挙げよう。同国阿野郡司の綾氏をめぐっては、いわゆる「讃留霊王《さるれおう》伝説」が流布しており、それらは承応元年（一六五二）の『讃岐大日記』（『香川叢書』二）、寛文十年（一六七〇）の「利剣山弘憲寺縁起」（『香川叢書』一）を初めとする諸本に記されている［桂 一九八二・八三、冨士原 二〇〇九］。これらとほぼ共通の内容を有し、より古態を示すものとしては、中世武士団の系図である「綾氏系図」（『続群書類従』第七輯上）の前文がある［野中 一九九〇］。その内容は、以下の通りである。

景行天皇二十三年、土佐国沖に大魚が出現し、都に上る官船および乗員をひと呑みにしていた。その退治が日本武尊に命じられたが、彼はその任を子息の「霊公」に譲った。霊公は土佐国に到着したが、大魚は阿波国鳴戸を経て讃岐国椎門（槌ノ戸）に移り、船舶を害し続けた。霊公も讃岐国に移り、大船を建造して出撃したが、船は大魚に飲み込まれた。

大魚の腹中で多くの官兵は「酔臥」したが、霊公だけは十日間も健康を保ち、さらに大魚の腹中に火を放った。霊公は剣で大魚の肉を破って脱出し、大魚の屍に乗ったまま、讃岐国の福江浦に上陸した。そこに「童子一人」が現れ、瓶水を献上した。それを飲んだ霊公が水の由来を尋ねると、童子は水の名を「安廷水」と答えた。「酔臥」していた官兵にこの水を与えたところ、すぐに彼らは快復し、霊公と同じく浦に上陸した。これは、景行天皇二十五年五月十五日午刻のことであるという。

大魚退治は霊公の力だけによるのではなく、彼が薬師如来を信仰していたからでもある。そこで霊公は福江浦に「一宇精舎」を建立し、身につけていた薬師如来の小像を安置して「法勲寺」と号した。それ以来、往来の船舶は安全に航行できるようになった。水を献上した童子は、「日光大士応化身」の「横塩明神」であった。そこでその浜を「浦児浜」と称し、水を「瑠璃水」、瓶を「薬壺」、あわせて「薬壺水」と称した。霊公はさらに「鵜足睦（宇多津）」に移住し、「讃留霊公」と称された。部下の将軍四人は、井戸・黒田・宇治・坂本氏であり、「霊公之四天」と称された。霊公の三男一女は周辺を開墾し、その子孫はすべてその土地の「首領・郡司・戸主・長者等」となった。このうち「最初開闢押領使」が、綾氏の始祖である。かつて霊公の胸には「黒点」で「阿耶」の二字があり、これを一字として「綾」と名乗ったのである。そもそも霊公は、「阿閦仏」の「応化」であったという。

以上は、記紀神話を仏教的な論理で読み替えた、中世日本紀の一種と見られる。したがって系図の成立には、福江浦または宇多津の寺僧による介入が想定される。霊公が仏菩薩の化身であり、彼が「横塩明神」と遭遇するのは、「高僧と地主神の邂逅による寺院の建立と地主神の鎮守化」という周知の説話を踏襲したものであろう。

船舶を害する大魚はおそらく海賊的存在の暗喩であり、それを退治したのが霊公であったことになる［渡部 一九九八］。彼は土佐・阿波・讃岐の諸津を自在に移動したが、これは中央から派遣された水軍の統率者を彷彿とさせ、「押領使」の職名もそこに由来するように思われる。そうした外来勢力が仏菩薩の「応化身」、かつ寺院の開基とされた。外来の公権的存在が、寺社を建立した事実の残影であろう。現実との関係で言えば、物語は貴種である軍事貴族の下向と土着の過程にも酷似している。彼らの移動と神仏の移動は強い連関性を有し、さらにここでは舟運という要素が不可欠なのである［乗松 二〇一二］。

(2) 流浪・漂着する仏像

前項の例に加え、仏像そのものが水上交通と結びつく縁起も多い。ここでは、著名な讃岐国志度寺の縁起を挙げよう。鎌倉末期の作とされる「讃岐国志度道場縁起文」（『中世文芸叢書』九）であるが、冒頭の百八十字ほどが伝・菅原道真筆の「長谷寺縁起文」を引き写したものであり、長谷観音信仰の影響下で成立したことは間違いない［友久 一九六七、逵 一九九一］。これを念頭に置いて、以下の内容を見ていこう。

近江国高島郡三尾前山の谷に「大ヒニ臥シタル木」があり、瑞光・異香を放ち、諸天が降臨してこの木に白蓮華を散じることから、谷は白蓮華谷と呼ばれた。継体天皇十一年の洪水により、木は流出して同国志賀郡大津浦に漂着し、崇峻天皇の時代、さらに流れて宇治川を下り、淀津に留まった。そこからさらに海中に流れて、讃岐国志度浦に漂着した。

推古天皇三十三年に「凡園子尼法名智法」がこの木を見つけ、草庵に安置した。仏師を探し求めたところ、二十四五歳ばかりの「童男」が現れて、一日のうちに十一面観音像を彫刻して姿を消した。彫刻していた際に、虚空より「補陀落之観音耶御坐（補陀落の観音や坐す）」という問いかけが二度あり、園子は仏師が観音の化身であることを悟った。また、一間四面の堂を建立するため番匠を探し求めたところ、二十歳ばかりの童子が現れ、七日間で堂舎を完成させ、姿を消したという（以下略）。

霊木から仏像が彫り出される説話は、いわゆる御衣木信仰の表象として広く確認されるが［谷原 一九九八、山本 二〇〇七、横田 二〇二三］、それが近江国から宇治川を経て淀津に到着したとされるのは、おそらく現実の木材運搬の経路を示すのであろう。例えば、近江国の田上杣で伐り出された材木が瀬田・宇治川を下り、巨椋池を経て木津川・淀川に流されるという経路は著名である［大井 一九六九、大村 二〇〇六、高橋 二〇一〇］。さらにそれが讃岐国志度浦に到ったとされているのは、一般的な舟運の経路を示していると思われる。以上は、観音信仰を喧伝する僧侶の移動経路そのものを反映している可能性が高い。

舟運を介した霊木または仏像の移動が、長谷観音信仰に特有のものであったらしいことは、次の史料からも推測される。備前西大寺観音院の由来を語る、永享十二年（一四四〇）勧進状（『吉備地方中世古文書集成』一）を見よう［苅米 二〇一〇］。

天平勝宝三年（七五一）、周防国玖珂荘の荘司の妻・藤原皆足が、かねてから観音像の造立を希求していたところ、仏師を名乗る童子が現れて観音像を彫刻した。立ち去る際に、童子は自分の居所が大和の長谷寺であると教示する。童子は、長谷観音の化身であった。

皆足は観音像を船載して大和に運び、彩色を施そうとする。この時、皆足の夫は備前国の主簿（在庁官人）となっていた。船が備前国の金岡浦（吉井川河口）に停泊したところ、船が動かなくなったため、やむなく観音像を陸に上げ、安置のために草堂を営んだ。これが、のちの西大寺観音堂の起こりであるという（以下略）。

話の起点は、周防国の玖珂荘に置かれている。実は、他の説話類においても玖珂荘域に関係する人物および寺院が確認される。『大日本国法華験記』巻下・第一一五、周防国判官代某、『今昔物語集』巻一六、周防国判官代依観音助存命語第三、金沢文庫本「観音利益集」第三三、新寺観音事（『古典文庫』三八）においては、周防国の判官代（在庁官人）が観音霊場である二井寺（新寺）を信仰し、敵対する人物の襲撃をまぬがれたとされている。この寺院は玖珂荘域にある現・極楽寺がその後身と目され、元禄八年（一六九五）の「寺社記」（岩国徴古館蔵）、享和年間に成立した『玖珂郡誌』には、周防国の「大領」であった「秦皆足」によって観音像が安置されたと記されている。

固有名詞は度外視するとして、周防国の在庁官人または荘官であった人物は実在したらしい。それが女性に読み替えられ、志度寺の縁起と共通する要素(水運による仏の移動、女性の願主、観音の化身である童子形の仏師)を付与されているのである。しかも、ここではより明確に長谷寺の観音との関係が語られている。したがって、この説話自体が、長谷観音信仰を喧伝する人々の影響によって成立したものと見なければならない。

詳細な存在形態は不明であるが、彼らは陸路とともに舟運をも利用し、瀬戸内海において広く活動を展開していたと見られる。その初期の受容主体としては、ここに見るように十世紀以降の国衙関係者が挙げられるであろう。受領国司による天台寺院の保護については先に指摘したが、在庁官人層もまたその志向性を有していたと見られる[苅米二〇一〇]。

(3) 縁起の共通性・融通性と移入主体

前項に見たように、異なる複数の縁起において、共通の要素が見られることは多い。この点について、ここでは応永二十三年(一四一六)の「讃岐国七宝山八幡琴引宮縁起」(『香川叢書』一)を素材として考察してみたい。

文武天皇の大宝三年(七〇三)、豊前国宇佐宮の八幡大菩薩が讃岐国七宝山に移動した。三日間、西方の空は曇り「鳴動」したが、やがて雲霧は去り、九州の空から虹のような白雲が七宝山にたなびくのが見えた。山麓の海辺に「一艘之船」が現れ、その船内からは「高妙」な「琴音」が聞こえた。この時、七宝山には日証という僧侶がいたが、彼に「御託宣」が下り、日証は「釈迦」の「再誕」で、自分は「八幡大菩薩」であるとの告白があった。「帝都」に近いため、自分はこの国に到り、ここを「仏法流布之霊地」とし、「朝家」を「守護」して「異国」を罰したいのだという。日証が半信半疑でいたところ、一夜のうちに海が変じて十余町の「緑竹之林」となり、砂浜は数十歩の「蒼松之林」となった。次の夜、海上の船中からは、琴を弾く音色が響いてきた。これにより、八幡大菩薩の託宣を信じた日証は、四国の山寺に触れ回り、「一生不犯」の十二三歳の児童数百人を集めて、船を七宝山上に引き上げさせた。船中の琴を添えて「御体」を宝殿に安置し、これを「琴引別宮」と号した。この船は、神功皇后が異国征伐を行った時に「自然出現」した兵船であるという。

讃岐に配流となった道範の『南海流浪記』宝治二年（一二四八）十月二十九日条（『香川叢書』二）には「琴曳ト云宮マウデ、讃岐内、此宮ハ昔八幡大菩薩筑紫ヨリ此処ニヲチツキテ、京ノ八幡ヘトワタラセ給、其御舟ノ船ト御琴トヲ宮内ニツクリコメタリ」とある。八幡神がここを経由して石清水に至ったという差異はあるが、十三世紀の半ばには「舟」と「琴」を要素とする縁起が琴引八幡宮に伝承されていた。前掲の例と同様に、神仏の定着過程においては、舟運が重要な媒介項となっていることが分かる。

ここから先、縁起は「其根源」として、三韓征伐について語り始める。実は、この先の筋は『八幡愚童訓』あるいは『八幡縁起』の内容に酷似する。後者の『八幡縁起』は絵巻の形態をとることもあり、それには二系統の存在が指摘されている［宮 一九八二］。それぞれ一類本、二類本に分類されるが、より古態を示すのは前者であり、石清水八幡宮本（焼失）、和歌山県・鞆淵八幡宮本、大分県・奈多八幡宮本、兵庫県淡路島・浜天神宮本などが知られる。その成立は十三世紀の中頃であり、当初から転写して多量に流布させることが企図されていたと見られる。その草稿（詞書部分）を携帯して地方をめぐり、既存神社の末社化を計ろうとした宗教者の存在が想定される。草稿を下敷きとし、地域の伝承を踏まえた上で、末社の縁起が創作されたと考えられるが、特に瀬戸内海沿岸の寺社の場合、縁起を創作するにあたって、舟運という要素が受容されやすかったのであろう。

こうした草稿の典型例は、「説草」と呼ばれる書物である。例えば、前掲の金沢文庫本「観音利益集」（『古典文庫』三八）は粘葉装、縦四寸六分、横三寸四分五厘の冊子で、いわゆる枡型本の形態である。鎌倉末期の称名寺長老・明忍房剣阿の筆にかかると見られ、全四十五話のうち、十五話は『今昔物語集』の観音説話と同内容である［関 一九三九、

山根 一九六五、清水 一九八四〕。法会における講釈の途中に挿入する説話の参考として作成され、その写本が広く流通していたと考えられる〔永井 一九八六、阿部 一九九三、小峯 二〇一三〕。その流通と援用の結果が、先の志度寺と西大寺観音院の縁起であろう。

遡及的に考えれば、すでに古代から中央の僧侶が地方に下向して、堂供養などの導師を務めることがあった。その場における講説の草稿が「東大寺諷誦文稿」であり、挿入される説話の集成が『日本霊異記』である〔鈴木 一九九四、藤本 二〇一六〕。九世紀における断絶を経た上でも、そうした活動は存続したと見られ、下向した先の地方寺院との交渉により、末寺化が達成されるという筋道が想定される。そうした中で、下敷きとなる縁起の原形と地方寺院の伝承とが折衷され、個別の縁起を生んでいくと考えられる。

この点と関連して、縁起に現れる僧侶の存在にも一定の傾向があることを指摘しておきたい。讃岐国の縁起に顕著であるが、例えば応永八年（一四〇一）の「讃州大内郡吉田里東面山記」（『香川叢書』一）では、行基が「積善坊」を創建し、のちに空海が弁財天社を建立して積善坊に「東面山宝船院」と追号したとされる。他にも、行基の建立、空海の中興、円仁または聖宝による継承とする縁起は多い。僧侶名を無視すれば、これは奈良時代における南都仏教僧による山林抖擻、平安時代における天台・真言宗の進出と別院の形成という時代的重層性を物語るものであろう。おそらくは、平安時代における僧侶の進出こそが寺社の形成に直結し、その過程で従前の伝承が縁起に組み込まれていくと考えられる。

2　寺社と国衙との関係

(1) 周防国松崎天満宮の形成

前節に紹介した縁起においても、檀越・氏人層として国衙関係者の存在は見え隠れしていたが、本節ではこの点についてさらに考察してみたい。

応長元年(一三一一)閏六月日の奥書を有する周防国松崎天満宮の縁起(『続日本の絵巻』二二)を見よう。その第一巻から第五巻は、『北野天神縁起』弘安本と同内容であり、菅原道真の生涯と死後の災異などの霊験を語る[真保 一九六九]。第六巻はこれと独立に、松崎天満宮の創建を語っている[脇 一九九五、防府市史編委 二〇〇四、防府天満宮 二〇〇五、鈴木 二〇一一]。以下、第六巻の関係部分を掲げる(釈文は[小松 一九九二]に拠る)。

〈第一段〉

(前略)さる程に、A防州勝間の浦に着かせ給ひける。一夜の御旅寝、賤しの海人の苫屋、御目慣れぬ御住居、譬えむかたなき様なれば、いとゞ尽きせぬ御涙に搔き暗れさせ給へり。「此の地、未だ帝土を離れず。B願はくば、居をこの所に占めむ」と御誓ひありけるにや、光明海上に現じ、瑞雲酒垂山の峰に聳えて、奇異の瑞相化現しければ、時の国司を初めて渇仰の心、肝に銘じ、随喜の思ひ感を催して、海浜に臨みて是を拝見し合へり。

〈第二段〉

其の時、C国司、宝殿を建立し、玉扉を開きしより、是を松崎の社と号せり。

〈第三段〉

それよりこの方、年毎の季節・月次の祭奠、併ら国の営みとして、代々の良吏怠る事なく、面々の敬神他に異なり。就中、三代の聖人、殊崇重のあまり、日別の御供、修理の料田を寄附し、又、種々の懃行を始めて年々の薫修を積めり。晨鐘夕梵の声絶ゆる事なく、春福秋嘗の礼怠らず。D爰に従五位下土師信定の願として、帰敬の篤き志を運び、如在の冥助を頼み奉り、利生を道俗男女に施さむが為に、勧進を親疎遠近に漏らさず、神道の忝き趣、垂跡の灼なる理を九牛の一毛を後素に表はして、中丹に演べたり。（後略）

Dからは、土師信定が願主として勧進を開始し、その資金により縁起絵巻を作成させたことが分かる。完成は応長元年（一三一一）のことだが、これに近い「阿弥陀寺文書」正和二年（一三一三）三月十日周防国在庁官人起請文案（『山口県史』史料編・中世2）の連署の中に「土師信貞」の名が見える。「信定」はこの人物に比定して良く、周防国の在庁官人であったと考えられる。土師氏については、建治三年（一二七七）頃と思われる「上司家文書」年月日未詳土師吉安申状案（『防府市史』史料1）に土師吉安が勝間村（熊毛郡。勝間浦とは別）の書生職を有していたこと、「筒井寛秀氏所蔵文書」弘安二年（一二七九）六月土師基安申状（『南都仏教』七六号）に土師基安が立野・高野両保（熊毛郡）の書生職を有していたこと、「東福寺文書」貞和四年（一三四八）五月八日周防国仁井令公文土師為経同国伊佐江郷公文代深重連署和与状案（『大日本古文書　東福寺文書』二）に土師為経が仁井令（佐波郡）の公文職を有していたことが見える［畠山二〇一七、渡辺二〇二三a］。土師氏は、周防国の在庁において多々良（のち大内）・大江・日置氏などに次ぐ有力な地位を有していたと考えられる［武光二〇一五、渡辺二〇二三b］。

縁起は、奥書に見える「御膳所大法師隆真」「宮司大法師実尊」「社務法眼和尚位道澄」らの責任で作成されたと思われるが、彼らが『北野天神縁起』の内容を知り得たことからして、この時期の松崎天満宮が北野天満宮と何らかの関係、おそらくは本末関係を有していたと考えられる。やや下るが、「柳原家記録」七七、応安七年（一三七四）九月十二日後円融天皇綸旨案（『大日本史料』第六編第十一冊）には、「周防天神宮」が北野社領として見えている。この場合は、末社が経済領域として扱われているのであろう。

Aでは、菅原道真が大宰府に下向する際、周防国の勝間浦に宿泊したという。勝間浦は国府の港として知られ[防府市教委 二〇一二]、また地方に下向する貴人の送迎も国司の任務であるので、このこと自体は事実と認めて良いであろう。Bでは「都と地続きである勝間浦の地に居住したい」と道真が願ったとされる。「その御誓ひ」によって光明が海上に出現して、酒垂山(のちの天神山)に聳え立ったので、国司以下の人々がこれを見て「渇仰の心」「随喜の思ひ」を発したという。ただし、この現象が道真の滞在中に起こったのか、大宰府に下向して以後なのか、あるいは死後なのかは明記されていない。したがって、Cにおける「国司、宝殿を建立し」たのが、いつであるかは厳密には分からないことになる。

ただし、天満宮の号を有する神社が建立されたとすれば、中央において天満宮の権威が確立した時点より以前であるとは考えづらい。それは、早く見積もっても「北野天満宮天神」の勅号が贈られる永延元年(九八七)以降のことと考えるべきであろう。武光誠氏は、北野天満宮寺別当を兼帯した天台曼殊院門跡が地方に荘園を獲得していく過程で、酒垂山にあった神社が北野天満宮の末社となったと推測している[武光 二〇一五]。首肯すべき見解であり、時期的には十一世紀以後の現象と見て良いであろう。

Dにおいて、土師信定が縁起作成の願主として現れるが、これには相応の理由があると考えられる。まず、周知のように菅原氏の祖は、天応元年(七八一)に土師氏から分かれた一族である(『続日本紀』天応元年六月二十五日条)。土師氏にとって菅原道真は、祖先を同じくし、かつ神となった尊崇すべき人物にあたる。さらにこの家系は、のちに松崎天満宮の大宮司家の祖とされており、天満宮の前提となった酒垂山の神がそもそも土師氏の氏神であったのではないかとも考えられる[武光 二〇一五]。すると、歴史的事実は別として、「時の国司」は土師氏の祖先を想定していると見て良いであろう。

以上から、次のような事態が推測される。十一世紀以降のある時点で、周防国司の関係者、おそらくは土師氏によって北野から天満宮が勧請された。それ以前、氏社など何らかの祭祀施設があった可能性もある。勧請の目的としては、地方の領主による私領の寄進と同様、中央権門の権勢を蒙るためであろう。佐波郡は国府の在郡でもあり、多々良・大江・日置などの有力な在庁官人との競合においても、勧請は有利に働く可能性を有する。こうした経緯により、末社化が達成されたと考えられるのである。

(2) 備前国金山観音寺の形成

国衙からの下達文書を残す備前国金山観音寺は、明確に「国衙の祈禱を行う寺院」であり、また他国と同様に天台末寺でもある。その建立の経緯について、治承四年(一一八〇)六月十八日付の「金山観音寺縁起写」(『岡山県古文書集』二)を見よう[苅米 二〇一二]。

金山寺は天平勝宝元年(七四九)、孝謙天皇の勅により報恩大師が建立した寺院である。報恩は、備前国津高郡駅(うまや)郷波河村の百姓の出身で、のちに孝謙天皇の病気を治したことから、報恩の勅号を受けた。その後、報恩は備中国の日差山に登って寺院を建立し、弟子の智久にこれを相続させた。また、備前国児島の藤戸に渡って寺院を建立し、同じく瑜伽山にも寺院を建立した。その後、大和国高市郡矢田郷に寺院を建立し、これを児島寺と名づけた。報恩はこの児島寺を、多くの弟子の中から特に延珍(延鎮)禅師を選んで相続させた。延暦十四年(七九五)六月二十八日、報恩は児島寺で死去した(以下略)。

報恩は実在の僧侶で、大和国に「子島寺」を建立したとされる。縁起では「子島」と「児島」の音通により、「子島寺」の寺号が備前国児島に因むものとする。そうすることにより、報恩の活動拠点を備前に引き付けたかったのであろう。報恩は法相宗を学んだことで知られるが、その活動は古代における山林抖擻を思わせるものがある。

山林抖擻のための遊歴は、海を越えて四国方面にも展開していたらしい。年月日未詳の「讃州妙智山略縁起」(塩飽本島の正覚院の縁起。『香川叢書』一）によると、妙智山正覚院は天平年間に報恩大師が創建したもので、本尊聖観音菩薩像は行基の作であるという。その御衣木は、備前国児島郡稗田村山殿という所にあった樒であった。のち延暦四年（七八五）に坂上田村麻呂が大檀那として伽藍を建立し、天長九年（八三二）には理源大師（聖宝。修験道当山派の祖とされる）がこの地で誕生したという。ここでは、山林抖藪の活動がのちの修験道の成立に接合されている。地理的な近接性を考えると、これら縁起の成立には、児島修験の影響を考えることができるかも知れない［岡野二〇一九］。

法相宗の僧侶が創建したものであるにしても、十二世紀には金山寺は天台末寺となっており、ある時点での転換（末寺化）が想定できる。これは、前節で指摘した僧侶の活動の時代的重層性を示す事象でもある。縁起では、九世紀前半の延鎮による京都清水寺建立の記事から、十一世紀半ばの伽藍焼失の記事に時代が飛躍する。

延久元年（一〇六九）五月に伽藍が焼失したが、本堂の観音像を運び出すことはできなかった。ある夜の僧侶の夢に「観音像は焼失していない」との告げがあり、灰燼の中を探したところ、観音像が出現した。そこで、本堂を復興するまでの間、仮の堂舎を構え、像を安置した。しかし、金山寺は復興を遂げられないまま年月を送った。ところが、そこから南方十五町の場所に「智地寺」という「往古山寺之旧跡」があり、それは報恩の弟子である智久が建立したものという。寺院のある峰の名を「三古（鈷。筆者注）峰」というが、僧侶らは衆議の結果、伽藍をここに引き移すことにした。康治元年（一一四二）に「国司法性寺殿（藤原忠通。筆者注）」に解状を提出し、外題安堵を受けて伽藍の卜定を認められた。天養元年（一一四四）から寺院の造営を開始したところ、地中から金銅観音像、銅像阿弥陀仏像、銅像太子出生像、泥仏、十六羅漢像などが出土したという。

これによれば、現在に連続する金山寺とは、十二世紀半ば以降に移転したものであり、それ以前については、その所在地すら明確ではなく、金山寺の建立そのものが、この時期以降である可能性もある。「金山寺文書」元暦二年（一一八五）八月日金山寺住僧解（『岡山県古文書集』二）には、「爰《ここ》に中比《ごろ》、国宰宮内卿藤原憲扶朝臣、偏《ひと》えに観音の利生を恃み、遺跡の効験を仰ぎ、件の免田を以て寺家に寄せ免ぜらるる所なり（訓読筆者。以下同）」と記されている。「憲扶」は実際には「憲輔」であるが、承保元年（一〇七四）に備前国司であったことが確認できる。延久元年（一〇六九）五月の堂舎炎上の後、数年にわたって造営が行われたとすれば、この時期に藤原憲輔が受領国司として保護を加えたことになり、そもそもこの人物が寺院建立の願主であった可能性もある。

康治元年（一一四二）、国司の藤原忠通から伽藍の卜定を認められたという記述は、事実と考えて良い。「金山寺文書」仁安三年（一一六八）二月二十日金山寺住僧等解（『岡山県古文書集』二）は備前国留守所に提出された文書であるが、その際の副進文書として「先々司御任御庁宣一通」が記されている。仁安三年当時の国司は藤原隆成であり、その先々任としては藤原信経または藤原忠通が考えられる。少なくとも十一世紀半ば以降、金山寺は国衙から「公領としての境内および周辺」を所領として認められ、国衙の祈禱を行う寺院であったと考えられる。十世紀末以降において、受領国司が任国内の天台寺院を保護したという一般的動向を考えれば、天台末寺化もまさに十一世紀の半ばであった可能性が高い。

前項の考察も踏まえると、新たに建立されたか、前身となる寺社があったかは不明だが、地方寺社が末寺末社として確かな存在となるのは、十一世紀以降のことである。1節にも触れたように、地方寺社の支援者の筆頭としては、国司や在庁官人などの国衙関係者が挙げられる。国司にとっては藤原摂関家への宗教的迎合の姿勢の誇示、在庁官人にとっては中央大寺社の権勢の獲得が目的の一つに挙げられる。彼らが檀越・氏人となることは、地方寺社にとっても有利な結果を生む。国図公田制・免除領田制における寺社免田の存否は、彼らの意向と裁量に依存するからである。中央から地方に下向した宗教者もまた彼らとの接触を目指し、地方寺社との交渉の上で末寺末社化を進めたと思われる。中央大寺社からすれば、それは荘園的な経済領域の獲得でもあった。

3　寺社と荘園制との関係

(1) 荘園における末寺末社の形成

地方寺社の領域としては大きく、①基本的に公領であり、国衙の寄進・免除によって寺社領と認められている場合、②荘園の内部に存在し、領家からの寄進・免除によって成り立っている場合の二通りがあり、前者からはさらに境内郷的領域が荘号を獲得し、他の荘園・公領と境界を接するという発展形態が考えられる。①の場合については前節に触れたが、ここでは②の場合における末寺末社の形成を考えてみたい。

荘園における末寺の形成については、播磨国大部荘と浄土寺との関係が典型的である。同荘は十二世紀末期、俊乗房重源により再立券がなされ、荘園東部の荒野（鹿野原）が開発された。これを東方から見下ろす地に、播磨別所浄土堂・薬師堂（のちの浄土寺）が建立された。浄土堂本尊の阿弥陀如来立像の胎内墨書銘には名主層の連署が見られ、彼らが荒野の開発に当たったと推測される。領家の立場にある重源は、別所の僧侶と荘民に対し「寺家は庄家の祈禱を致し、庄家は寺家の依怙を致し、各《おのおの》和順の思いを致し、偏《ひと》えに氏寺と存ずべし」と訴求している。東大寺末寺である播磨別所は荘民の氏寺とされ、別所と荘民との間には互恵的な関係の構築が理想とされたのである［苅米 二〇〇四］。

一方、末社の場合については、「高倉院厳島御幸記」（『群書類従』第十八輯）における上賀茂社領播磨国室御厨の記事が注目される。

（前略）むろのとまりに御所つくりたり。御舟よせておりさせ給。（中略）この山のうへにかもをぞいはひたてまつりける。御へいまいらせたまふ。またわたくしにもまいりてへいたてまつる。としおいたる神とのもりあり。Ａこのやしろはかものみくりやに、このとまりのまかりなりしそのかみ、ふりわけまいらせて、御しるしあらたなり。Bやしろ五六、大やかにてならびつくりたる。つゞみうちて、ひまなく神なぎどもあつまりてあそびあひたり。これは御みちのほど、あめかぜのわづらひなどの御いのり申とぞきこゆる。（後略）

Aによると、室の地が上賀茂社領の御厨となった際、末社が勧請された。Bによると、末社の役割の一つに、瀬戸内海における風雨を鎮め、舟運の安全を祈る祭祀があるという。「神なぎども」は、特権的な神人層であろう。同様な例としては、下賀茂社領讃岐国内海葛島供祭所の例が知られ、末社として賀茂神社が勧請され、そのもとに仁尾浦神人が編成されている［和田 一九三七、棚橋 一九七八、市村 二〇〇九、薗部 二〇一一、小川 二〇一二、太田 二〇二四］。神社領の荘園には原則として末社が勧請され、いわゆる荘鎮守として住民を呪術的に保護する役割を担ったのである。

こうした関係性は従来、「荘園領主による宗教イデオロギー支配」と評価されてきた事象でもある。ただし、ここでは末寺末社と荘民との間の互恵的な関係が理想とされていること、また大部荘の場合は名主層、室御厨の場合は神人層など、荘民の上層部が関係の第一の主体として想定されることに注意しておきたい。

(2) 熊野末社と所領の形成

瀬戸内地域における熊野末社の形成は、陸路における修験者の移動とともに、水上交通をも不可欠の前提としていたようである。阿波国那西郡の那伊瀬権現の成立について、乾元二年（一三〇三）六月十五日の奥書を有する「那伊瀬権現之垂迹并夢想託宣条々事」（『神道大系　神社編』四二）は、次のように述べる。権現は天竺の摩訶陀国から、筑紫の彦峯（英彦山）、伊予の石鎚山、淡路の瑜譲羽（論鶴羽）、熊野山という順序で垂迹し、最後に石に化して那伊瀬の地に鎮座したという。また、淡路国三原郡の論鶴羽神社の成立について、年月日未詳の「論鶴羽大権現其外所々縁起」（『兵庫県神社誌』下巻）は、次のように述べる。神武天皇二十五年、論鶴羽大権現は天竺の「摩河随国（※摩訶陀国）」から鶴の羽車に乗って論鶴羽の峰に移り、さらに紀伊国藤代に向かった。崇神天皇十六年に紀伊国熊野本宮、欽明天皇三十一年に豊前国英彦山、推古天皇元年に出羽国の羽黒山、霊亀元年(七一五)には熊野那智山、某年に越中国の「館山(立山)」に垂迹したという。

すでに幾度か指摘した「神仏の遊行と定着」という話型であるが、垂迹の地はいずれも修験の行場であり、権現の軌跡そのものが修験者のそれを示している。つまりは、修験者が自らの移動経路になぞらえて、権現の移動の道を語ったということになる。このうち、紀伊国～淡路～阿波という経路については、水上交通の利用を想定せざるを得ない。実際、紀淡海峡においては、舟運を利用した修験者の往来が多かったと見られる[高橋二〇二三]。

こうした交通を前提として、四国地方にも熊野末社が形成されていった。瀬戸内地域からはやや外れるが、ここでは土佐国長岡郡吾橋荘における長徳寺の例を検討しよう。

「長徳寺文書」弘安十一年(一二八八)正月五日熊野山衆議状(『鎌倉遺文』一六一四七号)によると、久安五年(一一四九)吾橋山の開発領主である頼則・盛政らが、自ら発願して建立した長徳寺の寺領として四至を定め、その地を熊野山に寄進したという。宝治元年(一二四七)十二月日地主小野某寄進状写(「土佐国古文叢」所収写本。『高知県史　古代中世史料編』。以下同)によると、久安五年(一一四九)五月二日の本地主伊部氏施入状によって「長徳寺并王子殿」に土地の寄進がなされている。この時期に複数の開発領主による寄進が相次ぎ、そうした開発・寄進地を核として熊野社領が成立したのである。ただし、「吾橋荘」の荘号は長らく史料に見えず、領域の呼称は鎌倉期を通じて「吾橋山」である。しかも、安元二年(一一七六)十二月三日北条吾橋山住主等連署奉免状写(同前)には「土佐国長岡郡庁北条吾橋山」という文言が見え、吾橋山の権利を保障した嘉禎二年(一二三六)十二月十一日土佐国留守所下文写も存在する。「吾橋山」は荘園というよりも、公領の性格を有しているのである。この点については、後述することとしたい。

弘安十一年(一二八八)二月日長徳寺氏人等連署状写によると、長徳寺は「熊野山末社(※若王子)御座」の寺院となり、寄進を行った地主たちは長徳寺の「氏人」となった。さらに「長徳寺院主并びに先達職は熊野山検校宮より補任せられ、熊野別当の施行せらるるに随うは先例」ともあり、開発領主の一族が熊野山から長徳寺院主職および先達職に補任されることになっていた。吾橋山においては、領主層が長徳寺の「氏人」という資格をもって、座的構造を形成していたのである。彼らの代表者は寺院の筆頭をも務めたが、これは古代的な氏寺の理念が地縁的な結合に継承されたことを示す。

座的構造を形成した開発領主は、どのような人々であろうか。「長徳寺文書」には寛元二年(一二四四)八月三日守護所下文写、同年十一月日守護所兼地頭代平某寄進状写があり、鎌倉期には彼らが御家人化したことが推測できる。時代は下るが、永和二年(一三七六)三月九日前信濃守八木朝臣某寄進状写では、前信濃守八木朝臣が「先祖寄進状之旨」に任せ、重ねて土地を寄進するとしており、長徳寺に対する一種の代替わり安堵であると評価できる。ここで「先祖」というのは、前掲した嘉禎二年十二月十一日土佐国留守所下文写に見える、留守所の構成員「散位八木」のことであろう。この八木氏は一方で地頭であったと考えられるが、その前身は在庁官人であったのである。

このように考えれば、吾橋山が公領の性格を有していたことも理解しやすい。順序としては、以下のように考えられるだろう。十二世紀前期、土佐国衙の在庁官人らが、国府の在郡である長岡郡の吾橋山周辺に私領を開発した。すでに土佐国に進出していた修験者との接触により末寺末社化の交渉がなされ、在庁官人らは私領の維持存続という意味もこめて、共同で長徳寺を建立して土地の寄進を行った。熊野山側からの条件は、四至を有する領域の獲得であり、在庁官人らは彼ら自身の権限により、中央の認可を受けることなく、一般的な荘園とは異なる熊野山領「吾橋山」を成立させた。彼らは長徳寺の氏人として座的構造を形成し、寺院の筆頭職をも獲得して、吾橋山一帯の安定的な支配を志向した。

前節まで、地方寺社の形成過程における国衙関係者の重要性を指摘してきたが、それは具体的には彼らの公的権限に由来するものであったと捉え直すことができる。

下の通りである。

(2) 石清水末社と所領の形成

備前国児島郡(小豆島)肥土荘の成立は、荘園の成立と末社形成が深く結びつくことを示す事例の一つと考えられる。応永頃の成立と見られる「小豆島肥土荘別宮八幡宮縁起」(『香川叢書』第一および〔田中・三枝 一九九九〕)の内容は、以下の通りである。

仁和三年(八八七)、小豆島全島が「肥土」の荘号を得て皇室領荘園となった。その際に、荘園の四至も定められたという(具体的な四至も文中に示される)。肥土荘はやがて、宇多天皇の第四皇子・敦実親王に伝領された。延長四年(九二六)七月十三日、八幡大菩薩の託宣により、肥土荘は「御白塩地」すなわち塩を貢納する荘園として、親王家の令旨と領家「右大将ノ局」の「施行」により、石清水八幡宮に寄進された。同年八月十九日、石清水八幡宮神主の紀御首宿禰および別当の安宗法印が荘園を受け取り、同年九月、大菩薩の「御正体・御神宝等」が島に遷され、仮殿に奉入された。十一月初卯日から神事・神楽の事始めが行われ、社殿を造営して石清水の祭礼を模すこととした。承平五年(九三五)、社殿の造営が完了し、二月初卯日に遷宮、当日は神楽など臨時の祭礼が行われた(以下略)。

九世紀末の段階で、四至を有する領域型荘園が成立したと考えることは難しく、一般的には院政期以降のことと考えるべきであろう。また島全体が肥土荘となったとすることにも無理があり、これとは別に九条家領である小豆島荘の存在も知られる(『鎌倉遺文』七二五〇)。一方、領家であったとされる「右大将ノ局」について、延長四年段階の右大将(右近衛大将)は藤原定方であり、「右大将ノ局」は妹の満子(醍醐天皇の女御)をさす可能性が高い。ただ、その時点で「領家」や「施行」という言辞があり得たかについては、疑問であろう。ただし、ここに敦実親王が登場することには一定の意味がある。

『宮寺縁事抄』によると、石清水八幡宮外殿の木像御正体は、敦実親王が延喜十四年(九一四)八月に造立したものであり、また『榊葉集』によると、親王は延喜年中に勧修寺に八幡宮を勧請したという。「石清水田中家文書」延久四年(一〇七二)九月五日太政官牒案(『平安遺文』一〇八三)によると、河内国甲斐荘・志布見荘は敦実親王が貞元二年(九七七)以前に石清水八幡宮に寄進したものであるという。

敦実親王本人が石清水八幡宮の篤信者であり、実際に親王家の封戸が施入されるなどの事実はあったと考えられる。しかし、それを領域型荘園の成立と見ることはできず、右の記述は立券の時期を遡らせるために、過去における関連事実を探り出した作為を示すものと考えられる。「八幡祠官俗官并所司系図」(『石清水八幡宮記録』一九)所載の「海氏系図」によれば、肥土荘の根本領主は承保二年(一〇七五)に死去した石清水八幡宮少別当の清基とされており、立券もまたその前後のことと考えるのが妥当であろう。

前項の例とは異なり、この場合は荘園の成立が先立ち、そこに末社を勧請した例になる。末社においては、社殿の建築、神楽などの祭礼、祭礼の期日(初卯日)など、本社の規矩が模倣されている。また、縁起を所蔵する富丘八幡神社には、別に「男山八幡宮縁起」(前掲一類本)も所蔵されており[田中・三枝 一九九九]、本社からもたらされたこの縁起をもとに当縁起が創出されたと思われる。こうした規矩の伝達は、本社からの神人の下向により可能になったと考えられる。当初、神人全員が本社から下向したのか、あるいは一部が下向して新たに荘民を神人として編成したのかは不明である。いずれにしても、神人が本社の権力を体現する存在であったことは、以下の事例からも推測することができる。

縁起では、弘安六年(一二八三)頃の公文に紀家能、応安七年(一三七四)の下司に紀家貞、縁起作成時の執行に紀家光などの名が見えている。おそらく海氏系の紀氏であり、先の清基の一族との血縁関係が推測される。実のところ、縁起の後半部分はそのほとんどが彼らの筆による事発日記というべきものだが、それによると彼らの関心事は、①社殿の修理造営および神宝物の奉納が誰によって行われたか、②神人の権利が侵害されたかどうか、という二点になる。以下、②に関連する事項を列記する。

a．治承四年(一一八〇)、池田荘の公文源次が、用水争論により八幡宮神人の花安男を殺害した。そこで神人らが蜂起し、肥土荘と池田荘との間で、殺害された花安男の死骸の押し付けが繰り返された。これにより、池田荘と肥土荘との境界が明確になり、その場所に二宮八幡が造立され、また花安男の墓所もその傍らに営まれた。

b．弘安六年(一二八三)八月十四日夜、伊喜末の地頭高橋入道の下部百姓らが、淵崎の神人を「打擲刃傷」した。そこで神人らが蜂起し「神宝」を振るって抗議に出ようとしたところ、荘官が「寛宥」してこれをとどめた。公文の紀左衛門尉家能は六波羅探題にこれを訴え、あわせて荘内の「大谷下藤」の土地が、他荘からの押領を受けていることも訴えた。両件は探題によって認められ、「大谷下藤」の地が肥土荘に打渡された。

c．貞和三年(一三四七)三月二十六日、北浦保山の百姓三郎男が淵崎の神人藤介入道を殺害したため、神人らが蜂起し、四月一日に神輿を振るって大谷山まで出向した。これに領主の佐々木(飽浦)信胤が驚き、神人らを「種々宥めたため、神輿は八幡宮に帰った。

d．応安五年(一三七二)三月中旬、神人の妻子らが長浜浦の磯で貝を拾っていたところ、百姓徳四郎入道父子が彼らを「打擲」した。そこで神人らが蜂起し、同月十七日夜、「当宮一之御鉾」を振るって長浜浦に出向した。浦の領主中村殿が神人を「寛宥」したため、二十三日に鉾は八幡宮に帰った。その後、中村殿の支出により御神楽が行われた。

aの事例は理解が難しいが、「そこに死骸を置いたということは、池田荘側がそこを肥土荘内であると認めたということである」という論理なのであろう。bとあわせて、神人の蜂起が荘域の拡大に結果した事例である。それは、彼らが日常的に奉仕している神宝の持ち出しによって可能となった。それが荘域外にまで影響を与えるのならば、荘域内における神威はより強く意識されたはずであり、年貢・公事の貢納はそうした神威のもとで厳格に行われたと考えられる。神威の源泉は本社である石清水八幡宮に求められるが、在地においてそれを具現化するのは、神人という存在であった。その身分は、本社の規矩の正確な模倣、特に祭礼の日常的な執行という事実によって支えられたと思われる。

先の長徳寺の例とあわせて、荘園における末寺末社の形成は、中間層としての特権身分の形成をも意味する［河音一九七一］。彼らを媒介として、世俗的な経済支配は末寺末社および本寺本社に対する宗教的奉仕に転化したのである［平 一九九二］。

おわりに

瀬戸内地域における寺社の形成について、縁起を主要な素材として考察してきた。

無論のこと、縁起は一次史料ではなく、そこから推測されるのは、あくまで歴史的事実の残影にしか過ぎないとも言える。しかし、他の史料との比較により、少なくとも以下のことは言えそうである。まず、縁起が述べる「八世紀以前における寺社の建立」という言説は、そのほとんどが虚構であると考えて良い。よほどの大寺社でない限り、地方寺社の成立は早く見積もって十世紀以降のことであり、それは受容層（檀越・氏人）の筆頭格が国衙の関係者であったことと密接な関係を有する。受領国司による国衙機構の整備と在庁官人層の形成が、その時期のことだからである。彼らを受容層として、中央大寺社から多くの宗教者の下向があったと考えられ、特に瀬戸内の場合、そこにさかんな舟運の利用があったことは、縁起の描写にも見え隠れしている。宗教者と受容層の接触により末寺末社化が進められ、それは一方で、寺社を核として座的構造を有する特権的な中間層の形成を生んだ。

では、この「宗教者の下向」が末寺末社や荘園など、経済領域の形成に結びつく時代的な上限は、どのあたりと考えられるであろうか。

著名な延喜の荘園整理令とは、延喜二年(九〇二)九月十三日付の一連の太政官符によるものである(『類聚三代格』)。荘園整理令と言いながら、その対象となったのは実際のところ、「御厨」であった。御厨は内膳司に所属し、天皇に贄を献上する集団であるが、それ以外に「諸院諸宮王臣勢家」が地方に御厨を組織していたという。遡れば元慶七年(八八三)十月二十六日太政官符(同前)に、内膳司進物所および「諸院諸宮」が「腰文幡」なる文書を発給して、地方の住人を御厨の贄人に編成していると述べられている。地方住人を組織するためには、中央からの下向者が存在しなければならず、そうすると先に述べた「時代的上限」は九世紀と十世紀の交、王朝国家の形成期に置けるのではないだろうか。

以上により、一応の見通しを得ることができたと思うが、今後は上記の視角により、地方寺社の文書を読解し直すという作業が求められるであろう。

参考文献
阿部泰郎　一九九三「説草考」『国文学　解釈と鑑賞』五八(一二)
市村高男　二〇〇九「中世港町仁尾の実像と瀬戸内海海運」市村高男他編『中世讃岐と瀬戸内世界』上　岩田書院
井上寛司　二〇〇九『日本中世国家と諸国一宮制』岩田書院
上島　享　二〇一〇『日本中世社会の形成と王権』名古屋大学出版会
魚澄惣五郎　一九二九「國分寺の衰頽に就いて」『史林』一四(三)
追塩千尋　一九九六『国分寺の中世的展開』吉川弘文館
大井重二郎　一九六九「藤原宮之役民作歌」をめぐって」『園田学園女子大学論文集』四
大田壮一郎　二〇二四「覚城院と近世仁尾浦の宗教秩序(前)」中山一麿編『寺院文献資料学の新展開　第二巻 覚城院の調査と研究Ⅱ』臨川書店
大村拓生　二〇〇六「淀と淀川交通」同『中世京都首都論』吉川弘文館
岡野浩二　二〇一九「備前国児島の五流修験」同『中世地方寺院の交流と表象』塙書房

小川弘和　二〇一二「瀬戸内海沿岸部の荘園制と平氏」『熊本学園大学論集　総合科学』一九（一）
桂　孝二　一九八二「讃留霊王伝説考（1）」『香川大学一般教育研究』二二
桂　孝二　一九八三「讃留霊王伝説考（2）」『香川大学一般教育研究』二三
苅米一志　二〇〇二「荘園制的宗教秩序の形成」『歴史人類』三〇
苅米一志　二〇〇四「荘鎮守をめぐる領主権力と在地社会」同『荘園社会における宗教構造』校倉書房
苅米一志　二〇〇七「中世初期の国衙と寺院」『就実大学史学論集』二二
苅米一志　二〇一〇「中世初期における在庁官人層と仏教」阿部猛編『中世政治史の研究』日本史史料研究会企画部
苅米一志　二〇一一「中世初期における備前国衙と天台寺院」『吉備地方文化研究』二一
苅米一志　二〇一二「備前金山観音寺縁起の形成」『年報赤松氏研究』五
苅米一志　二〇二〇「中世「地方寺院文書」の形成」中山一麿監修・落合博志編『寺院文献資料学の新展開　第五巻　中四国諸寺院Ⅰ』臨川書店
河音能平　一九七一「院政期における保成立の二つの形態」同『日本中世封建制成立史論』東京大学出版会
黒田日出男　一九八四「荘園制的神祇支配と神人・寄人集団」同『日本中世開発史の研究』校倉書房
小松茂美（編集・解説）　一九九二『続日本の絵巻二十二　松崎天神縁起』中央公論社
小峯和明　二〇一三「「説草」からみる書物の宇宙」『日本文学』六二（四）
清水宥聖　一九八四「『観音利益集』小考」『国文学踏査』一三
真保　亨　一九六九「松崎天神縁起」『Museum』二一四
鈴木景二　一九九四「都鄙間交通と在地秩序」『日本史研究』三七九
鈴木宏明　二〇一一「防府天満宮の歴史」山口県立美術館編『防府天満宮展』防府天満宮展実行委員会
関　靖　一九三九「金澤文庫本『觀音利益集』」『觀音』一〇（三）
薗部寿樹　二〇一一「村落内身分の地域類型と讃岐国詫間荘」同『中世村落と名主座の研究』高志書院
平　雅行　一九九二「中世仏教の成立と展開」同『日本中世の社会と仏教』塙書房
高橋　修　二〇二三『中世水軍領主論』高志書院
高橋一樹　二〇一〇「中世権門寺社の材木調達にみる技術の社会的配置」『国立歴史民俗博物館研究報告』一五七
瀧　善成　一九三四「本寺末寺の研究」『社会経済史学』四（八）
竹内理三　一九五五「筑前観世音寺史—東大寺の末寺となるまで」『南都仏教』二

武光　誠　二〇一五「古代・中世の防府天満宮の研究」『明治学院大学教養教育センター紀要：カルチュール』九（一）
田中健二・三枝直幹　一九九九「土庄町富丘八幡神社蔵「小豆島肥土庄八幡宮縁起」について」『香川県立文書館紀要』三
棚橋光男　一九七八「嘉吉乱に関する一史料」『日本史研究』一九二
谷原博信　一九九八「志度寺縁起」『四国民俗』三一
逵日出典　一九九一「讃岐志度寺縁起と長谷寺縁起」『日本仏教史学』二五
友久武文　一九六七「志度寺縁起解説」和田茂樹他編『中世文芸叢書9　瀬戸内寺社縁起集』広島中世文芸研究会
永井義憲　一九八六「語りものとしての説草」『国文学　解釈と鑑賞』五一（四）
西口順子　二〇〇四「いわゆる『国衙の寺』」同『平安時代の寺院と民衆』法蔵館
西寺式部　一九五二「上代末期から中世に至る別院・別所の末寺への展開」『竜谷史壇』三六
野中寛文　一九九〇「讃岐武士団の成立」『四国中世史研究』一
乗松真也　二〇一二「「悪魚退治伝説」にみる阿野郡沿岸地域と福江の重要性」『香川県埋蔵文化財センター研究紀要』Ⅷ
畠山　聡　二〇一七「中世前期における東大寺による国衙支配と在庁官人」同『中世東大寺の国衙経営と寺院社会』勉誠出版
平瀬直樹　一九八八「中世防府天満宮の社坊について」『山口県文書館研究紀要』一五
福岡彰徳　一九八五「長徳寺文書についての一考察（1）」『土佐史談』一六九
福岡彰徳　一九八六ａ「長徳寺文書についての一考察（2）」『土佐史談』一七一
福岡彰徳　一九八六ｂ「長徳寺文書についての一考察（3）」『土佐史談』一七二
防府市教育委員会編　二〇一二『周防国府跡発掘調査報告　鎌瀬地区・寿昌院地区・東弐高洲名地区の調査』防府市教育委員会
防府市史編纂委員会編　二〇〇四『防府市史 通史Ⅰ』防府市
防府天満宮編　二〇〇五『防府天満宮 神社誌 社史編』防府天満宮
冨士原伸弘　二〇〇九「讃留霊王伝説についての考察」『詫間電波工業高等専門学校研究紀要』三七
藤本　誠　二〇一六『古代国家仏教と在地社会』吉川弘文館
前田和男　一九八三「長徳寺と吾橋庄」『海南史学』二一
宮　次男　一九八一「八幡縁起繪巻」『新修日本絵巻物全集 別巻2』角川書店
六車正史　一九九八「中世前期讃岐国善通寺をめぐる本末関係の展開」『鳴門史学』一二
山根賢吉　一九六五「観音利益集小考」『語文』二五
山本陽子　二〇〇七「祟る御衣木と造仏事業」『明星大学研究紀要　日本文化学部・言語文化学科』一五

横川末吉　一九五八「長徳寺文書の研究」『土佐史談』九三
横川末吉　一九五九「長徳寺文書」『地方史研究』九(一)
横田隆志　二〇二三「長谷観音の御衣木伝承」同『中世長谷寺の歴史と説話伝承』和泉書院
脇　正典　一九九五「防府天満宮の創建について」『佐波の里』二三
渡部明夫　一九九八「考古学からみた古代の綾氏(1)」『財団法人香川県埋蔵文化財調査センター研究紀要』六
渡辺　滋　二〇二三a「平安期における周防国の地域有力者と国衙機構」『山口県立大学学術情報：基盤教育紀要』一六
渡辺　滋　二〇二三b「古代の多々良氏から中世の大内氏へ」『山口県立大学学術情報：国際文化学部紀要』一六
和田正夫　一九三七「賀茂神社御厨讃岐国内海について」『讃岐史談』二(一)

中世・近世移行期における讃岐国観音寺の展開

――宗教空間と地域社会との関わりを中心に――

上野　進

はじめに

中世後期の瀬戸内地域では、顕密仏教をはじめ、禅宗・浄土真宗・法華宗など仏教諸宗派が共存・競合していた。中世讃岐の港町と寺社を対象とした近年の研究は、港町の発展とともに地域住民らの帰依を受けた仏教諸宗派が着実に当地に定着していったことを指摘した［香川県歴史博物館 二〇〇七、上野 二〇〇九、松本 二〇〇九］。例えば中世讃岐の代表的な港町・宇多津には河口の西側に宇夫階《うぶしな》神社、河口の東側に聖通寺（真言宗）といった古代に由緒をもつ顕密寺社があり、鎌倉後期に聖徳院・円通寺（いずれも真言宗）、郷照寺（時宗）などが姿をみせ、南北朝期には細川頼之が建立した普済院（臨済宗）、讃岐国の安国寺といわれる長興寺（臨済宗）などが史料上に寺名をあらわす。さらに室町期になると本妙寺（日蓮宗）、南隆寺（曹洞宗）などが相次いで建立され、とくに十六世紀には西光寺（浄土真宗）が石山合戦に際して本願寺顕如に物資を援助したことはよく知られている。

他方、中世において支配的であった顕密寺社については、一般に十五世紀後半以降は衰退期とされ、新興の諸宗派に押されて弱体化するとみなされているが、繁栄した一山寺院の研究成果［和泉市 二〇〇八、上野 二〇一九ほか］などを除けば、地方の顕密寺社の実態を具体的に明らかにした研究はなお少ない。戦国期の宇多津においても浄土真宗や日蓮宗の動きが目を引くとはいえ、やはり宇夫階神社を中心に仏教諸宗派が共存・競合し、そうした秩序が基本的には近世に継承されていった事実をいま一度確認しておく必要がある。このような宗教秩序がみられるのは宇多津だけではない。むしろ讃岐国では中世後期においても勢力を維持した有力な顕密寺社は少なくなく、依然として地域社会における中核勢力としての地位を譲ってはおらず、その存在感を示していたといってよい。

近年、中世の宗教史研究においては中世後期への関心が高まり、「戦国仏教」に改めて関心が集まりつつある〔湯浅二〇〇九〕。周知のように「戦国仏教」とは、浄土真宗や日蓮宗が教団として実態を持ち始めたのが戦国期であった事実に注意を喚起した藤井学氏による学術用語であり〔藤井 一九七五、河内二〇一五〕、両宗のことをさすとみてよいが、ただし戦国期はこれら浄土真宗や日蓮宗はもとより顕密仏教系の諸宗派も地域社会との密着を強める時期であり〔湯浅二〇一五〕、仏教自体が近世化してゆくとすれば、その過程における顕密仏教の動向を解明することは不可欠の課題といってよい。

また、このことと関連するのが「国民的宗教」成立の問題である。かつて尾藤正英氏は、十五・十六世紀に「家」を基盤として神道・仏教・民俗宗教からなる「国民的宗教」が成立するとみなした〔尾藤 一九八八〕。とすれば、とくに十五世紀半ばから近世に至る過程において地域社会に定着する宗教の全体像が問われるべきであり、その解明にあたっては「戦国仏教」のみならず、この時期に顕密寺社が地域社会においてどのような役割を果たしたのか、また顕密寺社がどのようにして地域住民と関係を取り結びつつ変容してゆくのかという点などが明らかにされねばならない。

ところで戦国期の四国に目を転じてみると、その宗教史研究は近年、四国遍路研究として着実な成果をみせており、そうした研究にあっては四国遍路は近世に入って庶民化し盛行するものの、その源流はすでに戦国期に見出せるとする点に特徴がある。だが、四国遍路研究が中世宗教史研究とどのように切り結ぶのかは必ずしも自明でなく、またそれが巡礼史研究として進展したために四国遍路研究者の関心が四国遍路成立の問題に集中する傾向は否めず、地域を限定せずに四国遍路という巡礼の成立や全体像を論じようとする研究は確かな成果をみせてきた反面、個別寺院史の積み上げという側面が弱く、巡礼史研究を牽引してきた真野俊和氏が指摘するように「札所寺院の地道な調査や研究は相対的に手うすであった」し、長らく「寺院資料も手つかずの分野」であったといわねばならない［真野 一九九六］。だが近年、四国遍路の世界遺産登録へ向けた調査の一環として札所寺院の所蔵文化財調査が実施され、その成果が蓄積をみて研究環境は整いつつあるといってよい。

以上のような問題関心のもと、本稿は四国霊場第六十九番札所である観音寺を検討の対象としたい。観音寺は香川県観音寺市にある真言宗大覚寺派の寺院で、七宝山神恵院と号する。文安二年（一四四五）の『兵庫北関入船納帳』に「観音寺」とみえるが、これは広域地名、すなわち瀬戸内の燧灘に面した中世の港町「観音寺」のことであり、当寺の名に由来するとみてよい。このように当寺は港町「観音寺」の中心的な顕密寺院であり、また景勝地でもある琴弾《ことひき》山の山腹に位置し、四国霊場第六十九番札所としても信仰を集めてきた。

現在、その境内には第六十八番札所の神恵院も所在するが、ただし観音寺と神恵院が分かれて存在する姿は明治初年の神仏分離以後のもので、それ以前の当寺は神恵院と一体であり、また琴弾山の山頂にある琴弾八幡宮の神宮寺として寺務別当と社務別当を兼ねていたのであり、中世の観音寺（＝神恵院）は琴弾八幡宮と歴史をともにしたといってよい。したがって本稿では、中世・近世移行期における観音寺の展開過程について、地域社会との関わりから検討するが、あわせて琴弾八幡宮の動向について述べるとともに、宗教空間の変容という観点からも解明の光をあててみたい。

さて、中世の観音寺に関する近年の研究動向としては、次の二点が注目される。第一に、「琴弾宮縁起絵」に関する美術史研究があげられる［宮島 一九九三、田光 二〇〇五］。琴弾八幡宮の縁起を絵画化した「琴弾宮縁起絵」（重要文化財、指定名称「絹本著色琴弾宮絵縁起」、十四世紀初頭、図1）は景観描写に優れた縁起絵として著名で、画面の向かって左上に九州の空から白雲がたなびいて山頂にかかると、一艘の船が琴の音とともに現れ、当地の日証上人が怪しん

部分図

図1　琴弾宮縁起絵（観音寺蔵　写真提供：香川県教委）

で問うと、八幡大菩薩と名乗って託宣があり、奇瑞が起こったので、上人が童子を集めて船を山上に引き上げ、琴とともに宝殿に安置したという話が描かれる。これまでの研究は主に二種の縁起文、すなわち徳治二年（一三〇七）書写の『讃州七宝山縁起』および応永二十三年（一四一六）書写の『讃岐国七宝山八幡琴引宮縁起』（いずれの縁起文も『香川叢書　第一』所収）の検討から縁起絵の読み解きがおこなわれ、その中でわずかながらだが観音寺にも言及されてきた。本縁起絵は、後者の『讃岐国七宝山八幡琴引宮縁起』と近い関係にあるものの、それに先行するテキストの存在が想定されている（『讃岐国七宝山八幡琴引宮縁起』については将軍足利義持の署判があることでも知られ、讃岐守護細川氏の関与などが想定されている［山口一九九〇、大田 二〇〇九］）。縁起絵が与えるイメージは多大なものがあり、「琴弾宮縁起絵」に関する美術史研究は、琴弾八幡宮・観音寺の所在する中世の琴弾山の景観研究としての側面もあわせ持っているといえる。

第二に注目されるのが、四国遍路研究の一環としての『讃州七宝山縁起』研究である〔武田二〇一二・二〇一六〕。『讃州七宝山縁起』とは徳治二年に書写された観音寺・琴弾八幡宮の縁起文で、これによれば八幡大菩薩と弘法大師とは同体分身であり、また弘法大師ゆかりの「宿」（修行場）が設定され、琴弾山から善通寺に向けての修行の道（行道所）があったという。この縁起文をみることによって中世の琴弾八幡宮・観音寺では当宮の縁起世界のみならず、当寺を中心に弘法大師信仰・八幡信仰・弥勒信仰など多彩な信仰世界が広がっていたことが知られよう。

以上、近年の研究を一瞥したが、ここでは次のような課題を指摘しておきたい。「琴弾宮縁起絵」の分析によって十四世紀初頭の景観（境内空間）が解明されてきたが、観音寺の中世後期以降の展開についてはなお明らかでない。とりわけ縁起絵に描かれた空間には建造物が特定できず不明なものがあるとされ、空間の中世以降の意味についてはさらに問われなければならない。

また、観音寺を中心とした多彩な信仰世界と港町の地域住民との結びつきがどのようなものであったのか、すなわち地域社会との関わりについてもいまだ解明が進んでいない。琴弾八幡宮・観音寺に関する文献史料は数少なく、そのことが研究の低調さを招いているといってよいが、そこでは弘化二年（一八四五）編纂の寺史『弘化録』（『新編香川叢書　史料篇（一）』）が基本史料として利用されてきたが、中世の記事は断片的で、史料批判を必要とする部分も多いのが現状である。とはいえ、観音寺には彫刻・仏画・棟札などは豊富に残されており、これらの活用が求められているといえよう。近年、四国遍路の世界遺産登録へ向けた調査の一環として観音寺・神恵院についても所蔵文化財調査が実施され、近世の新出史料なども収めた調査成果が報告書として刊行されており〔香川県・香川県教委二〇一九・二〇二〇〕、本稿においてもそうした調査研究の進展をふまえ、総合的な分析をめざしたい。とりわけ中世後期から近世前期の観音寺・琴弾八幡宮において、亡者追善の場が形成されてゆく過程を地域社会との関わりから検討したい。

1　中世の観音寺と新興寺院

かつて鈴木泰山氏は臨済禅の地方発展を論じる中で、讃岐国においてはその教線拡張が特に芳しくなく、その理由が「善通寺・観音寺等を中心とする、絶大なる真言宗の勢力に阻まれし事想像するに難くない」と指摘した〔鈴木 一九四二〕。たしかに讃岐国では禅宗の動きは全般的に低調で、隣国の伊予国において観念寺や善応寺などが教線を伸ばしたのにくらべると対照的といってよく、また中世の港町「観音寺」において観音寺および琴弾八幡宮の影響力が大きかったことは事実であろう。ただしこの鈴木氏の指摘は必ずしも具体的な分析を経たものであったとは言いがたい。

図2　中世の港町「観音寺」の主な寺社

　本節では、観音寺および琴弾八幡宮が位置した港町「観音寺」について概観するとともに、当地に進出した諸宗派の寺院の動向などを追い、観音寺の置かれた中世後期の宗教的環境を確認したい。

　港町「観音寺」については、文安二年（一四四五）には当地からの船が米・赤米・豆・蕎麦・胡麻などを積んで兵庫北関へ入津していたように（『兵庫北関入船納帳』）、室町期には讃岐の代表的な港町の一つとなっており、財田川とその南の一ノ谷川に挟まれた河口部に浮かぶ中洲に複数の浦があり、それぞれに町場をともなって港湾機能を有したとみられ、しだいにこの地域が観音寺と総称されるようになる(図2参照。本図は中世の港町「観音寺」の景観復元図[香川県歴史博物館二〇〇七]などを参照して作成)。また観音寺および琴弾八幡宮は財田川の河口部北岸に位置し、当地はその門前町としても繁栄した。

享徳元年(一四五二)の『琴弾八幡宮放生会祭式配役記』(『香川叢書 第二』)によれば、上市・下市・今市の住人の名がみえ、この頃には門前市の常設化による町場が形成されていたことがうかがえる。上市・下市は近世の上市村・下市村に該当する。格式を誇った中世の有力神社では祭祀は容易に住民には開放されなかったが、琴弾八幡宮では室町期にいたり、直接祭祀にたずさわりたいという住民の要求に応じて開放されていったのであり、ここには広域に氏子を持って展開した八幡宮の性格をみることもできるだろう。この放生会の配役記を記録したのは九十九山城主細川伊予守信之であり、同氏は琴弾八幡宮に深く関与するとともに、この港町の町場に居館をおいて商品流通の掌握を企図したとみられる。

では、繁栄していた中世の港町「観音寺」にはどのような寺院が進出していたのだろうか。残念ながら文化四年(一八〇七)の大火などによって古文書類を焼失したとされる寺院が多く、それらの寺歴は判然としないが、注目されるのは中世後期の当地で顕著な動きをみせる興昌寺・乗蓮寺・西光寺などの臨済宗聖一派の寺院である。円爾(聖一国師)を派祖とする聖一派では、京都東福寺や博多を拠点に各港町の聖一派の寺院でネットワークを築いていたのであり[伊藤幸二〇〇六]、港町「観音寺」においても当地が内海屈指の港町となる中で、こうした聖一派の寺院が創建されていったとみられる。観音寺の所在する琴弾山にほど近い位置にあったのが興昌寺であり、その境内の傍らに連歌師・山崎宗鑑が晩年を過ごしたとされる一夜庵があることでも知られる。当寺については「紫金仙勧進帳」(『新編香川叢書 文芸篇』)によれば「七宝山観音寺興昌禅幅」が「琴引八幡三所垂迹之霊地」とされ、もとは真言密教の道場であったが、京都東福寺一九世無涯禅海が臨済宗に改めたという。この改宗の時期は正慶年間(一三三二〜三四)ともいうが(『観音寺市誌 資料編』)、同時代史料による裏づけがあるわけではなく、詳細は不明である(『東福寺誌』は応永九年(一四〇二)五月に「讃岐坂本興昌寺建つ」と記す)。近世までは存続したことが確認できる興昌寺の末寺で、草創の伝承が中世後期にさかのぼるものには踊躍寺・盛福寺・乗蓮寺・西光寺・廬峰寺があり、いずれも中洲上に立地する。順に見てゆきたい。

踊躍寺は妙喜山と号し、鍛治分(下市の東)に位置した。近世の地誌『西讃府志』に「本尊観世音、行基ノ作、貞治六年一清ノ開基ト云」とあり、貞治六年(一三六七)に無夢一清が開基したという。盛福寺は妙厳山と号し、康暦元年(一三七九)頃、無底が創建したという(『観音寺市誌 資料編』。なお『西讃府志』には「開山無底、永徳二年七月七日寂ス」と記される)。乗蓮寺は普門山と号し、九十九山城主細川伊予守が中洲浦の美しい浜をみて大願心を発し、南北二町・東西一町の土地を選び伽藍を建立、興昌寺の日龝《にっしゅう》を迎え明応二年(一四九三)に開山したという(『観音寺市誌 資料編』)。西光寺は景雲山と号し、永禄年間(一五五八~七〇)に京都東福寺の南谷正覚を開山として迎え、初代宝山徳珍が開基したという(『観音寺市誌 資料編』)。廬峰寺は高照山と号し、下市に位置した。『西讃府志』に「開山梅谷」とあり、興昌寺の四世梅谷の在世した室町後期の開創とみることができる。

この梅谷は京都東福寺の僧で興昌寺住職として帰山したと伝えており、興昌寺を考えるうえでも重要な存在である。山崎宗鑑の来訪もこの旧知の梅谷を頼ったとみられており、その時期は享禄三年(一五三〇)頃ともいう。もとより中世後期の興昌寺については同時代の関係史料を欠くため不明な点が多く、また宗鑑が一夜庵に没したというのも確かな根拠があるわけではない。とはいえ、当寺に残された宗鑑の遺品のうち書蹟については書状と短冊に「宗鑑」の署名があり、書体は四点すべて宗鑑の筆跡であることが文学研究者からも認められており[近石 一九八二]、このことからみて、ひとまず宗鑑とそれに連なる梅谷が当寺を拠点に活動していたことは想定できるだろう。また、宗鑑や梅谷ら京都ゆかりの文化人・知識人の存在は、中世の港町「観音寺」の文化水準の高さを象徴的に示しているといってよい。中世の港町「観音寺」が経済的に繁栄しただけではなかったことにも注意したい。

このように興昌寺とその末寺が中世後期以降、港町「観音寺」に展開していたが、この他、中洲上には専念寺（浄土宗）、一心寺（浄土真宗）の活動が確認される。専念寺は福聚山普門院と号し、康正二年（一四五六）の創建と伝える（『観音寺市誌 資料編』）。また一心寺は『西讃府志』に「持名山ト号ク、一向宗興正寺末寺、昔天台宗ナリシヲ、何歳頃ニカ、アリケン、今ノ宗ニ改ムト云」とあり、もと天台宗寺院で、改宗時期は不明だが、当寺に隣接していたと考えられる高丸城の城主香川景全の開創（『観音寺市誌 資料編』）とすれば、戦国期であろうか。香川景全は天霧城主香川信景の弟で、観音寺景全とも呼ばれたという。

以上、中世の港町「観音寺」が財田川と一ノ谷川に挟まれた河口部を中心に発展する中で、中世後期にかけて諸宗派の寺院が当地に進出していたことがみてとれる。とりわけ興昌寺をはじめとする臨済宗聖一派の動きが注目される。それらの寺院の草創時期については確実な史料を欠き、なお判然としないが、中洲上に展開した寺院をみると十四世紀後半と十六世紀前後にそれぞれ伝承がみられる。したがって本節の冒頭で触れたように、港町「観音寺」においては禅宗の教線拡大の動きがみられなかったわけではなく、南北朝期に臨済宗聖一派が当地に定着し始めていた事実を確認しておきたい。とはいえ、このような臨済宗聖一派や浄土宗、浄土真宗といった新興勢力が進出していた中にあっても、やはり中世の港町「観音寺」では依然として観音寺および琴弾八幡宮が宗教秩序の中心に位置していたと考えてよいだろう。十五世紀を中心に、祭礼等を通じて地域社会と密接な関係を取り結んだ観音寺および琴弾八幡宮は、当地の中核的な勢力としてあり続けたのであり、次節では、その具体的な活動についてみてゆくことにしたい。

2　中世・近世移行期における観音寺

(1) 近世前期の観音寺の実態―『讃岐国豊田郡七宝山琴弾宮観音寺神恵院大坊年中行事』の検討を通して―

本項では、中世の観音寺および琴弾八幡宮の検討に入る前に、時代は下るが近世前期の観音寺の現状とそれまでの状況を伝える史料を検討することから始めたい。この史料は当寺に残された元禄七年(一六九四)正月十三日付の年中行事書で、『讃岐国豊田郡七宝山琴弾宮観音寺神恵院大坊年中行事』(以下、「大坊年中行事」と略称)との標題があり、「前寺社両務別当」の第六三世宥儀から「当別当」の第六四世秀亮に伝授された年中行事の書上であり、いわば別当の引継史料として作成されたものとみてよい。この「大坊年中行事」は部分的に紹介されたこともあったが、今回刊行された調査報告書で全文が翻刻紹介され[香川県・香川県教委 二〇二〇]、今後は近世の観音寺を検討する上での基本史料としての利用が期待される。興味を引く点はいくつかあるが、具体的な文化財を見出すことができる点もその一つで、例えば「琴弾宮縁起絵」を寺内において確認できる初出史料とみられる。その年の年預坊が「虫払」の際、八幡宮・観音堂の霊宝を改め紀すものとして「八幡之御本地弥陀・釈迦ノ絵像」とともに「山之絵縁起」、すなわち本縁起絵があげられている。(1) 従来の研究[田光 二〇〇五]では修理銘文を除き、文献上で初出とされたのは弘化四年(一八四七)刊行の『金毘羅参詣名所図会』の記事であり、そこには宝物の書き上げの一つとして「琴弾山絵図　一幅　土佐将監光信」とみえていたが、本史料の記事はその存在が元禄七年までさかのぼって確認できること、また寺内で特に重要視されたものであったことを伝える点で貴重である。

他方、本縁起絵とともにあげられた「八幡之御本地弥陀・釈迦ノ絵像」とは、「釈迦阿弥陀発遣来迎図」(重要文化財、指定名称「絹本著色琴弾八幡本地仏像」、十三世紀、図3)のことと考えられ、琴弾八幡宮の本地仏として伝来し、現

図3　釈迦阿弥陀発遣来迎図（観音寺蔵　写真提供：香川県教委）

在は第六十八番札所・神恵院の本尊として信仰を集めている。本図は画面向かって左上に阿弥陀三尊（阿弥陀・観音・勢至）が雲に乗り来迎する様子を大きく描き、その下部に釈迦三尊（釈迦・文殊・普賢）が大きな舞台の上に左向きに描かれるもので、このように阿弥陀如来と釈迦如来が相対することから、釈迦如来が往生者を現世から送り出し、来世で阿弥陀如来が迎えることを意味した、いわゆる遣迎二尊の図様といえる。ただし本図は琴弾八幡宮の本地仏として伝来しており、阿弥陀如来は八幡神の本地仏とみなされ、また同宮の縁起の内容を考慮すれば、九州の宇佐八幡宮から琴弾山に八幡神が現れるところを阿弥陀三尊の来迎で表し、それを当地の日証上人の本身釈迦如来が迎える場面を描いたものとみることができるという［香川県教委 二〇二二］。この点については後述したい。

さて、この「大坊年中行事」においてとりわけ注目されるのは次の末尾の一節で、近世前期の観音寺の実態を伝えている。

此山ハ往古社僧ニシテ両務別当職社僧相勤之所ニ寺社領没収せらる之後、菩提滅罪職ヲ相兼ヌ、ここにおいて恐るべき神罪たるか、山上山下ノ寺中破壊ニ及ぶ、時に寛文年中本末ノ諍論有りテ、武都之御裁断ニ懸け、此時観

音寺ハ琴弾宮別当たる之事分明ノ上ニテ永ク滅罪ヲ止め、偏ニ社僧ノ役儀ヲ相勤ムべき之旨、かつ又無本寺ノ御
　裁許状頂戴せしめ、永く神恵院ノ宝庫ニ納め、後代ノ亀鏡ニ備ふ也、末代ニ至るまで滅罪相勤べからざる者也、

寛文年間（一六六一～七三）には本末相論が起きて幕府の裁断を仰いだが、この時、観音寺が琴弾八幡宮の別当であることが再確認されたほか、永く滅罪をやめて社僧の役目をつとめるべきことが伝えられるとともに、無本寺の裁許状が与えられたという。以後、丸亀藩主京極高豊（一六五五～九四）が大旦那となって中興が進められた。興味深いのは滅罪の禁止が厳命されていた点であり、寺社領が没収された後、社僧が「菩提滅罪職」を兼ねていたのは神罪で、山上・山下の寺中が破壊に及んだとして永く滅罪をやめて社僧の役目をつとめるべきだとし、末代に至るまで滅罪を勤めてはならないことが命じられていた。

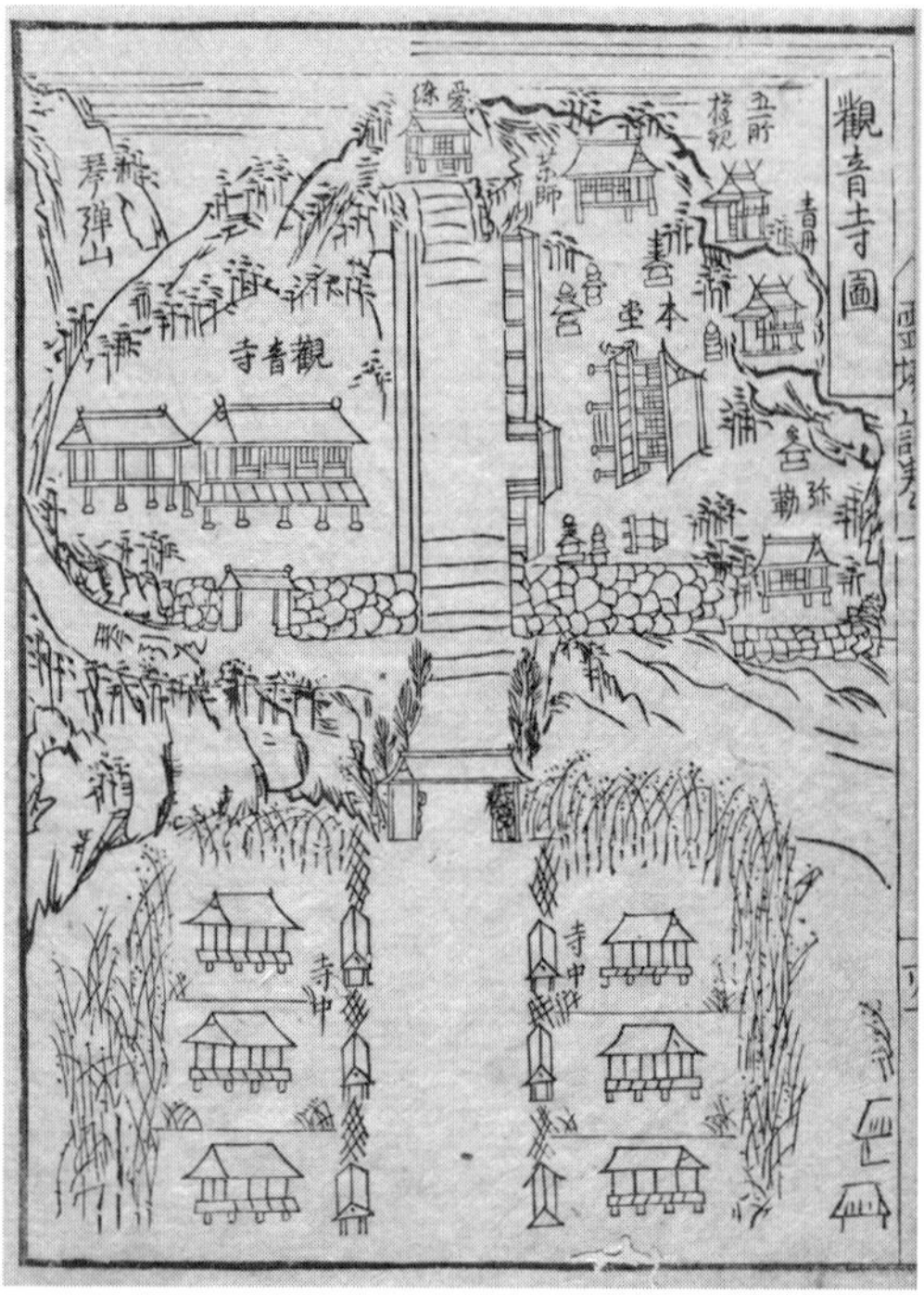

図4　四国徧礼霊場記（観音寺図　国立公文書館蔵）

ところで近世観音寺においては観音寺七坊と称される院家（門前の鏡照院・和合院・不動院・慈眼院・惣持院・寂静院と伊吹島の泉蔵院）があったことが知られ、元禄二年（一六八九）に刊行された『四国偏礼霊場記』にも門前の様子が「寺中」の名で簡略に示されており（図4の下部）、また七坊のうち惣持院（現在の総持寺）と泉蔵院が滅罪寺となり、葬送に関与した。実際、観音寺の門前にある惣持院について、明治三年（一八七〇）の『丸亀藩諸宗本末寺号其外明細帳』には「滅罪檀家六百」

と記されていたのであり〔圭室 二〇一三〕、滅罪寺としての近世惣持院の姿をうかがわせる。とはいえ、江戸初期にはなお滅罪寺が確立しておらず、神恵院や「寺中」のなかには地域住民の要望にこたえて檀家をもち、その葬儀や先祖供養等に関与した者もいたのだろう。この背景には中世以来、近隣住民と関係を築いていた社僧の活動があったとみられる。この点については次項で中世の縁起を改めて取り上げ、検討することとしたい。

(2)「琴弾宮縁起絵」と瓦製骨壺

中世の観音寺および琴弾八幡宮について、二種の縁起文、すなわち徳治二年(一三〇七)書写の『讃州七宝山縁起』(徳治本と略称)と応永二十三年(一四一六)書写の『讃岐国七宝山八幡琴引宮縁起』(応永本と略称)があることは先に触れたが、これらの縁起文を通して観音寺の状況について検討したい。まず徳治本についてみると、八幡大菩薩と弘法大師とを一体とし、大師の中興を強調する点に特徴があった。鎌倉末期にはこのように弘法大師信仰が当地で定着をみていたのであり、このことは観音寺が札所寺院として整備される前提とみられ、重要であろう。観音寺における弘法大師信仰を考えるうえで注意される大師堂(弘法大師御影堂)については明らかでないが、弘長三年(一二六三)の年紀を有する棟札(木札六―六)が伝来していること〔香川県・香川県教委 二〇一九〕、『弘化録』に応長二年(一三一二)の再造の記事がみえていることなどから考えて、鎌倉中期〜後期の建立も想定される。とはいえ、それらは後年の解釈の可能性も指摘されており〔服部 二〇二〇〕、そのまま信じるわけにはいかないが、永禄九年(一五六六)銘の御影堂建立棟札(木札六―四)が残されており〔香川県・香川県教委 二〇一九〕、十六世紀半ばには大師堂が建立されていたとみることができる。

また観音寺本堂の来迎壁には貞和三年(一三四七)の落書があり、常陸国下妻荘の由朝なる僧が観音寺に参詣していた事実を伝える。この落書が遍路に関するものかは不明だが、南北朝期の巡り歩く人びとにとって観音寺が重要な場として認識されていたことは確かである。本堂・本尊などの落書は十六世紀に盛行するが、その背景には「僧俗を問わない広範な参詣と参籠行為の普及」、「寺院社会の世俗化」があったのであり〔山岸 一九九九〕、貞和三年の落書は四国においては先駆的なもので、中世寺院が近世化してゆく諸段階の一つといってよい。

この他、鎌倉末期の観音寺には学僧がいたことが知られる。嘉暦四年（一三二九）の奥書をもつ『菩提心論随文正決』（真福寺蔵、『中世禅籍叢刊　第十一巻』）に「讃州豊田郡琴引観音寺住、已灌頂賢勝房良勢廿七」とあり、観音寺僧の良勢の存在が確認される。この良勢は讃岐出身の学僧で、尾張真福寺の能信の弟子として各地で活発な書写活動を展開し、後に讃岐に戻って智証大師円珍の誕生地として知られる金蔵寺（現在の四国霊場第七十六番札所金倉寺）の住持となる〔上野 二〇〇八、伊藤聡 二〇一二・二〇一八〕。ところで『菩提心論随文正決』は、寂雲の命で複数の弟子が分担して書写したもので、第五を良勢が担当していたが、ここで注意されるのは寂雲が癡兀《ちこつ》大慧の弟子であったことであり、この癡兀とは円爾の弟子で、聖一派の中でも密教思想が濃厚なことで知られる。とすれば良勢は臨済宗聖一派と接点があり、前節で触れたように中世の港町「観音寺」でこの聖一派の寺院が定着をみた背景には、人的ネットワークを築いて活動した観音寺僧の良勢の動向が関係している可能性も考えられ、興味深い。

次に応永本の検討に移ろう。奥書に「権中納言藤原実秋」とあり、世尊寺流の能書家・清水谷実秋（一三八四〜一四二〇）の書写、つまり中央でつくられたものとわかる。注目されるのは将軍足利義持による署判のあることで、その制作背景には足利将軍家の八幡信仰や讃岐守護細川満元の働きかけもあったことが推測される。また徳治本にみられた空海修行譚はこの応永本には継承されていないことにも注意が必要である。

十四世紀初頭の制作とみられる「琴弾宮縁起絵」はこの応永本と近しい関係にあることは先に触れたが、おそらく応永本に先行する草創説話があり、それに基づいて制作されたとみられる。実際、讃岐に流された高野山の高僧・道範による紀行文『南海流浪記』（『香川叢書　第二』）の宝治二年（一二四八）の記事をみると、道範が琴弾八幡宮を訪れ、縁起の祖型らしきものを記しており、簡略ではあるが同宮草創の説話が当地ですでに語られていたことがわかる。

以上、琴弾八幡宮の由緒は応永本に先行して語られていたのであり、それに対する観音寺側からの草創縁起が徳治本とみることもできるだろう。ただし応永本には徳治本に顕著にみられる弘法大師信仰に関わる部分が継承されておらず、この理由は明らかでないが、足利将軍家などへのアピールには八幡信仰を前面に押し出す必要があったのかもしれない。とすれば、当地の実態としては弘法大師信仰や弥勒信仰など多彩な信仰世界があったものの、観音寺は対外的には琴弾八幡宮を前面に立てることでまとまりを維持していたとみなければならない。従来、「琴弾宮縁起絵」の存在から琴弾八幡宮を重視する見方が強かったが、中世の当地の実態を探る上では琴弾八幡宮を取り巻く多彩な信仰世界がどのように展開してゆくのかという点にも注意が必要であろう。

では中世の観音寺の活動にはいかなるものがあったのか、その実態を探るという視点で「琴弾宮縁起絵」を改めて検討してみよう。注意されるのは、「琴弾宮縁起絵」の画面左下にみえる河口沿いの海浜で、ここには両翼付き建物が描かれているが(図1の部分図)、特定するまでには至っていないという〔田光 二〇〇五〕。この海浜の建物は宇佐八幡宮における浮殿に近似し、放生会との関連が想定されるとして頓宮に比定する説があるが〔福山 一九四八〕、妥当な説とみられる。

ここで注目されるのは頓宮が描かれた場所付近から瓦製骨壺が出土している事実であり〔寺田 一九三九〕、この場がその後、どのように展開していったかを示唆して興味深い。この瓦製骨壺は応安二年(一三六九)の銘があり、現在は東京国立博物館の所蔵にかかる。寺田貞次氏による一九三九年の報告では、発見遺物には多数の五輪塔のほか、骨壺四個、古銭一一文があったといい、このうち第三号骨壺については、①蓋の表面および裏面に梵字が刻まれていること(表面には大日如来をはじめ五仏を種字であらわし、裏面には阿弥陀三尊〈阿弥陀如来〈中央〉、観世音菩薩〈向かって右側〉、勢至菩薩〈向かって左側〉〉を種字であらわす)、②壺の外面には南無阿弥陀仏の六字をはじめ、光明真言その他を梵字で記していること、③外部に銘文が刻まれていること、を指摘している。ここでは③の銘文について、『観音寺市誌 通史編』〔観音寺市 一九八五〕および「中世火葬墓の蔵骨器」〔時枝 一九九九〕に掲載された写真をも参照し、次に掲げておく。

右志は、聖霊のため出離生死、頓證菩提に依る、乃至法界衆生、平等利益の故也、
応安弐年己酉　教子　家光
各々　敬白
ひやうゑ三ろ

以上のような銘をもつ瓦製骨壺は中世の紀年銘資料として貴重であるが、従来の研究では中世の火葬墓で使われた蔵骨器（骨蔵器）の一つとして取り上げられるものの〔観音寺市 一九八五、時枝 一九九九〕、その出土した場所についてはほとんど注意が払われてこなかった。だが、出土地が「琴弾宮縁起絵」に描かれた頓宮の場所付近であったとすれば、この瓦製骨壺は琴弾八幡宮の境内に埋められていたのであり、このことは中世の観音寺および琴弾八幡宮にとってどのような意味をもっていたのかを考えておく必要がある。

そこで改めて注目されるのが、寺田氏による一九三九年の報告でその発見地が琴弾神社（現在の琴弾八幡宮）境内十王堂跡神幸殿の裏側であったとする点であり、問答石（観音寺開祖の日証上人が船中の宇佐明神と問答したと伝える）から少し東側に寄った辺りであるという。

先の報告には「最近紀元二千六百年記念事業として、この広場（十王堂址）の西端、恰も問答石の東方三十五歩の処に琴弾神社神輿御式場（敬神道場）を建設することとなり、工事は昭和十三年の春から着手され、北側の急斜面を切取り（高さ数間）地均しをなし、そこに敷地（総建坪百六拾五坪）を定め、後方に従来あつた老樟樹を中心として、更に松樹等植樹のため地下を掘り下げた際、はからずも遺物を発見するに至つたもの」と記される。さらに「此地域は或る時代に於て墓域であつたと考へることが出来る」とし、「近世多く観る石碑を建立せざる以前に於ける墓域で、近世

的碑石建立に至らざる以前に於て既に土砂のため埋没したことを考へることが出来る」とするのである。

以上、寺田氏による一九三九年の報告にしたがって瓦製骨壺の概略やそれが発見された経緯などを示した。この出土地は応安二年に骨壺が埋められていたこと、多数の五輪塔が建てられていたことなどから「墓所」とみなされるが、土砂くずれのために埋没したとみられる。このように琴弾八幡宮の境内において「墓所」がつくられた背景には、社僧による葬送活動があったとみてよかろう。当地は近世には「墓所」として継承されなかったが、ただしここに十王堂が建てられていたことからみて、閻魔・地獄に関する信仰の拠点であり続けたといえる。いいかえれば中世の琴弾八幡宮の境内において社僧が葬送活動をおこなう中で「墓所」がつくられ、またその「墓所」の地が十王堂、すなわち亡者追善の場へとつながっていったことを示す事例と考えることができるだろう。五輪塔が多数造立されたことは、地域住民の間で先祖供養が盛んになっていたこと、すなわち家の継続性が意識されていたことがうかがえる。

では中世の地方神社、とりわけ八幡宮において葬送活動は一般におこなわれていたのだろうか。そこで注目されるのが鎌倉後期の伊予国の事例である。永仁五年(一二九七)十一月日付の「伊豫岡八幡宮置文写」(伊予宮内文書、『鎌倉遺文』一九五五一号)には「一　社僧等中他人死穢之時、籠僧の無常呪願師を停止すべき事」とあり、籠僧《こもりそう》とは葬儀に関与する僧侶のことで、この頃、八幡宮の社僧の中には籠僧となって他人の葬送仏事に参加する者が存在していたことがわかる。井原今朝男氏はこの史料について取り上げ、社僧らが衆中や親族の死穢の時に籠僧となり、墓所で無常呪願文を読んで三十日穢の物忌生活をおこなうことは認めるが、しかし一般の他人の死穢に際してまで社僧が籠僧や呪願師をつとめると社参出仕する僧侶が少なくなるので、一般の他人の死穢に際しての出仕は今後停止すべきと取り決めたのだという。そして「中世寺院の中に死穢をみずから蒙ってでも籠僧を引き受ける潮流と、死穢を忌避し物忌を嫌って籠僧を規制するという全く相反する潮流が二つ存在」したと指摘しているが[井原 二〇一三]、讃岐観音寺においても社僧の中で同様の動きがあったとみてよかろう。神社にとって死穢は最大の禁忌であり、葬送に従事する社僧にも抵抗感があったと考えられるが、地域住民との結びつきを強める中で社僧の意識も変化していったとみられる。

　ところで従来、中世の観音寺および琴弾八幡宮については琴弾八幡宮の縁起世界を中心に語られることが多かったが、中世観音寺の実態としては弘法大師信仰や弥勒信仰など多彩な信仰世界があったとみられ、本節でみてきたように観音寺の葬送活動も、死後の救済を祈る信仰世界に連なるものであったはずである。この点を考えるうえで改めて取り上げたいのが、琴弾宮縁起絵とともに寺内で重視された「八幡之御本地弥陀・釈迦ノ絵像」、すなわち「釈迦阿弥陀発遣来迎図」の存在である。琴弾八幡宮の本地仏として伝来した本図については前項で少し触れたように、従来、縁起の内容を考慮して、九州の宇佐八幡宮から琴弾山に八幡神が現れるところを阿弥陀三尊の来迎で表し、それを当地の日証上人の本身釈迦如来が迎える場面を描いたものと考えられてきた。だが本来、本図は釈迦如来が往生者を現世から送り出し、来世で阿弥陀如来が迎えることを意味した図様であったことは注意してよい。つまり本図は下から上に、死者の魂が掬い取られ、彼岸に送り出される様子が示唆されているとみることができるのであり、観音寺の死者供養の活動を支える思想的なバックボーンになったのではなかろうか。とすれば、「釈迦阿弥陀発遣来迎図」は中世の琴弾八幡宮における阿弥陀信仰・極楽往生信仰をあらわすものとして位置づけることができるだろう。またその信仰を鼓吹したのが社僧であったとみてよい。とくに興味を引くのは、本図に描かれた阿弥陀三尊のうち勢至菩薩の下には曲折する州浜が確認できることである。先述したように「墓所」と考えられる地も「琴弾宮縁起絵」の画面左下の海浜付近であり、本図の州浜と「墓所」との関連性を思わせる。つまり本図の阿弥陀三尊の位置関係をふまえて「墓所」の地が設定され、ここから死者の霊魂が山上の浄土へと旅立つことが想定されたのではなかろうか。もとよりこの点は試論の域を出ないが、中世の琴弾八幡宮および観音寺において阿弥陀信仰・極楽往生信仰があったことは見逃せない。阿弥陀信仰の拠点とされた阿弥陀堂（本地堂）については節をあらためて検討したい。

3　亡者追善の場と地域の人々―閻魔・地獄に関する信仰―

前節では応安二年の瓦製骨壺を手掛かりとして、この時期に観音寺において葬送活動がおこなわれ、そうした活動の中で「墓所」の空間が十王堂へと展開していったとみられることを指摘した。ではこのような葬送活動はどのようにおこなわれたのだろうか。もとより観音寺のみで葬送活動がおこなえたわけではなく、観音寺と地域社会との関わりが焦点となるだろう。本節では、中世の琴弾八幡宮・観音寺と地域社会との関わりについて検討し、亡者追善の場の形成過程を見通したい。

そこで注目されるのが中世の祭礼に関わる史料である。享徳元年(一四五二)には琴弾八幡宮において鎮座七五〇年正当臨時祭礼放生会が執行されたが、その際の配役記が残されている(「琴弾八幡宮放生会祭式配役記」『香川叢書　第二』)。この史料によれば、氏子である坂本郷・高屋郷・柞田郷の人々の協力によって祭礼がおこなわれたことがわかるが、ここで注目されるのは舞楽・神楽とともに「大念仏」が奉納されていることである。「大念仏」が具体的に何をさすのかは明らかでないが、おそらく在俗の念仏者がおり、彼らが芸能の一種としておこなったものとみられ、また彼ら念仏者は講を組織して葬送や法要にたずさわっていたのではなかろうか。つまり観音寺の葬送活動を地域で支えるような存在がうかがえるのである。

念仏者に関連する史料としては、時代は下るが寺史『弘化録』永禄十年(一五六七)の愛染堂造立の記事に「大願主吉久、浄土宗ノ僧、舎利青色一顆奉納、水晶塔入」とあり、当地に浄土宗の僧がいたことが判明する。この「浄土宗ノ僧」とは「大念仏」を主導するような存在ではなかろうか。また愛染堂造立に関する同年三月二十三日付の棟札(木札六―五)が残されており『香川県・香川県教委 二〇一九』、そこには「大願主吉久、妙祐、□□郎、助太郎、助三郎、千母女、おこ女」とみえ、この妙祐が「浄土宗ノ僧」にあたる人物ではなかろうか。

中世の観音寺において阿弥陀信仰の拠点とされたのが阿弥陀堂であったが、ただし『弘化録』元亀三年（一五七二）の項をみると「古阿弥陀堂改テ興建也、六月一日興照弥陀院造立上棟、願主下市畠中後藤兵衛」とあり、この時に下市畠中の後藤兵衛が願主となり、「興照弥陀院」として改めて造立されたという。この「興照弥陀院」については『琴弾伽藍古録一覧』（観音寺蔵、近世末期編纂）にも記載があり、これには「本地堂、興照弥陀院と号す、本尊阿弥陀如来」とあり、また「元亀三年壬申六月朔日再建成る、宥胝代、下市後藤兵衛再立也、下市畑中講中助成」とあり、『弘化録』は不正確のようであり、下市の後藤兵衛が再興するとともに下市畑中講中の助成があったことが判明する。この頃には地域住民が講を組織していたこともわかり、興味深い。

次に、閻魔・地獄の信仰の拠点といえる十王堂に関する史料の検討に移ろう。『弘化録』の永禄十年の記事をみると、「十王堂再興成就上棟、本願五姓頼重、大工藤原頼久」とあり、この時、十王堂の再興がなされたことなどがわかるが、「本願五姓頼重」については地域住民とみられるものの、なお不明であった。そこで『琴弾伽藍古録一覧』で同様の記事を探すと、「永禄十年丁夘卯月六日再興上棟、本願五姓、頼重、妙芳、与右衛門〈初名新十郎〉、与左兵衛、新五郎、大工頼久」とやや詳しい記述がある。このことから『弘化録』にみえる「本願五姓頼重」とは、頼重・妙芳・与右衛門（初名新十郎）・与左兵衛・新五郎のことであり、複数の地域住民の助力によって十王堂の再興が果たされたとみられる。彼らは地獄・閻魔への信仰をもつ人々であったのだろう。また近年の調査によって現存する閻魔王像は古材を修補していることが指摘されており、室町時代以前に遡る可能性があるというから［髙橋 二〇一九］、永禄十年に再興された十王堂においても本像が安置されていたとみることができる。

では近世において、この十王堂を中心とした空間はどのような活動の場とされたのだろうか。まず元禄二年（一六八九）刊行の『四国徧礼霊場記』に掲載された「琴弾八幡図」（図５）をみると、「十王」と記載された建物が画面の左下

図５　四国偏礼霊場記（琴弾八幡図　国立公文書館蔵）

に確認でき、またその右下に「本地」（興照弥陀院）が描かれていることがわかる。つまりこれら「十王」と「本地」の周辺空間が亡者追善の場として設定されていたといえるだろう。

　次に、元禄七年の『大坊年中行事』をみると、「十地院〈十王堂〉において一山の門徒出仕して蒙古の亡魂のため追福す、兼ては三界万霊の施餓鬼法修行す」（正月十六日の項）とあり、また「二季彼岸之中日、十地院〈十王堂〉において施餓鬼作法勤行す、一山の僧徒残らず集会す、三界万霊のため追福する也」（二月十五日の項）とあり、十王堂において施餓鬼がおこなわれていたことがわかる。施餓鬼とは、餓鬼道に堕ちて苦しんでいる生類、または無縁の亡者にほどこしをおこない、供養する行為のことであり、十王堂の空間では施餓鬼がおこなわれていたのである。また、これ以前の寛永七年（一六三〇）に李朝仏画の「地蔵十王図」が修理されていることも興味深い［香川県・香川県教委 二〇一九］。実際に「地蔵十王図」が法会等で使われたのかは不明だが、施餓鬼とも関連が深い「地蔵十王図」が当寺に施入されていることは、亡者供養の寺としての側面をうかがわせるものがある。

以上、応安二年に「墓所」があったと考えられる地に十王堂が建ち、この空間を中心として近世には施餓鬼がおこなわれていたことを確認してきた。この他、元禄七年の『大坊年中行事』によれば、施餓鬼については七月十五日に「菩提所ノ寺院」においても「法界聖霊追善」のため光明真言三昧とともに施餓鬼作法を勤めたというが、この「菩提所ノ寺院」とは後に滅罪寺として確立する惣持院のことであろう。

ところで、戦国末期から江戸初期にかけてつくられた『熊野勧心十界曼荼羅』は、民衆の信仰のあり様が描き出されたものとして知られ、夫婦を中心とした「家」の確立と密接に関わっていたことが指摘されている［黒田 一九八九・二〇〇四］。注目されるのは画面中央に大きく描かれた盂蘭盆の施餓鬼であり、本図を用いて両親・先祖のために施餓鬼法要を怠らずにおこなうべきことが勧められたのである。観音寺の十王堂において施餓鬼がおこなわれた背景についても、この『熊野勧心十界曼荼羅』と同様、安定した「家」が形成されるのにともない、死者の心の安らぎを求める地域住民の要望があり、それにこたえようとした社僧の存在があったのである。

また、四国遍路は中世・近世移行期に確立されてゆくが、ここ観音寺においてもこの時期に大師堂を拠点とした弘法大師信仰を軸に巡礼の空間が形成されていったとみられる。注意されるのは、札所がそれのみで構成されるのではなく、巡礼路とそれに沿って展開する多様な宗教空間をも包摂していたと考えられることである［岩本 二〇〇九］。戦国期に遠方の霊場へ参詣しようとした人々は、父母らの後生菩提を目的とする場合も少なくなかったのであり、戦国期に讃岐国分寺を訪れた高野山金剛三昧院の良識が残した落書には「師近《(匠か)》父母六親眷□《(属)》」のためであり、「現世安穏、後生善処」のゆえであると記される［上野 二〇一三］。琴弾八幡宮の境内に認められる、いわばあの世とこの世を繋ぐ信仰空間は、地域住民だけでなく不特定の多くの人々をもひきつけたはずであり、戦国期から近世にかけて各地の霊場をめぐる行為が不断におこなわれていった理由もこの点と関わるのであろう。

おわりに

以上、中世・近世移行期における観音寺の展開過程について、地域社会との関わりから検討を進めてきた。中世の港町「観音寺」で宗教秩序の中心的な位置を占めたのが観音寺および琴弾八幡宮であり、中世後期の当地には臨済宗聖一派をはじめとする諸宗派の寺院が進出していったが、観音寺は琴弾八幡宮の祭礼等を介して地域社会と密接な関係を取り結び、中世を通じて当地の中核的な勢力としてあり続けた。とりわけ地域社会との関わりで注目されるのは祭礼のほか、社僧がおこなったとみられる葬送活動である。元禄七年(一六九四)に第六三世宥儀から第六四世秀亮に代替わりする際に作成された観音寺の年中行事書(「大坊年中行事」)によれば、寺社領が没収された後、社僧が「菩提滅罪職」を兼ねていたのは神罪であり、永く滅罪をやめて社僧の役目をつとめるべきだとし、末代に至るまで滅罪を勤めてはならないことが伝えられていた。つまり近世初期の観音寺では地域住民の要望にこたえてその葬儀や先祖供養等に関与した者がいたとみられ、そうした近隣住民との関係は中世後期にさかのぼるとみることができる。

この点で注目されるのは、琴弾八幡宮の境内から出土した応安二年(一三六九)の銘をもつ瓦製骨壺である。この出土地は、十四世紀初頭の「琴弾宮縁起絵」の画面左下にみえる河口沿いの海浜で(頓宮が描かれた場所付近)、応安二年に骨壺が埋められていたこと、多数の五輪塔が建てられていたことなどから「墓所」とみなされるが、土砂くずれのために埋没したとみられる。したがって当地は近世の「墓所」として継承されなかったが、十王堂が建てられていたことからみて閻魔・地獄に関する信仰空間としてあり続けたといえる。つまり中世の観音寺が葬送活動をおこなう中で「墓所」がつくられ、またその「墓所」の地が十王堂、すなわち亡者追善の場へとつながっていったのである。

ところで中世後期の瀬戸内地域では、顕密仏教をはじめ、禅宗・浄土真宗・法華宗など仏教諸宗派が共存・競合していたが、一般的にいえば新興勢力である禅宗・浄土真宗・法華宗が積極的に葬送や墓制等に関与しながら地域社会に定着していったとみなされている。だが、そうした傾向は新興勢力だけではない。本稿でみたように、中世後期の観音寺では社僧が葬送に関与していたとみられ、そうした活動は在俗の宗教者を巻き込みながら、繁栄する港町の地域住民の要望にこたえる形で実施され、近世へと継承されていったといえよう。ここには中世・近世移行期に地域社会の中で活動していった顕密寺社の姿を見出すことができる。

註

（1）この部分については、調査報告書では「山之絵、縁起」と翻刻されており［香川県・香川県教委二〇二〇］、縁起絵と縁起文のことと解されるが、ただしこの記事は「十五日マテ上壇之間ニ之ヲ懸ニ」と続くので、おそらく掛幅装された縁起絵を「上壇之間」に懸けたことが想定される。また「琴弾宮縁起絵」は寛延二年（一七四九）に改装されたが、その際に裏の下方に加えられた墨書には「琴弾山絵縁起　土佐光信筆」とあり［福山一九四八］、この修理銘文によって近世中期の寺内で「絵縁起」と呼ばれていたことがわかる。

参考文献

和泉市　二〇〇八『松尾谷の歴史と松尾寺』

伊藤幸司　二〇〇六「中世日本の港町と禅宗の展開」『シリーズ港町の世界史③　港町に生きる』青木書店

伊藤　聡　二〇一二「善通寺聖教のなかの大須観音真福寺関係資料について―特に良勢・信慶をめぐって」『善通寺教学振興会紀要』一七

伊藤　聡　二〇一八「『密宗超過仏祖決』解題」『中世禅籍叢刊　第十二巻』臨川書店

井原今朝男　二〇一三『史実　中世仏教　第2巻』興山舎

岩本　馨　二〇〇九「都市化する霊場―参詣曼荼羅に見る宗教空間―」『中世の都市―史料の魅力、日本とヨーロッパ』吉川弘文館

上野　進　二〇〇八「海に開かれた中世寺院―讃岐国道隆寺を中心に」『調査研究報告　四』香川県歴史博物館

上野　進　二〇〇九「中世野原をめぐる寺社と領主」『中世讃岐と瀬戸内世界　港町の原像　上』岩田書院

上野　進　二〇一九「讃岐国白峯寺の成立と展開」『戦国・近世初期　西と東の地域社会』岩田書院

上野　進　二〇二三「国分寺本堂・本尊落書」『四国遍路関係史料集　古代・中世編』四国遍路世界遺産登録推進協議会「普遍的価値の証明」部会
大田壮一郎　二〇〇九「室町殿権力の宗教政策―足利義持期を中心に―」『室町幕府の政治と宗教』塙書房（二〇一四年所収）
香川県・香川県教委　二〇一九『四国八十八ヶ所霊場第六十八・六十九番札所　神恵院・観音寺調査報告書　第1分冊』香川県
香川県・香川県教委　二〇二〇『四国八十八ヶ所霊場第六十八・六十九番札所　神恵院・観音寺調査報告書　第2分冊』香川県
香川県教委　二〇二一『香川の文化財』
香川県歴史博物館　二〇〇七『海に開かれた都市　高松―港湾都市九〇〇年のあゆみ』
河内将芳　二〇一五「『戦国仏教論』再考」『戦国仏教と京都―法華宗・日蓮宗を中心に―』法蔵館（二〇一九年所収）
観音寺市　一九八五『観音寺市誌　通史編・資料編』
黒田日出男　一九八九「熊野観心十界曼荼羅の宇宙」『大系　仏教と日本人8』春秋社
黒田日出男　二〇〇四『絵画史料で歴史を読む』筑摩書房
佐藤弘夫　二〇一五『死者の花嫁　葬送と追想の列島史』幻戯書房
真野俊和　一九九六「聖蹟巡礼の研究成果と課題」『講座日本の巡礼　第2巻』雄山閣
鈴木泰山　一九四二『禅宗の地方発展』吉川弘文館
髙橋平明　二〇一九「彫刻」『四国八十八ヶ所霊場第六十八・六十九番札所　神恵院・観音寺調査報告書　第1分冊』
武田和昭　二〇一二『四国辺路の形成過程』岩田書院
武田和昭　二〇一六『四国へんろの歴史　四国辺路から四国遍路へ』美巧社
田光美佳子　二〇〇五「観音寺蔵「琴弾宮絵縁起」の基礎的考察―縁起文と景観表現の問題を中心に―」『美術史』一五九
圭室文雄監修　二〇一三『明治初年寺院明細帳　6』アルヒーフ
近石泰秋　一九八一「（解題）紫金仙勧進帳」『新編香川叢書　文芸篇』
寺田貞次　一九三九「琴弾神社境内発見骨壺」『史蹟名勝天然記念物調査報告　第十』香川県
時枝　務　一九九九「中世火葬墓の蔵骨器」『日本の考古　ガイドブック』東京国立博物館
服部光真　二〇二〇「観音寺所蔵棟札群の史料的意義」『四国八十八ヶ所霊場第六十八・六十九番札所　神恵院・観音寺調査報告書　第2分冊』香川県
福山敏男　一九四八「琴弾宮絵縁起（解説）」『國華』六八一
尾藤正英　一九八八「日本における国民的宗教の成立」『江戸時代とはなにか』岩波書店（一九九二年所収）

藤井　学　一九七五「近世初期の政治思想と国家意識」『法華文化の展開』法蔵館（二〇〇二年所収）
松本和彦　二〇〇九「中世宇多津・平山の景観」『中世讃岐と瀬戸内世界　港町の原像　上』岩田書院
宮島新一　一九九三「神が宿る土地の姿」『日本美術全集　第九巻　縁起絵と似絵　鎌倉の絵画・工芸』講談社
山岸常人　一九九九「中世後期の仏堂の世俗的機能について」『中世寺院の僧団・法会・文書』東京大学出版会（二〇〇四年所収）
山口隼正　一九九〇「足利義持署判『八幡琴引宮縁起』寸考」『古代中世史論集』吉川弘文館
湯浅治久　二〇〇九『戦国仏教　中世社会と日蓮宗』中央公論新社
湯浅治久　二〇一五「戦国仏教―「鎌倉仏教」とは鎌倉時代の仏教か」『歴史の常識を読む』東京大学出版会

石造物文化圏の展開と外部産石造物の流通
――中世瀬戸内を対象として――

松田 朝由

はじめに

石造物は生産数の増加に伴い製作技法の画一化が起こり、同形で細部に共通した癖が認められるようになる場合がある。石造物を作る石工には、製作上の共通認識である仕様があって［西山 二〇一三］、それは時間軸の中で系譜として捉えられる。また、石造物を造立する地域社会や宗教集団との相関の中で石造物の種類を選択し、風習として踏襲されてもいく。このようにしてくりかえされる営みの結果、エリアとして括ることのできる石造物の地域圏が形成される。この地域圏を筆者は石造物文化圏と呼んでいる。

石造物文化圏の成立過程や消長、エリアの変化は歴史性を色濃く反映している。一方、石造物文化圏の中には異質な石造物が混在する場合もある。それらは他地域の石工の出張製作や他地域から搬入された石造物であり、それらが石造物文化圏に影響を及ぼす場合もあれば、石造物文化圏そのものの成立契機になる場合もある。本稿では瀬戸内の各石造物文化圏に外部産である他地域の石造物がどのように展開したのかを概観し、中世瀬戸内における石造物文化圏の動態を追跡したい。

1　瀬戸内の石造物文化圏とその展開

瀬戸内の中世石造物は石材、形態、種類により複数の石造物文化圏の抽出が可能である。筆者は片桐孝浩氏、遠藤亮氏、柏徹哉氏、海邉博史氏とともに瀬戸内の中世石造物分布の地域的な特徴について検討した〔片桐ほか 二〇〇八〕。現段階の見解として、中世の一定期間、一定のエリアをもって把握できる瀬戸内の石造物文化圏として①御影石・竜山石製石造物文化圏、②高室石製石造物文化圏、③備前・美作花崗岩製石造物文化圏、④備中・備後石灰岩製石造物文化圏、⑤芸予花崗岩製石造物文化圏、⑥平野石製石造物文化圏、⑦火山石系石造物文化圏、⑧天霧石系石造物文化圏、⑨伊予白石製石造物文化圏を想定している(図1)。なお、この石造物文化圏は瀬戸内を網羅するものではない。石造物は確認できても造立数が少なく、かつ共通した特徴を見いだせずエリアとして括ることの難しい地域もある。こうした地域に焦点を当てることは石造物文化を理解する上では重要であるが今回は取り扱わない。

この九エリアの石造物文化圏の成立・展開には共通点と相違点がある。そこで、いくつかの特徴を整理する。石材に注目すると、硬質の花崗岩を使用した一群(①・③・⑤)と軟質の凝灰岩・安山岩・石灰岩を使用した一群(①・②・④・⑥・⑦・⑧・⑨)に分類でき、後者が多いことがわかる。ただ、エリア的には前者は後者に対して広く、面積的には瀬戸内をおおよそ二分している(図1)。

次に形態に注目すると、関西の石造物と多くの共通点をもつ石造物文化圏と、在地色がつよく関西の石造物との共通点は一部にとどまる石造物文化圏に二分できる。この基準による区分は、ほぼ石材による分類に相関し、硬質の花崗岩を使用した石造物が前者となる。唯一、①の御影石・竜山石製石造物文化圏の内、竜山石製が軟質石材で前者に区分できる。

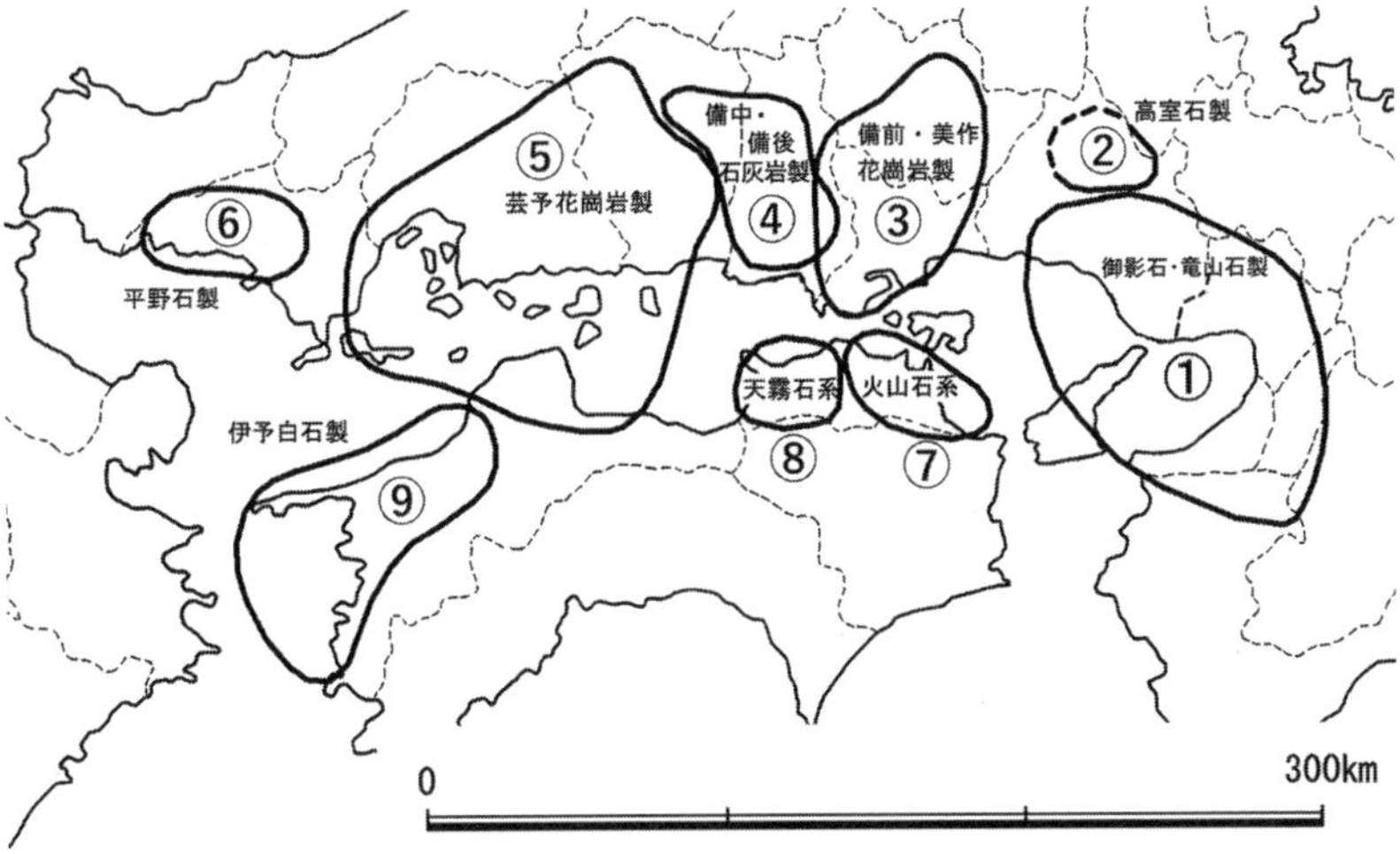

図１　瀬戸内の石造物文化圏（14 世紀頃）

石造物の製作において、硬質の花崗岩が技術を要するのは容易に想像でき、軟質石材を使用した石造物の一群よりも高い技術で製作され、それらが石造物の先進地である関西との系譜関係を有する点が予測できる。このように中世瀬戸内では二極化した石造物文化圏が認められ、傾向としては中国地域側に硬質花崗岩製、四国側に軟質凝灰岩製の展開が看取できる。

次に瀬戸内の各石造物文化圏に時間軸を付与して検討する。対象年代は石造物の造立数と展開をもとに十一〜十六世紀とする。十七世紀は政治史・社会史からは近世であり、石造物に関しても近世石造物に至る段階的な画期が想定できる。筆者は近世石造物の成立における最大の画期として十七世紀中頃を想定しており、この時期までを検討対象とする。瀬戸内の石造物の展開は、表1のように10段階を設定した。

在地色のつよい軟質石材(凝灰岩)を使用した火山石製・伊予白石製・高室石製では3段階までに石造物文化圏が成立している。平野石製は事例が少なく不明瞭だが同時期には造立が認められる。また、石造物生産は十世紀以前に遡るが、事例が少なく、十一世紀以降の石造物への系譜については検討の余地がある。

一方、硬質の花崗岩製が生産を開始するのは2段階からである。

表1　瀬戸内の中世石造物の展開の段階設定

段階	年代	主な展開
1段階	1050年	香川県各地で磨崖仏製作(一部関西地域の影響有？)
	1100年	火山石製石造物(讃岐)、宝塔・石幢(笠塔婆)生産 経塚遺物と関連した石造物の造立
2段階	1200年	花崗岩石塔造立　中国産石造物の造立 伊予白石(伊予)・平野石(周防)・高室石(播磨)製の石塔生産開始
3段階	1240年	藤戸寺五重塔(岡山) 1243年　1230～1240年代　各地に層塔造立 竜山石製板碑最古1256年
4段階	1270年	京・近江型、大和型の影響を受けた花崗岩製の造立 高野山町石造立(1265～1285年)　1280～1320年　各地に層塔造立
5段階	1290年	御影石製石塔の広域流通開始　大和と京・近江に石造物文化圏成立 備中に伊派石工銘石造物1305～1307年
6段階	1320年	瀬戸内地方各地に石造物文化圏成立 御影石・竜山石製、備前・美作花崗岩製、芸予花崗岩製、備中・備後石灰岩製
7段階	1400年	御影石製搬の流通新展開、芸予花崗岩製の形態粗雑化 和泉石製一石五輪塔出現
8段階	1450年	天霧石製石造物の広域流通開始、豊島石製石造物(讃岐)出現　石塔の大量生産化
9段階	1500年	平野石製石造物(周防)広域流通、和泉石系石造物(和泉)の展開本格化
10段階	1590年	和泉石系石造物の在地生産化(阿波・伊予など)　石塔定型化への動き

3段階に確認できる層塔は、同時期に西日本各地で造立が始まっており、広域に展開する一例として捉えられる。ただ、瀬戸内においては、3段階までの花崗岩製の造立数は少なく、4段階以降への連続的な系譜を想定することは困難である。花崗岩製の造立数は4段階から漸移的に増加する。そして、5・6段階の経過の中で地域性が明瞭となり、中世を通じて継続する御影石・竜山石製、備前・美作花崗岩製、芸予花崗岩製の各石造物文化圏が成立する。軟質石材も6段階において備中・備後石灰岩製石造物文化圏が成立し、事例の少ない平野石製を除いて各石造物文化圏が出揃う。平野石製石造物文化圏の成立は今後の検討課題であるが、8段階には確実に成立している。以後、9段階まで各石造物文化圏は継続する。

このように時間軸を加味すれば、まず軟質な凝灰岩製の石造物文化圏が生産地周辺に展開し、十三世紀に軟質石造物分布圏外に硬質の花崗岩製が漸移的に増加し、一三二〇年代に瀬戸内の大多数の中世石造物文化圏が成立をみることが指摘できる。そして硬質な花崗岩製においては石造物の先進地である関西からの影響が指摘できる。

2　関西の石造物文化圏と瀬戸内の石造物への影響

ここで、石造物の先進地である関西に視点を向けると、関西も石造物に地域性があり複数の石造物文化圏が想定できる。関西の中でも特にその中枢は大和、京、近江である。この3エリアにおいて、京と近江が類似し、大和は地域色が濃いとされ［川勝 一九七二］、筆者は図2のような石造物文化圏を想定している。瀬戸内の石造物に影響を与えているのは、この3エリアであり、近江式文様の伝播［川勝 一九五七］、南都西大寺の律宗系集団の展開との関わり［河合 一九六八］、勧進聖の活動との関連［中尾 一九七六］、熊野石工による影響［望月 一九八八］等々、これまでに様々な指摘がある。佐藤亜聖氏は十三世紀に京都・近江などの断続的な技術移入があり、十三世紀第3四半期に大和系が加わり、十四世紀に京都系が移入されて、瀬戸内の石造物の基本形態となることを指摘している［佐藤 二〇一三］。筆者もほぼ同じ見解で、鎌倉時代前期に京・近江からの影響、鎌倉時代中期に

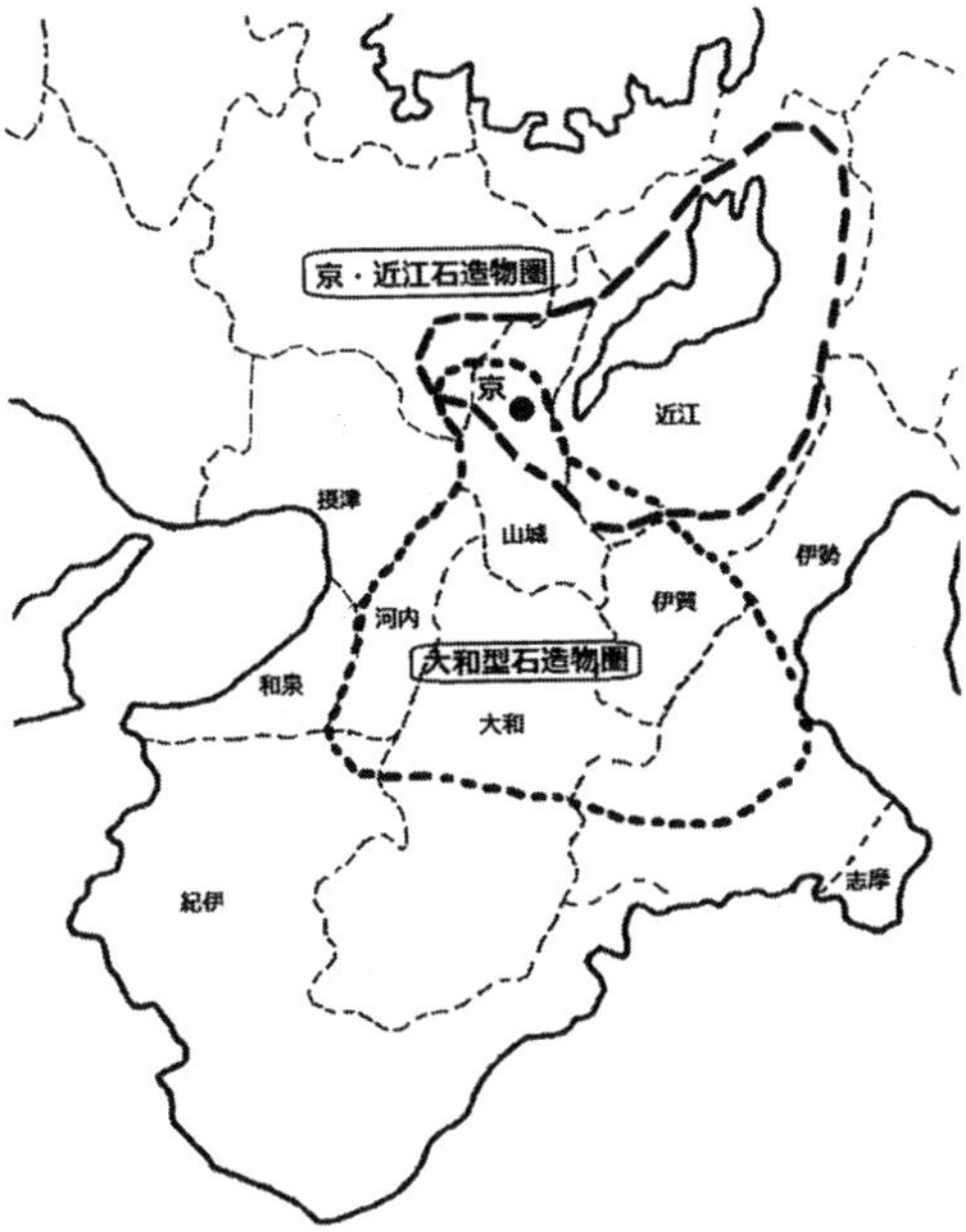

図2　関西中枢の石造物文化圏

大和の加入による京・近江との折衷式の展開、そして一三二〇年代に京・近江の影響という三段階を指摘した［松田 二〇一三］。

このような関西の影響をさらに踏み込んで考えると、Ⓐ関西石工の出張製作、Ⓑ関西石工の地域拡散、Ⓒ関西石工技術の伝播、Ⓓ関西石造物の搬入（流通）、Ⓔ関西石造物の模倣が想定できる。筆者は瀬戸内の花崗岩製について1〜4段階にⒶ、5・6段階にⒷ〜Ⓓを想定し、また、一三二〇年代の軟質石材の天霧石製と備中・備前石灰岩製にはⒺを想定している。課題はⒶ〜Ⓓの判別にあたって、石材同定の手続きが必要な点にある。石造物が大量生産され、他地域との石材の質的差が明瞭であれば、石造物の形態・製作技法的な検討で判別は比較的容易であっても、石材が類似し、また石造物数が少ない場合は判断を困難にし、理化学的な検討に多くを委ねざるを得ない。こうした課題は肉眼観察による判別の困難な長門の花崗岩や、8・9段階における関西と四国の砂岩が挙げられる。また、石造物数の少なさでは3段階以前の状況も課題になる。

3　〈1〜3段階〉石造物の展開に関する評価の問題提起

前述したように、瀬戸内において硬質の花崗岩製は2段階の十三世紀初頭から造立を開始するが、3段階までの造立数は少なく、石造物文化圏として捉えることは困難である。この時期は関西でも事例が少なく、石造物の種類や形態が多彩なため石造物文化圏として捉えることは困難である。その中で関西の層塔に限っては、大和型と京・近江型で1段階から地域性を指摘できる［松田 二〇一四］。1段階の京・近江型層塔の特徴には、むくりのある屋根傾斜が認められ、瀬戸内にも類似した層塔や相輪・屋根形態が1段階の花崗岩製に認められるため、筆者は京・近江からの影響を想定していた［松田 二〇一三］。しかし、むくりのある屋根傾斜は、奈良県伴墓五輪塔にも認められ、さらには四国の軟質石材である火山石製には多数の事例がある。したがって、京・近江からの影響と断定するには再検討の余地があると認識を改めている。

一方、1段階には関西から瀬戸内への影響とは逆ベクトルとなる、瀬戸内の石造物の関西への搬入が認められる。京の1~2段階では、讃岐製宝塔の鞍馬寺や即成院への搬入が指摘されていたが〔森 一九九九〕、近年は1段階の讃岐製笠塔婆の出土事例が関西でも増加しつつある(六波羅政庁跡、音羽・五条坂窯跡など)。こうした点を考慮すると、関西から瀬戸内へという一方的なベクトルは再考の余地がある。よって、次節では1~3段階の状況について再検討を試みる。

4 〈1~3段階〉石造物文化圏と外部産石造物の搬入

石造物のうち、石仏・灯籠等を除いた層塔・五輪塔・宝塔・宝篋印塔・板碑等の塔形を石塔と呼ぶ。このうち九世紀以前に遡る石塔は全て層塔であり、その数は極めて少ない〔狭川 二〇二一、本間 二〇二二〕。九世紀は石塔の他に石仏・磨崖仏が認められるが、その分布の中心は関西にある〔狭川 二〇二一〕。続く十世紀は実態不明であるが、九世紀以前に位置づけられている事例は大多数に紀年銘もなく、年代判定は形態による。したがって、これらの中に十世紀まで年代の下る事例が今後の検討・資料数の進展によっては増えることも予測できる。ただ、いずれにしても数的には極めて少ない。こうした状況下で十一世紀後半になると石造物数が増加し、磨崖仏は関西以外の東北や九州・四国に展開する。

石塔の形態に注目すると、層塔、石幢・笠塔婆、宝塔、五輪塔とこれらの折衷形がある。折衷形は4段階以降に定着しなかった形態として評価できる。これらの中で5段階以降の石塔と比較して際立つのは石幢・笠塔婆、宝塔であ

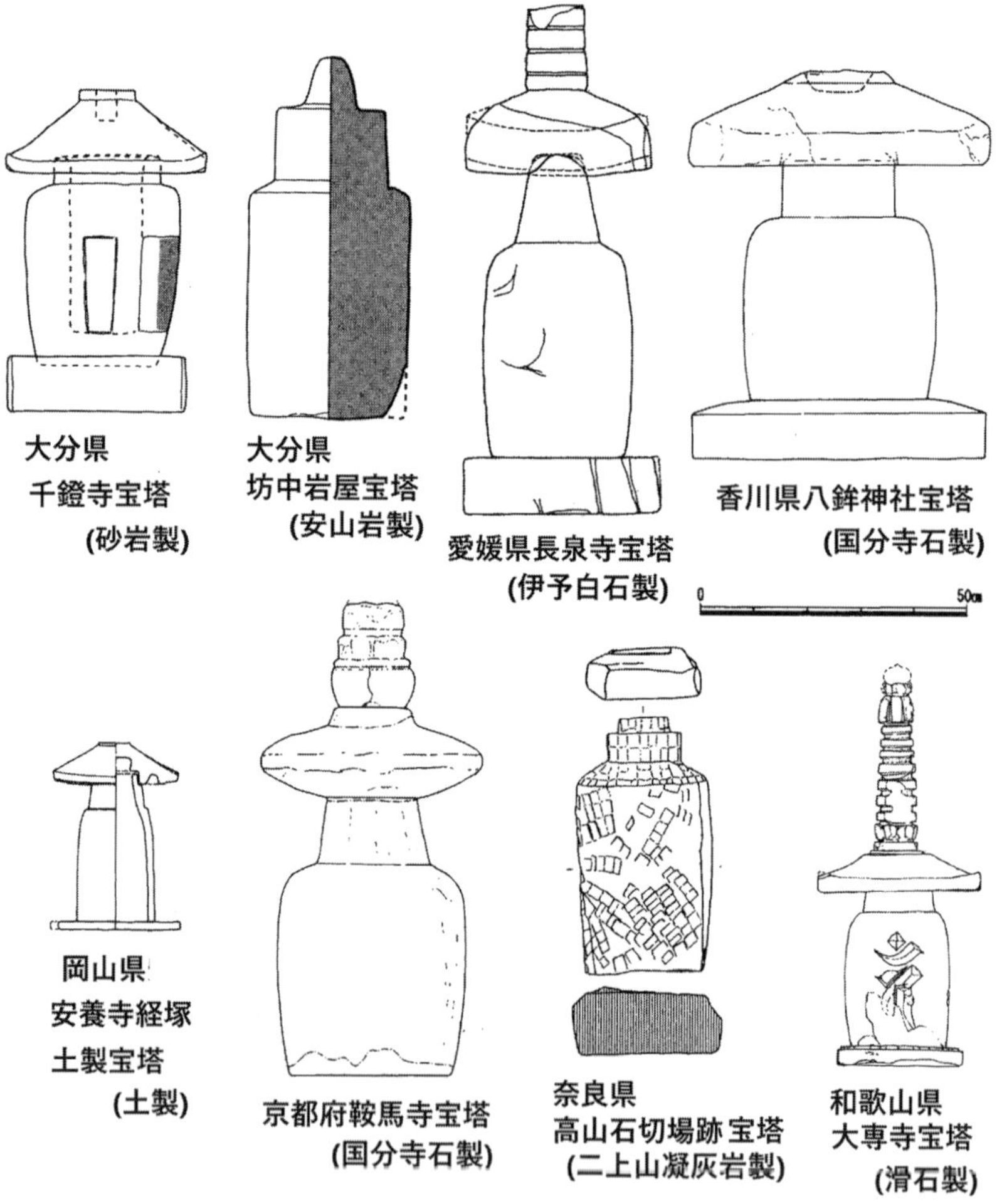

図3　大分県〜和歌山県の宝塔実測図

る。石幢と笠塔婆は現在の石塔分類によると、塔身が四面のものを笠塔婆、六面・八面、四面面取りの八面のものを石幢と呼称している。宗教的に面数の差が重要であれば、石幢の細分化が必要であるし、面数の差を一連のものとして捉えるのであれば石幢と笠塔婆は一括りにできる。本稿ではひとまず一連のものとして捉え、以下では石幢（笠塔婆）と呼称する。

石幢（笠塔婆）と宝塔の形態は、経塚を構成する経筒・経筒外容器に類似するのが特徴である［松田 二〇〇八、本間 二〇二二］。特に岡山県安養寺経塚の土製塔は相輪形態など讃岐の国分寺石製に極めて類似している（図3）。土中に埋納される経筒・経筒外容器に対して、石塔は基本的に地上に造立されるもので、経塚の標識的性格を有する。なかには内部を刳り込み、奉納施設を造作している石塔も多く、土中に埋経しない経塚も想定できる。なお、奉納施設の造作は宝塔に多い。法量は経筒・経筒外容器に共通するタイプ、やや大型化した塔身幅30～50㌢のタイプ、塔身幅50㌢を超す大規模タイプがある。瀬戸内の大規模タイプは、海女の墓石造物群経塔（讃岐）、若宮塔（長門）があり、銅製品として建久八年（一一九七）銘の阿弥陀寺鉄宝塔（周防）がある。

瀬戸内における石幢（笠塔婆）、宝塔の分布は四国側への偏在が指摘できる。伊予は宝塔、讃岐は石幢（笠塔婆）と宝塔が多い。両地域の宝塔は首部が長くシンプルな塔身で形態的な類似性が指摘できる。そして類似した形態は豊後の砂岩製、安山岩製、紀伊の滑石製、河内・大和の二上山凝灰岩製でも確認できる（図3）。宝塔、石幢（笠塔婆）という石塔種に注目すれば、分布は肥後にも認められ、肥後から紀伊までの東西に帯状に連なる中世初期石塔の分布地帯が想定できる。このような分布の要因には凝灰岩・滑石等の軟質石材が採石される地質上の特性が予測される。ただ、同じく軟質石材の採石される中国地域の高室石・平野石等の分布は少数であり、分布の偏在には勧進聖の活動、山岳信仰等（四国辺地など）の宗教的な要因も推測される。

伊予と讃岐では石塔の面的な分布が認められるものの、石塔の様相は両者で異なる。伊予では五輪塔が主体である。

写真1　愛媛県太山寺層塔

宝塔・層塔は一定量認められ、層塔には松山市太山寺層塔のような宝塔塔身との折衷形もある（写真1）。一方、讃岐では宝塔、石幢（笠塔婆）が主体で、層塔・五輪塔は少ない。層塔・五輪塔の形態は伊予と讃岐で異なり、地域色は明瞭である。両地域で類似するのは宝塔形態のみだが、独自の石造物文化圏を形成しているとみなせる。

中国地域側は石塔数が少なく、石造物文化圏として把握できない。硬質石材の花崗岩製、軟質石材の高室石製、平野石製が認められ、四国の伊予白石製と讃岐火山石系石塔（火山石製・国分寺石製・天霧石製）の搬入も確認できる。さらに岡山県赤磐市の熊野神社宋風獅子は大陸の中国産石造物である。中国産石造物の薩摩塔や宋風獅子は、南九州の薩摩と九州北西部に離れて分布する特徴をもつが［大石 一九九八］、近年は大阪府堺で薩摩塔が発見され［堺市博物館 二〇二二］、京都府京丹後市神谷神社でも薩摩塔に似た像容を表現した石塔がある。今後は、瀬戸内でも中国産石造物が新たに確認される可能性はある。

中国地域は四国に比べると石塔に多様性があるのも特徴である。広島県草戸千軒町遺跡では九州の阿蘇溶結凝灰岩製相輪が出土し、その近くに所在する明王院には大和の二上山凝灰岩製の層塔がある。岡山県倉敷市の寛元四年（一二四六）銘阿弥陀石仏は砂岩製で、外部からの搬入が指摘できる。このように中国地域は搬入された石塔が多く、その中で四国側からの搬入が一定量確認できる。

中国地域の伊予・讃岐製石塔の分布をみると、伊予製は備中以西、讃岐製は備後以東を主体としており、およそ四国の分布を北にスライドした様相を呈する（図4）。なお、この時期、讃岐製石塔は関西にも流通しており、京・紀伊

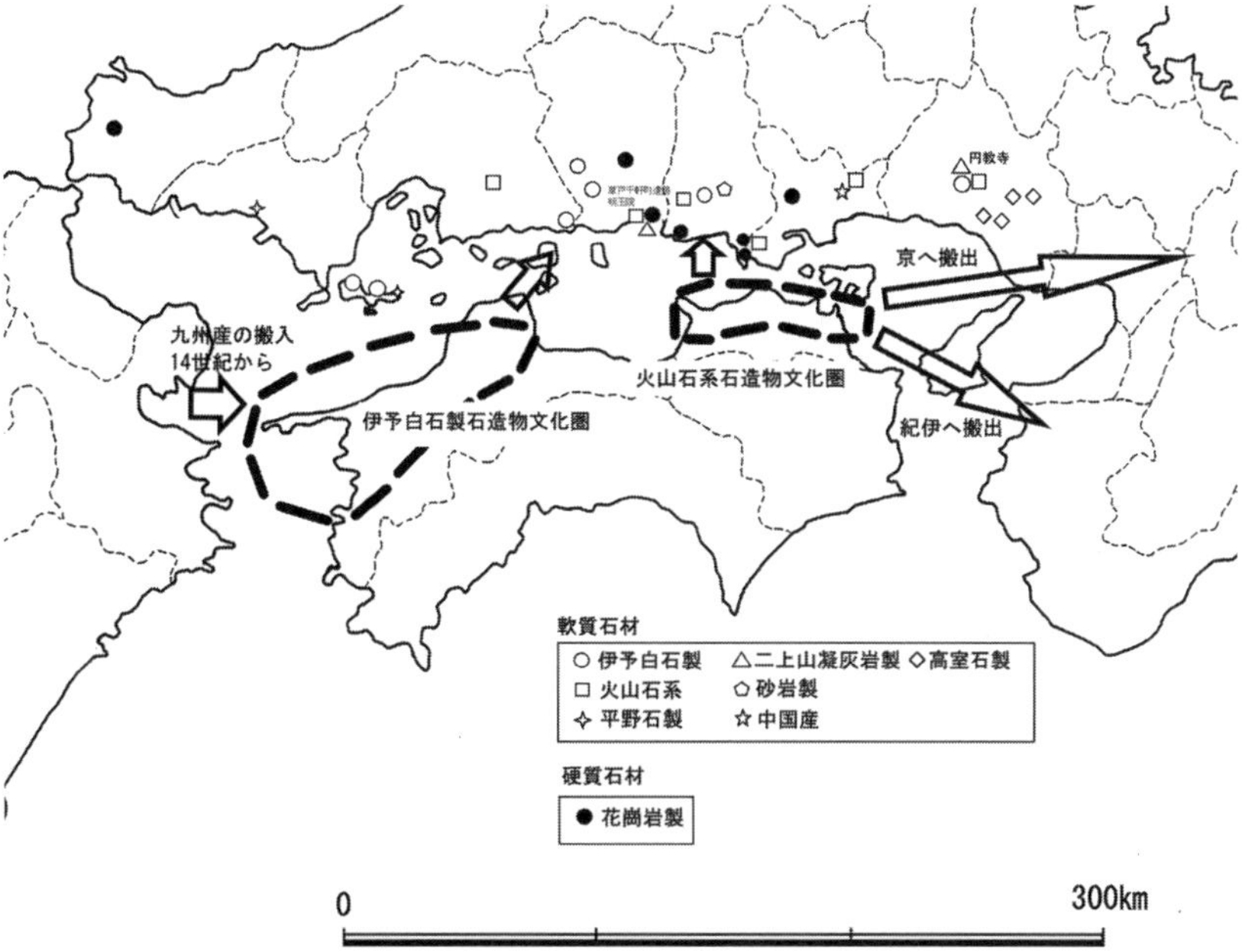

図4　1～3段階頃の瀬戸内の石造物文化圏と石造物分布

に分布している。こうした四国からの搬入は、瀬戸内各地に石造物文化圏の成立する前夜の5段階まで継続し、一部は6・7・8段階まで残存する。

さて、ここで中国地域の花崗岩製を考えたい。以前、筆者は関西地域の京・近江からの影響を想定したが、事例を見ると、山口県若宮塔は大型の宝塔、建仁三年(一二〇三)銘の岡山県王子権現社塔は石幢と宝塔の折衷形(図6)、文永十一年(一二七四)銘の岡山県笠原市日光寺塔は石幢であり、宝塔・石幢(笠塔婆)に関連する塔形が目立つ。こうした状況は、四国側からの影響も予測されるが、宝塔・石幢は京・近江にも認められ、特に比叡山横川の石幢は十世紀に遡る可能性が指摘されている[原田二〇二〇、西山二〇二二]。類似しているのは大津市長安寺塔など数的には少数だが、関西からの影響は想定可能である(近江に宝塔は多数分布するものの、四国の宝塔形態とは異なり時期的にも後出)。

備後・安芸の花崗岩製に注目すると、伊予白石製の五輪塔に類似したものが認められる。草戸千軒町遺跡から出土した花崗岩製五輪塔水輪は、伊予白石製の形

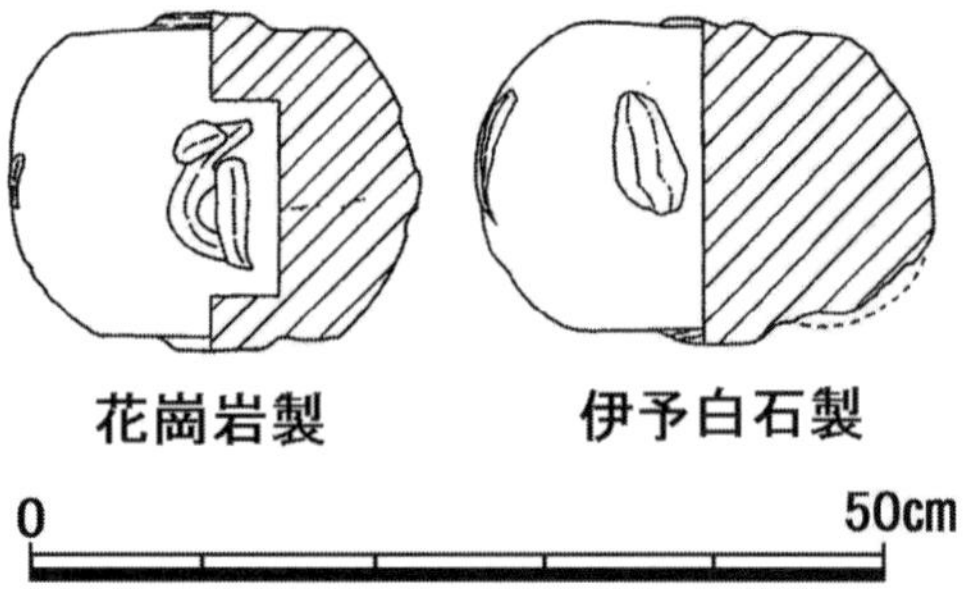

図5　草戸千軒町遺跡の花崗岩製と伊予白石製の五輪塔水輪

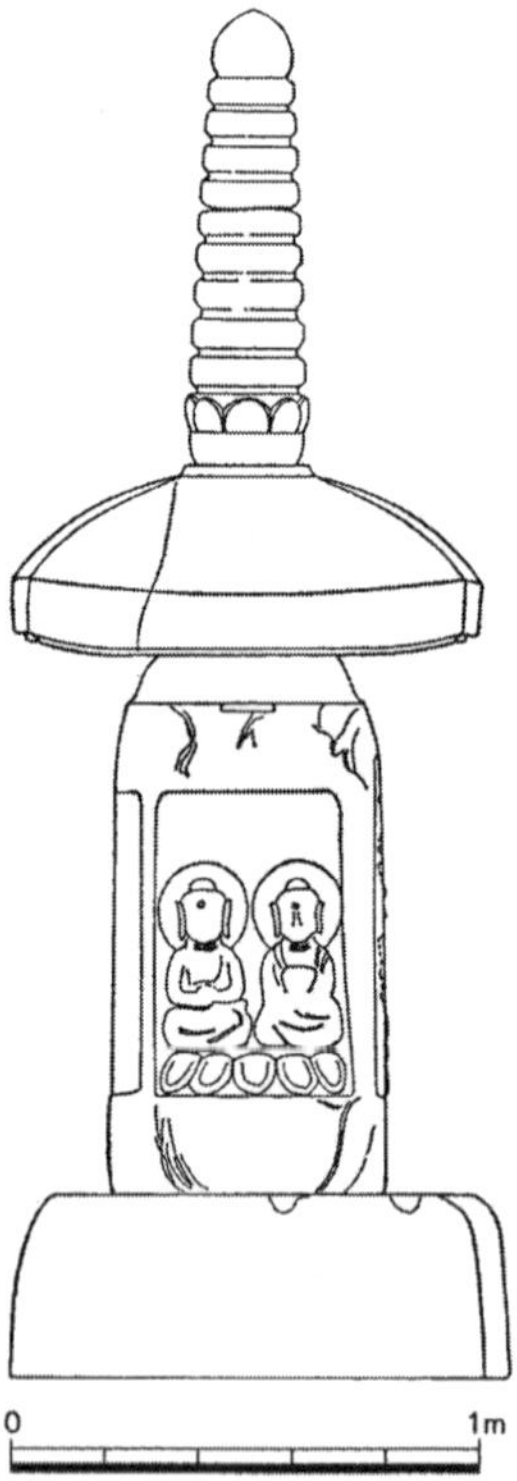

図6　王子権現社塔

態そのものであり(図5)、府中市伝うしの塔五輪塔の形態も各部材は伊予白石製石塔との類似性が指摘できる。他にも備後・安芸には伊予の白石製に類似した太鼓形の水輪が散見される。よって、備後・安芸の花崗岩製には伊予白石製との関連性が指摘できる。ただし、硬質の花崗岩を整形する文化は四国側にはない。これまで指摘したように関西の京・近江石工による出張製作等の可能性も想定されるが、形においては四国側からの影響も考慮する必要があることを主張したい。ここで、再度、1～3段階の石塔を整理したい。

当期の石塔は経筒・経筒外容器など経塚遺物との類似性が認められることは前述した。そこで、経筒・経筒外容器の宝珠に注目したい。今回、宝珠をH1～H6類に分類した(図7)。H1類は縦長で中央部または下部が最大幅となる形態、H2類は砲弾形のいわゆる団形、H3類は最大幅が下方にある下膨れの形態、H4類は最大幅が中央に位置する球形に近い形態、H5類は中央の最大幅に稜線を有するソロバン形の形態、H6類は最大幅が上方にある曲線をもった形態である。経筒・経筒外容器の宝珠ではH1～H5類が認められる。H1類は段積式経筒、宝塔形経筒など

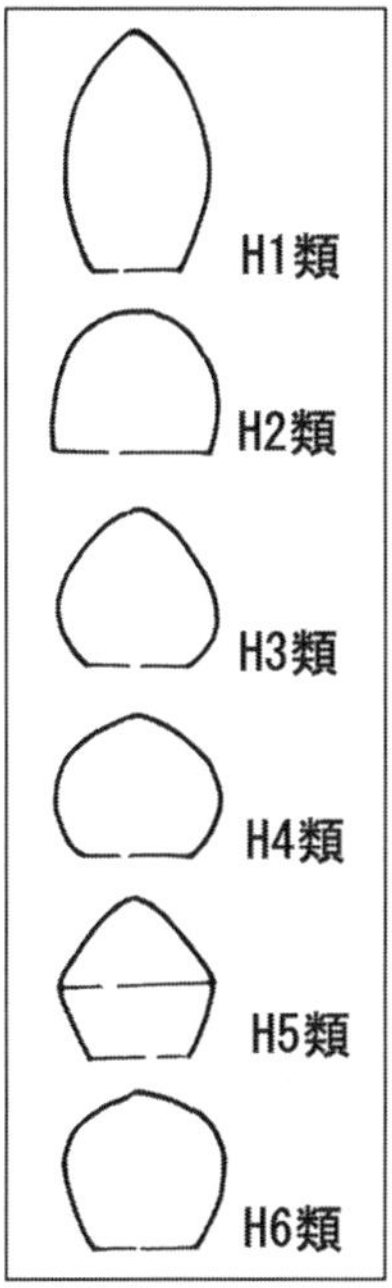

図7　宝珠の分類

写真2　京都系五輪塔
神護寺文覚上人五輪塔

の相輪の宝珠に多い傾向があり、蓋上に宝珠のつくタイプにはH2～H5類が認められる。宝珠形は石塔にも同じく認められるが、石塔の場合、タイプごとに地域色が指摘できる。

瀬戸内では伊予白石製がH2類であるが、H2類は平野石製にも認められ、また山陰のヒイデ塔など、中・四国地域に広く確認できる。一方、讃岐の火山石系石塔はH3類で中世を通じて同形態を踏襲している。瀬戸内では他に高室石製がH2類を採用し、関西でも大和や紀伊等、同形態の事例は多い。H4類は1～3段階の瀬戸内には認められない。このタイプは大和で認められ、5段階に大和型五輪塔の空輪形として定着する。そして、5段階以降、大和の影響を受けた事例が備中・安芸で認められるようになる。京都系と呼ばれる宝珠形態［西山二〇一三］は、H1類に類似する。同形態は鹿児島県芝原遺跡出土宝珠など、中国産石造物にも類例がある。このように宝珠に注目すれば、中世初期石塔の段階から地域色が指摘できる。瀬戸内の花崗岩製との関連でいえば、山口県若宮塔、岡山県王子権現社塔、香川県天満神社宝塔はH2類、H3類であり、瀬戸内に展開する軟質石材の石塔の宝珠に共通し、京・近江の宝珠とは異なる点も指摘できる。

次に経塚関係遺物にみる宝塔形は、シンプルな塔身、高さの低い基礎と笠部に特徴がある。同形態は豊後・四国・

紀伊の東西に広がる分布エリアで多数認められ（図３）、部材の比率を五輪塔に置き換えたもの、つまり、低い火輪と地輪、縦長の水輪で構成される京都系と呼ばれる中世初期五輪塔も含まれる（写真２）。また、同様の笠部形態は火山石製（讃岐）にも認められ、屋根傾斜にむくりのあるものが多い。むくりは関西の花崗岩製に事例があり、岡山県王子権現社塔にも同様の特徴がみられる（図６）。

以上、瀬戸内における中世初期石塔を見てきた。四国の石造物は九州や関西南部との親縁性があり、中国地域には四国からの一定量の搬入が認められた。また中国地域の花崗岩製の形態には、四国の軟質石材の石塔に類似する事例のあることが明らかとなった。こうした状況は、従来から指摘されてきた関西からの一方向のベクトルのみでは説明できず、九州からの展開も検討する必要があろう。

中世初期石塔と形態的類似性をもつ経塚遺物は、出現期が関西でありながらも、その後は九州から瀬戸内、関西等の西側への展開が指摘されている［栗田 一九九八］。中世初期石塔の展開は、紀年銘資料の少なさから現状では検討できないが、讃岐製石塔には九州製石塔に類似する属性も複数認められ、九州からの影響も今後視野に入れる必要がある。ちなみに、石塔の流通に注目すれば、九州製石塔は伊予西部［黒川 二〇一一b］、讃岐製石塔は紀伊への搬入［北野 二〇一三a・b］が指摘されているが、逆方向への流通はない。伊予に分布する九州製の搬入時期は、十四世紀以降であり、検討を深化させる必要はあるものの、西から東への展開を予測させる。

１〜３段階は、鎌倉時代後期に石造物の定型化が起こる前段階にあたる。石造物の形態は多様性があり、４段階以降に継続しないものも多い。一見、広域的なまとまりがないように見えるものの、経塚文化が広域に展開し、経筒の類似性が広域に認められるように、石塔でも共通する属性は多い。四国では伊予と讃岐で石造物文化圏が明確になっているし、宝珠形態に注目すると、中国地域でも関西とは異なる地域性が指摘できた。こうした地域性と外部産石塔の流通の背景として、勧進聖や浄土信仰、天台信仰、山岳信仰等の動きが予測され、またそれを可能にした交通・流通網の発達が推測される。

5　〈4・5段階〉石造物の定型化と御影石製の流通

4・5段階（一二七〇〜一三二〇年）は瀬戸内の花崗岩製石造物に京・近江や大和の影響が明瞭となる。たとえば近江最古の紀年銘資料をもつ宝篋印塔の江龍寺塔基礎（一二七九年）に類似する格狭間は、広島県浄土寺宝塔（一二七八年）や香川県白峯寺十三重塔（一二七八年）に認められる。白峯寺十三重塔の全体形、壇上積基壇の採用、笠部にホゾを造作しない特徴は大和型の特徴であり、白峯寺十三重塔は大和型と京・近江型の折衷形と評価できる。壇上積基壇を採用した浄土寺宝塔も同じあり方である。この時期の瀬戸内の石造物は京・近江と大和の石造物の折衷形が多い。

関西では5段階（一二九〇年代）に京・近江型と大和型が五輪塔・宝篋印塔において地域色が明瞭となり石造物文化圏が成立する（図8）。こうした中で関西の宝篋印塔に注目すると、近江の中枢部には大和型が一部分布し（新善光寺塔：一二八〇年、法蓮寺塔など）、大和にも一部京・近江型が分布する（壺阪寺塔）。こうした中で折衷的な石造物として大和の大蔵派宝篋印塔、京・近江の誠心院型宝篋印塔があり、層塔では京・近江型に大和の影響が現れてくる。このように両石造物文化圏内には一部に相互の影響が指摘できる。一

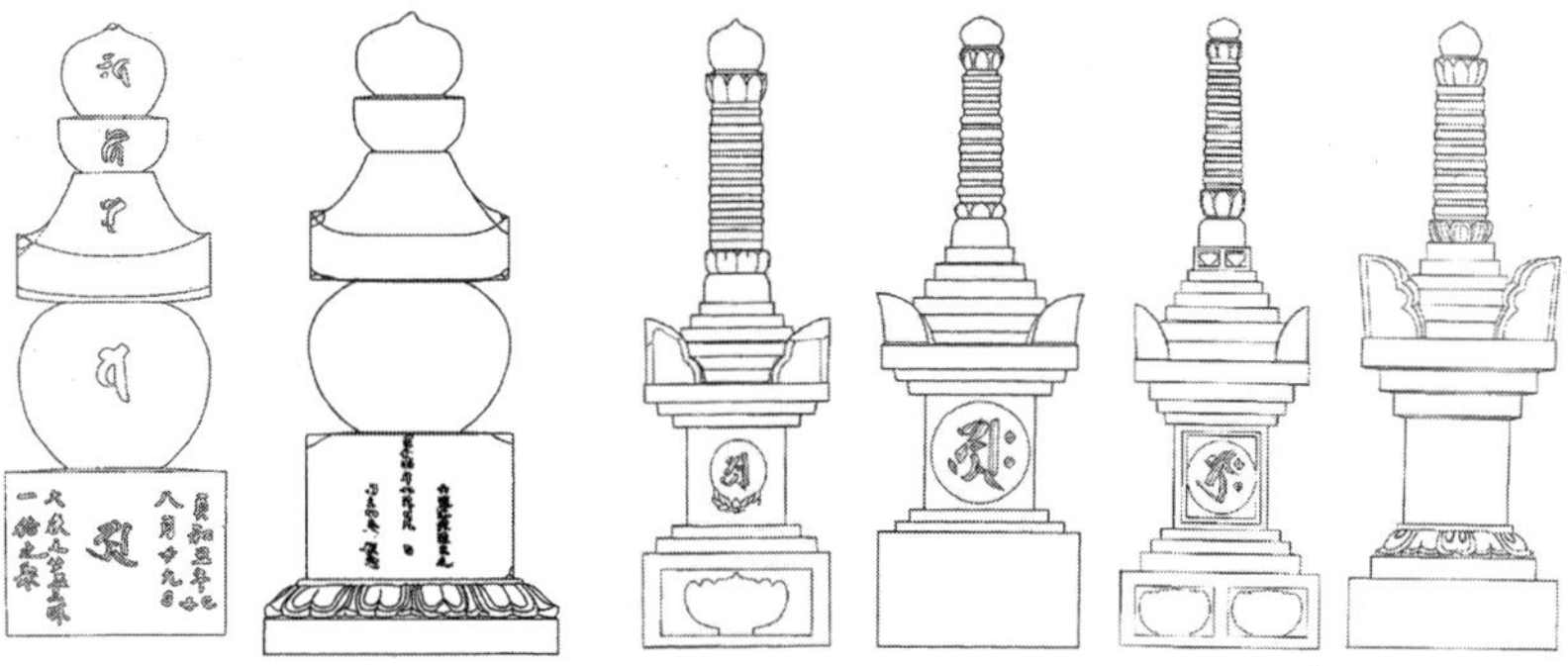

京・近江型五輪塔　石塔寺塔（近江）
大和型五輪塔　寛弘寺塔（河内）
京・近江型宝篋印塔　大原北墓地塔(京)
大和型宝篋印塔　円福寺北塔(大和)
大蔵派宝篋印塔　額安寺塔(大和)
誠心院型宝篋印塔　誠心院塔(京)

図8　京・近江型と大和型及び折衷型の五輪塔及び宝篋印塔

方、瀬戸内の4・5段階は京・近江と大和の折衷的な石造物の展開が著しい。

石造物製作の地域間交流として注目されているのは、4段階の高野山町石造立事業である(一二六五～一二八五年)。佐藤亜聖氏はこの事業が石工の融合をもたらし、事業の終了が石塔の地域的な展開を促したと指摘している[佐藤 二〇一三]。ただし、瀬戸内では町石事業と同時並行期に関西の影響を受けた石塔が展開する点は注意が必要である。この町石事業で摂津の六甲山の花崗岩(御影石)が高野山に搬入され、さらに奥田尚氏が指摘するように、瀬戸内の複数の花崗岩が使用されているのであれば[奥田 二〇一二]、この事業が瀬戸内の石造物文化に多大な影響を与えたことは肯定できる。

京・近江の定型化した五輪塔の特徴であるH6類(図7)は、十二世紀以前の経筒・経筒外容器の宝珠形には認められず、初期事例は佐藤氏が指摘するように高野山町石である[佐藤 二〇一三]。一二九〇年代の京・近江と大和の石造物文化圏の成立に町石造立事業が影響を与えた可能性はあるが、瀬戸内の石造物文化圏の成立に関しては、この事業とは十～二十年の時間差がある。町石造立事業が瀬戸内の石造物文化に与えた影響は、事業終了後ではなく、事業展開期にあったと考えたい。

高野山町石事業では、一部に御影石が使用されたが、御影石製石造物には同材で型式の異なる石造物が認められる。たとえば、有馬市温泉寺五輪塔二基では一基が大和型、もう一基が京・近江型の形態になっている[西山 二〇一三]。

5段階(一二九〇年代)には、西日本の広域に層塔が盛行する。御影石製層塔も広域に流通するが、大和型は十三重塔を基本とし、京・近江型では七重・九重を基本としているので、十三重塔が目立つ御影石製は大和型の影響が指摘できる。しかし、大和型は塔身部に大ぶりな種子を刻むのに対して、御影石製に用例は少なく、大和型では少数派である像容の表現が目立つ。御影石製層塔は大和型と京・近江型を折衷した新型式と判断できるが、御影石製層塔にもバリエイションがあって、定型化は読み取れない。

御影石製に定型化が指摘できるのは五輪塔と宝篋印塔で、時期は一三一〇〜二〇年である。形態において大和の影響は認められず、京・近江型からの系譜が指摘できる。この段階が御影石製石造物文化圏の成立期であり、大和、京・近江に比べると成立期がやや遅れる。

瀬戸内では一二七〇年代以来、京・近江、大和の影響下に花崗岩製が展開するが、一三二〇年代に大和の影響は認められなくなる。こうした動きを象徴するのが、備中で確認できる大和石工とされている井野行恒(行経)作の石造物である[川勝 一九三九]。備中では井野行恒(行経)の石造物は一三〇七年まで認められ、その後同石工銘は一三二三年造立の紀伊の地蔵峰寺地蔵石仏に「薩摩権守行経」として登場する[川勝 一九三九]。この地蔵が持つ錫杖には宝塔が表現されており、そのモチーフは備中の清水寺宝塔、大村寺宝塔に極めて類似しており(図9)[藤澤 一九七四]、備中に名を残す井野行恒と紀伊の薩摩権守行経は同一人物であることを示唆する。

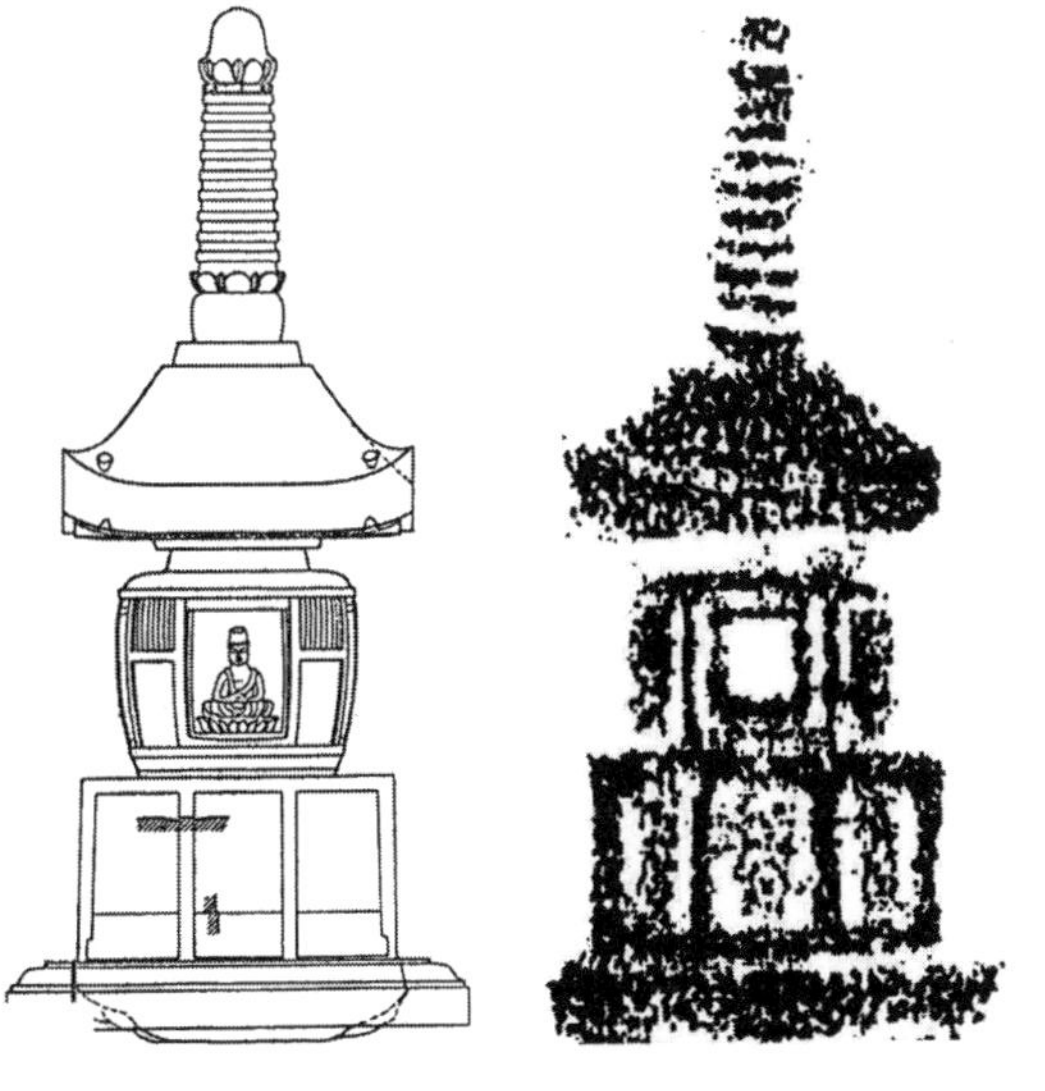

図9　井野行恒(行経)作の宝塔形

紀伊南東部では以後、大和型の影響を受けた宝篋印塔が展開する一方、備中では大和型の影響が見られなくなる。瀬戸内で花崗岩製が定型化するのは、備前・美作花崗岩製、芸予花崗岩製ともに一三二〇年代以降である。この時期は御影石製の定型化時期に比べると少し遅れるが、北近畿・紀伊南東部・摂津羽豆石製など、関西周縁部の石造物文化圏の成立期とおおよそ同時期である。瀬戸内の花崗岩製の定型化には、京・近江型からの系譜が想定され、その背景には京・近江からの石工の定着、技術移転を推測したい。備後・安芸・伊予の石造物の銘文に見える「石工念心」とは、こうした来歴をもつ石工であったと想像する。

一三二〇年代は軟質石材でも、備前・備中石灰岩製の石造物文化圏が成立する。エリアは備前・美作花崗岩製と芸予花崗岩製に挟まれているが(図1)、花崗岩製に京・近江型の系譜が想定できるのに対して、備前・備中石灰岩製は大和型の系譜が認められる。ただ、形態の詳細は大和型とは異なり、大和石工の地域定着と技術移転は想定し難く、在地石工による模倣と考えたい。同様の展開は讃岐の天霧石製石造物文化圏でも指摘できる。十三世紀代から特徴的な五輪塔生産を開始する天霧石製五輪塔には、伊予白石製五輪塔の影響が一部に看取され、十四世紀になると空輪に京・近江型五輪塔の形態との類似性(御影石製の影響の可能性もある)が認められるようになる。一方、宝篋印塔は笠部形態に大和型の影響が認められる。天霧石製石造物は一三二〇年代に崇徳上皇陵に隣接する白峯寺への石塔造立を展開したが、それ以前の十三世紀代は讃岐では事例の少ない花崗岩製が造立されていた。

この花崗岩製のうち、弘安元年(一二七八)銘十三重塔は、大和型の特徴を基本として一部に京・近江型の要素が認められる。一三二四年にその隣に造立された天霧石製層塔は花崗岩製に類似するが、塔身・基壇等などに天霧石工の個性が表出しており、形態上の類似は天霧石工による模倣と評価できる

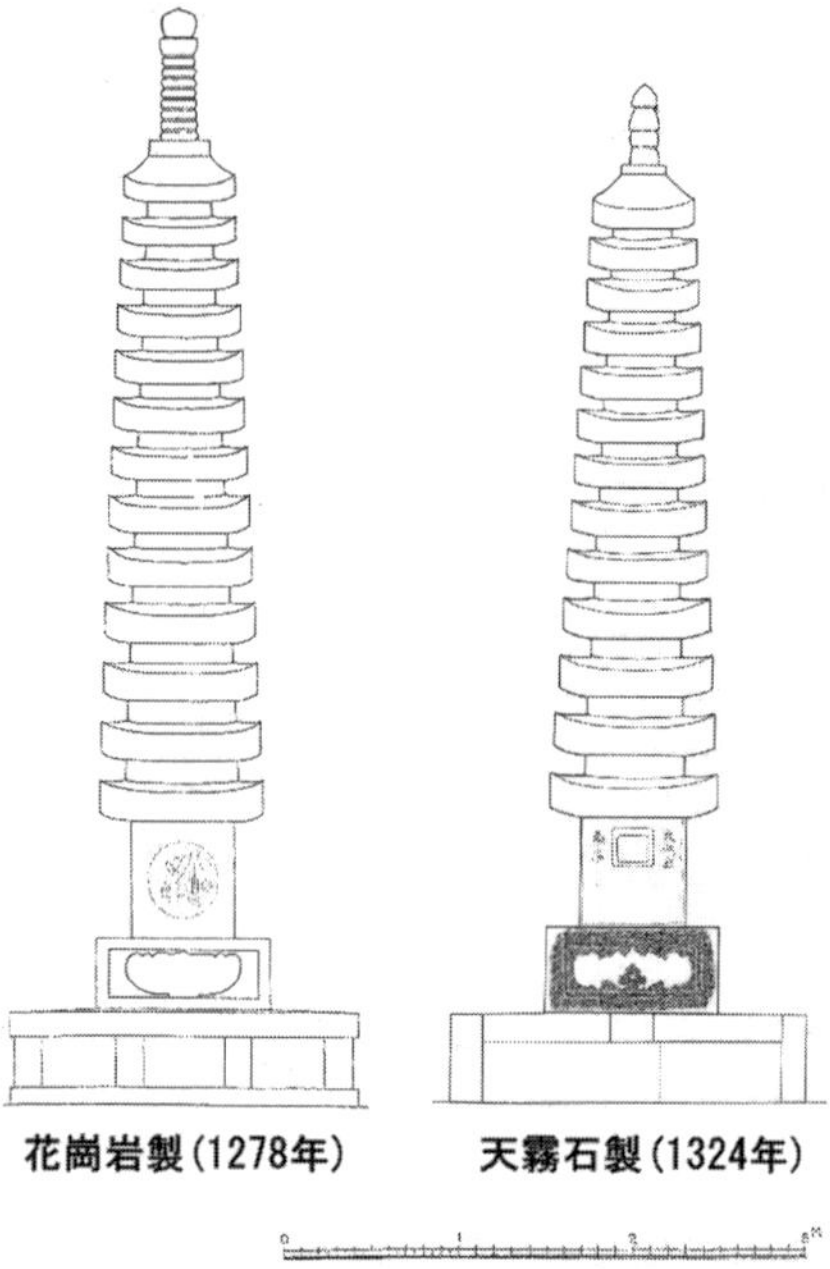

図10　香川県白峯寺の２基の層塔

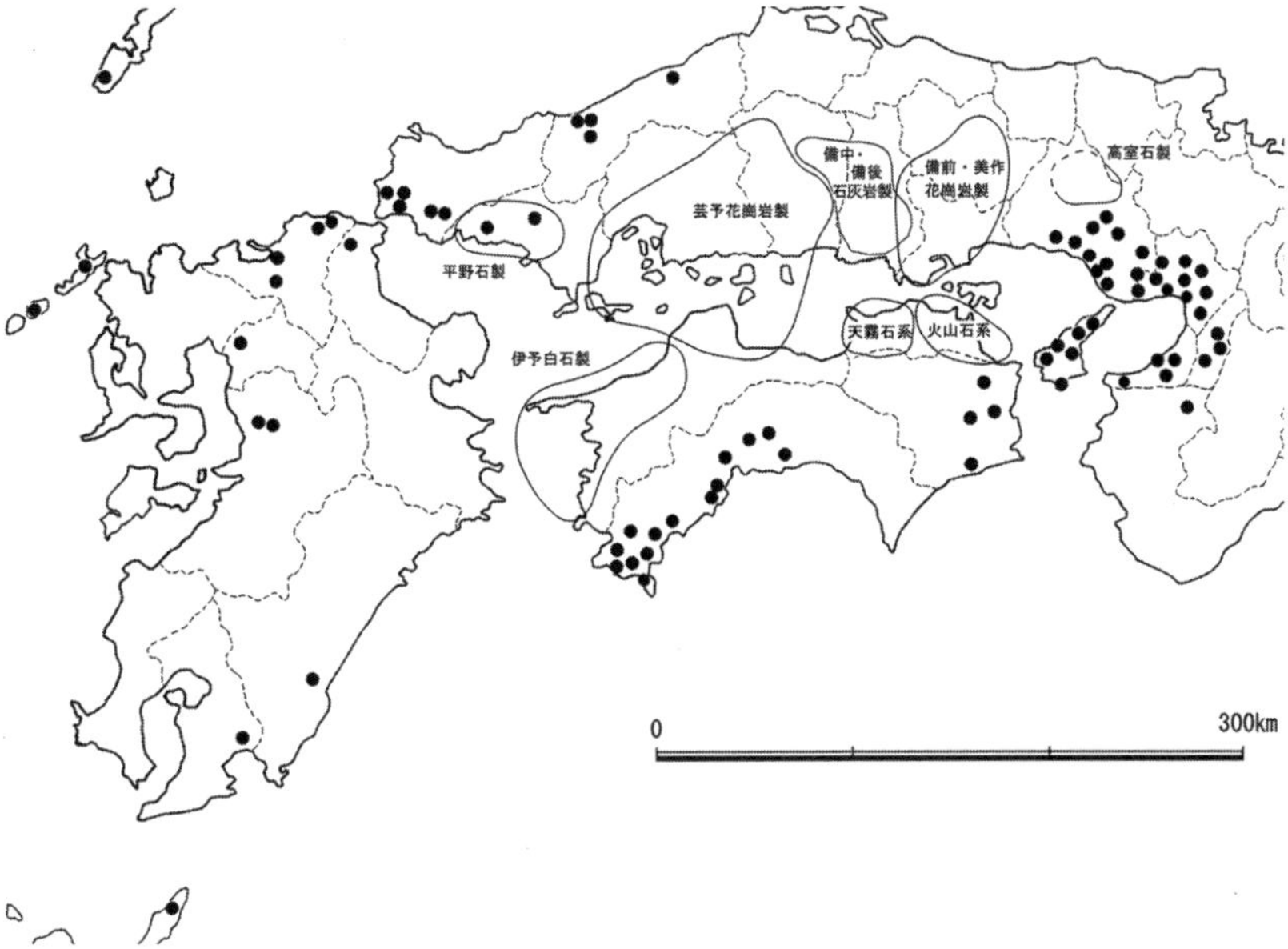

図11　13世紀末～14世紀の御影石製石造物の分布と瀬戸内の石造物文化圏

(図10)。同じく白峯寺に一三二一年に造立された天霧石製下乗石は、全体形が大和の談山神社下乗石に類似している。ただ、細部は異なるので、天霧石工による模倣と判断したい。天霧石工は関西石工の出張製作による白峯寺への石塔造立事業を十四世紀に受け継ぐ中で、関西石造物の形態を模倣し、宝篋印塔の形態に大和の特徴を取り入れて、自らの形態としたようである。

このように一三二〇年代は、瀬戸内各地に石造物文化圏が成立したが、すでに石造物文化圏を成立させていた伊予白石製・火山石系・高室石製の各文化圏では、花崗岩製の影響を受けることはなかった。

一方、播磨の凝灰岩製である竜山石製は、十三世紀代には板碑生産に利用されていた。隣接する御影石製の石造物文化圏が成立した頃になると、御影石製に類似した石造物の製作を開始する。竜山石製と御影石製は形態上の類似点も多く分布も重なるものの、材質が異なる。両者の形態比較は今後の検討課題だが、現状では御影石工との関係性のつよい竜山石工による製作と考えたい。竜山石工らが京・近江型の影響を御影石製と同時期に受けたのか、隣接する御影石製からの影響なのかは判断し難いが、成立期はおよそ御影石製石造物文化圏と同時期である。したがって、一連の石造物文化圏として本稿では御影石・竜山石製石造物文化圏と捉えておく。

一三二〇年代の瀬戸内各地の石造物文化圏は、瀬戸内を網羅するものではない。石造物文化圏を把握できない地域は、造立数の少ない地域、形態的なまとまりの認められない地域である。こうした地域に搬入されるのが御影石製石造物である。すなわち、御影石製石造物の広域流通とは、日常製品等にしばしば認められるような生産地からの同心円状の面的な分布ではなく、点的に分布するところに特徴がある(図11)。

御影石製石造物が広域流通を開始するのは、一二九〇年代からである。瀬戸内の各石造物文化圏が成立する前段階であり、御影石製の石造物文化圏が成立する前段階にあたっている。筆者はかつて石造物生産の脆弱なエリアに御影石製が販路の延ばしたと評価したが[松田 二〇一一]、一二九〇～一三二〇年は未だ瀬戸内各地の石造物文化圏が形成されていない時期である点は注意を要する。しかし、備前・備中・備後・安芸では、同時期に大和や京・近江の影響を受けた石塔の造立数が増加しており、石造物生産の盛んなエリアを避けて、御影石製が流通するとした評価に修正の必要はないと考えている。

御影石製の広域流通の背景には多様な要因がある。御影石製の生産地である摂津国福原荘の領家は一条氏だが、一条氏領荘園の土佐国幡多郡には御影石が大量に搬入されている[市村 二〇一三]。中国地域で御影石製が十四世紀代に多量に搬入されたのは長門と日本海側の石見の益田である。石見の場合、領主益田家との関係が指摘されているように[市村 二〇一三]、御影石製の流通エリアは在地の石造物生産が低調な地域ながらも、交通の要衝が多い傾向にあって、商業活動・宗教活動、海運等を掌握した領主層の動向を要因として、広域に流通していたと予測されている。

御影石製が多量に搬入される土佐西部では、外部産石造物による石造物文化圏が成立、長門では日本海側の由良石製も流通しており、御影石製と由良石製の影響をうけた在地花崗岩製が造立される。長門は複数地域の搬入石造物が造立される地であり、自律的な石造物文化圏が成立しなかった可能性もある。一方、土佐西部では御影石製が搬入されて程なく、在地の砂岩による模倣石造物の製作が始まる。搬入石造物が在地の石造物生産を促したケースであり、筆者はこのような石造物を「系」をつけて御影石系石造物と呼んでいる。

同様の展開は、芸予花崗岩製石造物文化圏でも看取できる。芸予花崗岩製石造物の出現は備後・安芸であり、製品が対岸の伊予の今治に搬入され［黒川 二〇一一a］、伊予の花崗岩製石造物の生産を促す。伊予では中世を通じて備後・安芸からの花崗岩製の搬入が継続しており、この結果、海を挟んだ備後・安芸と伊予で共通する石造物文化圏が成立し、維持されたのだと考えている。

中世の御影石製は、在地生産の低調な地域に販路を延ばしたと考えているが、十五世紀になると、土佐全域や阿波南部、讃岐東部・備前東部の沿岸部に面的な分布をみせるようになる。その表裏の関係として、十四世紀まで在地生産を担っていた火山石製や伊予白石製等の衰退傾向が指摘できる。これら地域は海運の要所でもあり、十五〜十六世紀には阿波南部の海部氏による関西との交易の活発化が御影石製の流通を促したとされている［大川 二〇一三］。海上交通の新たな動向が御影石製の販路を開き、その結果、在地産石造物の衰退を促した可能性もあろう。具体的な展開は今後の課題である。

6　〈7〜10段階〉石造物の広域流通と石造物文化圏

(1) 石造物の展開

一三二〇年代に瀬戸内で成立した石造物文化圏は十四世代にも継続するが、十五世紀の7段階になると、小型化が起こる。続く十五世紀後半の8段階には石造物の生産増加が始まる。小型化と量産化の動きには、石造物の需要者層

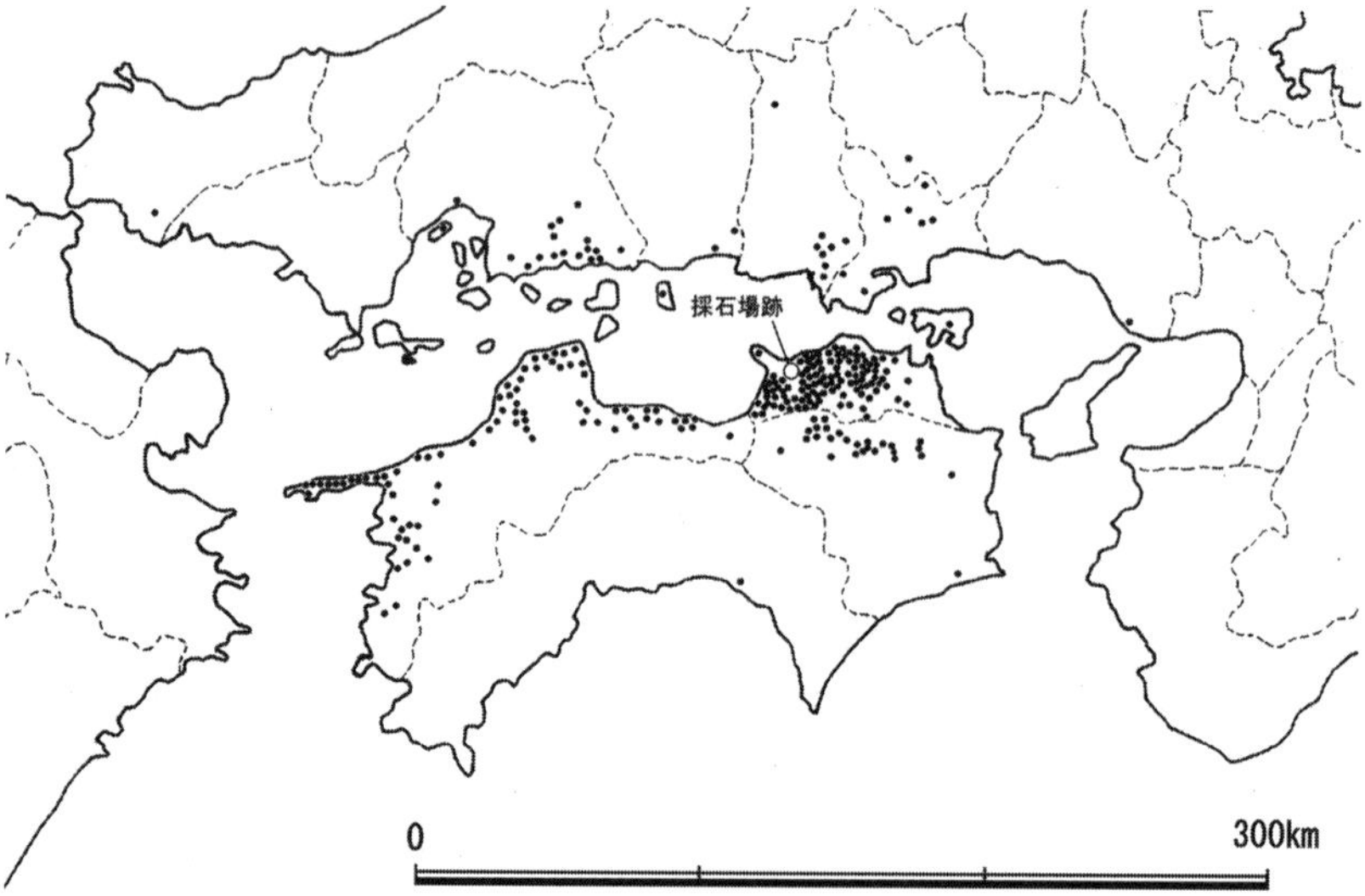

図12　中世後半・近世初頭期の天霧石製石造物の分布

の増大、墓塔としての本格的な石造物の導入が想定できる。ただし、8段階に小型化する要因には、さらなる説明が必要であろう。小型化に連動して製作の省略化が進み、芸予花崗岩製では形態的な崩れが看取される。

十五世紀になると、先述のように御影石製の流通に新たな展開がみられるほか、天霧石製（讃岐）も中国地域で認められるようになる。石造物の造立数の増える8〜9段階には、瀬戸内の天霧石製・平野石製（周防）では広域流通を開始し、関西からは和泉石製の展開が認められるようになる。

(2) 天霧石製石造物の流通と各石造物文化圏

天霧石製は讃岐西部の天霧山・弥谷山・我拝師山で採石される凝灰岩である。古くは古墳の石材にも使用されるが、石塔としては古代に初期事例がみられる（出釈迦寺禅定層塔）。1〜3段階は中国地域への搬入が認められる。兵庫県姫路市円教寺の伝和泉式部歌塚塔は天福元年（一二三三）銘のある塔身と相輪が竜山石で、基礎と笠部が天霧石である。部材をみると層塔の可能性もあり、基礎は火山石製に一般的な形態である。つまり、3段階以前の天霧石製は、火山石製の影響を受けた火山系石造

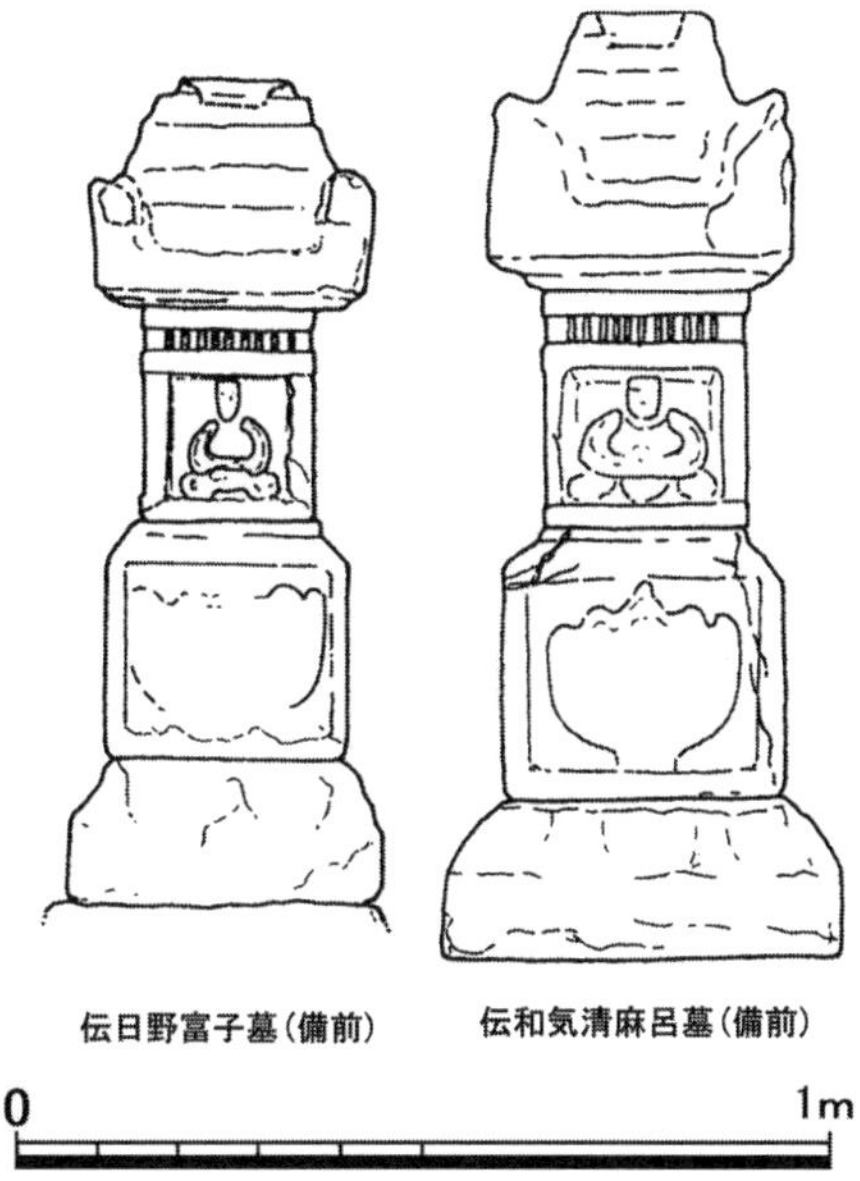

図13　天霧石製宝篋印塔

物として評価できる。

天霧石製の個性が表出するのは、十三世紀後半で備中に搬入が認められる(笠岡市正頭五輪塔)。天霧石製の搬入はこの段階で一旦断絶し、再び広域流通を始めるのが十五世紀後半〜十六世紀の8・9段階である(開始は7段階に遡る可能性がある)。天霧石製が広域流通を本格化した時期に、讃岐でも天霧石製の分布エリアが拡大し、かつて火山系石造物文化圏であった讃岐東部エリアに進出する。火山石製と天霧石製は讃岐を東西に二分してエリアを形成していたが、天霧石製のエリアが東に大きく広がった結果、それまで火山石製に似た石造物を製作していた国分寺石製の形態は天霧石製に共通するようになり、さらに、豊島では新たに石造物生産を開始する。

讃岐外部に流通した石造物は五輪塔・宝篋印塔・石仏で、四国、中国地域のうち、特に讃岐の分布エリアから西側に広がっていく(図12)。流通先では在地産石造物や他の外部産石造物と共存して分布する傾向にある。在地生産の低調な地域に展開した御影石製に対して、天霧石製は在地産石造物の実態とは関わりなく、生産地から面的に広がる。天霧石製は在地産石造物文化への影響(在地産石造物による模倣など)は少ないが、一部阿波や伊予に認められる。

(3) 平野石製石造物の流通と石造物文化圏

平野石製は山口県四熊岳産の角閃石安山岩である。平野石製も古墳時代から石材利用が認められ、石塔は建仁二年

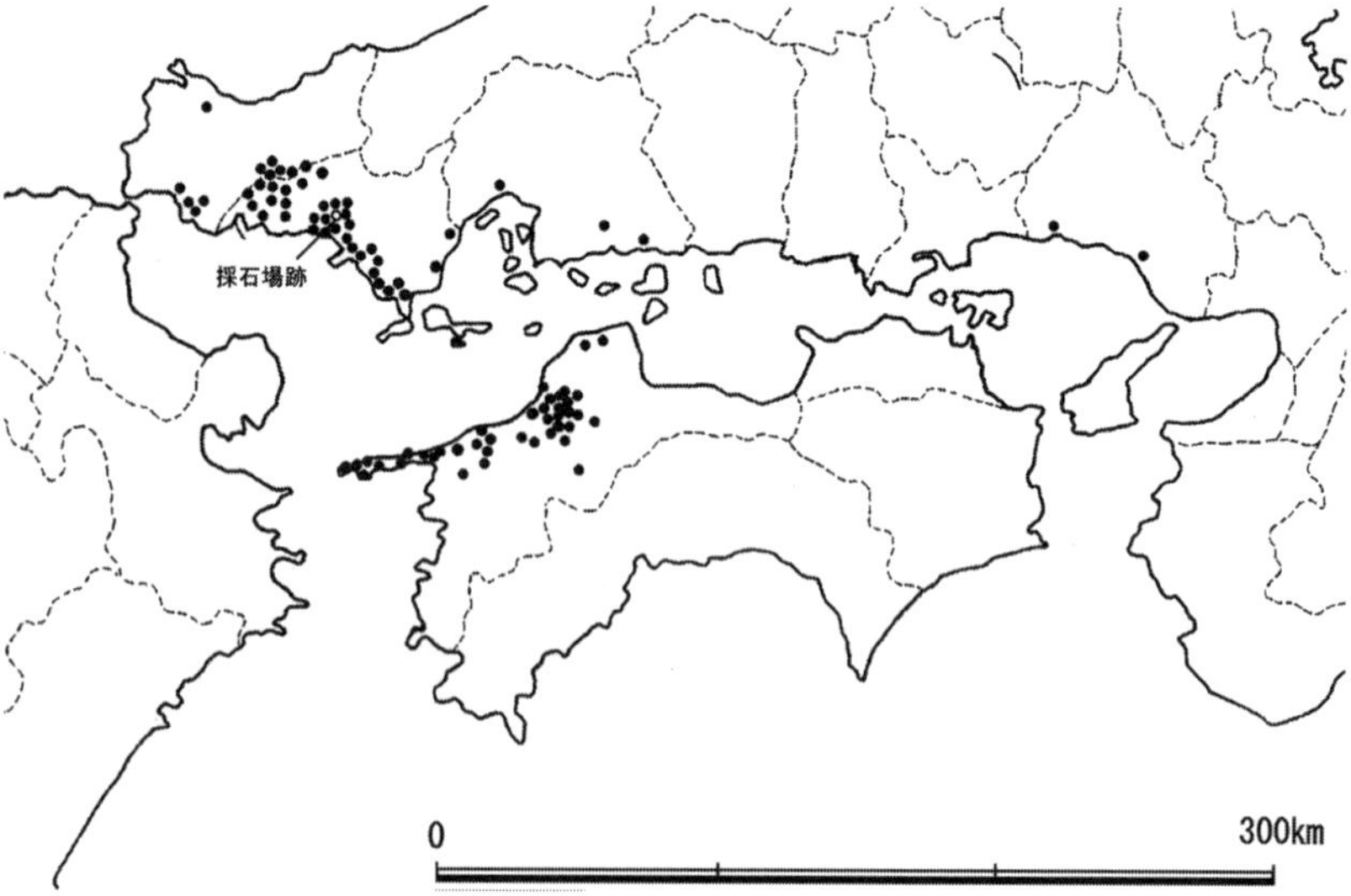

図14　中世後半期・近世初頭期の平野石製石造物の分布

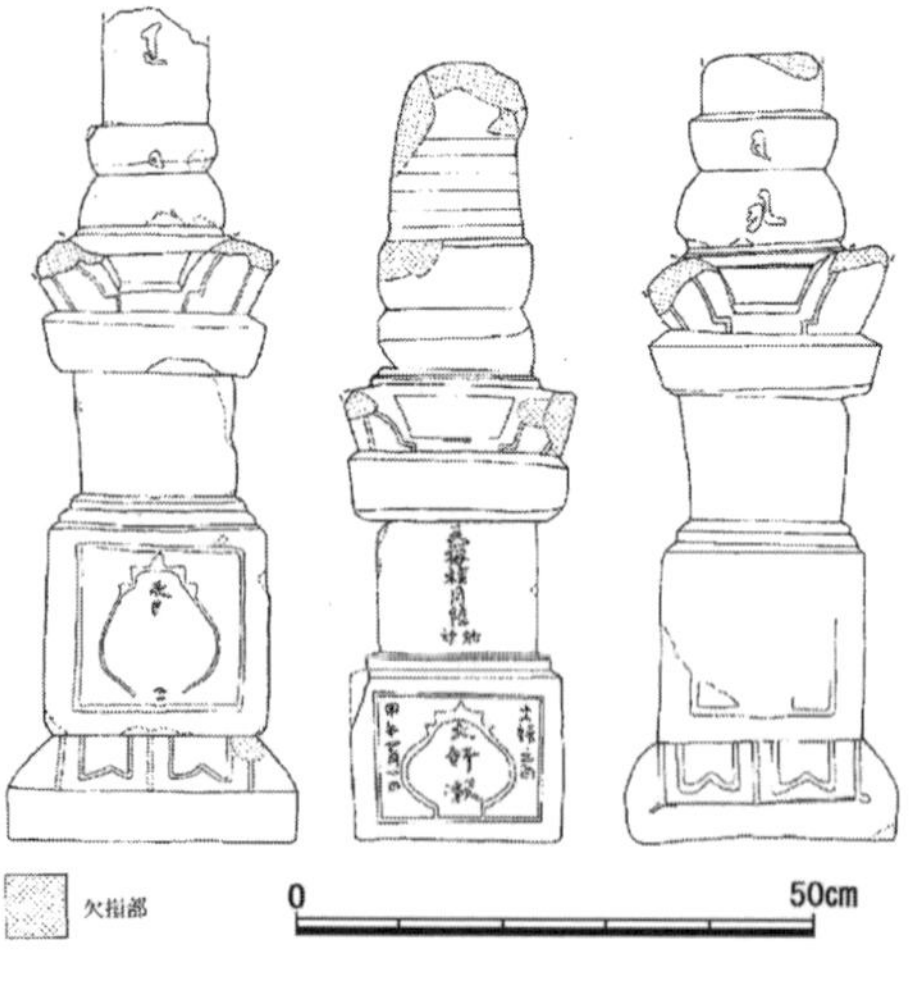

図15　平野石型宝篋印塔（高福寺・伊予）

（一二〇二）の浄西寺自然石塔婆が初期事例である。以降、鎌倉時代の紀年銘をもつ五輪塔は認められるが、十四世紀代は少ない。十六世紀前半には、基礎と塔身を一石で成形する特徴的な宝篋印塔（平野石型宝篋印塔、図15）と一石五輪塔が大量生産され、分布エリアは明確になる。

平野石型宝篋印塔と一石五輪塔は、およそ出現と同時に広域流通を開始する。その時期は十六世紀〜十七世紀前半である。

図14のように長門から安芸の竹原市まで面的に分布し、東の播磨・摂津にも若干数認められる。備前・備中・備後は現状で確認できない。四国は対岸の伊予に多く、高縄半島西部から宇和島市南部まで分布し、東限は中国地域の面的分布の東限とほぼ一致する。天霧石製との関係に注目すると、中国地域では竹原市付近で境界を接するが、四国では松山市から佐田岬半島にかけては重複した分布関係にある。

平野石型宝篋印塔の伊予への搬入で興味深いのは、基礎と塔身を一石で製作した平野石型宝篋印塔の特徴をもつ製品が松山平野東部を中心に在地生産されている点である。平野石製は伊予の在地生産に影響を与えていたことがわかる。

中国地域西部では、基礎・塔身一石型の宝篋印塔や一石宝篋印塔が多い（島根県福光石製・来待石製など）。こうした簡略化された宝篋印塔の成立と展開の検討は今後の課題である。

(4) 和泉石製石造物（和泉・砂岩製）の流通と石造物文化圏

和泉では石造物に砂岩を使用し、南北朝時代から五輪塔・宝篋印塔・板碑・石仏が認められる。一石五輪塔は十四世紀後半に出現し、十五世紀前半には和泉・河内に展開する［西山 二〇〇七］。紀伊北部でも十五世紀には和泉と類似した現象を確認できるものの、詳細な比較作業は課題である。ここでは和泉から紀伊北部までの砂岩製石造物を和泉石製石造物として捉えておく。

和泉石製石造物は、十六世紀に広域流通を展開した可能性がある。とはいえ、和泉と四国では砂岩の判別が困難であり、四国の石材であれば和泉石工の地域定着・技術移転も想定されるため、広域流通とは評価しにくくなる。和泉からの搬入を判断するには、理化学的な方法と詳細な形態把握が必要である。現段階では和泉石製石造物との関わり（搬入・石工の地域定着・技術移転・模倣など）は確実なので、大きく和泉石系石造物として捉えておく。

和泉石系石造物の広域展開について、佐藤亜聖氏は大阪湾岸から四国南部を経由して九州南岸につながるルートを「大阪湾岸ネットワーク」と評価している〔佐藤 二〇二一a〕。現状において和泉石系石造物の分布と展開は、具体的に把握するに至っていない。ひとまず現段階で筆者の知り得る範囲で整理しておきたい。

和泉石系石造物の特徴は、以下の通りである。一石五輪塔は、空輪が筒形で火輪の軒は垂直に立ち、軒口は四隅で少し突起する。地輪は出現期から漸次長くなり、十六世紀後半には著しい縦長の形態となる。宝篋印塔は十六世紀後半に相輪の九輪上下端の幅の差が著しくなり、伏鉢の高いタイプとなる。笠部の隅飾は下半の孤が方形、上半の孤が三角形状となり、段形が外傾して立ち上がるタイプと、塔身に陰刻の月輪を表現するタイプが見られる。最も特徴的なのが基壇である（写真3）。

写真3　和泉石製の基壇

十五世紀は御影石製等と共通する中央と隅の三ヵ所に主弁、その間の二ヵ所に間弁を配する反花座であるが、十六世紀になると間弁が省略され、主弁どうしが接触するようになる。この段階から子葉を陽刻、蓮弁の輪郭を線刻で表現するようになり、蓮弁の接する部分は「人」字のような線刻となり、それすら省略するタイプも見られる。結果として、中央と四隅に子葉のみを陽刻した特徴的な反花座が出現する。

板碑は複数種類に分類できる。十六世紀になると、頭部と碑面の断面が一直線か頭部をわずかに反らせ、頭部下に一重または二重突帯を表現した事例が多い。石仏も複数種あり、錫杖・宝珠を持つ地蔵立像で光背形のタイプが一定量ある。この地蔵

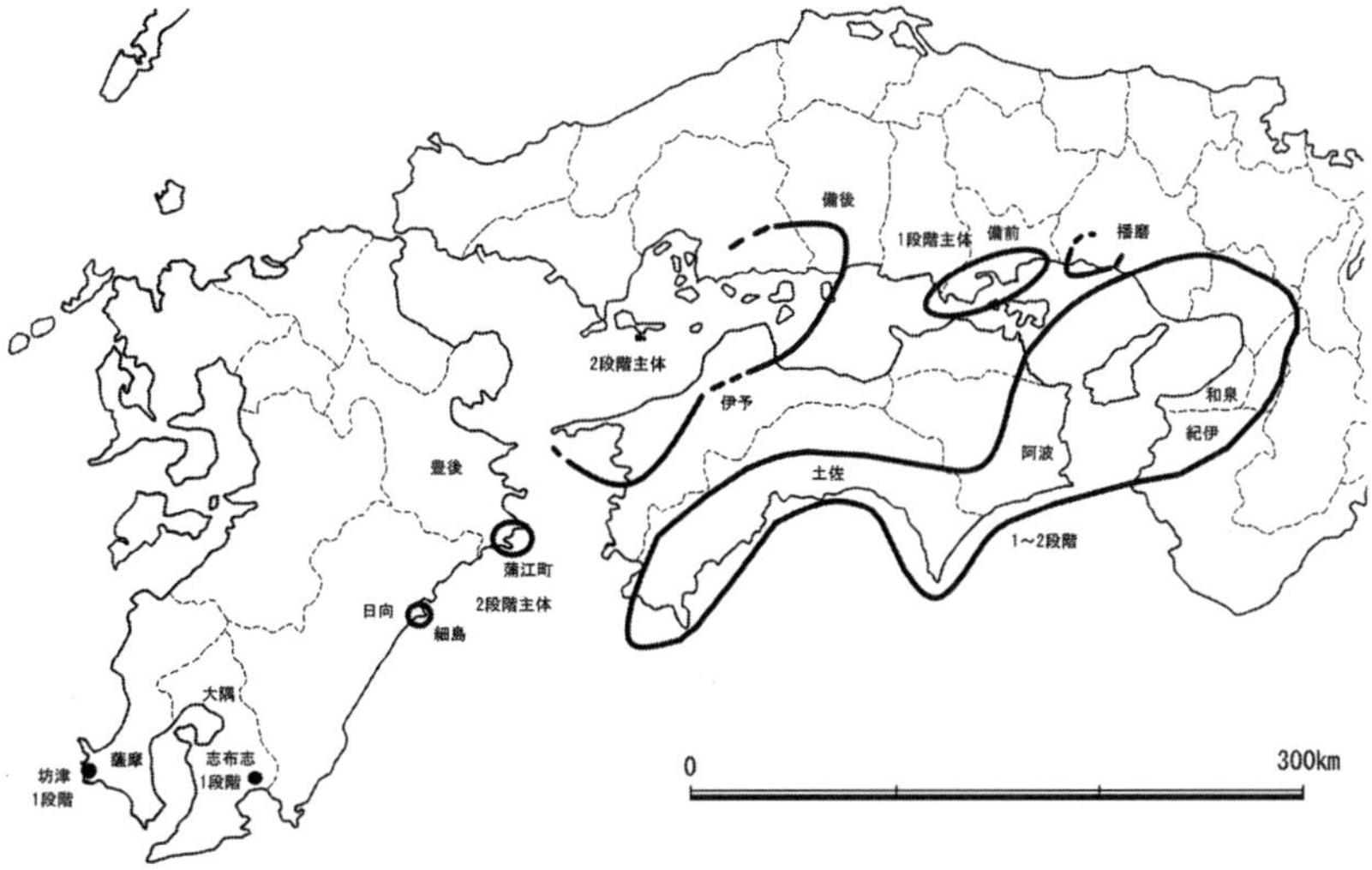

図 16　和泉石系石造物の展開

には法衣が表現され、その下部には蓮華座があり、後の近世光背形石仏に共通するモチーフが指摘できる。和泉石系石造物は十六世紀から十七世紀の中近世移行期に広域に展開し、近世石造物に受け継がれる。

一石五輪塔は基礎高による判別が容易であるため、著しく縦長になったタイプとそれ以前のタイプによって、十六世紀末を境とした二段階で分布の傾向を見ていきたい。

一段階（十六世紀〜十六世紀末）は、四国東部から南部、摂津、播磨、備前の沿岸部に多数分布する。讃岐・伊予・備後・安芸は少数分布する。九州は志布志市大慈寺（大隅）に一石五輪塔、南さつま市（薩摩）に宝篋印塔が認められ［橋口・松本 二〇一三］、九州南部に広がっている。天霧石製・平野石製との分布関係に注目すると、瀬戸内では両者の分布の希薄な東半部に主として和泉砂岩系が認められる。瀬戸内沿岸部は、天霧・平野・和泉の三者と御影石製に網羅されている状況となる。

四国東部から南部は阿波・土佐ともに広く砂岩が採れる。土佐では十四世紀以降、御影石製の影響を受けた砂岩製が製作されていた。当初は御影石製に比べると造立数が少なかったが、十五世紀後半には砂岩製が御影石製を凌駕するようになる。この段階の

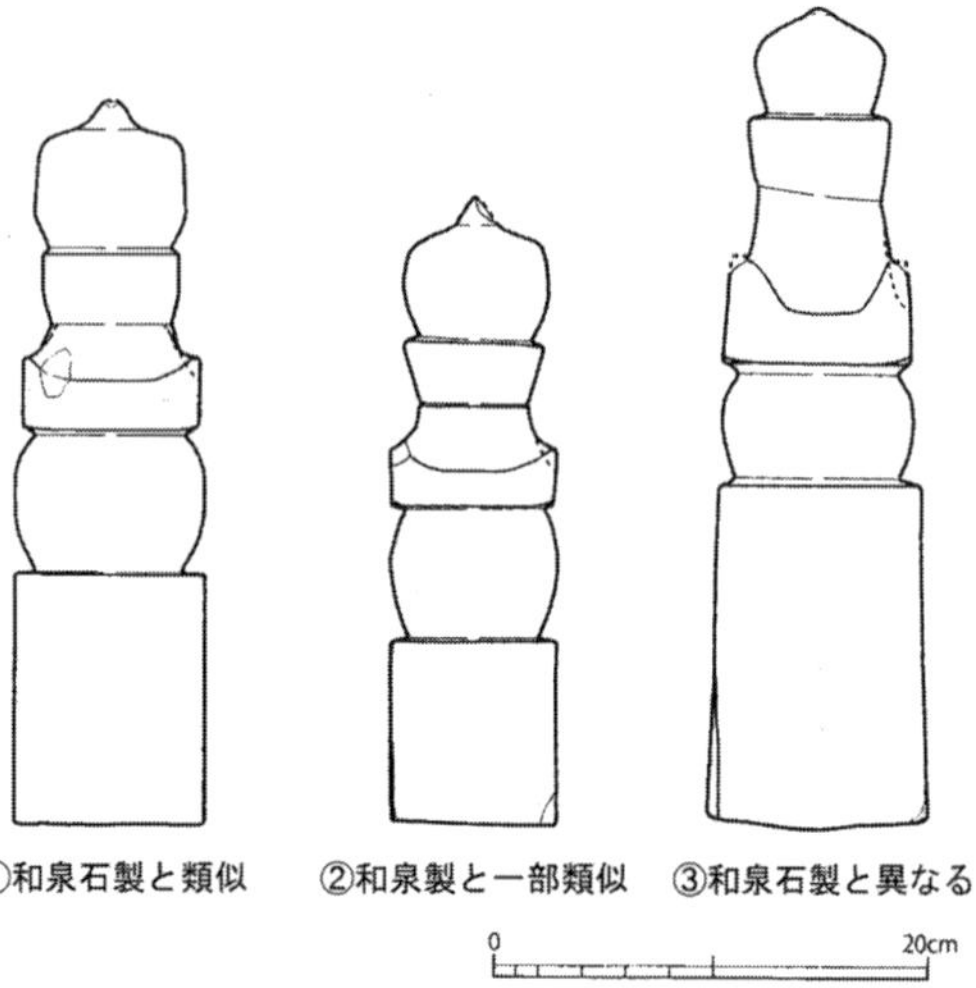

図17　和泉石系一石五輪塔（泉慶院・土佐）

砂岩製は御影石製の模倣ではなく、和泉石製系の独自な展開である。主体は一石五輪塔だが、他に組合せ五輪塔や石仏も多い。石仏は在地的な形態で、在地生産であろう。一石五輪塔も①和泉石製と極めて類似したタイプ、②一部類似、③全く異なる、に三分類できる(図17)。和泉からの搬入、石工の地域定着・技術移転のほか、在地石工による模倣も想定できる。阿波は十五世紀以前の砂岩製は少なく、十六世紀になると和泉石系一石五輪塔が多数分布する。一石五輪塔は土佐と同様の傾向が想定できるものの、吉野川下流域では和泉石製に類似しつつもやや異なる一石五輪塔の一群が面的に一定量分布し、同タイプは讃岐東部の東かがわ市にまで展開する。この一群には組合せ五輪塔も多く、十六世紀から在地生産されている可能性がつよい。

摂津・播磨・備前沿岸部の分布は、地質的にみて搬入品であろう。搬入元は和泉の可能性がつよいが、四国の可能性も留意する必要がある。

二段階(十六世紀末~十七世紀)は備後・安芸・伊予で事例が増加し、九州の豊後・日向に分布する(図16)。一段階と比べて瀬戸内から九州東側にかけての西側への広がりが指摘できる。広島県尾道市や愛媛県今治市を中心とするエリアでは、和泉石系一石五輪塔の展開と連動して、在地の花崗岩製による一石五輪塔生産が本格化する。

伊予西部の松山以西では、十七世紀頃から砂岩製組合せ五輪塔が増加し、安山岩や平野石製・天霧石製の中世石造物の造立を急速に後退させる。砂岩製の形態は、和泉石系であるが、造立数から見て在地生産の可能性が推測される。

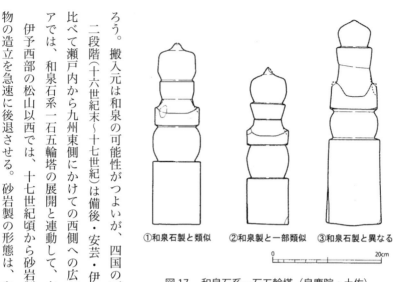

同様の傾向は阿波で顕著である。阿波は十七世紀に各所に砂岩製組合せ五輪塔が認められるようになる。造立数は極めて多く、在地産の可能性がつよい。その盛行により、中世石造物は急速に衰退する。土佐は阿波ほどの明瞭な変化はなく、中世的な在地の砂岩製石仏が近世に継続しているが、五輪塔は伊予・阿波に共通する形態も目立つ。

以上、伊予・阿波・土佐では、二段階において砂岩製は在地生産の可能性があり、和泉石工の地域定着・技術移転が想定される。こうした動きは近世石造物への展開(石造物の斉一化)として評価できる。

おわりに

本稿では瀬戸内を中心として各石造物文化圏と外部石造物の流通について検討してきた。十三世紀後半以前は、従来、関西の影響のみが指摘されてきたが、十一世紀から展開する経塚文化の中で、九州・四国からの影響の可能性を想定した。十四世紀の各石造物文化圏の成立期では、在地生産の盛んではない場所に御影石製が流通する傾向にあることを指摘した。十五世紀後半以降は石造物の需要の高まりを受け、広域流通する石造物が本格的に生産され、瀬戸内沿岸部を網羅したことを指摘した。とりわけ和泉石系石造物は、十七世紀代の阿波・伊予・土佐では在地生産されていた可能性がある。和泉石系石造物の五輪塔や石仏の形態は、西日本の近世石造物のプロトタイプであり、斉一化した近世石造物の成立に重要な影響を与えたと考えられる。

参考文献

市村高男　二〇一三「総論　中世西日本における御影石製石造物の分布と流通経路—四国を中心とした基礎的考察—」『御影石と中世の流通』高志書院

伊藤宏之　二〇一六「12世紀　定型化以前の「板碑」」『板碑の考古学』高志書院

梅原末治　一九五一「備中安養寺の瓦経と其他の遺物」『吉備考古』八一・八二号
大石一久　一九九八「中世の石造美術」『平戸市史』民俗編
大分県教育庁埋蔵文化財センター　二〇一七『大分の中世石造遺物』
大川沙織　二〇一三「中世阿波における花崗岩製石造物の受容とその背景」『御影石と中世の流通』高志書院
岡本智子　二〇一二「近畿〈宝篋印塔〉」『中世石塔の考古学』高志書院
奥田　尚　二〇一二「高野山町石　その石材産地と生産」『石造物の石材研究』四　石造物の石材研究会
海邉博史　二〇二〇「河内・和泉・大和・紀伊　中世墓の終焉と石造物」『中世墓の終焉と石造物』高志書院
香芝市二上山博物館編　一九九四『奈良県香芝市高山火葬墓・高山石切場遺跡』
片桐孝浩・遠藤亮・柏徹哉・海邉博史・松田朝由　二〇〇八「瀬戸内地域における中世石造物の生産と展開」『日本考古学協会第七四回総会研究発表要旨』日本考古学協会
蒲生町史編纂委員会　二〇〇〇『蒲生町史』第三巻
河合正治　一九六八「西大寺流律宗の伝播—瀬戸内海地域を中心として—」『金沢文庫研究』第一四巻第七号
川勝政太郎　一九三九「井行末系の石大工に就いて」『史迹と美術』一〇—一〇　史迹美術同攷会
川勝政太郎　一九五七『日本石材工芸史』綜芸社
川勝政太郎　一九七二『京都の石造美術』木耳社
北野隆亮　二〇二三a「和歌山県岩出市大日寺の凝灰岩製宝塔—讃岐から紀伊に搬入された中世石塔—」『日引』第一八号　石造物研究会
北野隆亮　二〇二三b「紀伊における初期石塔の生産と流通—紀伊北部地域に分布する中世の滑石製石塔—」『紀伊考古学研究』第二六号
粟田勝弘　一九九八「大分県の経塚と勧進僧の動態」『古文化談叢』四〇
黒川信義　二〇一一a「愛媛県における花崗岩製石造物の概要について」『御影石製中世石造物の分布調査とその学際的研究—中四国・九州を中心に—』平成二〇～二二年度科学研究費補助金基盤研究C
黒川信義　二〇一一b「佐田岬半島の石造物を概観する」『石造物が語る中世の佐田岬半島』岩田書院
堺市博物館　二〇二二『企画展　人とモノとが行き交う中世・堺—流通の考古学—』
狭川真一　二〇二一「古代の石造物」『日引』第一六号　石造物研究会
佐藤亜聖　二〇一三「瀬戸内における花崗岩製石造物の拡散—備後地域を中心に—」『御影石と中世の流通』高志書院
佐藤亜聖　二〇二二a「土器から見た中世後期の大阪湾流通」『企画展人とモノが行き交う中世・堺—流通の考古学—』
佐藤亜聖・上井佐妃　二〇二二b「布留遺跡周辺中世開始期の墓制」『天理市観光協会設立65周年記念講演会　ここまで判った布留遺跡—

物部氏以前とその後―』
佐藤亜聖　二〇二三「高野山町石の型式学的検討」『高野山町石実測調査報告書』高野山町石研究会
十亀幸雄　二〇一六「伊予における凝灰岩製宝塔(第二報)」『遺跡』第五〇号　遺跡発行会
土居聡朋　二〇一一「保内地域の石造物を探る」『石造物が語る中世の佐田岬半島』岩田書院
土佐清水市史編さん委員会　二〇二四『新土佐清水市史』
中尾　尭　一九七六「備州における勧進聖の系譜」『瀬戸内海地域の宗教と文化』
西山昌孝　二〇〇七「大阪の一石五輪塔」『日引』第九号　石造物研究会
西山昌孝　二〇〇三「御影石の五輪塔―中間報告―」『日引』第四号　石造物研究会
西山昌孝　二〇一三「御影石を使った石工たちとその系譜」『御影石と中世の流通』高志書院
西山昌孝　二〇二一「古代から中世へ―卒塔婆・石幢・五輪塔を繋げる―」『日引』第一六号　石造物研究会
西山祐司　二〇〇七「高野山発見の凝灰岩製層塔残欠」『紀伊考古学研究』第一〇号
橋口亘・松本信光　二〇一三「鹿児島県地域への関西系石塔の流入」『御影石と中世の流通』高志書院
原田昭一　二〇二〇「九州における初期石塔の成立と展開」『中世石造物の成立と展開』高志書院
広島県立博物館　二〇二四『草戸千軒町遺跡出土の石塔類』草戸千軒町遺跡調査研究報告一五
福澤邦夫　一九八四「中国・四国」『新版仏教考古学講座』第三巻　雄山閣
藤澤一夫　一九七四「大工伊野行恒製作の石宝塔」『史迹と美術』六四三　史迹美術同攷会
本間岳人　二〇二一「山上多重塔小考」『日引』第一六号　石造物研究会
本間岳人　二〇二二「東国の初期石造宝塔」『立正史学』第一三二号
松田朝由　二〇〇八「火山系石造物と経塚遺物」『香川史学』四六　香川歴史学会
松田朝由　二〇一一「中世御影石石造物における流通の展開とその特徴」『御影石製中世石造物の分布調査とその学際的研究―中四国・九州を中心に―』平成二〇～二二年度科学研究費補助金基盤研究C
松田朝由　二〇一三「関西地域の中世石造物圏と瀬戸内海地域への影響について」『丹羽佑一先生退任記念論文集』
松田朝由　二〇一四「日本と韓国における層塔の比較検討」『西日本における中世石造物の成立と地域的展開』二〇一一～二〇一三年度科学研究費補助金基盤研究(B)研究成果報告書
松田朝由　二〇一五「芸予花崗岩製石造物圏の成立過程について」『四国中世史研究』第一三号　四国中世史研究会
松田朝由　二〇二〇「山陽・四国　石造物の変容と中世墓の終焉」『中世墓の終焉と石造物』高志書院

望月友善　一九八八「熊野石工団」『歴史考古学』第二一号　歴史考古学研究会
森　章　一九九九「鞍馬寺凝灰岩宝塔の系譜—四国讃岐の宝塔との関連性—」『史迹と美術』六九七　史迹美術同攷会

挿図出典
図3　千鐙寺宝塔・坊中岩屋宝塔：大分県教育庁埋蔵文化財センター二〇一七、長泉寺宝塔：十亀二〇一六、安養寺経塚土製宝塔：梅原一九五一を再トレース、高山石切場跡宝塔：香芝市二上山博物館編一九九四、大専寺宝塔：北野二〇二三b
図5　広島県立博物館二〇二四
図6　石塔寺塔：蒲生町史編纂委員会
図8　寛弘寺塔：西山二〇〇三、宝篋印塔：岡本二〇一二
図9　藤澤一九七四を一部改変
図15　土居二〇一一
図17　土居二〇一一、土佐清水市史編さん委員会二〇二四

あとがき

まず本シリーズ『瀬戸内の中世』刊行の経緯について述べておきたい。書籍をつくろうという話が動き出したのは、二〇二二年に柴田圭子氏から相談を持ちかけられたのが始まりである。この年の三月で愛媛大学を定年退職していた筆者は、五月二十五日に開かれた愛媛県の道後公園整備検討委員会の終了後、同じ委員会に出席していた柴田氏と出版計画について話し合う機会を持った。

松山市の道後温泉の南に位置する道後公園は、中世には伊予河野氏の本拠地である湯築城が存在した場所である。一九八八年から愛媛県の公園整備計画に基づく事前調査がスタートした時に、発掘を担当していたのが県の埋蔵文化財調査センターの職員だった柴田氏である。翌八九年、予想をはるかに超える遺構・遺物の発見と遺跡破壊の危機が報じられたため、筆者は市民とともに遺跡保存運動に取り組むことになる。当初は、調査区域のまわりはトタン塀で囲まれ、中でどのような調査が行われ、どんなものが出土したか確認できない状況であった。柴田氏ら発掘担当者と大っぴらに会うこともかなわず、密かに接触して情報を得るという有り様であった。しかし、情報公開を求める市民の声は県に現地説明会を開かせ、遺跡保存を求める請願署名の広がりは当初計画を白紙撤回させることになった。その後も十三年間続いた運動の結果、二〇〇二年に至って遺跡を活かした公園の整備、そして国史跡の指定がようやく実現した。それから二十年後に開かれた道後公園整備検討委員会に、筆者と柴田氏が正式メンバーとして同席するというのは誠に感慨深いものがあった。

柴田氏や中野良一氏を中心とした湯築城跡の発掘調査は大きな成果を生み、愛媛県における中世考古学はこの調査を起点に本格的に始動したと言ってもよいだろう。しかし、湯築城跡の発掘調査は城全体の約三分の一の面積にあたる旧道後動物園跡地に限られていたため、個々の遺構・遺物の評価や城跡全体の中での位置づけなどに関して、分からないことがあまりにも多い。本来であれば、継続して調査を進め、城跡の歴史的性格の解明に取り組むべきであるが、それがなされないまま発掘が中断してから既に四半世紀以上の歳月が流れている。県の埋蔵文化財センターでも、湯築城跡のことをよく知らない職員がほとんどになっているという。まもなく定年退職を迎える柴田氏が筆者に声をかけたのは、こうした状況に対して危機意識を持ち、自分たちが切り開いてきた中世考古学の成果を後継世代にきちんと伝えておきたいとする願望からであったに違いない。

自らの青春時代をかけて湯築城跡の調査に取り組んだ柴田氏の熱い思いを受け止めて、筆者は考古学と文献史学の共同による中世史を主題とする書籍づくりに協力を約束した。柴田氏が、こうした分野の研究書に実績のある高志書院の濱久年氏に連絡をとり、刊行を引き受けていただくことになった。その後、濱氏のアドバイスを受けて、研究対象の範囲を瀬戸内に広げることと二巻本の構成で出版することを決め、巻一は柴田氏と筆者が編者となり、巻二は鈴木康之・本多博之両氏に編者をお願いして本シリーズの刊行に結びついていくのである。

湯築城跡の調査の時にも内々に勉強会を開いて議論を重ねたが、考古学と文献史学の共同研究は言うは易く行うは難しであって、なかなか簡単にはいかない。それぞれ独自の学問的な方法論があり、アプローチの仕方も異なる。安易に相手側に合わせるのではなく、自らの観点や方法を大切にしながら、同時に相手の議論にも耳を傾ける謙虚さが求められよう。双方の研究から導き出される歴史像は、そう簡単に合致するとは限らず、むしろ合致しない方が多いかもしれない。それだけに、伊予国分寺文書や仙遊寺文書に見える「温付堀《ゆづき》」の普請時期が、湯築城跡の発掘調査で判明した外堀構築年代と合致した時などはとても嬉しかった記憶が筆者にはある。意見の違いがあることを認めつつ、それでも粘り強く対話を続けて、より整合的な認識を導き出す努力を互いに積み重ねることが肝要である。

近年、東北・関東・東海・畿内・九州など、それぞれの地域に即して中世社会の実像が詳細に解明されつつある。中世社会は地域的な多様性を強く帯びており、それを十分に意識しながら研究を進めることが求められている。瀬戸内は畿内と九州や大陸を結びつける重要な地域であるが、そのことは他地域とのさまざまな関わりを抜きに瀬戸内社会を語ることはできないことも意味する。そうであるがゆえに、瀬戸内の中世に関する研究の進展は中世史研究全体に寄与するところが少なくないと思われる。

本巻は、「権力・城館・宗教」という切り口から、瀬戸内の中世社会の特徴を論じようとしたものであり、それぞれの研究分野の到達点を示す論文を収録した。瀬戸内の中世に関して、実態がここまで解明されているということが明示されておれば、後に続く人たちがきっと研究を前進させてくれるに違いない。本シリーズの刊行が今後の研究の進展につながるであろうことを信じたい。最後に、出版をお引き受けいただいた高志書院の濱久年氏には、厚く感謝の意を表明する次第である。

二〇二五年三月

川岡　勉

執筆者一覧

柴田圭子　奥付上掲載

川岡　勉　奥付上掲載

守田逸人（もりた はやと）　一九七一年生まれ、香川大学教育学部教授。［主な著書］『日本中世社会成立史論』（校倉書房）、『大学的香川ガイド』（共編著・昭和堂）、『荘園史研究ハンドブック（増補新版）』（共編著・吉川弘文館）

中平景介（なかひら けいすけ）　一九八三年生まれ、愛媛県立松山西中等教育学校教諭。［主な論文］「天正前期の阿波をめぐる政治情勢―三好存保の動向を中心に―」（『戦国史研究』六六）、「予土和睦と芸土入魂―天正十一年における毛利・長宗我部関係を中心に―」（『四国中世史研究』一四）、「三間岡本合戦考―天正九年説における評価をめぐって―」（『伊予史談』四〇九）

乗岡　実（のりおか みのる）　一九五八年生まれ、就実大学人文科学部非常勤講師、元岡山市教育委員会。［主な著書論文］「近世城郭の改修と破城」（『近世城郭の考古学入門』高志書院）、『石垣と瓦から読み解く松江城』（松江市）、「西国における秀吉政権の城郭政策」（『織豊城郭』第二一号、織豊期城郭研究会）

増野晋次（ましの しんじ）　一九七一年生まれ、山口市教育委員会文化財保護課主幹。［主な著書論文］「大内氏の都・山口」（大内氏歴史文化研究会編『室町戦国日本の覇者　大内氏の世界を探る』勉誠出版）、「中世の山口」（鹿毛敏夫編『大内と大友―中世西日本の二大大名』勉誠出版）、「山口における戦国期のみちとまち」（藤原良章編『中世のみちと橋』高志書院）

柴田　亮（しばた りょう）　一九八八年生まれ、岡山大学文明動態学研究所。［主な論文］「考古学的視点から見た肥前西部地域の流通構造」（『考古学研究』六二（一）、考古学研究会）、「貿易陶磁からみた中世における九州西北地域の研究」（『貿易陶磁研究』三九、日本貿易陶磁研究会）、「鞠智城と菊池川中流域の地域社会との関係解明を目的とした考古学的研究」（『鞠智城と古代社会』一二、熊本県教育委員会）

田中　謙（たなか けん）　一九八〇年生まれ、今治市文化振興課。［主な論文］「能島城跡出土遺物の様相―芸予諸島における南北流通に関する予察―」（『考古学と室町・戦国期の流通　瀬戸内海とアジアを結ぶ道』高志書院）、「海の城」（『季刊考古学　特集戦国城郭の考古学』雄山閣）

高山　剛（たかやま つよし）　一九七二年生まれ、松野町教育委員会教育課。［主な著書論文］「伊予・河後森城にみる築城・改修痕跡とその主体像―最近の発掘調査成果の紹介を兼ねて―」（『森宏之君追悼城郭論集』織豊期城郭研究会）、「河後森城出土瓦の系譜―軒平瓦Ⅱ類と聚楽第の瓦―」（『西国城館論集Ⅰ』中国・

四国地区城館調査検討会）、「伊予における織豊系城郭の支城の特質―河後森城出土瓦の分析を中心として―」（『織豊城郭』第一二号、織豊期城郭研究会）

苅米一志（かりこめ ひとし）　一九六八年生まれ、就実大学人文科学部教授。［主な著書］『荘園社会における宗教構造』（校倉書房）、『殺生と往生のあいだ』（吉川弘文館）、苅米著・日本史史料研究会監修『日本史を学ぶための古文書・古記録訓読法』（吉川弘文館）

上野　進（うえの すすむ）　一九六七年生まれ、徳島文理大学教授。［主な著書論文］「高野山正智院聖教にみる中世讃岐の寺院・談義所」（『坂出市史研究』第三号）、「中世志度の景観」（『中世港町論の射程―港町の原像・下』岩田書院）、「四国遍路と札所寺院」（『四国遍路と世界の巡礼』第五号）

松田朝由（まつだ ともよし）　一九七六年生まれ、大川広域行政組合埋蔵文化財係。［主な著書論文］『豊島石石造物の研究Ⅰ』、「鹿児島県における中世石造物の地域性とその展開」（『鹿児島考古』42）、「香川県の凝灰岩採石場跡と中世石造物文化」（『中世石造物の成立と展開』高志書院）

【編者略歴】
柴田 圭子（しばた けいこ）
1962年生まれ、（公財）愛媛県埋蔵文化財センター嘱託調査員
［主な著書・論文］
『明代龍泉窯青磁の研究』（吉川弘文館、2025年）
「消費地遺跡から復元する戦国期流通の一様相」『西国における生産と流通』（清文堂、2011年）
「瀬戸内海島嶼部の様相—芸予諸島の出土資料から—」『考古学と室町・戦国期の流通』（高志書院、2011年）

川岡　勉（かわおか つとむ）
1956年生まれ、愛媛大学名誉教授
［主な著書］
『室町幕府と守護権力』（吉川弘文館、2002年）
『中世の地域権力と西国社会』（清文堂出版、2006年）
『戦国期守護権力の研究』（思文閣出版、2023年）

瀬戸内の中世1　権力・城館・宗教

2025年4月15日第1刷発行

編　者　柴田圭子・川岡　勉
発行者　濱　久年
発行所　高志書院
〒101-0051 東京都千代田区神田神保町2-28-201
TEL03(5275)5591　FAX03(5275)5592
振替口座　00140-5-170436
http://www.koshi-s.jp

印刷・製本／亜細亜印刷株式会社

Printed in Japan ISBN978-4-86215-258-9